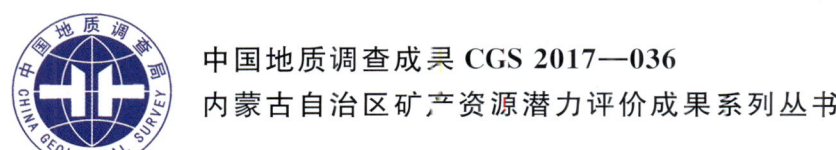

中国地质调查成果 CGS 2017—036

内蒙古自治区矿产资源潜力评价成果系列丛书

内蒙古自治区磁场特征及地质应用研究

NEIMENGGU ZIZHIQU CICHANG TEZHENG JI
DIZHI YINGYONG YANJIU

贾金富　乔占华　刘凤岐　等著

内容摘要

本书是在完成全区性图件编制和铁、铝等20个单矿种潜力评价研究的基础上，进行汇总研究的成果。目的任务有两个：资料型汇总研究，综合型汇总研究。资料型汇总研究主要是将近几年来磁法潜力评价工作过程中形成的各种原始成果资料，包括所有编制的图件、文字报告、各类数据及数据库等资料，进行分类整理存储，形成一套完整的技术资料，以便今后查询利用。综合型汇总研究主要是，将近几年来磁法潜力评价工作过程中形成的各种成果进行总结深化和提高，形成全国矿产资源潜力评价省级磁测资料应用综合研究成果。

图书在版编目(CIP)数据

内蒙古自治区磁场特征及地质应用研究/贾金富，乔占华，刘凤岐等著. —武汉：中国地质大学出版社，2017.10

ISBN 978-7-5625-3980-3

（内蒙古自治区矿产资源潜力评价成果系列丛书）

Ⅰ. ①内…

Ⅱ. ①贾…②乔…③刘…

Ⅲ. ①矿产资源-资源潜力-资源评价-研究-内蒙古

Ⅳ. ①F426.1

中国版本图书馆 CIP 数据核字(2017)第 000007 号

内蒙古自治区磁场特征及地质应用研究		贾金富 乔占华 刘凤岐 等著
责任编辑：马 严	选题策划：毕克成 刘桂涛	责任校对：张咏梅
出版发行：中国地质大学出版社（武汉市洪山区鲁磨路388号）		邮编：430074
电 话：(027)67883511	传 真：(027)67883580	E-mail:cbb@cug.edu.cn
经 销：全国新华书店		http://cugp.cug.edu.cn
开本：880毫米×1230毫米 1/16		字数：500千字 印张：15 插页：7
版次：2017年10月第1版		印次：2017年10月第1次印刷
印刷：武汉中远印务有限公司		印数：1—900 册
ISBN 978-7-5625-3980-3		定价：236.00元

如有印装质量问题请与印刷厂联系调换

《内蒙古自治区矿产资源潜力评价成果》
出版编撰委员会

主　　任：张利平
副 主 任：张　宏　赵保胜　高　华
委　　员：（按姓氏笔画排列）
　　　　　于跃生　王文龙　王志刚　王博峰　乌　恩　田　力
　　　　　刘建勋　刘海旵　杨文海　杨永宽　李玉洁　李志青
　　　　　辛　盛　宋　华　张　忠　陈志勇　邵和羿　邵积东
　　　　　武　文　武　健　赵士宝　赵文涛　莫若平　黄建勋
　　　　　韩雪峰　路宝玲　褚立国
项目负责：许立权　张　彤　陈志勇
总　　编：宋　华　张　宏
副 总 编：许立权　张　彤　陈志勇　赵文涛　苏美霞　吴之理
　　　　　方　曙　任亦萍　张　青　张　浩　贾金富　陈信民
　　　　　孙月君　杨继贤　田　俊　杜　刚　孟令韦

《内蒙古自治区磁场特征及地质应用研究》

课题负责： 赵文涛　苏美霞

专题负责： 朱　锁　梁新强　辛　盛

主　　编： 贾金富　乔占华　刘凤岐

副 主 编： 顾　宁　何志国　段海龙

专编人员（编写人员）：

　　　　贾金富　乔占华　刘凤岐　辛　盛　陈信民　王　宁
　　　　顾　宁　何志国　侯学敏　吕洪涛　喻忠鸿　段海龙
　　　　武文奇　刘海泉　杨小峰　郭松巍　苏建军　王美翠
　　　　王惠美　赵立呼　孙秀清　俞丽琼

项目负责单位： 中国地质调查局　内蒙古自治区国土资源厅

编撰单位： 内蒙古自治区国土资源厅

主编单位： 内蒙古自治区地质调查院

　　　　　　内蒙古自治区煤田地质局

　　　　　　内蒙古自治区地质矿产勘查院

　　　　　　内蒙古自治区第十地质矿产勘查开发院

　　　　　　内蒙古自治区国土资源勘查开发院

　　　　　　内蒙古自治区国土资源信息院

　　　　　　中化地质矿山总局内蒙古自治区地质勘查院

序

2006年，国土资源部为贯彻落实《国务院关于加强地质工作决定》中提出的"积极开展矿产远景调查评价和综合研究，科学评估区域矿产资源潜力，为科学部署矿产资源勘查提供依据"的精神要求，在全国统一部署了"全国矿产资源潜力评价"项目，"内蒙古自治区矿产资源潜力评价"项目是其子项目之一。

"内蒙古自治区矿产资源潜力评价"项目2006年启动，2013年结束，历时8年，由中国地质调查局和内蒙古自治区政府共同出资完成。为此，内蒙古自治区国土资源厅专门成立了以厅长为组长的项目领导小组和技术委员会，指导监督内蒙古自治区地质调查院、内蒙古自治区地质矿产勘查开发局、内蒙古自治区煤田地质局以及中化地质矿山总局内蒙古自治区地质勘查院等7家地勘单位的各项工作。我作为自治区聘请的国土资源顾问，全程参与了该项目的实施，亲历了内蒙古自治区新老地质工作者对内蒙古自治区地质工作的认真与执着。他们对内蒙古自治区地质的那种探索和不懈追求精神，给我留下了深刻的印象。

为了完成"内蒙古自治区矿产资源潜力评价"项目，先后有270多名地质工作者参与了这项工作，这是继20世纪80年代完成的《内蒙古自治区地质志》《内蒙古自治区矿产总结》之后集区域地质背景、区域成矿规律研究，物探、化探、自然重砂、遥感综合信息研究以及全区矿产预测、数据库建设之大成的又一巨型重大成果。这是内蒙古自治区国土资源厅高度重视、完整的组织保障和坚实的资金支撑的结果，更是内蒙古自治区地质工作者八年辛勤汗水的结晶。

"内蒙古自治区矿产资源潜力评价"项目共完成各类图件万余幅，建立成果数据库数千个，提交结题报告百余份。以板块构造和大陆动力学理论为指导，建立了内蒙古自治区大地构造构架。研究和探讨了内蒙古自治区大地构造演化及其特征，为全区成矿规律的总结和矿产预测奠定了坚实的地质基础。其中提出了"阿拉善地块"归属华北陆块，乌拉山岩群、集宁岩群的时代及其对孔兹岩系归属的认识、索伦山-西拉木伦河断裂厘定为华北板块与西伯利亚板块的界线等，体现了内蒙古自治区地质工作者对内蒙古自治区大地构造演化和地质背景的新认识。项目对内蒙古自治区煤、铁、铝土矿、铜、铅锌、金、钨、锑、稀土、钼、银、锰、镍、磷、硫、萤石、重晶石、菱镁矿等矿种,划分了矿产预测类型;结合全区重力、磁测、化探、遥感、自然重砂资料的研究应用,分别对其资源潜力进行了科学的潜力评价,预测的资源潜力可信度高。这些数据有力地说明了内蒙古自治区地质找矿潜力巨大,寻找国家急需矿产资源,内蒙古自治区大有可为,成为国家矿产资源的后备基地已具备了坚实的地质基础。同时,也极大地鼓舞了内蒙古自治区地质找矿的信心。

"内蒙古自治区矿产资源潜力评价"是内蒙古自治区第一次大规模对全区重要矿产资源现状及潜力进行摸底评价,不仅汇总整理了原1∶20万相关地质资料,还系统整理补充了近年来1∶5万区域地质调查资料和最新获得的矿产、物化探、遥感等资料。期待着"内蒙古自治区矿产资源潜力评价"项目形成的系统的成果资料在今后的基础地质研究、找矿预测研究、矿产勘查部署、农业土壤污染治理、地质环境治理等诸多方面得到广泛应用。

2017年3月

前　言

为了贯彻落实《国务院关于加强地质工作的决定》中提出的"积极开展矿产远景调查和综合研究,科学评估区域矿产资源潜力,为科学部署矿产资源勘查提供依据"的要求和精神,国土资源部部署了全国矿产资源潜力评价工作。这也是我国首次在全国范围内开展涉及基础地质、成矿背景、成矿规律、物探、化探、遥感等多专业、多科目,系统的、全面的地质综合研究工作。该项目从 2006 年启动,先进行了总体规划部署、实施方案制定、不同科目技术指南编写、评价技术及各科目技术规则的制定、技术培训、示范区试验等工作,从 2008 年初全面铺开进入实质性工作,历时 5 年,至 2013 年 7 月全面完成。

根据全国矿产资源潜力评价总体要求,结合内蒙古自治区矿产分布、产出等特点,确定内蒙古自治区矿产资源潜力评价目标矿种除煤炭外共 20 个,分别为铁、铝土、稀土、金、银、铜、铅锌、钨、锡、钼、镍、锰、铬、锑、磷、萤石、硫铁、重晶石、菱镁矿。

磁法专题是"内蒙古自治区重要矿产资源潜力评价物探、化探、遥感、自然重砂综合信息评价"课题的磁法子课题。

"内蒙古自治区重要矿产资源潜力评价物探、化探、遥感、自然重砂综合信息评价"课题的总体目标任务如下。

(1)在现有地质工作程度基础上,全面收集、整理集成和综合航磁、重力、化探、遥感、重砂工作成果和资料,以地球物理和地球化学理论为指导,充分利用遥感技术和 GIS 评价技术,对异常进行综合评价与研究,为开展本区重要金属矿产的找矿潜力预测提供科学依据。

(2)充分利用航磁、重力、化探、遥感、重砂工作等综合找矿信息,深入开展区域地球物理和地球化学找矿规律研究,圈定找矿远景区和找矿靶区,并逐个对找矿远景区的资源潜力进行分类排序,为科学合理地规划部署矿产勘查工作提供依据。

(3)在充分研究各类异常空间分布特征的基础上,利用计算机技术和 GIS 技术,结合区域地球物理、地球化学和遥感解译推断方法技术,编制地球化学综合异常图、地球化学推断构造图、地球化学找矿远景及靶区预测图,并建立各类解释推断成果数据库,为矿产资源潜力预测提供依据。

根据总体规划设计要求和物探、化探、遥感、重砂课题技术设计要求制定的磁法专题目标任务是,在充分收集整理内蒙古自治区自 1957 年至 2006 年以来磁测资料的基础上,开展内蒙古自治区境内磁测资料综合研究,通过对磁测资料进行数据处理、异常提取、解释、推断等工作,对内蒙古自治区及其成矿预测区进行地质构造解释及铁矿和磁性矿产的预测工作,最终为开展全国重要矿产资源潜力预测评价及综合研究提供基础信息,并为资源潜力评价综合信息集成提供基础数据。

内蒙古自治区磁测资料应用的具体目的有以下三个。

(1)为直接预测磁性矿产提供磁测推断信息。

(2)为地质预测工作区提供与成矿环境有关的推断地质构造图。

(3)为基础地质研究提供推断地质构造图。

根据上述技术等要求,磁法专题具体工作内容分为四部分进行。

第一部分:是全区层面的,通过编辑全区性航磁各类型图件,对全区磁场特征进行综合研究解译。

第二部分:是各矿种各预测工作区层面的,通过对各预测区航磁数据处理与编图、磁异常解释、磁性矿产预测、磁法推断地质构造和数据库建立,形成一套完整的磁测基础性研究资料。

第三部分：是典型矿床的研究，通过选取一定数量、对各矿种不同成因类型具有代表性的典型矿床进行重点研究，通过建立地质物探、化探综合模型，制作典型矿床剖析图，总结其规律指导找矿。

第四部分：依据全国全区性的成矿区带划分，按照最新的三级成矿区带单元，详细论述了各三级成矿单元航磁异常特征，分析和描述了找矿标志等特征。

详细论述了铁、铜等20个矿种典型矿床，不同成因类型的矿床赋存区位、航磁异常局域及区域特征，推断解释了各种典型矿床的控矿因素、成矿环境以及区域、局域构造背景，同时指出了新的找矿方向。

根据区域及局部航磁异常分布特征，结合重要控矿构造特点及断裂分布特征和已知不同类型矿床产出地质环境，综合分析部署了铁、铜等20个矿种有利找矿靶区70余个。

本书详尽地介绍了完成该项目的全部过程及研究成果，包含了项目来源、目标任务、应用方法、各类研究成果、数据库建设及所有成果和工作量。

由于本书涉及成果图件、图册、附件、附表资料数量较大，不便全部出版印刷，仅将全区性比例尺为1∶150万图件选择性地出版印刷，以方便阅读使用。

笔　者

2016年12月

目 录

第一章 绪 论 …………………………………………………………………………………… (1)

第一节 研究概况 ………………………………………………………………………… (1)
一、项目来源 ………………………………………………………………………… (1)
二、汇总研究的目标任务、内容和主要工作 …………………………………………… (1)

第二节 汇总研究主要成果 ………………………………………………………………… (4)
一、资料型汇总研究成果 ……………………………………………………………… (4)
二、综合型汇总研究成果 ……………………………………………………………… (8)

第三节 参加研究人员 ……………………………………………………………………… (9)

第二章 矿产资源潜力评价中磁测资料应用方法 …………………………………………… (11)

第一节 磁法解决重要地质构造方法 ……………………………………………………… (11)
一、磁法解决重要地质构造的基本方法 ……………………………………………… (11)
二、磁法解决重要地质构造的定量方法 ……………………………………………… (17)

第二节 磁性铁矿资源量估算方法 ………………………………………………………… (19)
一、磁性矿产资源量预测(估算)方法与参数的确定 ………………………………… (19)
二、磁性矿床预测资源量的复核及成果 ……………………………………………… (27)

第三章 Ⅲ级成矿亚带区域磁异常特征及找矿标志 ………………………………………… (45)

第一节 Ⅲ级成矿亚带区域磁场特征 ……………………………………………………… (45)
一、Ⅲ-1 觉罗塔格-黑鹰山铜、镍、铁、金、银、钼、钨、石膏Ⅲ级成矿带 …………… (45)
二、Ⅲ-2 磁海-公婆泉铁、铜、金、铅、锌、钨、锡、铷、钒、铀、磷Ⅲ级成矿带 ……… (45)
三、Ⅲ-3 阿拉善(台隆)铜、镍、钼、铁、稀土、磷、石墨、芒硝、盐Ⅲ级成矿带 ……… (46)
四、Ⅲ-4 河西走廊铁、锰、萤石、盐、凹凸棒石Ⅲ级成矿带 ………………………… (47)
五、Ⅲ-5 新巴尔虎右旗(拉张区)铜、钼、铅、锌、金、萤石、煤(铀)Ⅲ级成矿带 …… (47)
六、Ⅲ-6 东乌珠穆沁旗-嫩江(中强挤压区)铜、钼、铅、锌、金、钨、锡、铬Ⅲ级成矿带 … (48)
七、Ⅲ-7 白乃庙-锡林郭勒铬、铜(金)、锗、煤、天然芒硝Ⅲ级成矿带 ……………… (49)
八、Ⅲ-8 突泉-翁牛特铅、锌、铜、钼、金Ⅲ级成矿带 ………………………………… (50)
九、Ⅲ-9 松辽盆地油气、铀成矿区 ……………………………………………………… (51)
十、Ⅲ-10 华北地台北缘东段铁、铜、钼、铅、锌、金、银、锰、磷、煤、膨润土Ⅲ级成矿带 …… (52)
十一、Ⅲ-11 华北地台北缘西段金、铁、铌、稀土、铜、铅、锌、银、镍、铂、钨、石墨、白云母Ⅲ级成矿带 ……………………………………………………………………… (52)
十二、Ⅲ-12 鄂尔多斯西缘(台褶带)铁、铅、锌、磷、石膏、芒硝成矿带 …………… (53)

十三、Ⅲ-13 鄂尔多斯(盆地)铀、油气、煤、盐类成矿区 …………………………………………… (53)
十四、Ⅲ-14 山西断隆铁、铝土矿、石膏、煤、煤层气成矿带 …………………………………… (54)
 第二节 铁矿区域磁异常特征及找矿标志 ………………………………………………………… (54)
  一、海相火山岩型铁矿 …………………………………………………………………………… (54)
  二、沉积变质型铁矿 ……………………………………………………………………………… (55)
  三、矽卡岩型铁矿 ………………………………………………………………………………… (56)
  四、热液岩型铁矿 ………………………………………………………………………………… (57)
  五、其他类型铁矿 ………………………………………………………………………………… (57)
 第三节 铝土矿区域磁异常特征及找矿标志 ……………………………………………………… (57)
 第四节 铜矿区域磁异常特征及找矿标志 ………………………………………………………… (57)
  一、斑岩型铜矿 …………………………………………………………………………………… (58)
  二、矽卡岩型铜矿 ………………………………………………………………………………… (59)
  三、火山岩型铜矿 ………………………………………………………………………………… (60)
  四、热液型铜矿 …………………………………………………………………………………… (60)
  五、沉积型铜矿 …………………………………………………………………………………… (60)
 第五节 铅、锌矿区域磁异常特征及找矿标志 …………………………………………………… (60)
  一、火山岩型铅锌矿 ……………………………………………………………………………… (61)
  二、矽卡岩型铅锌矿 ……………………………………………………………………………… (61)
  三、热液型铅锌矿 ………………………………………………………………………………… (61)
  四、海相火山喷流沉积型铅锌矿 ………………………………………………………………… (62)
 第六节 金矿区域磁异常特征及找矿标志 ………………………………………………………… (62)
  一、热液型金矿 …………………………………………………………………………………… (63)
  二、隐爆角砾岩型金矿 …………………………………………………………………………… (65)
  三、火山岩型金矿 ………………………………………………………………………………… (65)
 第七节 磷矿区域磁异常特征及找矿标志 ………………………………………………………… (65)
 第八节 钨矿区域磁异常特征及找矿标志 ………………………………………………………… (66)
 第九节 锑矿区域磁异常特征及找矿标志 ………………………………………………………… (67)
 第十节 稀土矿区域磁异常特征及找矿标志 ……………………………………………………… (67)
  一、沉积变质型稀土矿 …………………………………………………………………………… (68)
  二、岩浆晚期型稀土矿 …………………………………………………………………………… (68)
 第十一节 银矿区域磁异常特征及找矿标志 ……………………………………………………… (68)
 第十二节 锡矿区域磁异常特征及找矿标志 ……………………………………………………… (70)
  一、矽卡岩型锡矿 ………………………………………………………………………………… (70)
  二、热液型锡矿 …………………………………………………………………………………… (70)
 第十三节 镍矿区域磁异常特征及找矿标志 ……………………………………………………… (71)
  一、沉积型镍矿 …………………………………………………………………………………… (71)
  二、岩浆型镍矿 …………………………………………………………………………………… (71)
 第十四节 菱镁矿区域磁异常特征及找矿标志 …………………………………………………… (72)
 第十五节 钼矿区域磁异常特征及找矿标志 ……………………………………………………… (72)
  一、斑岩型钼矿 …………………………………………………………………………………… (72)
  二、热液型钼矿 …………………………………………………………………………………… (74)
 第十六节 锰矿区域磁异常特征及找矿标志 ……………………………………………………… (74)

  一、沉积变质型锰矿 ··· (75)

  二、热液型锰矿 ··· (75)

 第十七节　铬矿区域磁异常特征及找矿标志 ··· (75)

  一、岩浆型铬矿 ··· (75)

  二、热液型铬矿 ··· (76)

  三、侵入岩型铬矿 ·· (76)

 第十八节　硫铁矿区域磁异常特征及找矿标志 ·· (76)

  一、海相火山岩型硫铁矿 ··· (76)

  二、接触交代型硫铁矿 ·· (77)

  三、热液型硫铁矿 ·· (77)

  四、沉积变质型硫铁矿 ·· (77)

 第十九节　重晶石矿区域磁异常特征及找矿标志 ··· (78)

 第二十节　萤石矿区域磁异常特征及找矿标志 ·· (78)

第四章　磁性铁矿矿产资源潜力 ·· (82)

 第一节　内蒙古自治区地质概况 ··· (82)

  一、地层 ··· (82)

  二、岩浆岩 ·· (83)

 第二节　内蒙古自治区磁性铁矿床分布特征 ·· (83)

  一、沉积变质型磁性铁矿床区域分布特征 ·· (84)

  二、同区混杂共生磁性铁矿床区域分布特征 ··· (86)

  三、海相火山岩型磁性铁矿床区域分布特征 ··· (88)

  四、内蒙古自治区中、西部南毗邻区磁性铁矿床区域分布特征 ··· (88)

 第三节　内蒙古自治区磁性铁矿资源潜力 ·· (89)

  一、华北陆块区磁性铁矿资源潜力 ··· (89)

  二、天山-兴蒙造山系磁性铁矿资源潜力 ··· (92)

第五章　矿产资源潜力评价中磁测资料的应用效果 ·· (101)

 第一节　航磁异常圈定重要控矿断裂构造效果 ··· (101)

  一、甜水井-雅干深断裂 ·· (101)

  二、北山地块南缘岩石圈断裂 ··· (101)

  三、乌兰套海超岩石圈断裂 ·· (102)

  四、地台北缘深断裂（西段）··· (102)

  五、锡林浩特地块南缘深断裂及破碎带 ··· (103)

  六、二连-贺根山超岩石圈断裂 ··· (103)

  七、查干敖包-阿荣旗超岩石圈断裂 ··· (104)

  八、锡林浩特地块北缘深断裂 ··· (104)

 第二节　航磁异常圈定大型火山构造效果 ··· (104)

  一、地球物理前提分析及圈定方法 ··· (104)

  二、火山构造分布类型 ·· (104)

  三、华北陆块区古火山构造架构 ·· (105)

四、天山-兴蒙造山系古火山构造架构 ……………………………………………………………… (105)
　　五、航磁推断火山通道分布区地表对应出露岩性 …………………………………………………… (106)
第三节　航磁异常圈定大兴安岭主脊-林西岩石圈断裂带效果 ………………………………………… (109)
　　一、构造断陷盆地物理场特征及正则化滤波目的 …………………………………………………… (109)
　　二、构造断陷盆地正则化滤波异常特征 ……………………………………………………………… (109)
　　三、盆地内断裂构造特征及断陷盆地边界圈定 ……………………………………………………… (109)
第四节　重要矿种不同成因类型矿床中航磁异常特征及应用效果 …………………………………… (111)
　　一、典型铜矿矿床赋存区位航磁异常特征及地质信息简析 ………………………………………… (111)
　　二、典型铅锌矿矿床赋存区位航磁特征及异常地质信息简析 ……………………………………… (126)
　　三、典型金矿矿床赋存区位航磁特征及异常地质信息简析 ………………………………………… (131)
　　四、典型钼矿床赋存区位航磁特征及异常地质信息简析 …………………………………………… (133)
　　五、典型钨矿床赋存区位航磁特征及异常地质信息简析 …………………………………………… (139)
　　六、典型锡矿床赋存区位航磁特征及异常地质信息简析 …………………………………………… (141)
　　七、典型铬矿床赋存区位航磁特征及异常地质信息简析 …………………………………………… (145)
　　八、典型镍矿床赋存区位航磁特征及异常地质信息简析 …………………………………………… (148)
　　九、典型锰矿床赋存区位航磁特征及异常地质信息简析 …………………………………………… (151)
　　十、典型铝土矿床赋存区位航磁特征及异常地质信息简析 ………………………………………… (154)
　　十一、典型热液型锑矿床赋存区位航磁特征及异常地质信息简析 ………………………………… (155)
　　十二、典型银矿床赋存区位航磁特征及异常地质信息简析 ………………………………………… (156)
　　十三、典型稀土矿床赋存区位航磁特征及异常地质信息简析 ……………………………………… (159)
　　十四、典型硫铁矿床赋存区位航磁特征及异常地质信息简析 ……………………………………… (162)
　　十五、典型热液型菱镁矿床赋存区位航磁特征及异常地质信息简析 ……………………………… (165)
　　十六、典型热液型重晶石矿床赋存区位航磁特征及异常地质信息简析 …………………………… (166)
　　十七、典型萤石矿床赋存区位航磁特征及异常地质信息简析 ……………………………………… (167)
　　十八、典型磷矿床赋存区位航磁特征及异常地质信息简析 ………………………………………… (172)
第五节　区域控矿特征总结 ……………………………………………………………………………… (174)

第六章　磁测工作部署建议 ……………………………………………………………………………… (175)

第一节　部署原则 ………………………………………………………………………………………… (175)
第二节　磁测工作区部署建议 …………………………………………………………………………… (175)
　　一、铁矿磁测工作区部署建议 ………………………………………………………………………… (175)
　　二、热液型铜、铅、锌、银多金属矿磁测工作区部署建议 ………………………………………… (185)
　　三、斑岩型钼矿磁测工作区部署建议 ………………………………………………………………… (188)
　　四、钨矿磁测工作区部署建议 ………………………………………………………………………… (190)
　　五、锡矿磁测工作区部署建议 ………………………………………………………………………… (191)
　　六、铬矿磁测工作区部署建议 ………………………………………………………………………… (193)
　　七、锰矿磁测工作区部署建议 ………………………………………………………………………… (195)
　　八、铝土矿磁测工作区部署建议 ……………………………………………………………………… (199)
　　九、稀土矿磁测工作区部署建议 ……………………………………………………………………… (200)
　　十、硫铁矿磁测工作区部署建议 ……………………………………………………………………… (203)
　　十一、菱镁矿磁测工作区部署建议 …………………………………………………………………… (208)

十二、热液型重晶石矿磁测工作区部署建议 …………………………………………………………(209)
　　十三、萤石矿磁测工作区部署建议 ………………………………………………………………(211)
　　十四、磷矿磁测工作区部署建议 …………………………………………………………………(216)

第七章　结束语 …………………………………………………………………………………………(221)

第一节　工作总结 ……………………………………………………………………………………(221)
　　一、全区性(省级)成果资料 ………………………………………………………………………(221)
　　二、预测工作区成果资料 …………………………………………………………………………(221)
　　三、典型矿床研究成果资料 ………………………………………………………………………(222)
　　四、地面大比例尺物化探成果图件 ………………………………………………………………(222)
　　五、内蒙古自治区磁法定量计算铁矿资源量资料 ………………………………………………(222)
　　六、数据库建设和图件说明书及元数据 …………………………………………………………(223)
　　七、文字报告 ………………………………………………………………………………………(223)
　　八、其他资料 ………………………………………………………………………………………(223)
第二节　存在问题 ……………………………………………………………………………………(223)
第三节　建　议 ………………………………………………………………………………………(225)

主要参考文献 ……………………………………………………………………………………………(226)

附图1　内蒙古自治区航磁 ΔT 等值线平面图

附图2　内蒙古自治区航磁 ΔT 化极等值线平面图

附图3　内蒙古自治区航磁 ΔT 化极垂向一阶导数等值线平面图

附图4　内蒙古自治区磁法推断地质构造图

附图5　内蒙古自治区航磁 ΔT 正则化滤波等值线平面图及磁法推断火山机构构造图

附图6　内蒙古自治区矿产潜力评价航磁数据工作程度图

附图7　内蒙古自治区(新一轮)航空物探工作部署图

第一章 绪 论

第一节 研究概况

一、项目来源

总项目名称：全国矿产资源潜力评价。

工作项目编码：1212010633901。

任务书编号：资〔2006〕038-01-05号。

承担单位：中国地质调查局。

工作性质：综合研究。

工作起止年限：2007年—2013年6月（第一阶段：2007年至2009年6月，完成单矿种铁铝资源量预测。第二阶段：2009年6月—2010年6月，完成金、铜、铅锌、钨、磷、锑、稀土单矿种资源量评价预测。第三阶段：2010年6月—2012年6月，完成银、锡、镍、锰、钼、铬铁、硫铁、重晶石、菱镁、萤石单矿种资源量评价预测。第四阶段：2012年6月—2013年6月，完成全国汇总及综合研究报告编制）。

"内蒙古自治区物探、化探、遥感、自然重砂综合信息评价课题"的任务书编号：资〔2007〕038-01-05号。

项目负责单位：内蒙古自治区国土资源厅。

项目承担单位：内蒙古自治区地质调查院。

"内蒙古自治区航磁子课题"的任务书编号：Nd2008001。

承担单位负责人：李志青。

承担单位总工程师：丛利民。

具体项目承担单位：内蒙古自治区国土资源勘查开发院。

工作性质：综合研究。

工作年限：2008年1月—2013年6月。

二、汇总研究的目标任务、内容和主要工作

此次汇总研究的主要目标任务：将近几年来磁法的潜力评价工作成果进行总结深化和提高；将在磁法的潜力评价工作过程中形成的各种成果资料，包括所有的编制图件、文字报告、数据及数据库等资料进行规范化分类整合，以备今后使用；将在磁法的潜力评价工作过程中形成的或收集到的原始报告、图件、数据等资料进行规范化分类整理，以便日后方便快捷地提取使用。

（一）汇总研究的种类

与全国汇总研究的种类相似，内蒙古自治区（以下可简称"内蒙古"）磁测资料应用汇总研究的种类也分为资料型汇总研究和综合型汇总研究两大类。

资料型汇总研究：对2007年以来收集和研究形成的资料进行全面的清理、整理及分类，形成一套完整的技术资料。

综合型汇总研究：对铁、铜等20个矿种的研究成果和省级编图与解释成果进行系统的总结与提炼，形成全国矿产资源潜力评价省级磁测资料应用综合研究成果。

(二) 汇总研究的内容

1. 资料型汇总研究内容

内蒙古磁法资料型汇总研究内容主要有12项。
(1) 收集的相关资料，如磁性资料、地磁数据或扫描图、异常查证报告等。
(2) 20个矿种（不含铀和煤）预测工作区航磁及地磁系列图（应有矿产地图层）及数据库、编图说明书。
(3) 20个矿种（不含铀和煤）预测工作区推断地质构造图（应有矿产地图层）及数据库、编图说明书。
(4) 铁矿预测工作区磁性矿产分布图及数据库、编图说明书。
(5) 铁矿预测工作区磁异常范围分布图及数据库、编图说明书。
(6) 20个矿种（不含铀和煤）典型矿床剖析图（含文字说明）。
(7) 省级航磁系列图及数据库、编图说明书。
(8) 省级推断地质构造图及数据库、编图说明书。
(9) 省级航磁异常分布图及数据库、编图说明书。
(10) 省级磁性矿产分布图及数据库、编图说明书。
(11) 省级航磁及地磁工作程度图及数据库、编图说明书。
(12) 省级矿产资源潜力评价磁测资料应用研究成果报告。

2. 综合型汇总研究内容

省级磁法综合型汇总研究内容主要有6项。
(1) 20个矿种（不含铀和煤）资源潜力评价中磁测资料应用成果总结。
(2) 20个矿种（不含铀和煤）在磁场上的分布特征及找矿标志的总结性研究。
(3) 省级推断地质构造图中新发现、新认识的总结。
(4) 省级磁性铁矿资源潜力总结研究。
(5) 矿产资源潜力评价中磁法应用效果的总结性研究。
(6) 省级矿产资源潜力评价磁测资料应用综合研究成果报告。

(三) 汇总研究的主要工作

1. 资料型汇总研究主要工作

资料型汇总研究是对2007年以来收集和研究形成的资料进行全面的清理、整理及分类，形成一套完整的技术资料。本技术要求仅为电子版资料汇总（归类）的技术要求，不涉及资料汇交的相关要求（资料汇交执行《中国地质调查局资料汇交办法》）。

资料型汇总研究的方法主要是按资料类型分别建立文件夹，并将不同类型的资料分别进行归类，以电子版文件形式存入相应的文件夹中。资料型汇总研究的技术要求主要是建立文件夹的相关要求，资料（数据）的格式仍然采用《磁测资料应用技术要求》的相关规定。

按照磁法电子版资料型汇总目录技术要求，为了便于检索、管理和使用，全国矿产资源潜力评价省级磁测应用研究成果（电子版）是按照规定的目次（文件夹）进行磁法资料型汇总，目录（文件夹）分级及归类详见表1-1。

表 1-1 磁法电子版资料型汇总目录一览表

一级目录	二级目录	三级目录	四级目录	五级目录	六级目录	七级目录
××省磁法成果	研究报告	各种文字性研究成果,如综合研究报告、资源量复核报告等;报告附表,如异常登记表、资源量统计表等				
	收集的相关资料	地磁数据	数据文件和扫描图像			
		物性数据	数据文件和文字报告			
		其他资料	数据文件和文字报告			
	省级	航磁工作程度图	数据模型要求目录	MapGIS图层文件、编图说明书等		
		地磁工作程度图				
		航磁等值线图				
		航磁化极等值线图				
		航磁化极垂导等值线图				
		磁性矿产分布图				
		推断地质构造图				
		航磁异常分布图				
		定量计算图册				
	典型矿床	铁矿	图片			
			图册			
		铜矿	图片			
			图册			
		……	……			
	预测工作区	铁矿	×××预测工作区	航磁等值线图	数据模型要求目录	MapGIS图层文件、编图说明书等,必须有矿产地图层
				航磁化极等值线图		
				航磁化极垂导等值线图		
				磁异常范围分布图		
				磁性矿产分布图		
			……(×××预测工作区)	……		
			定量计算图册			
		铜矿	×××预测工作区	航磁等值线图	数据模型要求目录	MapGIS图层文件、编图说明书等,必须有矿产地图层
				航磁化极等值线图		
				航磁化极垂导等值线图		
				推断地质构造图		
			……(×××预测工作区)	……		
			定量计算图册			
		……	……	……	……	……

2. 综合型汇总研究主要工作

综合型汇总研究首先是深化和提高，注重新的发现和新的认识；第二，总结研究铁、金等 20 个矿种在Ⅲ级成矿区带或Ⅳ级成矿亚带上磁场分布特征及找矿标志；第三，对于磁法省级推断地质构造图，此次综合型汇总研究的主要工作是，将近几年来磁法的潜力评价工作成果在过去 20 个单矿种工作研究的基础上进行推断结果对比，总结新的发现和新的认识；第四，评价本次矿产潜力评价中磁法应用效果的总结性研究，重点分析磁性铁矿资源量估算结果，分析省级磁性铁矿资源潜力；第五，通过汇总研究，编写《内蒙古自治区矿产资源潜力评价磁测资料应用综合研究成果报告》。

第二节　汇总研究主要成果

一、资料型汇总研究成果

首先，对矿产资源潜力评价过程中收集和参阅的各类物化探、地质等报告进行了整理汇总。本次矿产资源潜力评价累计收集和参阅各类物探、化探、遥感以及地质报告 606 份，对其中引用的资料和图件进行了矢量化，重新用 MapGIS 软件进行了成图，对其中的航地磁中物性资料进行汇总研究，形成了一套内蒙古自治区各类地层和各类岩石、矿石磁性参数统计表。

其次，对本次矿产资源潜力评价内蒙古自治区物探、化探、遥感、自然重砂综合信息评价课题——航磁专题所形成的成果资料进行了分类汇总，其中包括文字报告、图件、数据库、属性表等。汇总资料明细如下。

（一）全区性资料

(1) 内蒙古自治区航磁异常卡片，登陆航磁异常 6550 个。
(2) 内蒙古自治区及铁矿预测工作区岩矿石磁性参数统计表。
(3) 内蒙古自治区航空磁测工作程度图 1 套（比例尺为 1∶50 万和 1∶150 万）。
(4) 内蒙古自治区地面磁测工作程度图 1 套（比例尺为 1∶50 万和 1∶150 万）。
(5) 内蒙古自治区航磁 ΔT 等值线平面图（附图 1）、化极等值线平面图（附图 2）、化极垂向一阶导数等值线平面图（附图 3），内蒙古自治区航磁异常分布图、磁性矿床分布图，内蒙古自治区磁法推断地质构造图（附图 4）各 1 套（比例尺为 1∶50 万和 1∶150 万）。
(6) 以上自治区级图件各图数据库、属性表、元数据及编图说明书。

（二）预测工作区资料

(1) 铁矿预测工作区共计 27 个，其中 ΔT 等值线平面图、ΔT 化极等值线平面图、ΔT 化极垂向一阶导数等值线平面图、磁法推断地质构造图、磁异常范围分布图、磁性矿产分布图，共计 162 张。
(2) 其余 19 个矿种预测区共计 149 个：铝土矿 1 个，金矿 22 个，铜矿 19 个，铅锌矿 15 个，磷矿 6 个，钨矿 5 个，锑矿 1 个，稀土矿 4 个，银矿 8 个，铬矿 6 个，锰矿 5 个，钼矿 15 个，镍矿 9 个，锡矿 7 个，硫铁矿 7 个，菱镁矿 1 个，重晶石矿 1 个，萤石矿 17 个。以上 19 个矿种 149 个预测工作区中，每个预测区包括 ΔT 等值线平面图、ΔT 化极等值线平面图、ΔT 化极垂向一阶导数等值线平面图、磁法推断地质构造图 4 套，共计 576 张。

（三）典型矿床研究资料

(1)《内蒙古自治区铁矿典型矿床地质及物探剖析图册》。

(2)《内蒙古自治区铝土矿典型矿床地质及物探剖析图册》。

(3)《内蒙古自治区铜、铅、锌、金、钨、锑、磷、稀土矿典型矿床地质及物探剖析图册》。

(4)《内蒙古自治区银矿、铬铁矿、锰矿、镍矿、锡矿、钼矿、硫铁矿、萤石矿、菱镁矿、重晶石矿典型矿床地质及物化探剖析图册》。

(四)地面大比例尺物化探图件

(1)《内蒙古自治区铁矿地面大比例尺磁测图册》。

(2)《内蒙古自治区铜、铅、锌、金、钨、锑、磷、稀土矿地面大比例尺物探工作图册》。

(3)《内蒙古自治区银矿、铬铁矿、锰矿、镍矿、锡矿、钼矿、硫铁矿、萤石矿、菱镁矿、重晶石矿地面大比例尺物探工作图册》。

(五)内蒙古自治区磁法定量计算铁矿资源量资料

(1)《内蒙古自治区铁矿资源量磁测方法定量计算图册》。

(2)《内蒙古自治区磁性矿床预测资源量复核报告》。

(3)内蒙古自治区铁矿预测工作区推断铁矿矿致磁异常登记表。

(4)内蒙古自治区铁矿预测工作区典型矿床参数一览表。

(5)内蒙古自治区铁矿预测工作区典型矿床深部和外围磁法预测资源量表。

(6)内蒙古自治区铁矿预测工作区典型矿床磁法预测总资源量表。

(7)内蒙古自治区铁矿预测工作区其他已知矿产地参数一览表。

(8)内蒙古自治区铁矿预测工作区其他已知矿床磁法预测资源量表。

(9)内蒙古自治区铁矿预测工作区其他已知矿产地磁法预测总资源量表。

(10)内蒙古自治区铁矿预测工作区推断磁性矿体预测资源量表。

(11)内蒙古自治区铁矿预测工作区磁法推断磁性矿体预测总资源量表。

(12)内蒙古自治区铁矿预测工作区预测资源量方法统计表。

(13)内蒙古自治区铁矿预测工作区预测资源量精度统计表。

(14)内蒙古自治区铁矿预测工作区预测资源量深度统计表。

(15)内蒙古自治区铁矿预测工作区预测资源量矿产类型统计表。

(16)内蒙古自治区预测资源量方法统计表。

(17)内蒙古自治区预测资源量精度统计表。

(18)内蒙古自治区预测资源量深度统计表。

(19)内蒙古自治区预测资源量矿产类型统计表。

(20)磁性矿床预测资源量可信度统计表。

(21)内蒙古自治区铁矿预测工作区预测资源量可信度统计表。

(22)内蒙古自治区预测资源量可信度统计表。

(23)铁矿矿致磁异常核实表。

(24)铁矿矿致磁异常预测资源量核实表。

(25)预测工作区磁性矿产预测资源量核实表。

(26)内蒙古自治区省级磁性矿产预测资源量核实表。

(27)内蒙古自治区铁矿预测定量计算资源量成果表。

(六)数据库建设和图件说明书及元数据

根据一图一数据库、一说明书、一元数据的原则,完成744份。

（七）文字报告

(1)《内蒙古自治区铁矿资源潜力评价磁测资料应用研究报告》（铁铝矿种）。
(2)《内蒙古自治区资源潜力评价磁测资料数据处理和地质解释工作成果报告》（全区性图件）。
(3)《内蒙古自治区磁性矿床预测资源量复核报告》（铁矿资源量预测）。
(4)《内蒙古自治区金铜等八矿种资源潜力评价磁测资料应用研究报告》（金、铜等8个矿种）。
(5)《内蒙古自治区银铬等十矿种资源潜力评价磁测资料应用研究报告》（银、铬等10个矿种）。
(6)《内蒙古自治区矿产资源潜力评价磁测资料应用研究成果报告》（总共20个矿种）。
(7)《内蒙古自治区矿产资源潜力评价磁测资料应用综合研究成果报告》。

（八）其他资料

(1)《内蒙古自治区磁法推断地质体定量计算正反演图册》。
(2)《内蒙古自治区预测工作区磁法推断地质体定量计算正反演图册》。
(3)内蒙古自治区航磁数据维护部分更新资料文件包。

（九）潜力评价磁法电子版资料型汇总成果

上述所有资料,按照汇总技术要求:"为了便于检索、管理和使用,全国矿产资源潜力评价省级磁测应用研究成果(电子版)应按照规定的目次(文件夹)进行磁法资料型汇总。"汇总成果(电子版)各类资料目录结构示意图如下。

(1)内蒙古自治区磁法基础资料汇总资料目录树示意图（图1-1）。

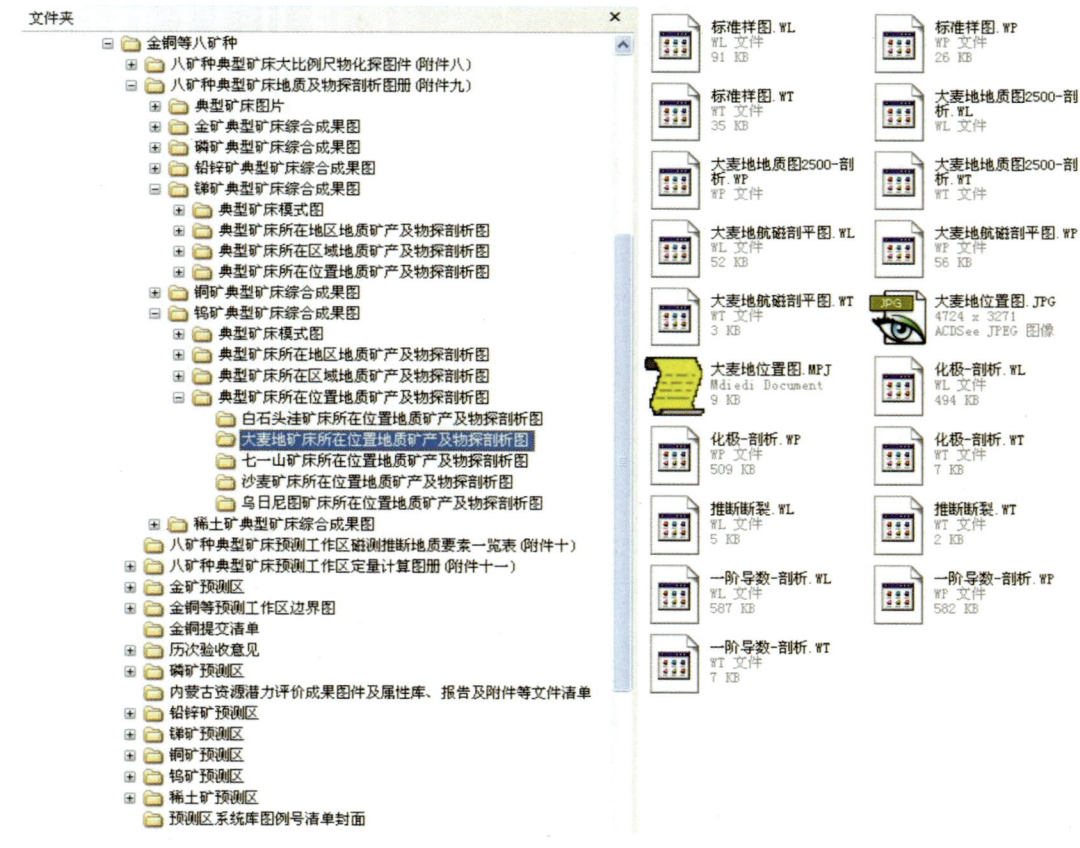

图1-1　内蒙古自治区磁法基础资料汇总资料目录树

(2) 内蒙古自治区磁法省级汇总资料目录树示意图(图1-2)。

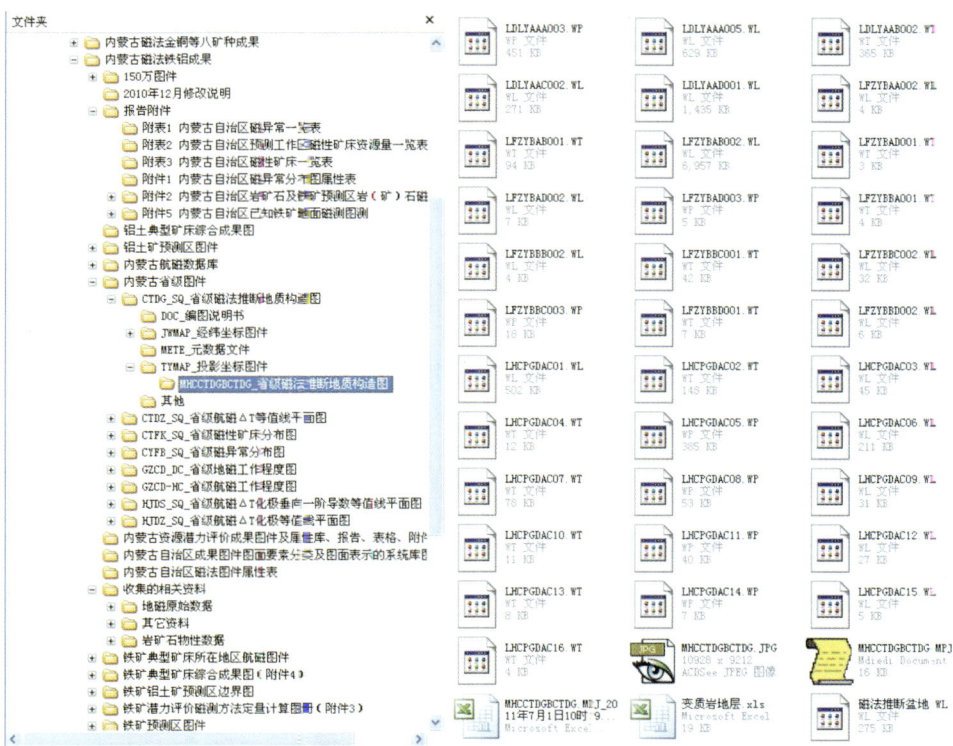

图1-2　内蒙古自治区磁法省级汇总资料目录树

(3) 内蒙古自治区磁法典型矿床汇总资料目录树示意图(图1-3)。

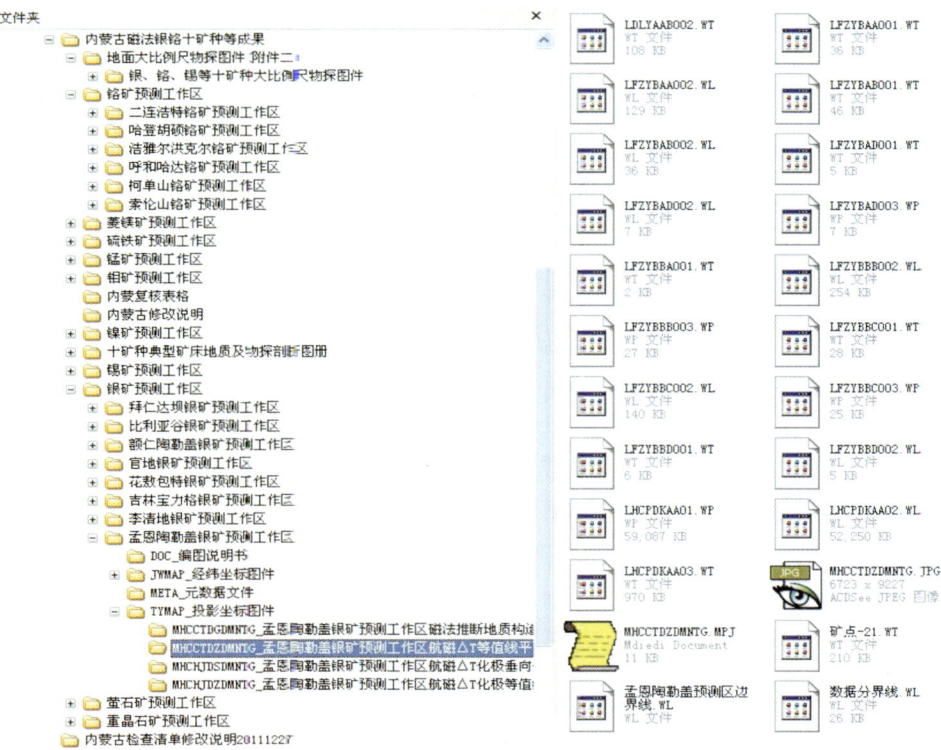

图1-3　内蒙古自治区磁法典型矿床汇总资料目录树

(4)内蒙古自治区单矿种预测工作区汇总资料目录树示意图(图1-4)。

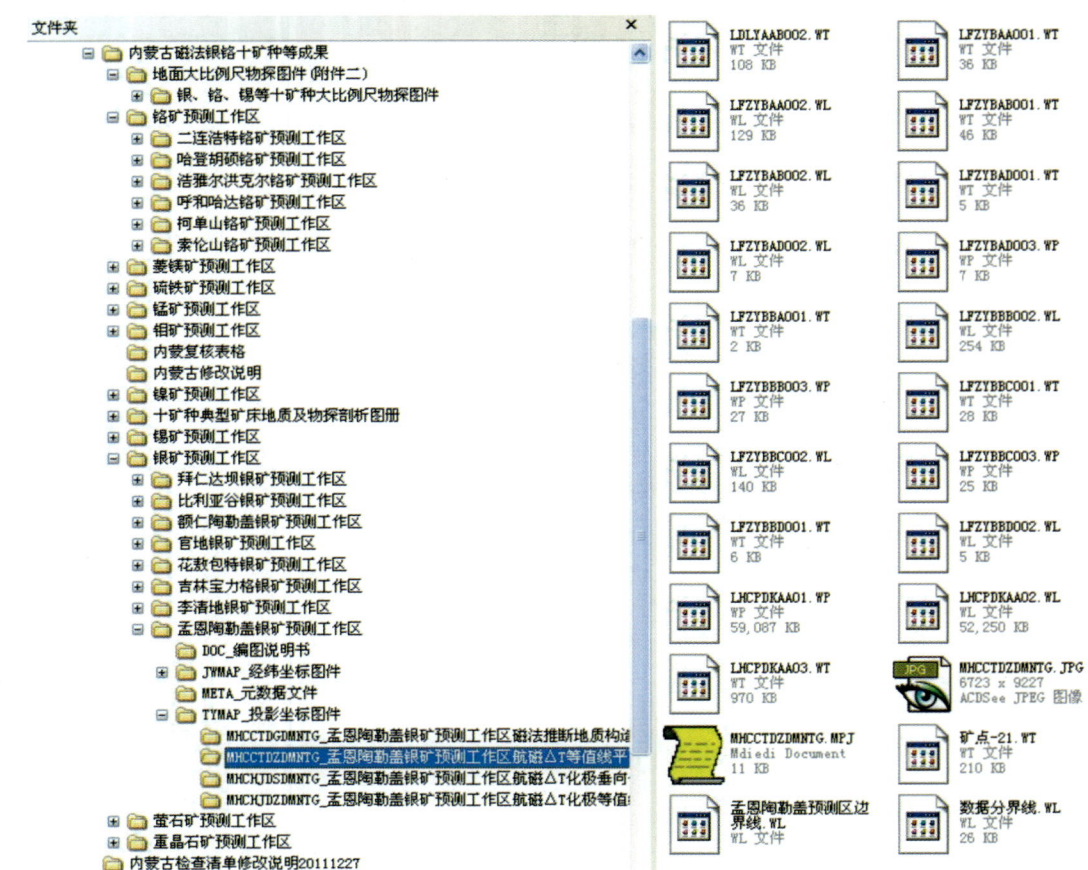

图1-4　内蒙古自治区单矿种预测工作区汇总资料目录树

二、综合型汇总研究成果

此次工作编制了内蒙古自治区14个Ⅲ级成矿区带航磁异常图件,每个均包括ΔT等值线平面图、ΔT化极等值线平面图、ΔT化极垂向一阶导数等值线平面图、磁法推断地质构造图。比例尺1∶50万,共计55张。编制了内蒙古自治区Ⅲ级成矿区带航磁异常特征图集,1册。编制了内蒙古自治区航磁推断找矿靶区工作部署图集,1册。

综合型汇总研究重点是深化和提高,通过总结评价本次矿产资源潜力评价中磁法应用效果,充分表明磁法在矿产资源潜力评价中效果是明显的。对于磁法,根据磁异常特征不但可以较客观地估算磁性铁矿资源量,还可以利用航磁异常特征资料解决地质构造等问题。下面重点列举综合型汇总研究成果中一些新的认识和发现。

(1)在磁性铁矿资源量潜力评价方面,首先利用磁测体积法对自治区磁性铁矿资源量进行了估算,预测得全区磁性铁矿资源总量为81.04×10^8t,其中已查明资源量为37.26×10^8t,本次预测资源量43.78×10^8t。加之还有大量的低缓磁异常并没有包含在本次评价中,其中不乏矿致异常。另外本次评价资源量多为500m以浅,所以深部找矿也具一定的找矿潜力。因此分析认为,内蒙古自治区磁性铁矿资源量潜力巨大,值得进一步研究挖掘。

另外有针对性地根据控矿因素、地质环境、矿床成因及矿床形成空间对磁性铁矿潜力分析,指出狼山-阴山陆块区深部可能存在大型磁性铁矿床。

(2)详细论述了航磁异常圈定重要控矿断裂构造的效果,并指出了这些重要控矿断裂与矿产成因的关系及标志。

(3)详细论述了利用航磁异常正则化滤波曲线特征圈定大型火山构造的效果,首次建立了依据磁法推断分析确定的内蒙古自治区大型火山构造架构,并仔细分析了相关地质单元内古火山构造架构特征类型及与矿产的关系。

(4)详细地论述了利用航磁异常正则化滤波曲线特征圈定大兴安岭-林西岩石圈断裂带边界所作的推断,并详细分析了带内断裂特征。发现了未定名断裂1,该断裂北起八大关牧场经阿尔山、大石寨,南至扎鲁特旗梅林庙,呈S形展布,南侧从大石寨起分为两支,区内长约690余千米,平均宽48km。

(5)详细论述了铁、铜等20个矿种典型矿床,不同成因类型的矿床赋存区位、航磁异常局域及区域特征,推断解释了各种典型矿床的控矿因素、成矿环境,以及区域、局域构造背景,同时指出了找矿方向。

依据Ⅲ级成矿单元,详细论述了各Ⅱ级成矿单元航磁异常特征,分析和描述了找矿标志特点。

根据区域及局部航磁异常分布特征,结合重要控矿构造特点及断裂分布特征和已知不同类型矿产产出地质环境,综合分析部署了铁、铜等20个矿种的有利找矿靶区70个,详见表1-2。

编写了《内蒙古自治区矿产资源潜力评价磁测资料应用综合研究成果报告》。

表1-2 磁法推测各矿种找矿靶区表

矿种	成因类型	数量(个)	矿种	成因类型	数量(个)
铁矿	海相火山岩型	14	稀土矿	沉积型	1
	矽卡岩型、其他类型	9		沉积变质型	1
	沉积变质型	1	硫铁矿	层控型(硫铁、铅锌多金属)	3
铜、铅锌多金属矿	热液型	4		层控型	1
钼矿	斑岩型	5		沉积型	1
钨矿	热液型	1	菱镁矿	热液型	1
锡矿	热液型(锡、铅锌、银)	3	重晶石矿	热液型	5
铬铁矿	蛇绿岩型	5	萤石矿	热液充填型	5
锰矿	海相火山岩型	3		沉积改造型	1
	沉积变质型	1	磷矿	岩浆岩型	3
铝土矿		1		沉积变质型	1

第三节 参加研究人员

全国重要矿产资源潜力项目在2007年启动,航磁专题由内蒙古自治区地质矿产勘查开发局李红红、武斌负责,内蒙古国土资源勘查开发院在2008年5月才接手开始做,磁测专题总体设计是由内蒙古自治区地质矿产勘查开发局李红红、武斌编写。李红红、武斌同志在项目前期帮助我们在培训、熟悉、掌握技术要求和软件等方面做了大量的工作,在此表示感谢!同时,对亲自管理项目的院领导朱锁、梁新强、丛利民表示感谢!

本书由贾金富、乔占华、刘凤岐主编,辛盛、段海龙、何志国、吕洪涛、侯学敏、顾宁参加了部分章节编写或资料准备。成图由吕洪涛、王惠美、顾宁、侯学敏负责,同时参加了资料收集、整理、矢量化编图等准备工作,数据库由侯学敏、顾宁、吕洪涛负责。具体章节分工如下:乔占华、贾金富负责整体统稿,何治国负责地质相关内容统稿,其中贾金富负责第一章、第二章、第七章的编写,乔占华、贾金富负责第四章、第五章、第六章的编写,刘凤岐、何治国、段海龙、顾宁负责第三章的编写。

内蒙古自治区自1957年至今有不同部门做了大量不同比例尺的磁测工作,本书涉及的内容、方法不但面宽而且复杂,由于安排提交报告时间有限,资料收集不全,加之笔者业务水平有限,本书中难免有不足之处,恳请读者批评指正。

第二章 矿产资源潜力评价中磁测资料应用方法

第一节 磁法解决重要地质构造方法

一、磁法解决重要地质构造的基本方法

利用磁测资料解释推断地质构造（断裂构造、火山构造）、地层（磁性火山岩地层、磁性变质岩地层）和侵入岩等已广泛应用于地质工作中，也取得了较好的成果。

在解释过程中，前提条件是可以引起磁性异常的地质构造，也不能单独使用一种方法做出最终解释推断，往往是结合重力资料或其他方法相互验证，所得到的解释推断更为正确、切合实际。

一般来讲，利用磁法资料推断解释地质构造、地层、岩浆岩，不仅可以识别构造的级别、规模，确定其分布范围、走向、长宽等参数，在条件有利时，还可以对地质构造进行半定量解释，确定其埋深、产状等重要参数。

（一）利用磁测资料识别断裂的主要标志

1. 不同磁场区的分界线

不同磁场区的分界线，往往是构造分区的界线，通常也为规模较大的断裂带的划分标志。如图2-1中内蒙古中部蒙F-000027-013断裂构造，处于两个不同磁场区的分界线上，断裂的北侧为大面积正高异常区，南侧为较平缓的负异常区。

2. 磁异常梯度带

若断裂两盘为上下错动形成台阶状磁性地质体，上盘的磁异常强度大而范围小，下盘的磁异常强度小而范围大，在上盘与下盘之间出现磁异常梯度带，所以磁异常梯度带可以作为断裂的识别标志。这时断裂顶线大致位于磁异常梯度带中部异常拐点处，或异常水平导数的极值处。当然，磁异常梯度带不一定就是断裂的反映，也可能是其他地质体的反映，关键要看磁异常梯度带是否走向延伸较长。此外还应注意，具有物性差异的线性延伸长的岩性分界线，也对应磁异常梯度带，这与断裂对应的磁异常梯度带类似。因此，判断磁异常梯度带是否由断裂引起，首先应分析异常的起因和地质上是否存在断裂的可能性，是否存在地质体被上下错动的可能性，然后再确定磁异常梯度带是否对应断裂。

断裂两侧的地层时代不同，岩性差别较大，物性差异明显。如图2-2为蒙F-0089断裂中段，内蒙古中部西起杭锦后旗向东经乌拉山-大青山北缘，呈近东西向展布，是华北板块太古宙原始陆块与渣尔泰-白云鄂博中元古代裂陷槽之分界。

航磁异常图上断裂带表现为非常醒目的、特征完全不同的两种磁场面貌的分区界线，其南侧为较宽、异常边缘梯度较大的带状强磁异常区，总体呈近东西向展布，对应的为强磁性的太古宙乌拉山岩群所引起的区域性强磁异常区。北侧以平静的负磁异常为其主要特征，其对应的为弱磁性的渣尔泰群—白云鄂博群和海西中—晚期巨型花岗岩带。

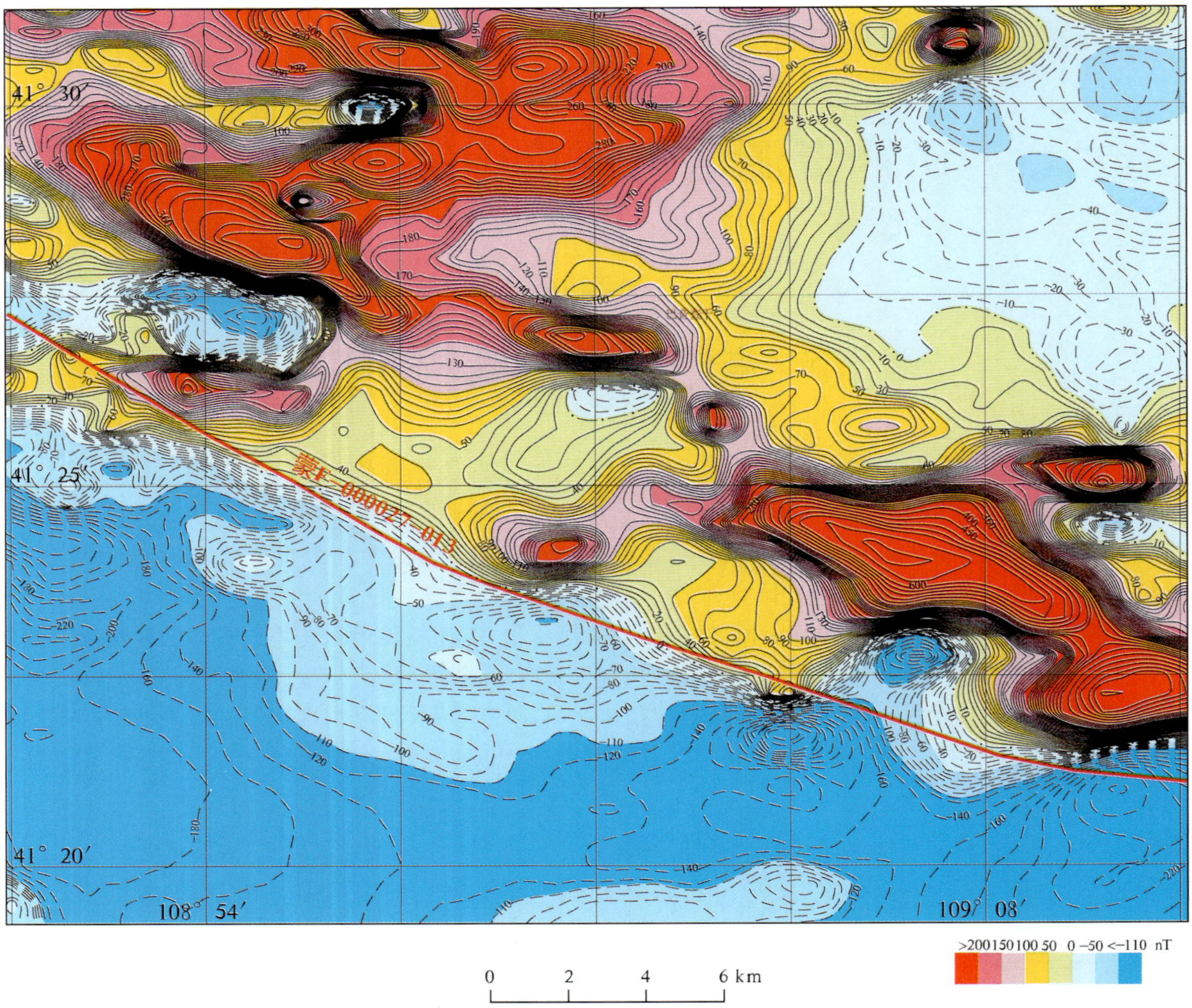

图 2-1 蒙 F-000027-013 断裂构造磁场分区示意图

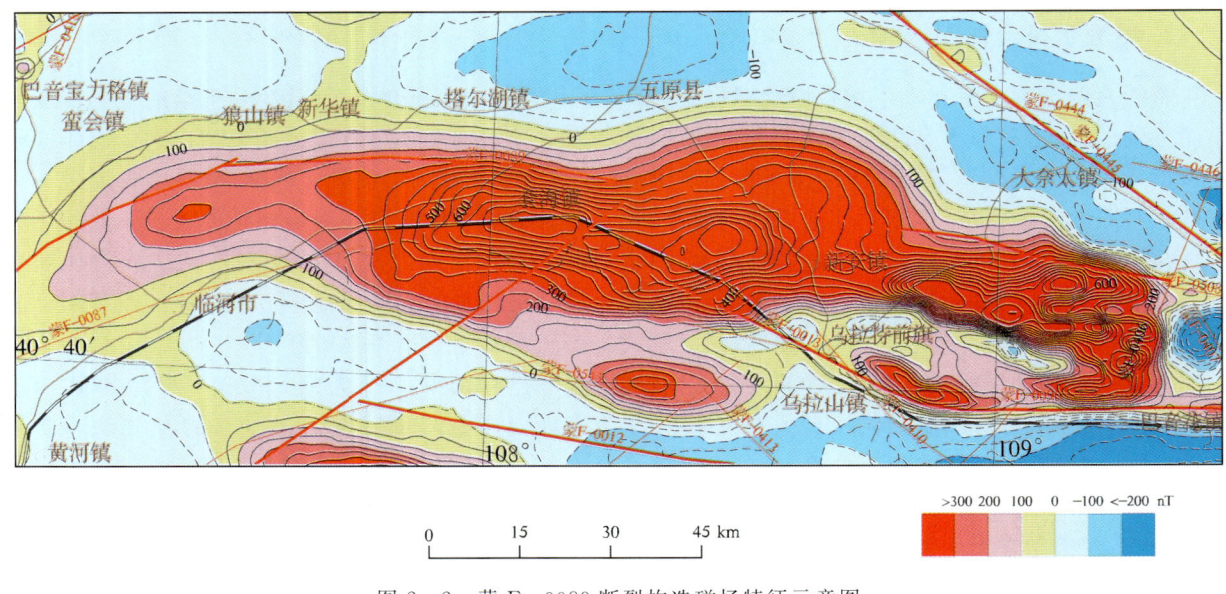

图 2-2 蒙 F-0089 断裂构造磁场特征示意图

3. 串珠状磁异常带

串珠状磁异常带往往反映断裂带内断续有充填物的情况。如沿断裂带的岩浆活动不均匀，因而其磁性物质的分布也不均匀，这会引起呈串珠状的、断断续续分布的线性磁异常，因此线状的、拉长的磁异常可作为划分断裂的依据，磁异常轴线反映的断裂便是岩浆岩的通道。如图2-3中蒙F-000043-001断裂和图2-4中断裂处于平静的负磁异常边部或者平静负磁异常中。串珠状异常是由沿断裂带侵入的超基性岩体引起，串珠状磁异常北西走向，反映了断裂的走向，断裂位置处于化极磁场图上串珠状异常极大值点的连线上。

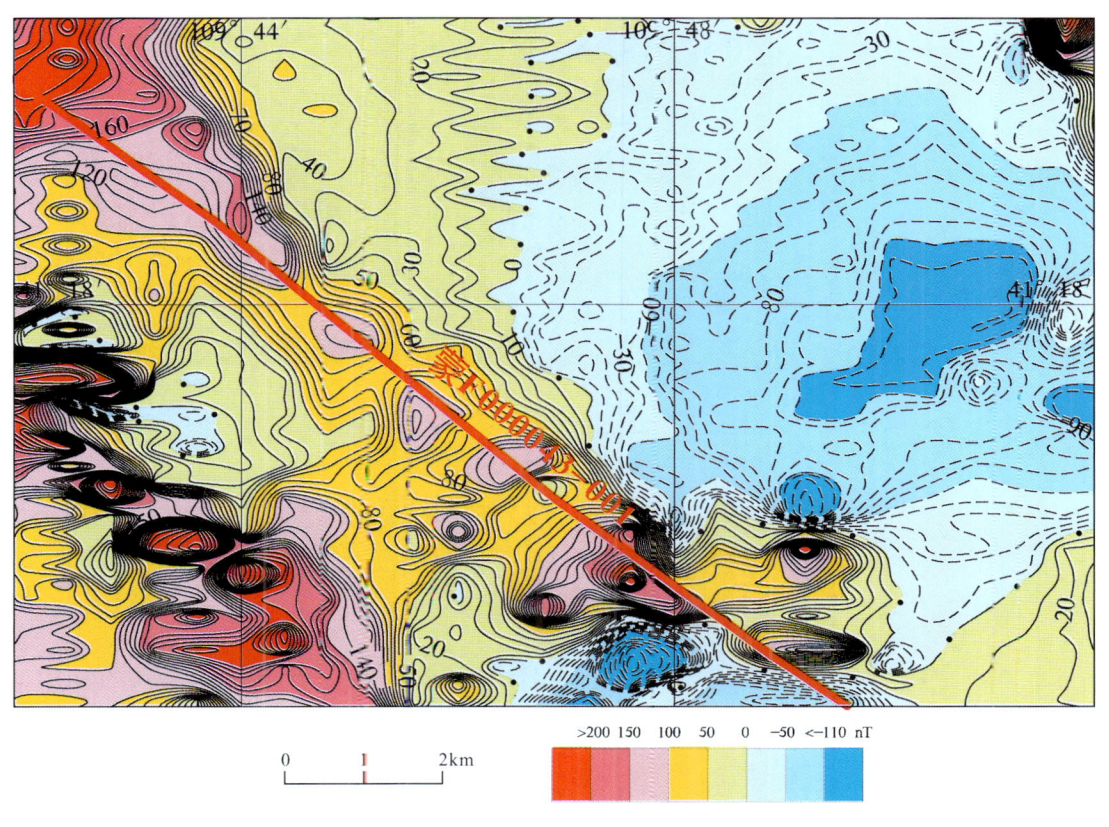

图2-3 蒙F-000043-001断裂构造磁场图

4. 线性异常带

线性异常带有一些类似于串珠状异常的性质，线性异常带是指具有明显方向的异常带，它可以是正异常带、负异常带或正负交替出现的异常带。如图2-5和图2-6中断裂。

正异常带是由宽度不大、走向长度大的地质体引起的。在化极磁场图上，正异常带表明断裂带内后期有磁性岩浆侵入。当磁性岩浆岩分布不连续时，便出现串珠状磁异常带。

另在化极磁场图上，负异常带单独出现，多表明存在挤压性质的断裂或断裂带。负异常带不是由充填到断裂内的岩石产生，而是由于断裂构造导致局部岩石的磁性降低所致。当断裂带为一构造破碎带时，磁性岩层或岩体的磁性因为断裂破碎的影响而降低，在断裂带分布范围内显示磁场局部降低，往往形成磁场的间断或明显的窄长负磁异常带或降低磁异常带。

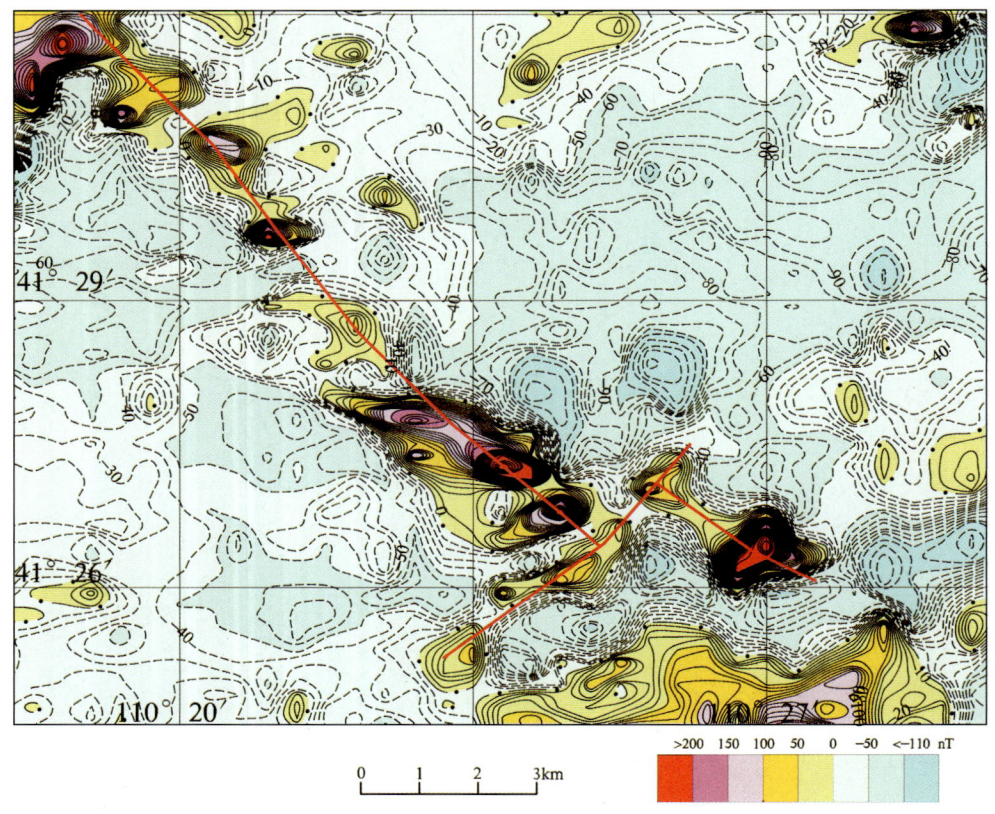

图 2-4 串珠状磁异常推断断层磁场图

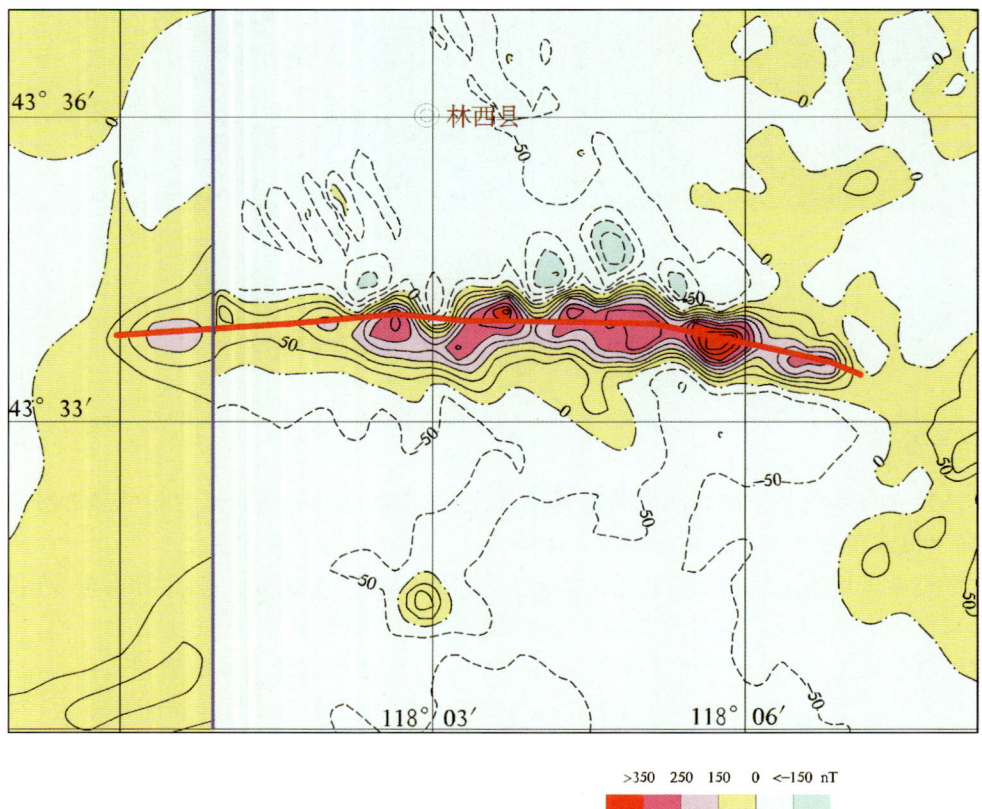

图 2-5 林西县南线性磁异常推断断裂磁场图

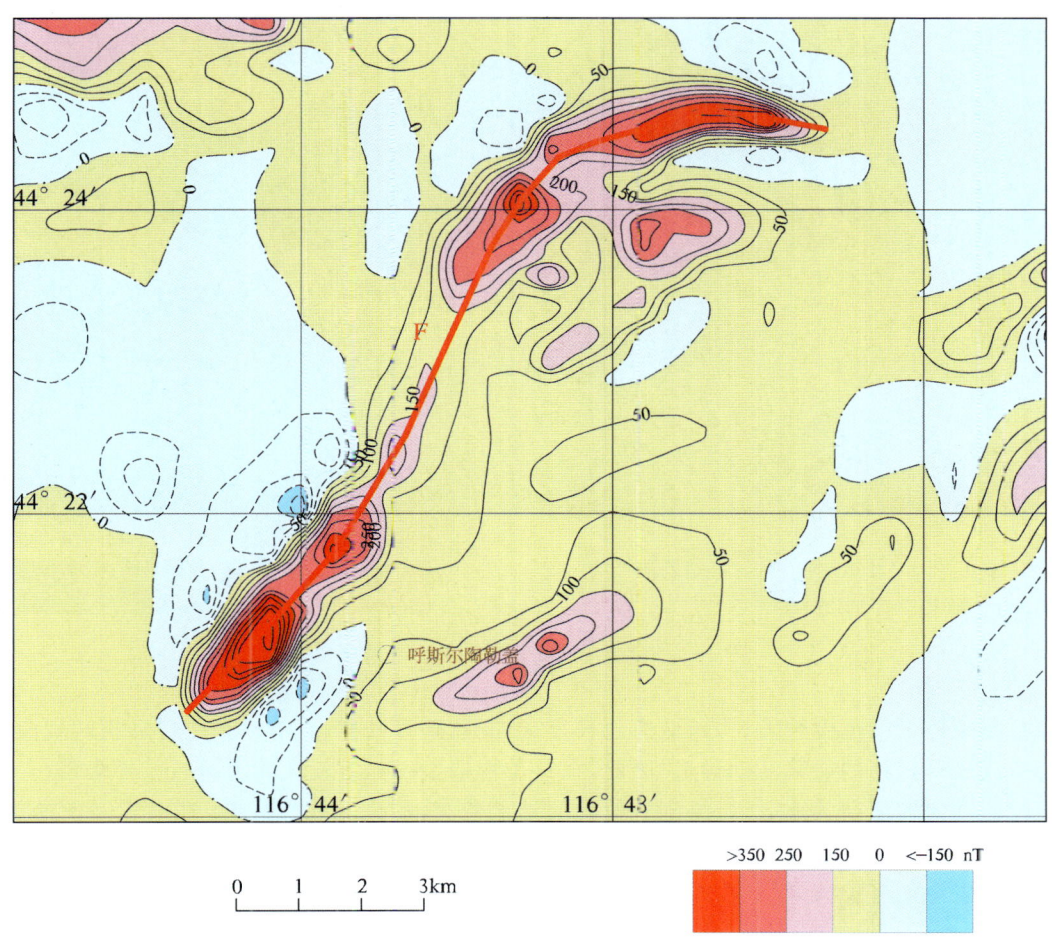

图 2-6　呼斯尔陶勒盖线性磁异常挂断断裂磁场图

5. 磁异常突变带

磁异常突变带是指并行的多条带状磁异常，同时在某一界线处异常强度集体突然降低甚至终止、异常形态同向扭曲等，预示磁异常反映的地质体可能被断裂断开、截止，或者平移了，如图 2-7 蒙 F-0112 断裂。

达茂旗北蒙 F-0112 断裂西端（图 2-7），在磁场上，北侧为多条北东向延伸的磁异常，磁异常向南西方向延伸到断裂所在位置突然中断，断裂的南侧为平缓的负磁异常区，北侧为较强条带状正负相间磁场，两侧磁场差别明显。

从磁场特征推断近东西向蒙 F-0112 断裂位于多条北东向磁异常带的截止部位连线上。从断裂两侧磁场相差较大，推断断裂断距较大，南侧地层埋深较大，磁异常减弱明显，形成断裂两侧磁场差别特征明显。

半定量解释，是以磁异常突变带判定断裂或断裂带之所在，磁异常平面上的总体延伸方向为其走向。

6. 异常错动带、雁行状异常带、放射状异常带

在磁场图上，一条或几条比较容易对比的、线性排列的磁异常带发生明显错动时，表明磁性标志层或脉岩体发生了错动，这通常是断裂作用的结果。

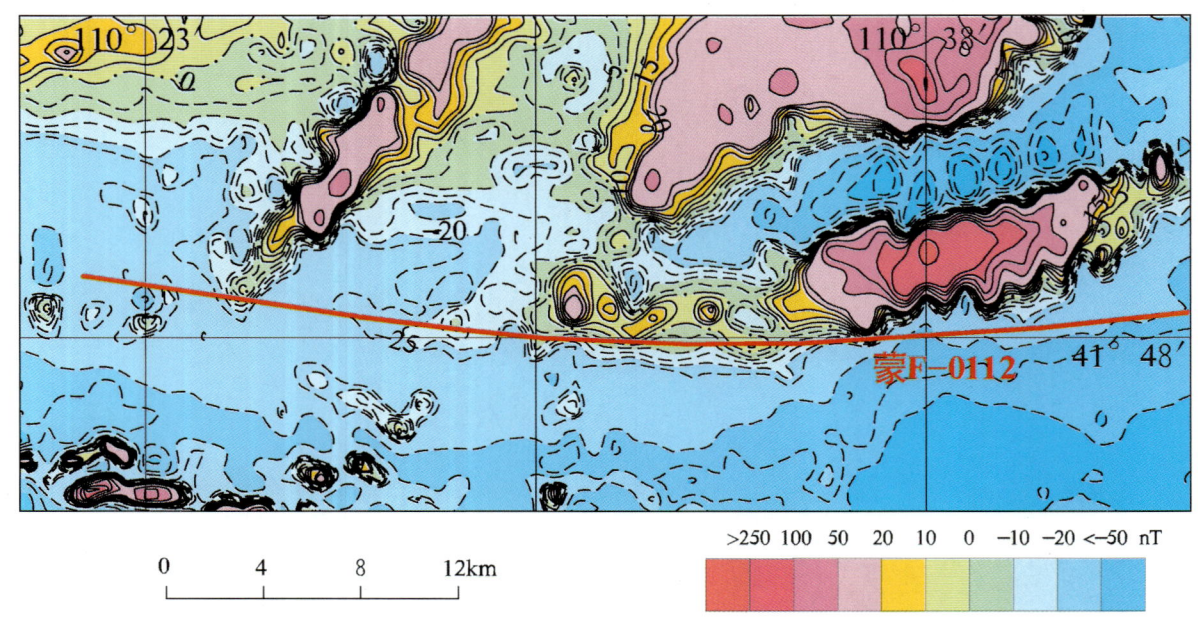

图 2-7 蒙 F-0112 断裂西端磁场特征图

有些断裂破碎带的范围较大,构造应力比较复杂,既有垂直变位,也有水平变位和扭转现象,在这种情况下会造成雁行排列的岩浆活动通道,因此,在这类构造上磁异常就表现为雁行状异常带。

在火山活动比较复杂的地区,可见到放射状的异常带组,每一个线性异常,都标志一条断裂岩浆活动线。当根据磁异常推断断裂构造时,有两点值得注意:一是要注意追踪并标志异常轴,二是要有理由肯定异常与岩浆活动有关。

(二)利用磁测资料圈定侵入岩的方法及确定其产状的方法

1. 侵入岩体圈定依据

除侵入岩能引起磁异常外,火山岩、变质岩等也能引起磁异常。如何判断磁异常是否为侵入岩,通常从 3 个途径来考虑。其一是磁异常所处的地质环境,根据地质构造环境进行研究;其二是根据磁异常的特点进行判断;其三是根据物探、化探、遥感综合信息进行研究,如重力图上,花岗岩通常表现为重力低,基性岩为重力高。

侵入岩往往成群成带分布,因此往往形成磁异常群或磁异常带。对于单个岩体,特别是中酸性岩体的顶部,往往呈近似等轴状,其接触带蚀变后磁性往往变强,因此平面上常出现等轴状的异常区和环形异常带,这也可作为识别岩体的标志。但应注意的是,不同类型的岩体因其磁性矿物含量的不同,由酸性岩到超基性岩,磁性由弱到强;同一种类的岩石,因其产出时代和条件的不同,岩石中的分相、分带以及蚀变风化等原因,磁性可能变化很大。

超基性岩类:超基性岩体的磁性最强,在其上可观测到较高的磁异常。

基性岩类:有较强的磁性,在其上可观测到明显的磁异常。

基性—超基性岩类:有较强的磁性,基性与超基性岩有时在磁场上无法区分,不再细分。

中性岩类:有中等磁性,在其上可观测到数百纳特甚至更强的异常。

中酸性岩类:中性和酸性岩有时不易区分,不再细分。

酸性岩类:弱磁性,较强磁性的燕山期花岗岩可观测到 300~500nT 的磁异常作为圈定方法。

不论是基性岩体还是酸性岩体,其圈定方法基本相同,具体为:①通常以磁异常的梯度陡变带为岩体的边界;②对规模较小的磁性体,可按磁异常一阶导数零值线圈定;③对规模较大的磁性体,可采用磁异常二阶导数零值线圈定;④对岩体本身无磁性,但因接触带蚀变后磁性增强而引起的磁异常,通常使用环状磁异常内侧的梯度陡变带来圈定。

2. 火山岩圈定原则

用磁测资料圈定火山岩地层的方法:首先依据地质环境及磁场特征判断是否为火山岩地层。火山岩地层一般磁场表现为强度较高、变化剧烈、很不规则、多峰杂乱成片或成带出现,在此基础上利用磁异常带外部异常的外侧拐点或垂向二阶导数等圈定火山岩地层的边界。

二、磁法解决重要地质构造的定量方法

磁法推断地质构造定量解释的目的是要确定磁法推断地质构造的空间展布形态、埋深及磁性强弱等参数。磁法推断地质构造内容应包含 构造(断裂构造、火山构造)、地层(磁性火山岩地层、磁性变质岩地层)和侵入岩。磁法推断地质构造定量解释的方法一般采用特征点法、切线法、外奎尔法、功率谱法、2.5D拟合法等。但达到定量解释的前提条件要求比较多,比如做定量解释的数据应该引用地面大比例尺工作成果,否则只能进行定性和半定量解释,再者所要推断的地质构造体具有明显的磁性差异和一些必要的磁性参数。本次工作引用的大部分为航磁资料,有关这方面的相对应的地面工作资料也很有限,资料难以保证解释精度,所以内蒙古磁法推断地质构造定量解释工作是在工作区范围内有选择地对所推断的地质构造、磁性地层及部分侵入岩应用2.5D拟合的方法进行解释。

图2-8是对蒙F-0001横蛮山-乌兰套海断裂其中的一段进行2.5D定量反演拟合计算推断图。

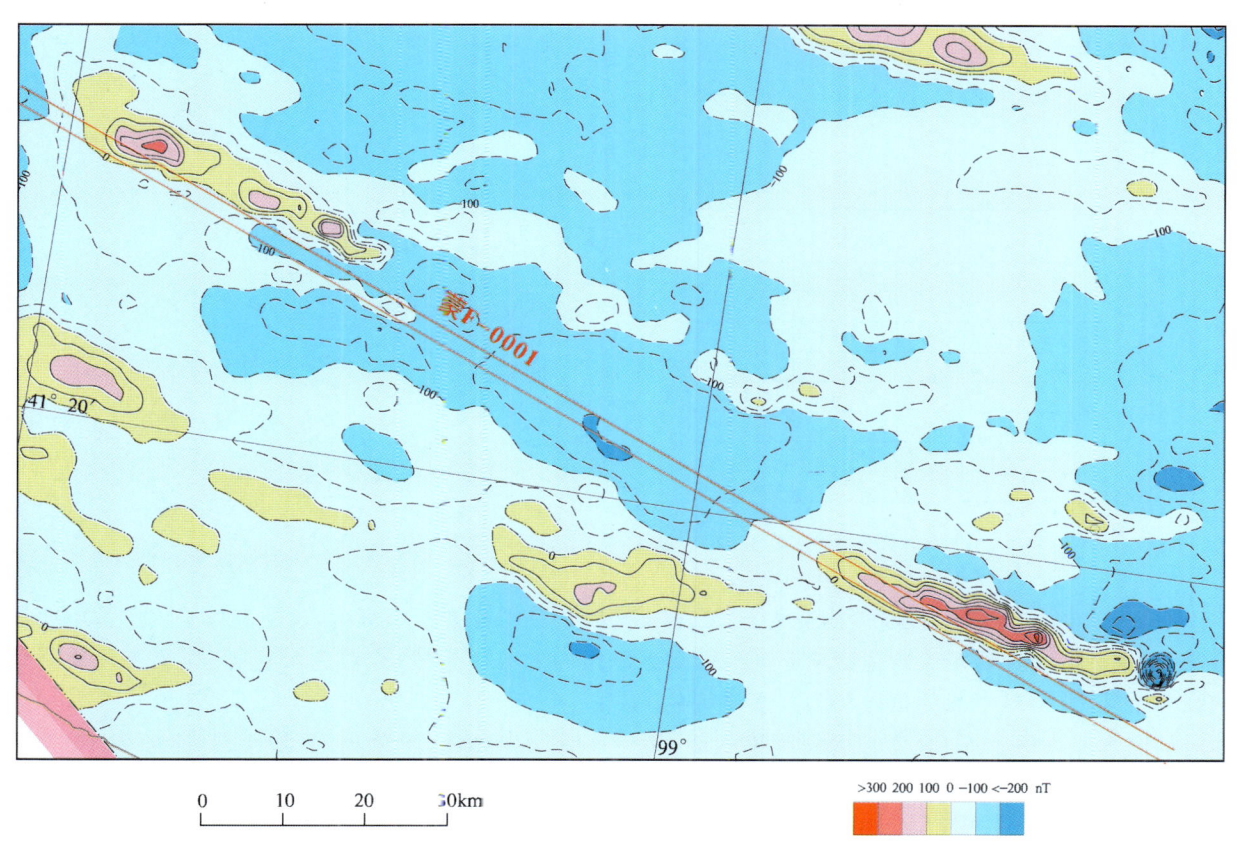

图2-8 蒙F-0001断裂航磁异常图

从 2.5D 拟合计算剖面解释推断(图 2-9)可知,该断层在解释推断剖面所处位置为隐伏断层,且埋藏比较深,约 1000m,断裂带较宽,并被侵入的较强磁性的超基性岩所充填,断层倾向 205°,倾角约 45°,所切剖面位置超基性岩具较强磁性,其次为安山岩,具弱磁性,其他地层或岩体均不具磁性。

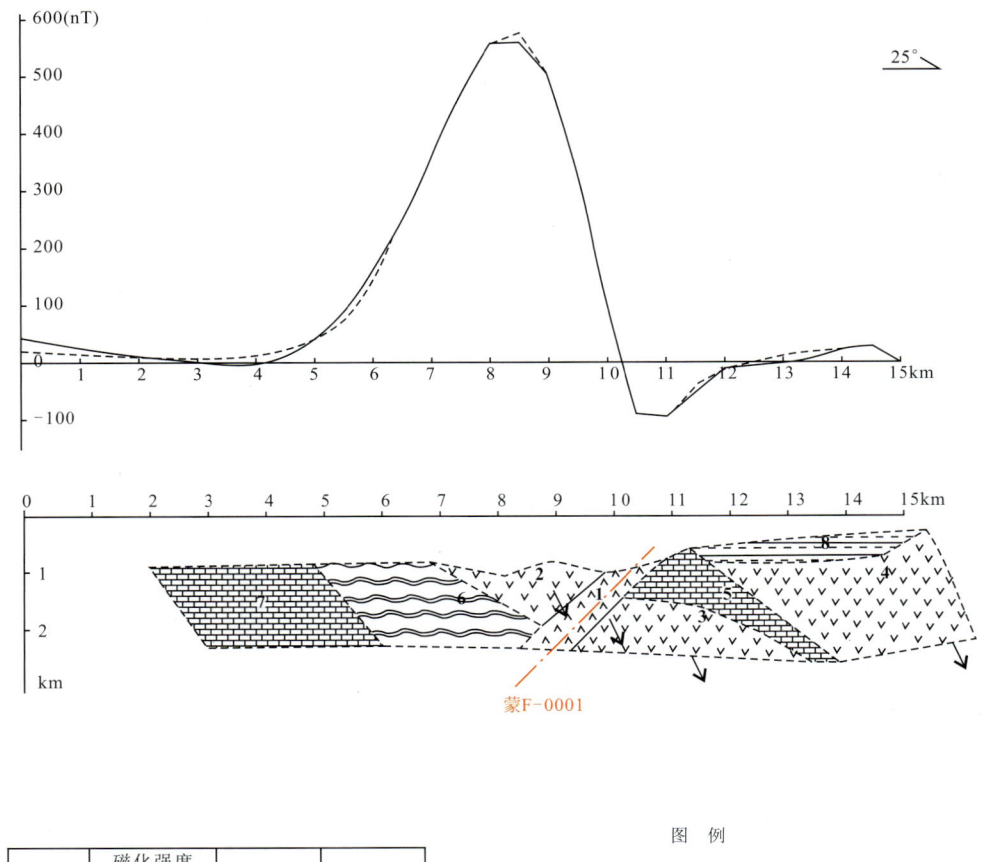

图 2-9 蒙 F-0001 断裂 2.5D 反演计算推断成果图

图 2-10 为内蒙古二级断裂构造蒙 F-0014 断裂 2.5D 拟合推断解释图,该断裂位于内蒙古中西部的临河—商都一带,磁场表现为完全不同的两种磁场面貌的分区界线,南侧为平行带状、紧密线状排列的强异常区,北侧以平静的负磁场为其主要特色。

从图 2-10 中 2.5D 反演拟合解释推断剖面看,该断裂为隐伏,埋藏较深,断距较大,倾向 160°,倾角约 40°。推断的基性岩具弱磁性,花岗岩次之。

对于推断的变质岩地层、火山岩、基性—酸性岩体采用 2.5D 反演拟合解释推断图列举如图 2-11~图 2-13 所示。图中直观地给出了目标地质体的几何形态,表中给出了目标地质体的磁化强度、顶板埋深和底板埋深等参数。

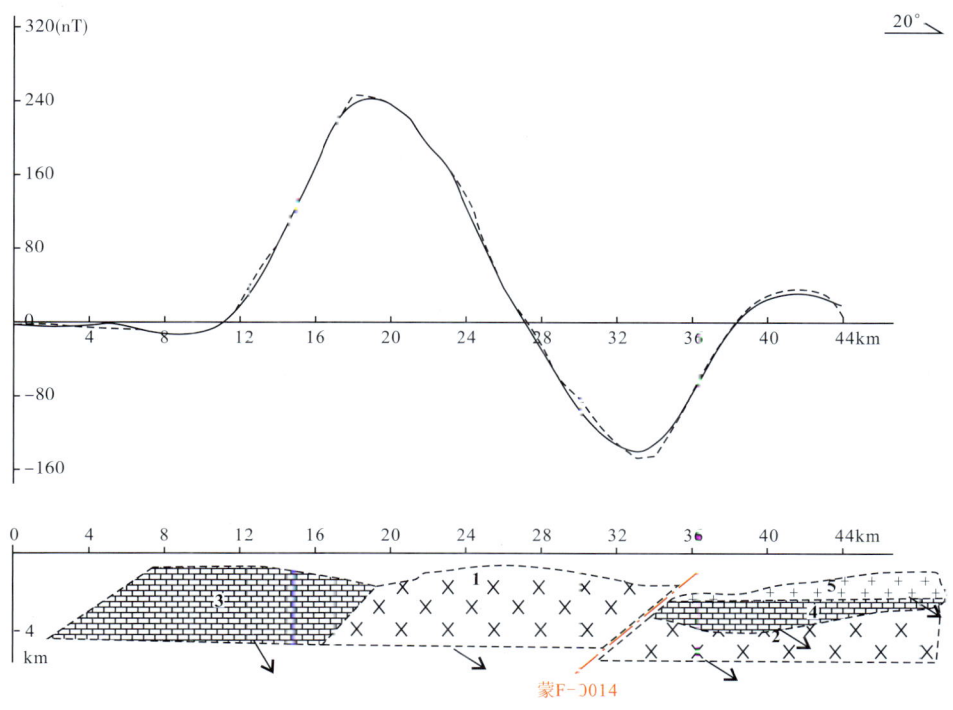

图 2-10　蒙 F-0014 断裂 2.5D 反演计算推断成果图

第二节　磁性铁矿资源量估算方法

一、磁性矿产资源量预测（估算）方法与参数的确定

（一）铁矿矿致磁异常的确定

铁矿矿致磁异常的确定主要运用定性解释的方法,采用异常特征类比和相似成矿地质环境中的异常对比的方法。具体内容如下。

对内蒙古自治区内甲类异常直接引用,并对其磁场特征逐一进行分析,研究异常与矿的关系,探讨已知矿床深部及外围的找矿潜力。

对于航磁异常强度高、成矿环境好的乙类异常结合地质环境逐个研究,确定推断铁矿异常。

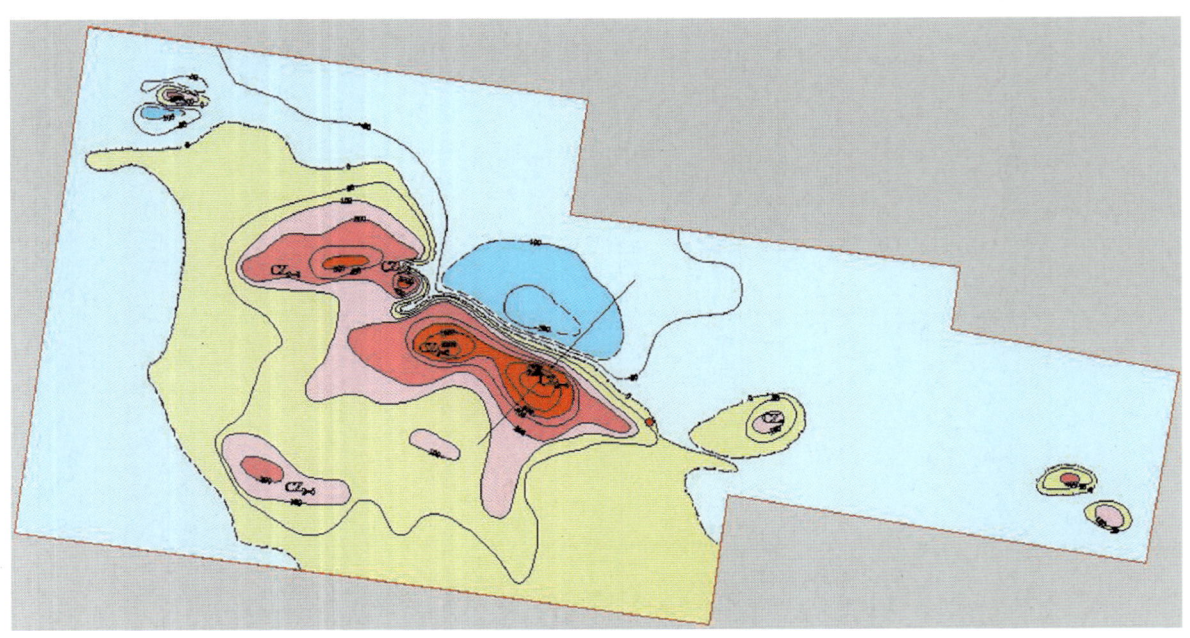

ΔZ地磁等值线平面图(比例尺1∶10 000,nT)

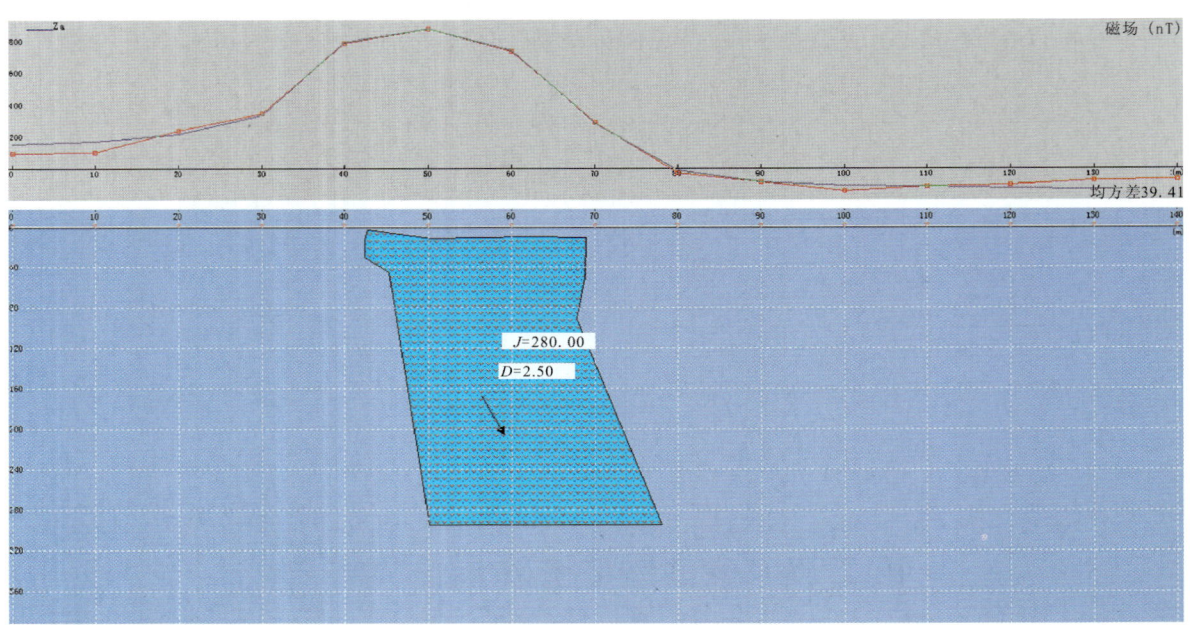

磁化强度($\times 10^{-2}$A/m)	磁化倾角(°)	磁化偏角(°)	截面积(m^2)	顶板埋深(m)	底板埋深(m)
280	60.5	-0.5	7026	8	290

 推断变质岩地层

图2-11 内蒙古自治区额济纳旗南部地区老硐沟式层控内生型金矿预测工作区
推断变质岩地层2.5D反演定量计算成果图

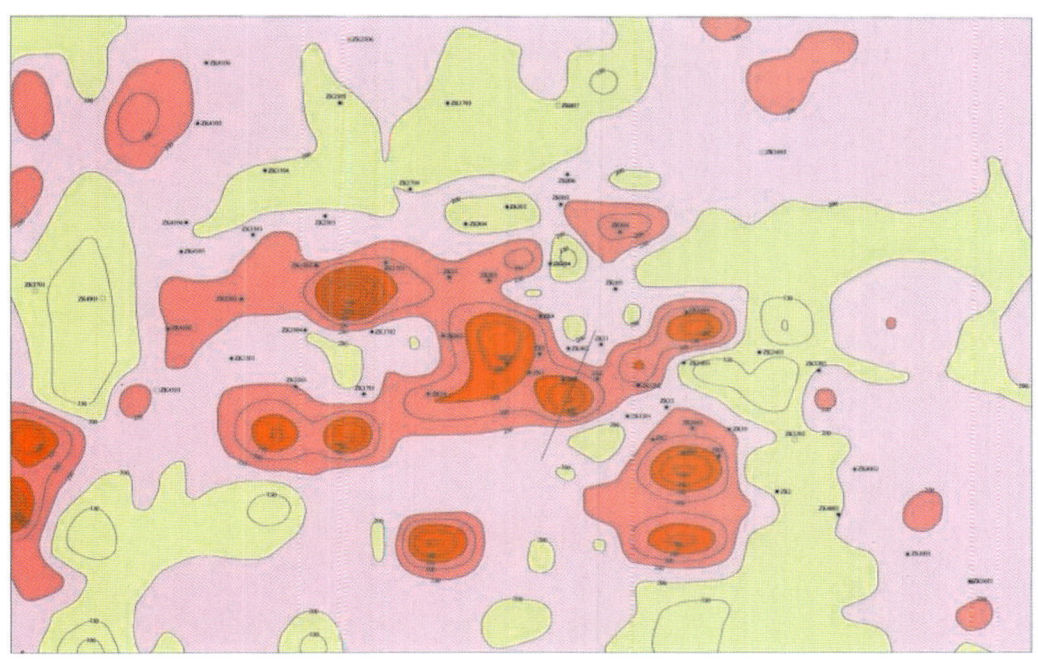

地磁ΔZ等值线平面图(比例尺1∶10 000,nT)

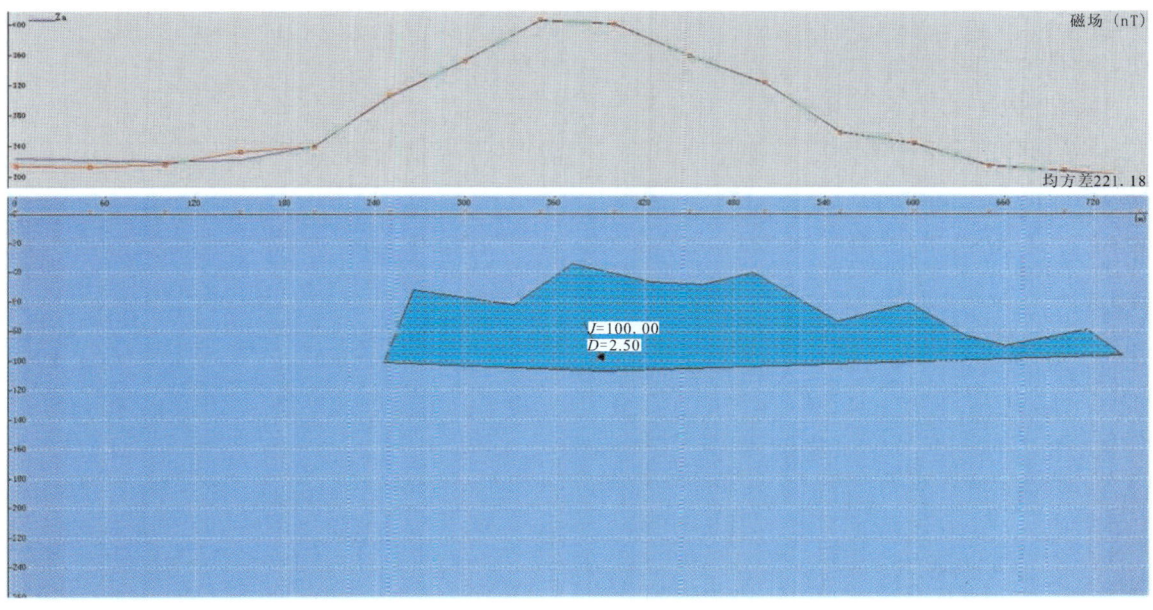

磁化强度(×10⁻²A/m)	磁化倾角(°)	磁化偏角(°)	截面积(m²)	顶板埋深(m)	底板埋深(m)
100	63	−7	19 882	32	108

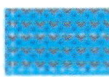 推断火山岩地层

图2-12 锡林浩特-罕山林场地区拜仁达坝式侵入岩体型铅锌矿预测工作区
推断火山岩地层2.5D定量反演计算成果图

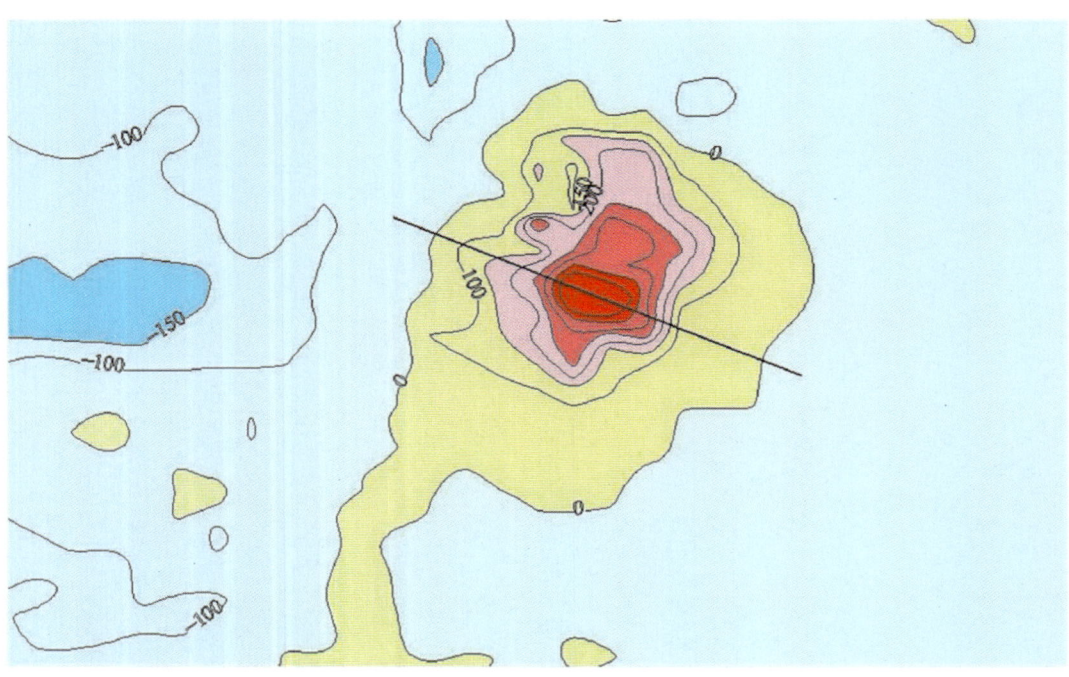

航磁ΔT等值线平面图(比例尺1:100 000,nT)

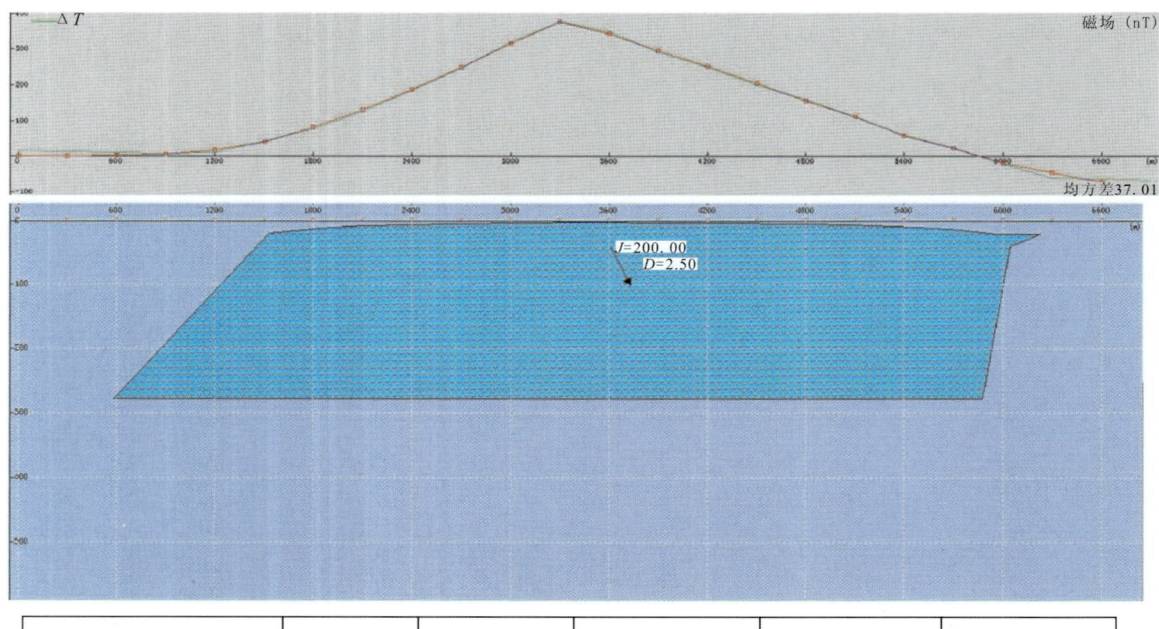

磁化强度(×10⁻²A/m)	磁化倾角(°)	磁化偏角(°)	截面积(m²)	顶板埋深(m)	底板埋深(m)
200	63	-8	1 328 572	5	280

 推断酸性岩类

图 2-13 巴林左旗阿鲁科尔沁地区敖瑙达巴式侵入岩体型铜矿预测工作区
酸性岩体 2.5D 定量反演计算成果图

以地质环境为基础,对相似环境口的低缓异常进行推断。主要为以前航磁发现的、经地面初步评价难以最终定性的,但综合分析具有良好找矿前景的异常以及性质不明的异常。

(二)磁性矿产资源量预测(估算)方法

磁性矿产预测资源量估算方法主要有磁异常拟合体积法和定量类比法两种。其中,对于可以收集到大比例尺地磁资料具备计算前提的矿致磁异常或推测矿致磁异常,利用 RGIS2010 软件中的 2.5D 正反演程序对其进行反演推断,求出铁矿体截面积,用估算资源量公式估算其资源量。对于矿致磁异常分布较多的地区,无资料不具备计算前提的矿致磁异常和一些规模较小的异常用一元线性回归分析法定量类比评估其资源量。

1. 磁法体积法

(1)根据以往研究成果、航磁异常图、地磁异常图、地检资料、地质矿产资料等,判断磁异常是否为推断铁矿矿致磁异常。

(2)选择 2.5D 人机交互定量拟合的计算剖面,提取剖面数据,确定剖面与磁异常走向的夹角和磁异常的背景值(零线)。

(3)从航磁异常图上量取推断铁矿矿致磁异常走向长度、远端距和近端距。

(4)确定矿石或直接围岩的磁性参数,如磁化率、磁化倾角等。

(5)应用 RGIS 或其他软件中 2.5D 人机交互定量拟合正反演功能,对推断铁矿矿致磁异常进行 2.5D 人机交互定量计算。

(6)从拟合剖面上量取推断铁矿体的截面积。

(7)确定形态系数和含矿系数。

(8)确定矿石体重,估算资源量。

(9)对预测资源量进行分类统计。

磁法体积法采用 2.5D 人机交互定量拟合正反演完成,估算资源量公式为:

$$Q = S \times L \times k \times \sin\alpha \times d \times K \tag{2-1}$$

式中,S 为 2.5D 拟合出磁性矿体的截面积;L 为矿致磁异常的走向长度;$\sin\alpha$ 为矿致磁异常长轴线与拟合计算剖面线夹角 α 的正弦;d 为磁性矿石相对密度;k 为形态系数;K 为含矿系数(采用典型矿床和邻近已探明储量的矿床所求出的含矿系数)。

现以额里图铁矿为例说明采用磁法体积法预测(估算)资源量预测过程。

(1)资料收集与剖面数据选取。首先收集大比例尺地磁原始精测剖面数据,当剖面不适于做定量计算(如剖面方向与地质体走向的夹角小于 45°时)或没有地磁和航磁剖面数据时,从磁测等值线图上重新提取剖面数据;有一定走向的地质体的定量计算,选择不少于两条剖面,设计的剖面要尽量穿过异常中心位置;剖面长度以取到异常两侧正常场为宜;在磁场等值线图上,根据矿区磁场特征,选择与异常主方向垂直且指北(或北东、北西)的方向作为拟合剖面方向;根据以上原则,在额里图铁矿等值线平面图上提取了两条剖面(图 2-14)。

(2)确定走向长度。已知矿体的走向长度取已控制的长度;推断磁性矿体的长度近似采用矿致磁异常的走向长度,从等值线图上量取。因此,额里图铁矿矿体走向长度 $L_1=360$m,$L_2=130$m,$L_3=290$m,$L_4=216$m,其中 4 号矿体为预测矿体。

(3)2.5D 定量拟合。通过 RGIS 软件对提取的剖面进行 2.5D 人机交互定量计算,从拟合剖面上量取铁矿体的截面积(图 2-14)。由于 1 线和 2 线所对应的同一矿体的截面积相似,形状近似棱台体,根据棱台体面积计算公式:

$$S = (S_1 + S_2 + \sqrt{S_1 \times S_2}) \div 3 \tag{2-2}$$

得到矿体的截面积为:$S_1=3630.74\text{m}^2$,$S_2=1098.83\text{m}^2$,$S_3=1131.71\text{m}^2$,$S_4=1096.91\text{m}^2$。

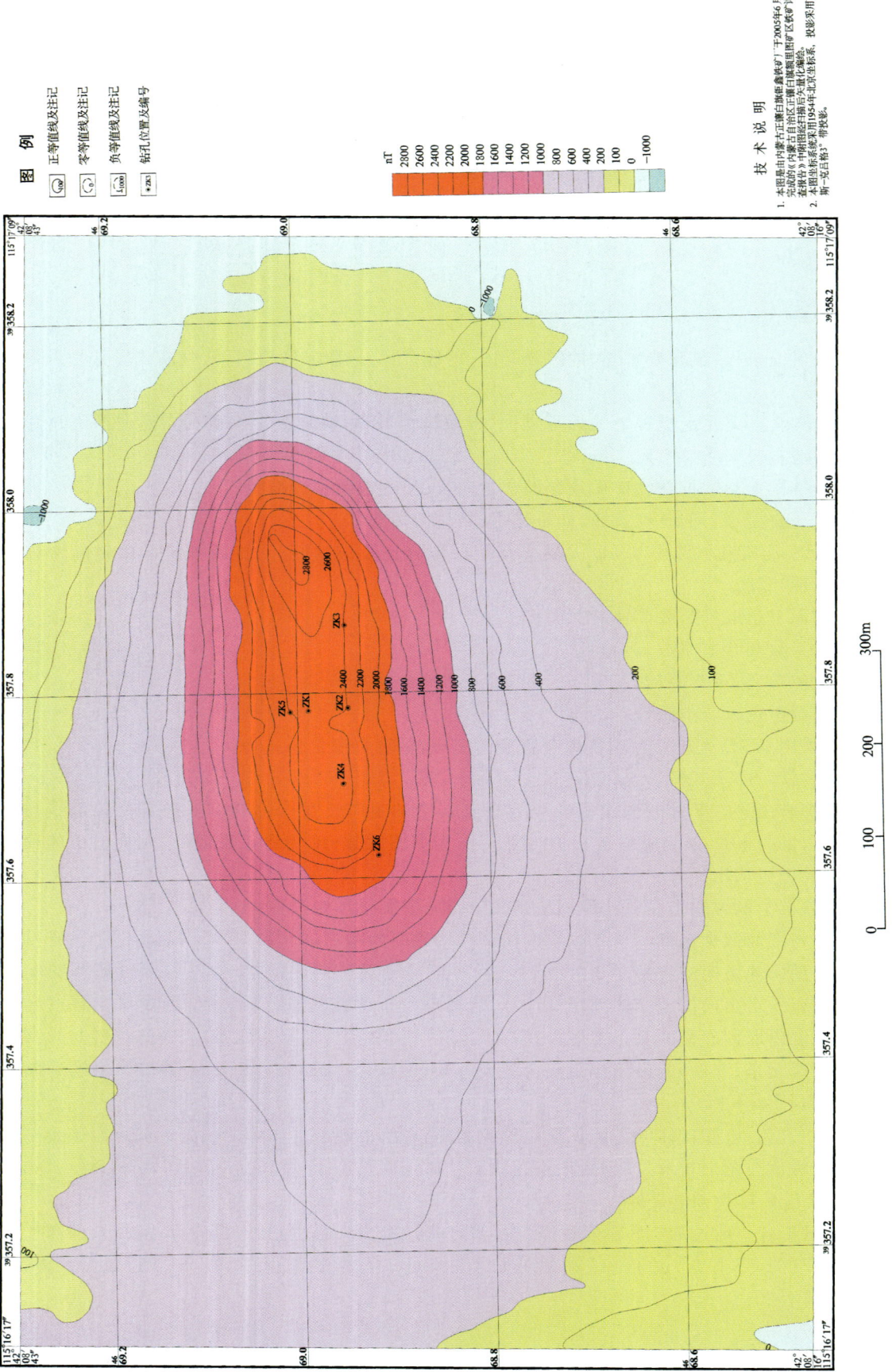

图 2-14 额里图铁矿地磁 ΔZ 等值线平面示意图

2.5D 反演程序中(图 2-15),按 1 号矿体赋存产状、顶底面埋深、斜长、厚度等进行拟合,得到了截面积即 $S_1=3630\text{m}^2$,按已知控制长度进行计算得:

$$3630\times360\times4.07\times1\times\sin(\pi/2)\div10\,000=531.98\,(\times10^4\text{t})$$

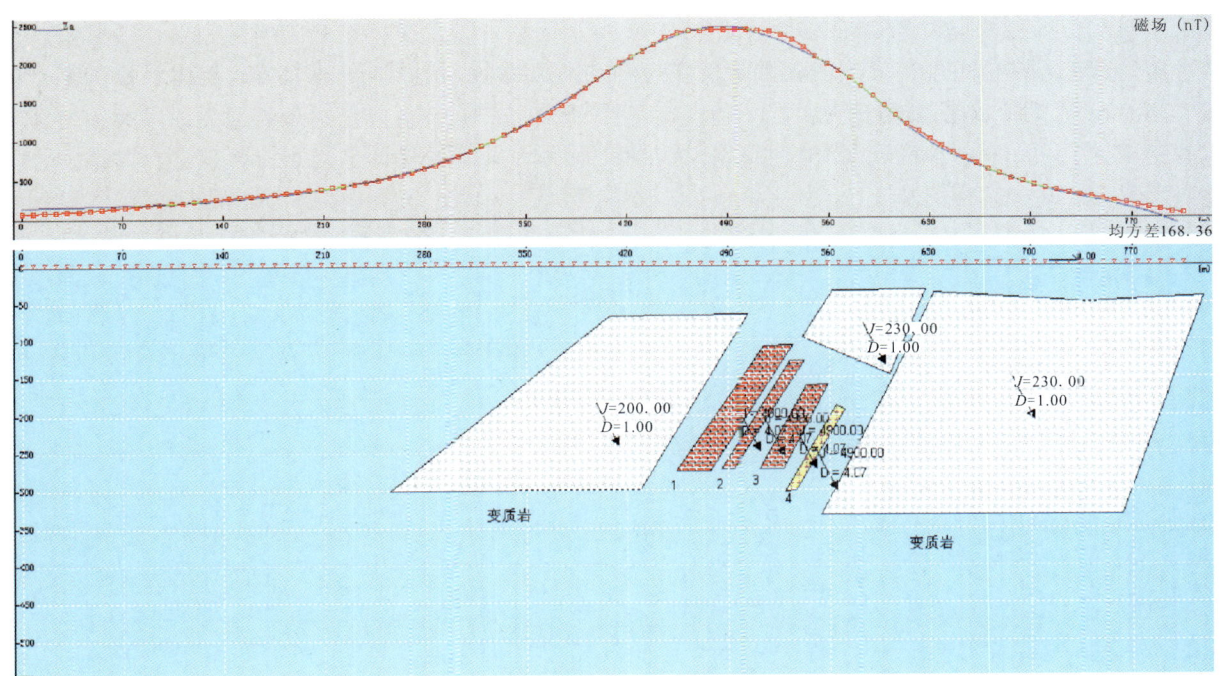

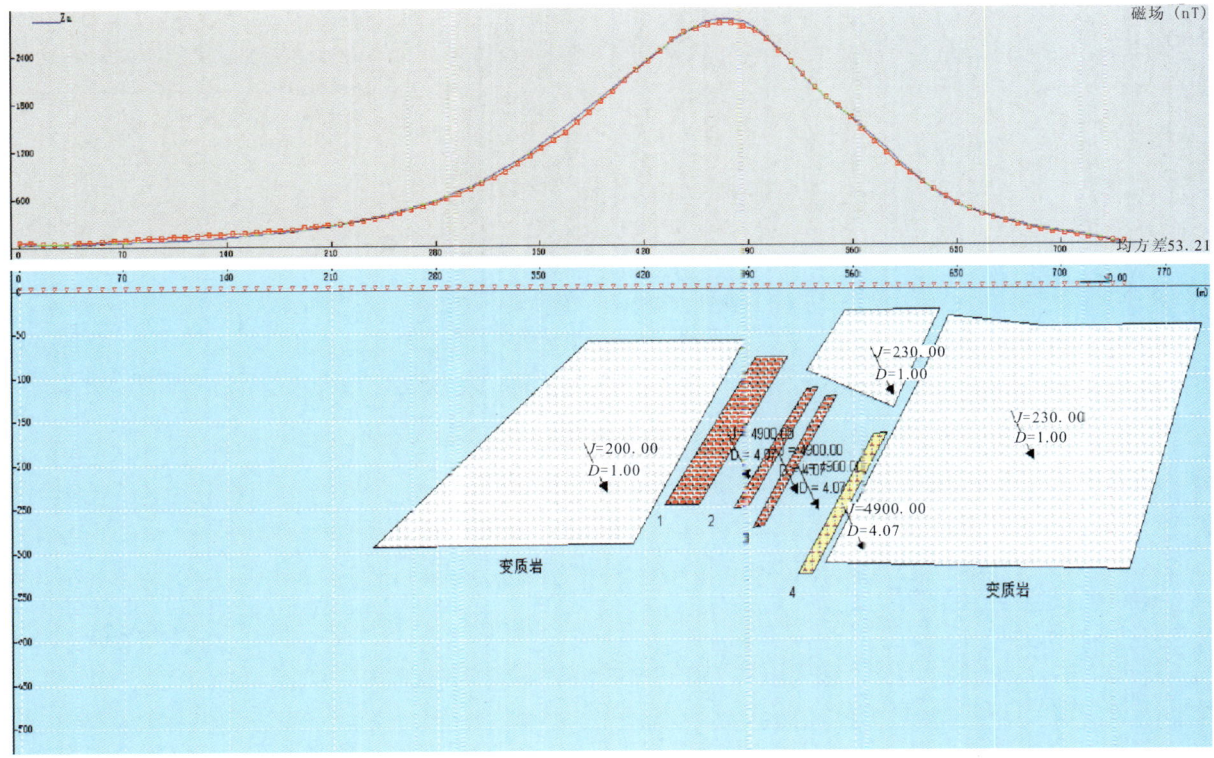

图 2-15 额里图铁矿 RGIS 2.5D 定量拟合剖面示意图(1 线、2 线)

则含矿系数：$K_1=452.18\div531.98=0.85$，$K_2=0.89$，$K_3=0.84$。

(4)确定含矿系数。各铁矿典型矿床含矿系数均缺少实测资料，按地质剖面或钻探资料进行拟合后，用查明资源量 Q_t 与 2.5D 拟合求出，并经必要校正的矿床已控制矿体的体积（不包括矿床深部及外围未控制矿体的体积）和矿石平均相对密度的比值，即含矿系数：

$$K=Q_t/(S\times L\times k\times\sin\alpha\times d) \quad (2-3)$$

额里图 1 号矿体（图 2-16）工业控制长度为 360m，大脉状，平均厚度 16.93m，矿体斜长 191m，体重 4.07t/m³，1 号矿体控制储量为：

$$360\times16.93\times191\times4.07\div10\,000=452.18\ (\times10^4\text{t})$$

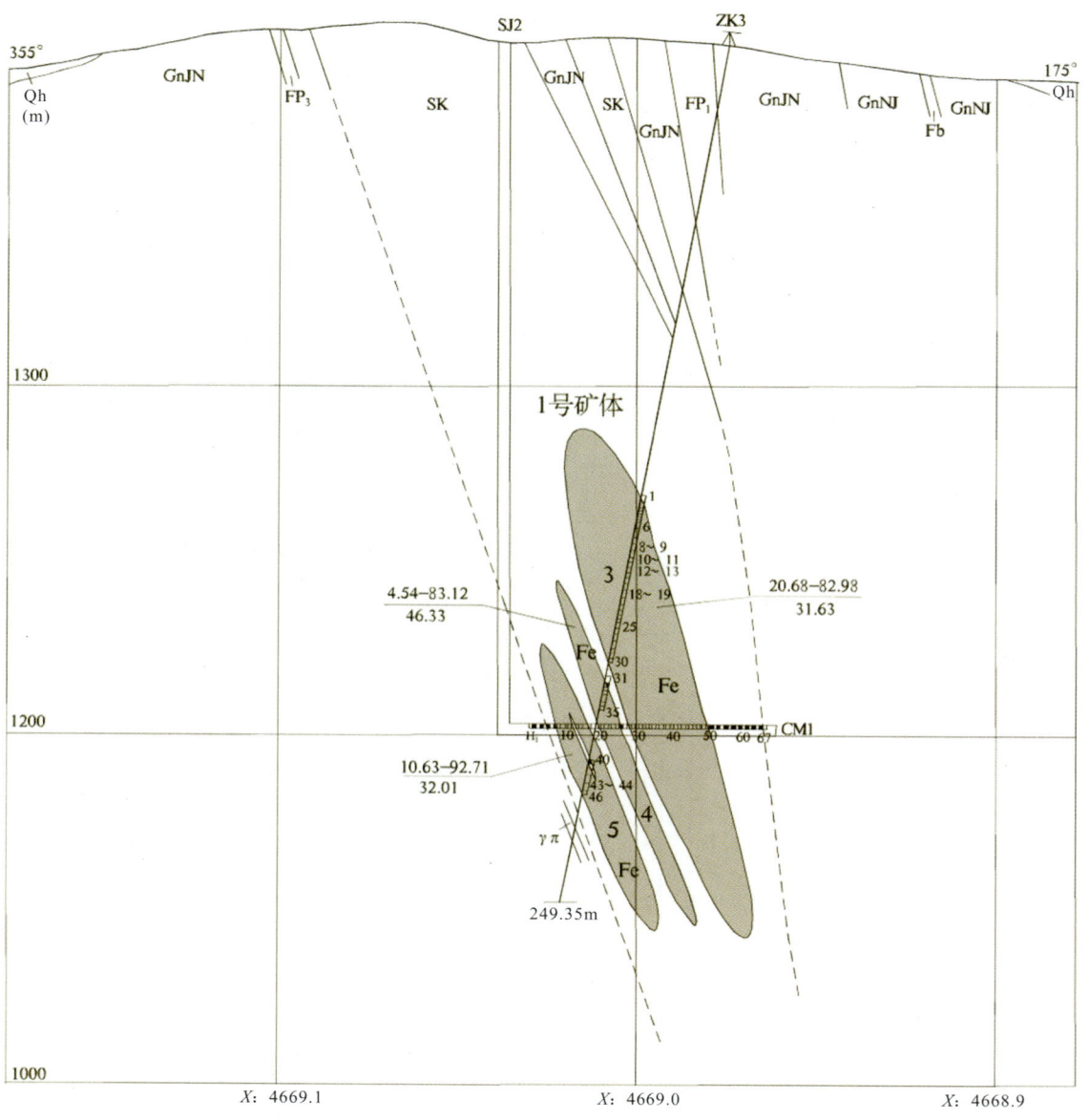

图 2-16 额里图铁矿地质钻探剖面示意图

(5)确定形态系数。对已知矿体，根据查明结果确定；否则，根据异常平面形态、2.5D 拟合结果和地质矿产资料等确定。根据此原则确定额里图的形态系数 $k=1$。

(6)夹角 α。为矿致磁异常长轴线与拟合计算剖面的夹角（α 必须为 70°～90°），由图 2-16 可知此

例中 $\alpha=90°$。

(7) 资源量计算。估算资源量公式为式(2-1),根据公式计算得:

$Q_1=3630.74×360×1×\sin90°×4.07×0.85=452.18(×10^4t)$

$Q_2=1098.83×130×1×\sin90°×4.07×0.89=51.74(×10^4t)$

$Q_3=1181.71×290×1×\sin90°×4.07×0.84=117.76(×10^4t)$

$Q_4=1096.91×216×1×\sin90°×4.07×0.86=82.90(×10^4t)$

因此,估算出额里图典型矿床:已知资源量 $Q=Q_1+Q_2+Q_3=621.68(×10^4t)$,预测新增资源量 $Q_4=82.90(×10^4t)$。

2. 定量类比

(1) 根据以往研究成果、航磁异常图、地磁异常图、地检资料、地质矿产资料等,判断磁异常是否为推断铁矿矿致磁异常。

(2) 从航磁异常图上量取推断铁矿矿致磁异常强度、面积等参数。

(3) 利用磁法体积法求得的已知/推断铁矿矿致磁异常为模型单元,进行统计分析,求出定量类比方程。

(4) 对待预测的推断铁矿矿致磁异常进行类比,估算其资源量。

(5) 对预测资源量进行分类统计。

定量类比法计算公式为:

$$Q=EXP(0.5923x+1.7669) \quad (2-4)$$

式中,x 由 $x=\ln(T×S)$ 确定,其中 T 为异常幅值,S 为异常平面面积,$0.5923x+1.7669$ 由以53个模型资源量的自然对数作为因变量 y,以异常的面积与幅值之乘积的自然对数作为自变量 x,进行一元线性回归分析求得,原回归方程为:$y=0.5923x+1.7669$。

二、磁性矿床预测资源量的复核及成果

需要指出的是,此次磁性铁矿资源量的预测(估算)是经过了两轮工作的结果。第一轮工作是完全按照《磁测资料应用技术要求》中相关资源量预测方法及步骤有关章节和要求进行的。由于该项工作这样大面积地进行还是第一次,加之资料的不完整,在工作中存在很多的不够统一、不够严格等问题。后经全国矿产资源潜力评价项目办公室磁法专题组,根据存在的问题,为进一步提高预测的可靠程度和准确度,专门制定了《全国矿产资源潜力评价铁矿资源量复核技术要求》。所以根据该要求进行了第二轮铁矿资源量复核工作,并形成了《内蒙古自治区磁性矿床预测资源量复核报告》。复核过程大致有如下步骤。

(一) 推断铁矿矿致异常复核

1. 推断铁矿矿致磁异常概况

在充分收集整理内蒙古自治区自1957年至2008年以来磁测资料的基础上,开展内蒙古自治区境内磁测资料综合研究,对内蒙古自治区范围内的航磁异常进行异常卡片登录,统一编号,并对局部异常进行定性解释,推断其成因,进而进行分类。按 ΔT 航磁异常所处的地质环境、找矿意义和以往工作程度,对磁异常进行分类,划分为甲、乙、丙、丁四大类,其中甲类异常、乙$_1$类和乙$_2$类异常为矿致异常。划分原则如下。

甲类异常:为矿致异常,可分为两个亚类。

甲$_1$类异常:已知矿引起,推断尚有找矿潜力的异常。

甲$_2$类异常：已知矿引起，推断进一步找矿潜力不大的异常。

乙类异常：推断具有找矿意义的异常，分3个亚类。

乙$_1$类异常：推断矿体引起的异常。

乙$_2$类异常：推断含矿地质体或地质构造引起的异常。

乙$_3$类异常：推断具有找矿意义的地质体或构造引起的异常。

丙类异常：找矿前景不明异常。按目前工作程度和认识水平，无法判明其找矿意义的地质体或地质构造等引起的异常。

丁类异常：按目前工作程度和认识水平，认为不具备找矿意义的岩性体引起的异常。

本次确定的推断铁矿矿致磁异常为乙$_1$类和乙$_2$类，共筛选186个。

2. 复核过程

对推断铁矿矿致磁异常，从资料类型、资料比例尺、幅值、面积、走向长度、平面形态等方面进行逐一核实填写，由于以前工作没有要求填写面积、走向长度、平面形态和确定依据等资料，复核时按要求量取计算并将相关内容填入相应表中。其中，如一个铁矿矿致磁异常编号对应多个已知矿床，则将其视为相应个数的磁异常进行统计，并按不同矿床对应的次级磁异常分别量取面积和长度，确定平面形态和确定依据。

（二）已知矿产地预测资源量复核

1. 典型矿床预测资源量复核

对典型矿床查明资源储量及其有关参数复核。内蒙古自治区不同预测类型铁矿预测区共30个，典型矿床27个，复核后，对典型矿床查明资源量为236 397.3×10^{4}t。

复核工作主要是从以下6个方面进行：①原始资料质量与矿致异常定性判断是否正确；②剖面截取位置、长度、方向及正常场选取是否正确；③拟合过程中使用的各种磁性参数是否恰当；④计算公式及正确性复核，含矿系数和形态系数是否正确；⑤对于不符合技术要求和复核要求的，进行重新估算；⑥将复核结果填入相应表格中，并按复核要求将储量按不同深度分别进行计算统计。

在对典型矿床查明资源量及有关参数复核工作中，大多数典型矿床估算工作均符合磁测资料应用工作技术要求的规定，直接按复核要求填入相应表中。复核工作发现个别矿床估算剖面截取不正确、使用参数不准确等，均重新收集和查阅相关资料进行纠正，参考相关地质物探综合剖面图进行建模，并估算已控制的矿体资源量。

各典型矿床含矿系数均缺少实测资料，按地质剖面或钻探资料进行拟合后，用查明资源量Q_1与2.5D拟合求出，并经必要校正的矿床已控制矿体的体积和矿石平均相对密度的比值，即按式(2-3)计算。

现以额里图1号矿体含矿系数计算为例进行说明。

额里图1号矿体工业控制长度为360m，大脉状，平均厚度16.93m，矿体斜长191m，体重4.07t/m^3，1号矿体控制储量为：

$$360 \times 16.93 \times 191 \times 4.07 \div 10\,000 = 452.18(\times 10^4 t)$$

2.5D反演程序中，按1号矿体赋存产状、顶底面埋深、斜长、厚度等进行拟合，得到了截面积3630m^2，按已知控制长度进行计算得：

$$3630 \times 360 \times 4.07 \times 1 \times \sin(\pi/2) \div 10\,000 = 531.98(\times 10^4 t)$$

则含矿系数：

$$K = 452.18 \div 531.98 = 0.85$$

典型矿床截面积用已知勘探剖面建立初始模型或用详细地质物探资料建立初始模型，用地磁数据计算;走向长度和形态系数根据大于1∶5万比例尺地磁资料确定;含矿系数用查明资源量 Q_t 与 2.5D 拟合求出,并经必要校正的矿床已控制矿体的体积和矿石平均相对密度的比值,即按式(2-3)计算。

2. 其他已知矿产地预测资源量复核

内蒙古自治区不同预测类型铁矿预测区共 30 个,参与估算的其他已知矿产地 353 个,复核完毕后已知矿产地查明资源量为 $136\,165.4\times10^4$ t。

复核工作主要是从以下 6 个方面进行:①原始资料质量与矿致异常定性判断是否正确;②剖面截取位置、长度、方向及正常场选取是否正确;③拟合过程中使用的各种磁性参数是否恰当;④计算公式及正确性复核、含矿系数和形态系数是否正确;⑤对于不符合技术要求和复核要求的,进行重新估算;⑥将复核结果填入相当表格中,并按复核要求将储量按不同深度分别进行计算统计。

已知矿产地查明资源量及有关参数复核工作中,大多数已知矿床估算工作均符合磁测资料应用工作技术要求的规定,直接按复核要求填入相对应表中。复核工作发现个别矿床估算剖面截取不正确、使用参数不准确等,均收集和查阅相关资料进行纠正,参考相关地质物探综合剖面图进行建模,并估算矿体资源量。

各已知矿产地含矿系数均缺少实测资料,且只有个别已知矿产地有详细地质剖面和工程控制资料可计算含矿系数,如翁公山。含矿系数按地质剖面或钻探资料进行拟合后,用查明资源量 Q_t 与 2.5D 拟合求出,并经必要校正的矿床已控制矿体的体积和矿石平均相对密度的比值,即 $K=Q_t/(S\times L\times k\times \sin\alpha\times d)$。其他无法计算含矿系数的已知矿产地均参照相应典型矿床的含矿系数。

对于已计算含矿系数的已知矿产地,与典型矿床相似,其截面积用已知勘探剖面建立初始模型或用详细地质物探资料建立初始模型,用地磁数据计算;走向长度和形态系数根据大于 1∶5 万比例尺地磁资料确定;含矿系数用查明资源量 Q_t 与 2.5D 拟合求出,并经必要校正的矿床已控制矿体的体积和矿石平均相对密度的比值,即 $K=Q_t/(S\times L\times k\times \sin\alpha\times d)$。

需要说明的是,由于部分已知矿无法收集相应地质物探资料,不能估算其资源量,为了更准确地统计已知矿查明资源量,此类已知矿查明资源量均参照内蒙古自治区国土资源厅 2009 年 5 月出版的《内蒙古自治区矿产资源储量表》(第二册)统计入其他已知矿产地查明资源量表中。由于绝大部分已知矿体无地质勘探剖面资料,无法在拟合时分清矿体的控制部分和预测部分,其查明资源量均直接填写,预测资源量为拟合估算总资源量与查明资源量差值。估算总资源量公式为式(2-1)。

(三)预测工作区推断磁性矿床预测资源量复核

内蒙古自治区不同预测类型铁矿预测区共 30 个,参与估算的推断磁性矿体 185 个,复核完毕推断磁性矿体预测资源量 $168\,408.8\times10^4$ t。

对于用体积法估算的矿体,复核工作主要是从以下 6 个方面进行:①原始资料质量与矿致异常定性判断是否正确;②剖面截取位置、长度、方向及正常场选取是否正确;③拟合过程中使用的各种磁性参数是否恰当;④计算公式及正确性复核、含矿系数和形态系数是否正确;⑤对于不符合技术要求和复核要求的,进行重新估算;⑥将复核结果填入相应表格中,并按复核要求将储量按不同深度分别进行计算统计。

对于用磁法体积法估算的矿体,估算总资源量公式为式(2-1)。

复核工作发现少部分矿床估算剖面截取方向和位置不正确、使用磁性参数不准确、与地质产状相悖等,均收集和查阅相关资料进行纠正,并重新估算其资源量。

定量类比法计算公式为式(2-4)。

求得航磁异常规模的自然对数与资源量的自然对数之间的相关系数平方 R^2 为 0.5373,表明显著相关。

F 检验。53 个模型、1 个变量时的 F 统计量为:

$$F=\frac{(N-p-1)\times R^2}{p\times(1-R^2)}$$

$$F=\frac{(55-1-1)\times 0.5373}{1\times(1-0.5373)}$$

$$F=64$$

查表得 $F_{1,53}^{0.05}=4.04$。因此 F 统计量远大于 $F_{1,53}^{0.05}$，表明回归在 0.05 水平上显著。因此，所求回归方程可以用于定量类比同类航磁异常的资源量。

（四）预测资源量统计分析

1. 预测工作区磁性矿床预测资源量统计分析

（1）按方法统计，如表 2-1、图 2-17 所示。
（2）按精度统计，如表 2-2、图 2-18 所示。
（3）按延深统计，如表 2-3、图 2-19 所示。
（4）按矿床预测类型统计，如表 2-4、图 2-20 所示。

表 2-1 内蒙古自治区铁矿预测工作区预测资源量方法统计表

预测工作区编号	预测工作区名称	预测资源量（$\times 10^4$ t）		
		磁法体积法	定量类比法	合计
1	白云鄂博地区白云鄂博式沉积型铁矿预测工作区	163 638.3	1706.7	165 345.0
2	霍各乞地区沉积型铁矿预测工作区	2079.2		2079.2
3	雀儿沟地区沉积型铁矿预测工作区	8206.4	5184.7	13 391.1
4	清水河地区雀儿沟式沉积型铁矿预测工作区		588.5	588.5
5	二道井地区温都尔庙式火山沉积-喷溢型铁矿预测工作区	56 094.3	931.8	57 026.1
6	脑木根地区温都尔庙式火山沉积-喷溢型铁矿预测工作区			
7	苏尼特左旗—红格尔马场地区火山沉积-喷溢型铁矿预测工作区	8580.0	1470.0	10 050.0
8	黑鹰山地区黑鹰山式海相火山沉积型铁矿预测工作区	17 334.1	2844.6	20 181.7
9	谢尔塔拉地区火山沉积型铁矿预测工作区	994.5	2845.3	3839.8
10	包头—集宁地区壕赖沟式沉积变质型铁矿预测工作区	43 725.6	1128.5	44 854.1
11	包头—集宁地区三合明式沉积变质型铁矿预测工作区	17 961.7	386.7	18 348.4
12	赤峰地区贾格尔其庙式变质型铁矿预测工作区	4012.6	1930.1	5942.7
13	包头—集宁地区贾格尔其庙式变质型铁矿预测工作区	24 177.4	42.6	24 220.0
14	图克木—吉兰泰地区贾格尔其庙式变质型铁矿预测工作区	14.7	683.8	698.5
15	罕达盖—梨子山地区矽卡岩型铁矿预测工作区	2622.4	898.6	3521.0
16	朝不楞地区朝不楞式矽卡岩型铁矿预测工作区	5610.2	842.1	6452.3
17	克旗—西乌旗地区黄岗式矽卡岩型铁矿预测工作区	7068.2	2314.1	9382.3
18	正镶白旗—多伦县地区额里图式矽卡岩型铁矿预测工作区	4048.9	203.5	4252.4
19	哈拉火烧地区矽卡岩型铁矿预测工作区	1681.3	970.7	2652.0
20	克布勒矽卡岩型铁矿预测工作区	6342.5	2042.5	8385.0
21	卡休他他地区矽卡岩型铁矿预测工作区	2581.5	2719.1	5300.6

续表 2-1

预测工作区编号	预测工作区名称	预测资源量(×10⁴t)		
		磁法体积法	定量类比法	合计
22	乌珠尔嘎顺地区矽卡岩型铁矿预测工作区	96.6	92.5	189.1
23	索索井地区矽卡岩型铁矿预测工作区	6869.0	8563.4	15 432.4
24	马鞍山地区热液型铁矿预测工作区	1216.4	4255.4	5471.8
25	满洲里—地营子地区热液型铁矿预测工作区	823.9	594.2	1418.1
26	神山地区神山式矽卡岩型铁矿预测工作区	344.4		344.4
27	百灵庙地区百灵庙式风化淋滤型铁矿预测工作区		105.5	105.5
28	铁矿预测工作区外	4106.3	4218.2	8324.5

注：表中"预测资源量"不含查明资源储量。

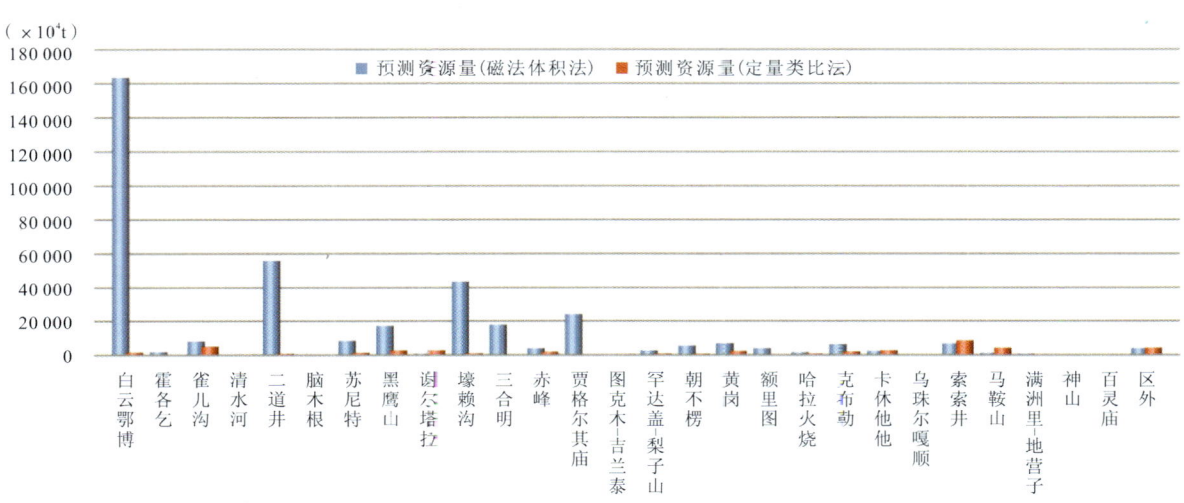

图 2-17 内蒙古自治区铁矿预测工作区预测资源量方法统计图

表 2-2 内蒙古自治区铁矿预测工作区预测资源量精度统计表

预测工作区编号	预测工作区名称	预测资源量(×10⁴t)			
		334-1	334-2	334-3	合计
1	白云鄂博地区白云鄂博式沉积型铁矿预测工作区	80 548.5		84 796.0	165 344.5
2	霍各乞地区沉积型铁矿预测工作区	2079.2			2079.2
3	雀儿沟地区沉积型铁矿预测工作区	8206.4		5184.7	13 391.1
4	清水河地区雀儿沟式沉积型铁矿预测工作区			588.5	588.5
5	二道井地区温都尔庙式火山沉积-喷溢型铁矿预测工作区	39 492.3		17 533.9	57 026.2
6	脑木根地区温都尔庙式火山沉积-喷溢型铁矿预测工作区				
7	苏尼特左旗—红格尔马场地区火山沉积-喷溢型铁矿预测工作区	8580.0		1470.0	10 050.0

续表 2-2

预测工作区编号	预测工作区名称	预测资源量（×10⁴ t）			
		334-1	334-2	334-3	合计
8	黑鹰山地区黑鹰山式海相火山沉积型铁矿预测工作区	17 334.5		2844.6	20 179.1
9	谢尔塔拉地区火山沉积型铁矿预测工作区	994.5		2845.3	3839.8
10	包头—集宁地区壕赖沟式沉积变质型铁矿预测工作区	28 934.0		15 920.1	44 854.1
11	包头—集宁地区三合明式沉积变质型铁矿预测工作区	16 359.6		1988.8	18 348.4
12	赤峰地区贾格尔其庙式变质型铁矿预测工作区	4012.6		1930.1	5942.7
13	包头—集宁地区贾格尔其庙式变质型铁矿预测工作区	18 978.6	438.0	4803.5	24 220.1
14	图克木—吉兰泰地区贾格尔其庙式变质型铁矿预测工作区	14.7		683.8	698.5
15	罕达盖—梨子山地区矽卡岩型铁矿预测工作区	1929.4	693.0	898.6	3521.0
16	朝不楞地区朝不楞式矽卡岩型铁矿预测工作区	5610.2		842.1	6452.3
17	克旗—西乌旗地区黄岗式矽卡岩型铁矿预测工作区	7068.2		2314.1	9382.3
18	正镶白旗—多伦县地区额里图式矽卡岩型铁矿预测工作区	4048.9		203.5	4252.4
19	哈拉火烧地区矽卡岩型铁矿预测工作区	1681.3		970.7	2652.0
20	克布勒矽卡岩型铁矿预测工作区	6342.5		2042.5	8385.0
21	卡休他他地区矽卡岩型铁矿预测工作区	2581.4		2719.1	5300.5
22	乌珠尔嘎顺地区矽卡岩型铁矿预测工作区	96.6		92.5	189.1
23	索索井地区矽卡岩型铁矿预测工作区	6869.0		8563.4	15 432.4
24	马鞍山地区热液型铁矿预测工作区	1216.4		4255.4	5471.8
25	满洲里—地营子地区热液型铁矿预测工作区	823.9		594.2	1418.1
26	神山地区神山式矽卡岩型铁矿预测工作区	344.4			344.4
27	百灵庙地区百灵庙式风化淋滤型铁矿预测工作区			105.5	105.5
28	铁矿预测工作区外	1883.3	2223.0	4218.2	8324.5

注：表中"预测资源量"不含查明资源储量。

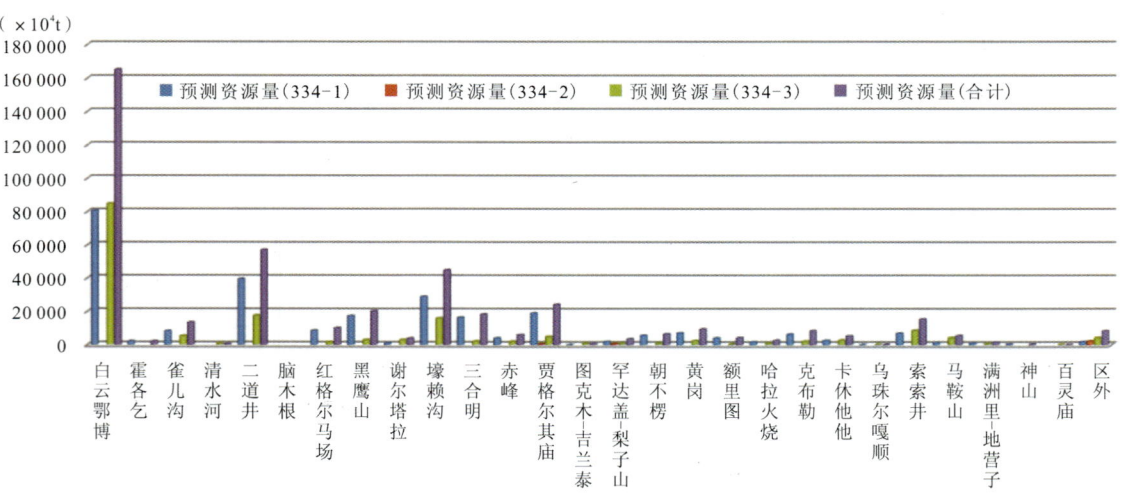

图 2-18 内蒙古自治区铁矿预测工作区预测资源量精度统计图

表 2-3 内蒙古自治区铁矿预测工作区预测资源量深度统计表

预测工作区编号	预测工作区名称	500m 以浅资源量（×10⁴t）				1000m 以浅资源量（×10⁴t）				2000m 以浅资源量（×10⁴t）			
		查明	334-1	334-2	334-3	查明	334-1	334-2	334-3	查明	334-1	334-2	334-3
1	白云鄂博地区白云鄂博式沉积型铁矿预测工作区	182 118.9	73 234.6		65 678.8	191 827.5	80 548.5		78 806.8	191 827.5	80 548.5		84 796.0
2	霍各乞地区沉积型铁矿预测工作区	5946.3	2079.2			5946.3	2079.2			5946.3	2079.2		
3	雀儿沟地区沉积型铁矿预测工作区	945.2	8206.4		5184.7	945.2	8206.4		5184.7	1723.8	8206.4		5184.7
4	清水河地区雀儿沟式沉积型铁矿预测工作区	55.8			588.5	55.8			588.5	55.8			588.5
5	二道井地区温都尔庙式火山沉积-喷溢型铁矿预测工作区	10 949.9	39 492.3		17 533.9	10 949.9	39 492.3		17 533.9	10 949.9	39 492.3		17 533.9
6	脑木根地区温都尔庙式火山沉积-喷溢型铁矿预测工作区												
7	苏尼特左旗-红格尔马场地火山沉积-喷溢型铁矿预测工作区	1274.7	8580.0		1470.0	1274.7	8580.0		1470.0	1274.7	8580.0		1470.0
8	黑鹰山地区黑鹰山式海相火山沉积型铁矿预测工作区	5571.7	17 334.5		2844.6	5571.7	17 334.5		2844.6	5571.7	17 334.5		2844.6
9	谢尔塔拉地区火山沉积型铁矿预测工作区	7033.6	994.5		2845.3	7033.6	994.5		2845.3	7033.6	994.5		2845.3
10	包头-集宁地区嗡鞍沟式沉积变质型铁矿预测工作区	9692.3	28 934.0		15 920.1	9692.3	28 934.0		15 920.1	9692.3	28 934.0		15 920.1
11	包头-集宁地区三合明式沉积变质型铁矿预测工作区	55 639.2	16 359.6		1988.8	55 639.2	16 359.6		1988.8	55 639.2	16 359.6		1988.8
12	赤峰地区贾格尔其庙式变质型铁矿预测工作区	24 066.6	4012.6		1930.1	24 066.6	4012.6		1930.1	24 066.6	4012.6		1930.1
13	包头-集宁地区贾格尔其庙式变质型铁矿预测工作区	15 439.9	18 978.6	438.0	4803.5	15 439.9	18 978.6	438.0	4803.5	15 439.9	18 978.6	438.0	4803.5

续表 2-3

预测工作区编号	预测工作区名称	500m以浅资源量（×10⁴t）				1000m以浅资源量（×10⁴t）				2000m以浅资源量（×10⁴t）			
		查明	334-1	334-2	334-3	查明	334-1	334-2	334-3	查明	334-1	334-2	334-3
14	图克木—苦兰泰地区贾格尔其庙式变质型铁矿预测工作区	2187.2	14.7			2187.2	14.7			2187.2	14.7		
15	罕达盖—梨子山地区矽卡岩型铁矿预测工作区	1174.7	1929.4	693.0	898.6	1174.7	1929.4	693.0	898.6	1174.7	1929.4	693.0	898.6
16	朝不楞地区朝不楞式矽卡岩型铁矿预测工作区	5318.9	5610.2		842.1	5318.9	5610.2		842.1	5318.9	5610.2		842.1
17	克旗—西乌旗地区黄岗式矽卡岩型铁矿预测工作区	19859.3	7068.2		2314.1	19859.3	7068.2		2314.1	19859.3	7068.2		2314.1
18	正镶白旗—多伦县地区额里图式矽卡岩型铁矿预测工作区	968.3	4048.9		203.5	968.3	4048.9		203.5	968.3	4048.9		203.5
19	哈拉火烧地区矽卡岩型铁矿预测工作区	2038.4	1681.3		970.7	2038.4	1681.3		970.7	2038.4	1681.3		970.7
20	克布勒矽卡岩型铁矿预测工作区	1536.4	6342.5		2042.5	1536.4	6342.5		2042.5	1536.4	6342.5		2042.5
21	卡休他地区矽卡岩型铁矿预测工作区	5833.0	2581.4		2719.1	5833.0	2581.4		2719.1	5833.0	2581.4		2719.1
22	乌珠尔夏顺地区矽卡岩型铁矿预测工作区	186.8	96.6		92.5	186.8	96.6		92.5	186.8	96.6		92.5
23	索索井地区矽卡岩型铁矿预测工作区	1020.5	6869.0		8563.4	1020.5	6869.0		8563.4	1020.5	6869.0		8563.4
24	马鞍山地区热液型铁矿预测工作区	285.5	1216.4		4255.4	285.5	1216.4		4255.4	285.5	1216.4		4255.4
25	满洲里—地营子地区热液型铁矿预测工作区	25.4	823.9		594.2	25.4	823.9		594.2	25.4	823.9		594.2
26	神山地区神山式矽卡岩型铁矿预测工作区	112.0	344.5			112.0	344.5			112.0	344.5		
27	百灵庙地区百灵庙式风化淋滤型铁矿预测工作区	88.2			105.5	88.2			105.5	88.2			105.5
28	预测工作区外	2705.6	1883.3	1463.0	4218.2	2705.6	1883.3	2223.0	4218.2	2705.6	1883.3	2223.0	4218.2

注：表中1000m以浅的资源量包含了500m以浅的资源量，2000m以浅资源量为总资源量。

第二章 矿产资源潜力评价中磁测资料应用方法

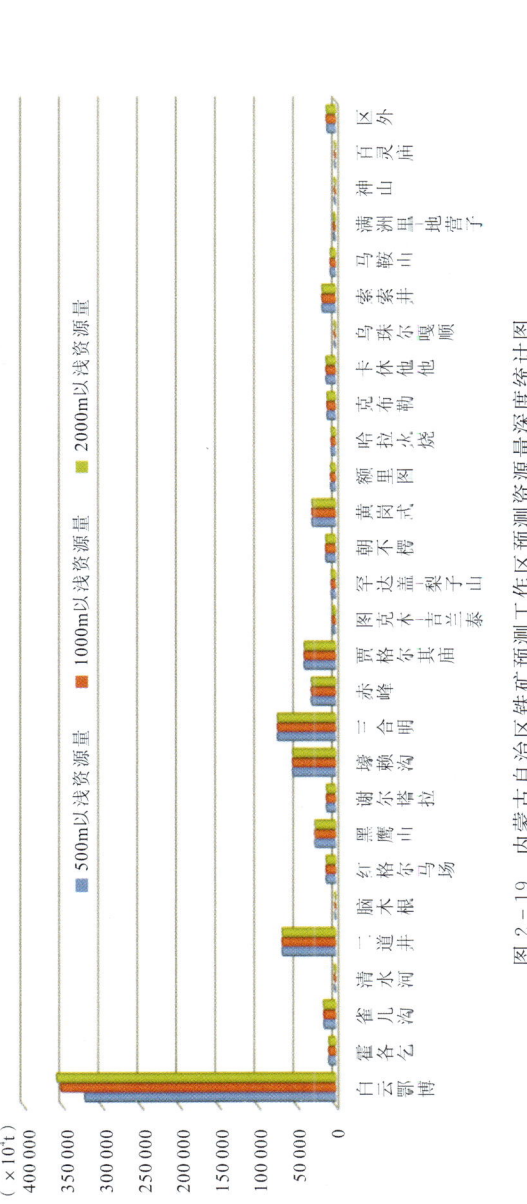

图 2-19 内蒙古自治区铁矿预测工作区预测资源量深度统计图

表 2-4 内蒙古自治区铁矿预测工作区预测资源量矿产类型统计表（×10⁴ t）

预测工作区编号	预测工作区名称	沉积变质型			岩浆型			矽卡岩型			海相火山岩型			陆相火山岩型			其他		
		1	2	3	1	2	3	1	2	3	1	2	3	1	2	3	1	2	3
1	白云鄂博地区白云鄂博式沉积型铁矿预测工作区	120 975.0	134 139.0	140 128.2	2239.7	2239.7	2239.7										207 493.8	214 807.6	214 807.6
2	霍各乞地区沉积型铁矿预测工作区	143.1	143.1	143.1													7882.4	7882.4	7882.4
3	雀儿沟地区沉积型铁矿预测工作区	11 551.7	11 551.7	11 551.7													3563.3	3563.3	3563.3
4	清水河地区雀儿沟式沉积型铁矿预测工作区																644.3	644.3	644.3

续表 2-4

预测工作区编号	预测工作区名称	沉积变质型 1	沉积变质型 2	沉积变质型 3	岩浆型 1	岩浆型 2	岩浆型 3	矽卡岩型 1	矽卡岩型 2	矽卡岩型 3	海相火山岩型 1	海相火山岩型 2	海相火山岩型 3	陆相火山岩型 1	陆相火山岩型 2	陆相火山岩型 3	其他 1	其他 2	其他 3
5	二道井地区温都尔庙式火山沉积-喷溢型铁矿预测工作区										67 976.1	67 976.1	67 976.1						
6	脑木根地区温都尔庙式火山沉积-喷溢型铁矿预测工作区																		
7	苏尼特左旗—红格尔马场地区火山沉积-喷溢型铁矿预测工作区										11 324.7	11 324.7	11 324.7						
8	黑鹰山地区黑鹰山式海相火山沉积型铁矿预测工作区	163.4	163.4	163.4							25 478.2	25 478.2	25 478.2				109.3	109.3	109.3
9	谢尔塔拉地区火山沉积型铁矿预测工作区							318.3	318.3	318.3	10 420.1	10 420.1	10 420.1				135.0	135.0	135.0
10	包头—集宁地区蒙赖沟式沉积变质型铁矿预测工作区	53 686.3	53 686.3	53 686.3	860.0	860.0	860.0												
11	包头—集宁地区三合明式沉积变质型铁矿预测工作区	70 813.6	70 813.6	70 813.6	3174.0	3174.0	3174.0												
12	赤峰地区贾尔其庙式沉积变质型铁矿预测工作区	6854.2	6854.2	6854.2	20 644.6	20 644.6	20 644.6	677.6	677.6	677.6							1832.8	1832.8	1832.8
13	包头—集宁地区贾尔其庙式变质型铁矿预测工作区	34 304.7	34 304.7	34 304.7	347.0	347.0	347.0										5008.4	5008.4	5008.4
14	图克木—吉兰泰地区贾格尔其庙式变质型铁矿预测工作区	2715.1	2715.1	2715.1	14.7	14.7	14.7										155.9	155.9	155.9

续表 2-4

预测工作区编号	预测工作区名称	沉积变质型 1	沉积变质型 2	沉积变质型 3	岩浆型 1	岩浆型 2	岩浆型 3	矽卡岩型 1	矽卡岩型 2	矽卡岩型 3	海相火山岩型 1	海相火山岩型 2	海相火山岩型 3	陆相火山岩型 1	陆相火山岩型 2	陆相火山岩型 3	其他 1	其他 2	其他 3
15	罕达盖—梨子山地区砂卡岩型铁矿预测工作区	9.4	9.4	9.4				3932.4	3932.4	3932.4				237.7	237.7	237.7	516.2	516.2	516.2
16	朝不楞地区朝不楞式砂卡岩型铁矿预测工作区							10811.1	10811.1	10811.1								960.1	960.1
17	克旗—西乌旗地黄岗式砂卡岩型铁矿预测工作区							26476.7	26476.7	26476.7				903.8	903.8	903.8	1861.1	1861.1	1861.1
18	正镶白旗—多伦县地区砌里图式砂卡岩型铁矿预测工作区	203.5	203.5	203.5				4663.0	4663.0	4663.0	354.1	354.1	354.1						
19	哈拉火烧地区砂卡岩型铁矿预测工作区	2213.6	2213.6	2213.6	929.8	929.8	929.8	1458.0	1458.0	1458.0							89.5	89.5	89.5
20	克布朝砂卡岩型铁矿预测工作区	7578.1	7578.1	7578.1	174.2	174.2	174.2	1876.1	1876.1	1876.1							293.1	293.1	293.1
21	卡休他他地区砂卡岩型铁矿预测工作区	303.4	303.4	303.4	2568.7	2568.7	2568.7	5932.0	5932.0	5932.0							2329.4	2329.4	2329.4
22	乌尔嘎顺地区砂卡岩型铁矿预测工作区							375.9	375.9	375.9									
23	索索井地区砂卡岩型铁矿预测工作区	2093.9	2093.9	2093.9				10031.1	10031.1	10031.1							4327.9	4327.9	4327.9
24	马鞍山地区热液型铁矿预测工作区										755.5	755.5	755.5	362.9	362.9	362.9	4638.9	4638.9	4638.9
25	满洲里—地营子地区热液型铁矿预测工作区							344.4	344.4	344.4							1099.1	1099.1	1099.1
26	神山地区神山式砂卡岩型铁矿预测工作区							456.4	456.4	456.4									

续表2-4

预测工作区编号	预测工作区名称	沉积变质型			岩浆型			砂卡岩型			海相火山岩型			陆相火山岩型			其他		
		1	2	3	1	2	3	1	2	3	1	2	3	1	2	3	1	2	3
27	百灵庙地区百灵庙式风化淋滤型铁矿预测工作区																109.7	109.7	109.7
28	预测工作区外	3094.6	3854.6	3854.6				1690.5	1690.5	1690.5	834.2	834.2	834.2	171.6	171.6	171.6	4479.3	4479.3	4479.3

注：(1) 表头中1,2和3分别代表500m以浅、1000m以浅和2000m以浅的资源量（查明资源储量与预测资源量之和）；如海相沉积型（宣龙式、宁乡式等）、陆相沉积型（华亭式、綦江式等）、现代风化沉积型（青河式、朱崖式等）。
(2) 其他：指其他矿产预测类型。

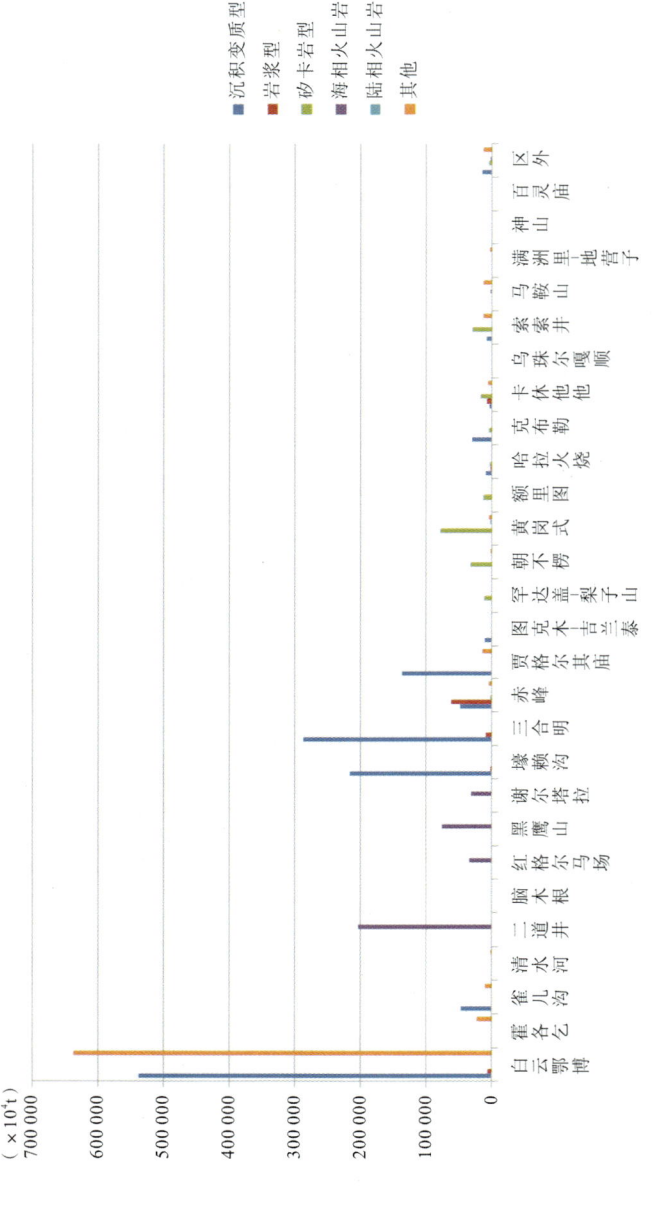

图2-20 内蒙古自治区铁矿预测区预测资源量矿产类型统计图

2. 省级预测资源量统计分析

1)按方法统计(表2-5)

表2-5 内蒙古自治区预测资源量方法统计表

省(市区)编号	省(市区)名称	预测资源量($\times 10^4$t)		
		磁法体积法	定量类比法	合计
15	内蒙古自治区	390 230.54	47 562.83	437 793.37

注:表中"预测资源量"不含查明资源储量。

2)按精度统计(表2-6)

表2-6 内蒙古自治区预测资源量精度统计表

省(市区)编号	省(市区)名称	预测资源量($\times 10^4$t)		
		334-1	334-2	334-3
15	内蒙古自治区	266 030.4	3354.0	168 409.0

注:表中"预测资源量"不含查明资源储量。

3)按延深统计(表2-7、图2-21)

表2-7 内蒙古自治区预测资源量深度统计表

省(市区)编号	省(市区)名称	500m以浅资源量($\times 10^4$t)			
		查明	334-1	334-2	334-3
15	内蒙古自治区	361 986.1	258 713.5	2594.0	149 291.8
省(市区)编号	省(市区)名称	1000m以浅资源量($\times 10^4$t)			
		查明	334-1	334-2	334-3
15	内蒙古自治区	371 782.9	266 030.4	3354.0	162 419.8
省(市区)编号	省(市区)名称	2000m以浅资源量($\times 10^4$t)			
		查明	334-1	334-2	334-3
15	内蒙古自治区	372 561.5	266 030.4	3354.0	168 409.0

注:表中1000m以浅的资源量包含了500m以浅的资源量,2000m以浅资源量为总资源量。

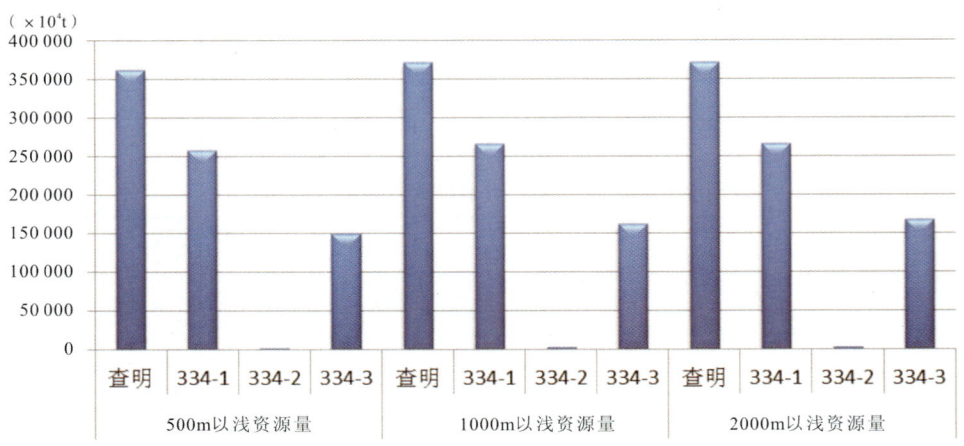

图 2-21 内蒙古自治区预测资源量深度统计图

4)按矿床预测类型统计(表 2-8、图 2-22)

表 2-8 内蒙古自治区预测资源量矿产类型统计表(×10⁴t)

省(市区)编号	省(市区)名称	沉积变质型			岩浆型			矽卡岩型		
		1	2	3	1	2	3	1	2	3
15	内蒙古自治区	317 771.6	331 695.6	337 684.8	29 814.6	29 814.6	29 814.6	69 113.4	69 113.4	69 113.4

省(市区)编号	省(市区)名称	海相火山岩型			陆相火山岩型			其他		
		1	2	3	1	2	3	1	2	3
15	内蒙古自治区	117 142.8	117 142.8	117 142.8	1676	1676	1676	247 610.4	254 924.2	254 924.2

注:(1)表头中 1、2 和 3 分别代表 500m 以浅、1000m 以浅和 2000m 以浅的资源量(查明资源储量与预测资源量之和);
(2)其他:指其他矿产预测类型,如海相沉积型(宣龙式、宁乡式等)、陆相沉积(华亭式、綦江式等)、现代风化沉积型(青河式、朱崖式等)等。

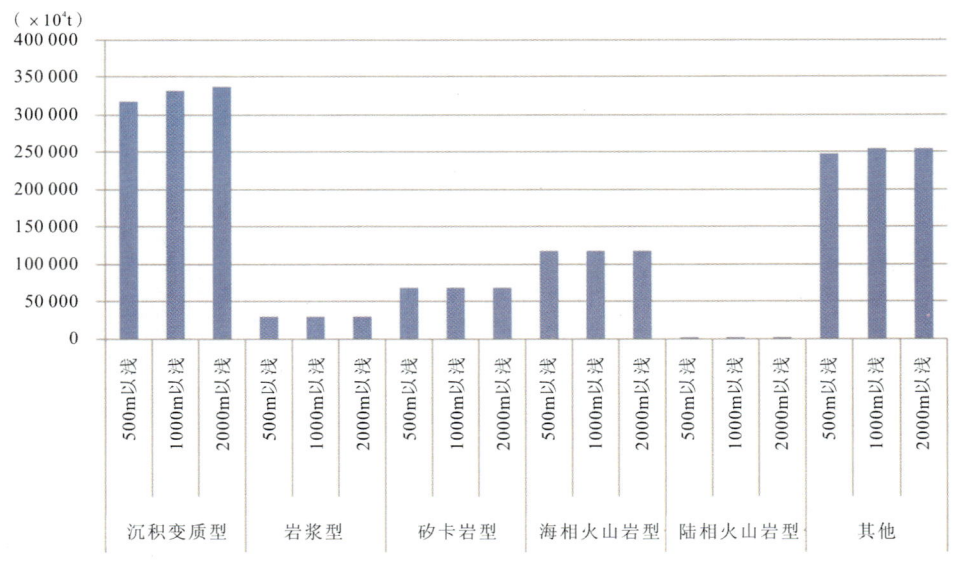

图 2-22 内蒙古自治区预测资源量矿产类型统计图

(五)预测资源量可信度

1. 磁性矿床预测资源量可信度分析

内蒙古自治区磁性矿床预测资源量估算工作中,矿体截面积大部分采用的是详细地质物探资料和可信度较高的物性资料进行计算,走向长度和形态系数根据大于1:5万比例尺地磁资料确定,典型矿床含矿系数均用探明资源储量和2.5D拟合计算储量的比值确定,对于无计算条件的其他已知矿产地的含矿系数均参照典型矿床。大部分参加2.5D计算的资源量在已知矿床的深部和周边,利用钻孔或勘探地质剖面进行建模,使用大比例尺地磁资料计算,少部分利用1:10万航磁资料计算。由于大多数矿床预测资源量估算采用的是地磁资料,因此内蒙古自治区磁性矿床预测资源量可信度总体较高。矿体资源量可信度均为大于或等于0.75,磁性矿床预测资源量可信度分析表略。

2. 预测工作区资源量可信度统计分析

按复核要求,对磁性矿体预测资源量的精度按使用资料的种类分为三级,并按预测工作区进行分别统计,具体统计情况见表2-9、图2-23。可以看出,由于大多数磁性矿体预测资源量在已知矿体的深部和周边,且使用的是大比例尺地磁资料,总的来说,内蒙古自治区铁矿预测资源量可信度较高,绝大部分为精度334-1资源量。

表2-9 内蒙古自治区铁矿预测工作区预测资源量可信度统计表($\times 10^4$t)

预测工作区编号	预测工作区名称	≥0.75			0.5~0.75			0.25~0.5		
		334-1	334-2	334-3	334-1	334-2	334-3	334-1	334-2	334-3
1	白云鄂博地区白云鄂博式沉积型铁矿预测工作区	80 548.5		83 089.3						1706.7
2	霍各乞地区沉积型铁矿预测工作区	2079.2								
3	雀儿沟地区沉积型铁矿预测工作区	8205.4								5184.7
4	清水河地区雀儿沟式沉积型铁矿预测工作区									588.5
5	二道井地区温都尔庙式火山沉积-喷溢型铁矿预测工作区	39 492.3		16 602.1						931.8
6	脑木根地区温都尔庙式火山沉积-喷溢型铁矿预测工作区									
7	苏尼特左旗—红格尔马场地区火山沉积-喷溢型铁矿预测工作区	8580.0								1470.0
8	黑鹰山地区黑鹰山式海相火山沉积型铁矿预测工作区	17 334.5								2844.6

续表 2-9

预测工作区编号	预测工作区名称	≥0.75			0.5~0.75			0.25~0.5		
		334-1	334-2	334-3	334-1	334-2	334-3	334-1	334-2	334-3
9	谢尔塔拉地区火山沉积型铁矿预测工作区	994.5								2845.3
10	包头—集宁地区壕赖沟式沉积变质型铁矿预测工作区	16 359.6		1392.2						596.5
11	包头—集宁地区三合明式沉积变质型铁矿预测工作区	28 934.0		15 501.8						418.3
12	赤峰地区贾格尔其庙式变质型铁矿预测工作区	4012.6								1930.1
13	包头—集宁地区贾格尔其庙式变质型铁矿预测工作区	18 978.6		4260.6			438.0			542.9
14	图克木—吉兰泰地区贾格尔其庙式变质型铁矿预测工作区	14.7								683.8
15	罕达盖—梨子山地区矽卡岩型铁矿预测工作区	1929.4					693.0			898.6
16	朝不楞地区朝不楞式矽卡岩型铁矿预测工作区	5610.2								842.1
17	克旗—西乌旗地区黄岗式矽卡岩型铁矿预测工作区	7068.2								2314.1
18	正镶白旗—多伦县地区额里图式矽卡岩型铁矿预测工作区	4048.9								203.5
19	哈拉火烧地区矽卡岩型铁矿预测工作区	1681.3								970.7
20	克布勒矽卡岩型铁矿预测工作区	6342.5								2042.5
21	卡休他他地区矽卡岩型铁矿预测工作区	2581.4								2719.1
22	乌珠尔嘎顺地区矽卡岩型铁矿预测工作区	96.6								92.5
23	索索井地区矽卡岩型铁矿预测工作区	6869.0								8563.4
24	马鞍山地区热液型铁矿预测工作区	1216.4								4255.4

续表 2-9

预测工作区编号	预测工作区名称	≥0.75			0.5~0.75			0.25~0.5		
		334-1	334-2	334-3	334-1	334-2	334-3	334-1	334-2	334-3
25	满洲里—地营子地区热液型铁矿预测工作区	823.9								594.2
26	神山地区神山式矽卡岩型铁矿预测工作区	344.4								
27	百灵庙地区百灵庙式风化淋滤型铁矿预测工作区									105.5
28	预测工作区外	1883.3				2223.0				4218.2

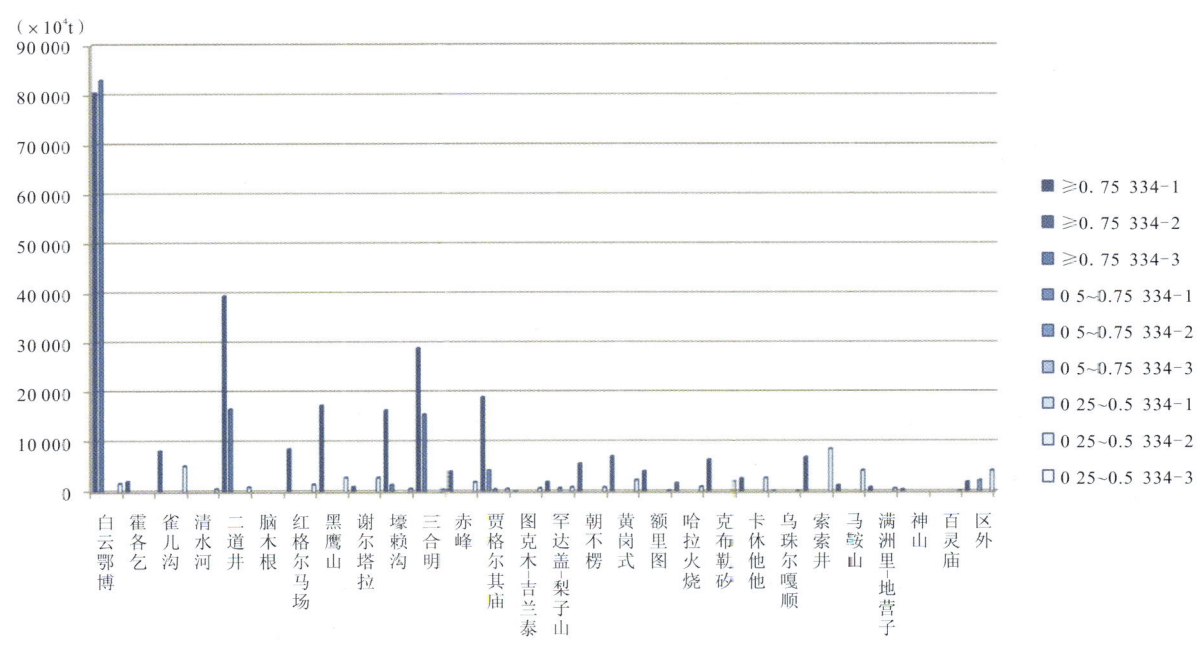

图 2-23　内蒙古自治区铁矿预测区预测资源量可信度统计图

3. 省预测资源量可信度统计分析

内蒙古自治区预测资源量可信度按省级范围统计见表 2-10。

表 2-10　内蒙古自治区预测资源量可信度统计表

矿种	≥0.75			0.5~0.75			0.25~0.5		
	334-1	334-2	334-3	334-1	334-2	334-3	334-1	334-2	334-3
铁矿(×10⁴t)	266 030.4		120 846.0		3354.0				47 563.0

本次内蒙古自治区磁性铁矿资源量,通过磁法磁性矿产资源量预测(估算),资源总量为 820 355.8×10⁴t,其中预测资源量 437 793.1×10⁴t(表 2-11,图 2-24)。从上述介绍磁法估算资源量的方法以及在估算过程中使用的资料和相关系数的确定等评价,方法应用得当,使用资料正确,确定相关系数依据充足。所以认为,本次磁法磁性矿产铁矿资源量估算结果是可靠和可信的。

(六)内蒙古自治区磁性矿床资源量汇总(表 2-11)

表 2-11 省级磁性矿产预测资源量核实表(×10⁴t)

省(市区)编号	省(市区)名称	矿产预测类型	预测工作区数量	查明资源储量	预测资源量	资源总量			预测资源量		
						500m以浅	1000m以浅	2000m以浅	334-1	334-2	334-3
15	内蒙古自治区	沉积变质型	9	98 880.2	238 804.6	317 771.6	331 695.6	337 684.8	121 079.1	1957.0	115 768.5
		岩浆型	0	25 402.2	4412.4	29 814.6	29 814.6	29 814.6	1843.7		2568.7
		矽卡岩型	10	32 999.1	36 114.3	69 113.4	69 113.4	69 113.4	27 744.9	693.0	7676.4
		海相火山岩型	5	24 815.4	92 327.4	117 142.8	117 142.8	117 142.8	67 115.5		25 211.9
		陆相火山岩型	0	2.4	1673.6	1676.0	1676.0	1676.0			1673.6
		其他	3	190 463.4	64 460.8	247 610.4	254 924.2	254 924.2	48 247.0	704.0	15 509.8
		合计	27	372 562.7	437 793.1	783 128.8	804 366.6	810 355.8	266 030.2	3354.0	168 408.9

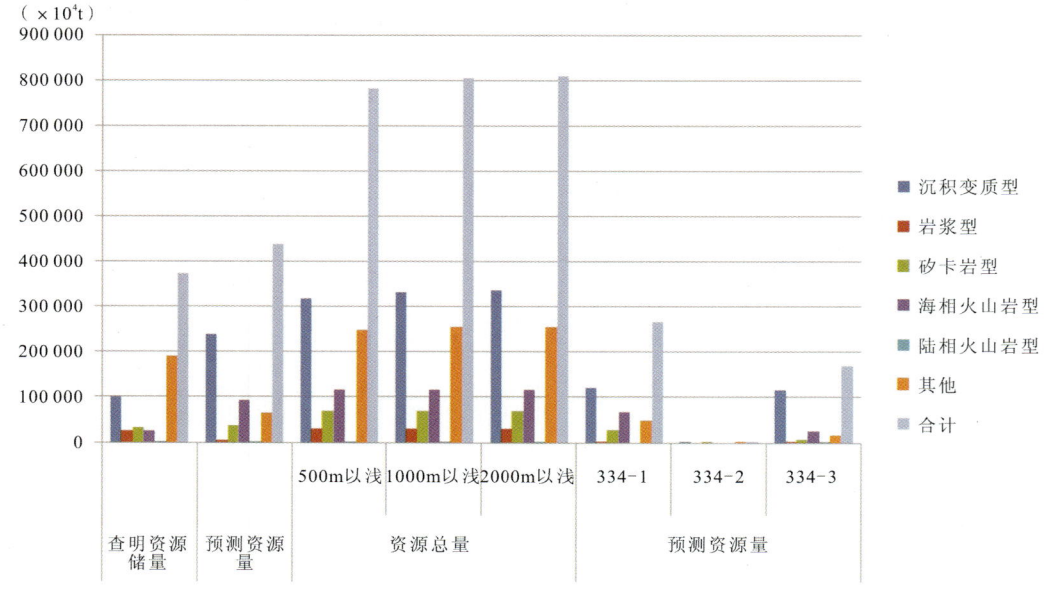

图 2-24 内蒙古自治区磁性矿产预测资源量汇总图

第三章 Ⅲ级成矿亚带区域磁异常特征及找矿标志

第一节 Ⅲ级成矿亚带区域磁场特征

内蒙古自治区地域辽阔,地质构造复杂。从大地构造单元看,跨越了哈萨克斯坦(准噶尔)板块、塔里木板块、西伯利亚板块和华北板块四大板块。各板块之间的拼合带、陆缘增生带及其陆块边缘活动带均是重要的成矿带。按照全国成矿区带划分方案,本区属于古亚洲洋成矿域,东部有滨太平洋成矿域叠加,西南小部分跨越秦祁昆成矿域。并划分了准噶尔成矿省、塔里木成矿省、大兴安岭成矿省、吉黑成矿省、华北成矿省、阿尔金-祁连成矿省6个Ⅱ级成矿区。

根据四大板块陆缘活动性质、地层建造、成矿特征及成矿环境的不同,将本区又进一步划分为14个重要成矿带,即内蒙古自治区Ⅲ级成矿区带。根据新获得的大量矿产、物化探资料,并结合已有的矿床(点)分布、矿床类型、物化探异常特征,对各成矿带成矿地质背景及成矿环境进行了进一步的研究,对每个Ⅲ级成矿区带又具体划分了Ⅳ级或Ⅴ级成矿亚带。结合内蒙古自治区1:50万航磁ΔT等值线平面图、航磁ΔT化极等值线平面图对各个成矿亚带的磁场特征描述如下。

一、Ⅲ-1 觉罗塔格-黑鹰山铜、镍、铁、金、银、钼、钨、石膏Ⅲ级成矿带

△Ⅲ-1-① 黑鹰山-雅干铁、金、铜、钼成矿亚带

成矿带位于内蒙古自治区西北部,最大范围东经97°20′—102°56′、北纬41°44′—42°47′。在航磁ΔT等值线平面图上,成矿带内异常整体上沿北西向展布,异常幅值范围-350~300nT之间,以平静的负异常为背景,中部有一面积较大的条带状磁异常,北西向,北侧伴生有幅值较高的椭圆形负异常,梯度变化明显;在其展布方向上分布有椭圆形磁异常,正负相间,梯度变化大。在航磁ΔT化极等值线平面图上,成矿带内以大片的负异常为主,负异常幅值较大,中部分布着圆形及椭圆形正磁异常,北西向展布,最高值200nT,梯度变化大。在ΔT化极垂向一阶导数等值线平面图上,成矿带内异常走向均以北西向分布为主,异常呈条带状分布,连续性较好,正异常范围均较ΔT化极等值线平面图异常稍大一些,其极值位置两者相近。成矿带内中部偏北一侧,异常突出明显,表现为规律的、强度高的、梯度变化较大的带状异常,极大值达300nT/2km。而在成矿带的西侧、东侧和南侧大片区域内异常平缓,变化梯度较小,其中仅零星分布数个独立低缓异常。

二、Ⅲ-2 磁海-公婆泉铁、铜、金、铅、锌、钨、锡、铷、钒、铀、磷Ⅲ级成矿带

(一)Ⅲ-2-① 石板井-东七一山钨、钼、铜、铁、萤石成矿亚带

成矿带位于内蒙古自治区西部,最大范围东经97°37′—100°11′、北纬41°08′—42°05′。在航磁ΔT

等值线平面图上,成矿带内以平静的负磁异常为主,异常幅值主要在-75～-25nT之间,最低值-200nT。在与Ⅲ-2-②阿木乌苏-老硐沟金、钨、锑成矿亚带分界处有一椭圆形正磁异常,最高值125nT,北西向展布;强度较高的负异常集中在南部成矿带分界线附近,北西向延展。在航磁ΔT化极等值线平面图上,成矿带内以幅值较大的负异常为主,东南部有一椭圆形北西向正磁异常,与等值线平面图相对应。在ΔT化极垂向一阶导数等值线平面图上,成矿带内大面积均为平缓变化的趋势,变化范围值为0～25nT/km。仅在北侧与Ⅲ-1-①黑鹰山-雅干铁、金、铜、钼成矿亚带接触边界和南侧与Ⅲ-2-②阿木乌苏-老硐沟金、钨、锑成矿亚带接触边界及中部偏南侧分布有3个较为明显的条带状异常,异常带宽度较小,但延续长度较大,以北西向展布,其变化范围为0～125nT/km。

(二)Ⅲ-2-②阿木乌苏-老硐沟金、钨、锑成矿亚带

成矿带位于内蒙古自治区西南端,最大范围东经97°37′—100°14′,北纬40°32′—41°08′。在航磁ΔT等值线平面图上,成矿带内主要为平缓的负异常,磁异常范围在-150～75nT之间,只在成矿带北部有一孤立的椭圆形正磁异常,梯度变化不大,异常面积较小。化极后正磁异常范围相对变小,南侧的负异常更突出。成矿带内负异常幅值增大,东部出现了明显的片状负磁异常。在ΔT化极垂向一阶导数等值线平面图上,成矿带内仅在北侧与Ⅲ-2-①石板井-东七一山钨、钼、铜、铁、萤石成矿亚带边界处及成矿带南侧梧桐沟一带有近东西向分布的椭圆形异常,异常范围较小,梯度变化范围为0～75nT/2km,其位置于ΔT化极等值线平面图异常向对应。

(三)Ⅲ-2-③珠斯楞-乌拉尚德铜、金、镍、煤成矿亚带

成矿带位于内蒙古自治区西部,最大范围东经99°44′—104°56′,北纬41°21′—41°48′。在航磁ΔT等值线平面图上,成矿带内为大面积的负异常,异常变化较平缓,在成矿带北部木吉湖附近有一椭圆形北东向正磁异常,最高值75nT;其东北部有一片状低缓正磁异常,梯度变化小。航磁ΔT化极等值线平面图上,成矿带内分布着大面积的负异常,西南部负异常较平缓。在ΔT化极垂向一阶导数等值线平面图上,成矿带内仅在十七号、木吉湖北侧及伊和扎格敖包见有几个局部独立低缓的片状异常,其值在0～50nT/2km。成矿带其余大部分区域均为0～25nT/2km平缓异常。

三、Ⅲ-3 阿拉善(台隆)铜、镍、铂、铁、稀土、磷、石墨、芒硝、盐Ⅲ级成矿带

(一)Ⅲ-3-①碱泉子-卡休他他金、铜、铁、铂成矿亚带

成矿带位于内蒙古自治区西南部,最大范围东经99°27′—101°53′,北纬39°29′—40°15′。在航磁ΔT等值线平面图上,主要有3处异常,位于成矿带中部及南部,异常主要呈条带状、东西向展布,北侧伴生负异常,强度高,梯度变化较大;北部则为低缓负磁异常。航磁ΔT化极等值线平面图上,正异常南侧负异常增强,其他无明显变化。在ΔT化极垂向一阶导数等值线平面图上,成矿带内异常集中分布于南东侧,走向呈近东西向展布,显著的带状异常与化极异常相对应,异常强度高,梯度变化陡,南北两侧均伴有负异常,其梯度变化范围为-150～+275nT/2km。成矿带北西侧均为零值附近平缓变化趋势。

(二)Ⅲ-3-②龙首山元古宙铜、镍、铁、稀土成矿亚带

成矿带位于内蒙古自治区西南部,为沿北东向展布的狭长带,最大范围东经100°28′—102°05′,北纬38°39′—39°28′。在航磁ΔT等值线平面图上,成矿带内主要为平缓的负异常。化极后磁异常向北偏移,且幅值略增大。在ΔT化极垂向一阶导数等值线平面图上,成矿带内异常均为零值左右平缓趋势,无明显局部异常,仅北侧表现为相对高,变化范围为0～50nT/2km。

（三）Ⅲ-3-③沙拉西别铜、铁、铂成矿亚带

成矿带位于内蒙古自治区西南部，最大范围东经100°47′—105°56′、北纬39°01′—40°36′。在航磁 ΔT 等值线平面图上，成矿带内主要分为两处面积较大的正磁异常，东北部正异常幅值不高，变化平缓，西南部磁异常由4个圆形磁异常组成，强度高、梯度大，北侧伴生负异常。两处异常中间及两侧为负异常。在航磁 ΔT 化极等值线平面图上，两处正异常更加明显，负异常幅值减低。在 ΔT 化极垂向一阶导数等值线平面图上，成矿带内仅中部区域对应于化极异常处，有4处独立的多为椭圆状异常，异常显著，但单个异常面积不大，其值变化范围为 $-75\sim+175nT/2km$。

（四）Ⅲ-3-④图兰泰-朱拉扎嘎金、盐、芒硝、石膏成矿亚带

成矿带位于内蒙古自治区西部，最大范围东经102°27′—105°46′、北纬38°23′—40°20′。在航磁 ΔT 等值线平面图上，成矿带内以平缓负异常为背景，异常范围在 $-250\sim325nT$ 之间，正磁异常主要集中在中南部，呈不规则椭圆形及带状，沿北东向展布，变化相对平缓，北部为幅值较大的负异常。航磁 ΔT 化极等值线平面图上，北部分布着大面积不规则椭圆形磁异常，轴向北东，南侧伴生负异常；南部有一条北东向带状磁异常，变化相对平缓。在 ΔT 化极垂向一阶导数等值线平面图上，成矿带中部及南侧异常以低缓的串珠状异常为特征，走向以北东向展布。串珠状异常分布范围与化极等值线大面积正异常区相对应，其变化范围为 $-50\sim+125nT/2km$。

四、Ⅲ-4 河西走廊铁、锰、萤石、盐、凹凸棒石Ⅲ级成矿带

△Ⅲ-4-①阎地拉图铁成矿亚带

成矿带位于内蒙古西南一隅，面积较小，最大范围东经103°32′—105°50′、北纬37°24′—38°25′。在航磁 ΔT 等值线平面图上，成矿带内均为负异常，范围在 $-75\sim0nT$ 之间，磁场变化平缓。化极后磁异常幅值增加，范围在 $-50\sim75nT$ 之间，磁异常平缓。在 ΔT 化极垂向一阶导数等值线平面图上，成矿带内仅西北角有一处低缓独立椭圆状异常，面积也较小，极大值为 $75nT/2km$。其余区域均处在零值左右的平缓稳定变化趋势之内。

五、Ⅲ-5 新巴尔虎右旗（拉张区）铜、钼、铅、锌、金、萤石、煤（铀）Ⅲ级成矿带

（一）Ⅲ-5-①莫尔道嘎铅、锌、银、金成矿亚带

成矿带位于内蒙古自治区东北部，呈狭长形沿北东向展布，最大范围东经119°07′—122°45′、北纬50°10′—53°15′。在航磁 ΔT 等值线平面图上，成矿带以平缓磁异常为背景，其间分布着紧密相连的椭圆形正磁异常，强度高、梯度大，轴向沿北东向展布，负异常伴于其间。航磁 ΔT 化极等值线平面图上，正磁异常更加突出，强度增大，梯度变化明显。在 ΔT 化极垂向一阶导数等值线平面图上，成矿带内右侧异常呈两条相距不大且近似平行的串珠状异常带为主要特征，串珠状异常带自南向北由北东—南北向呈半圆弧展布，单个局部异常强度高，梯度陡，周围均伴有明显的负异常，其变化范围为 $-150\sim+250nT/2km$。成矿带其余区域除零星分布有局部异常外，均为平缓趋势变化特征。

（二）Ⅲ-5-②八大关-新巴尔虎右旗铜、钼、铅、锌、银成矿亚带

成矿带位于内蒙古自治区东北部，最大范围东经115°31′—119°36′、北纬47°40′—50°28′。在航磁 ΔT 等值线平面图上，成矿带以平缓负异常为背景，遍布正磁异常，多呈带状及椭圆形，沿北东向展布，正负相交，强度高、梯度变化大；航磁 ΔT 化极等值线平面图上，北东向的条带状磁异常幅值增大，负异常更加

明显。在 ΔT 化极垂向一阶导数等值线平面图上,成矿带内异常呈串珠状、条带状分布,走向北东,带宽不大,但延续较长,单个局部异常显著,并伴有负异常。极值一般为150nT/2km,最高可达450nT/2km。

(三)Ⅲ-5-③根河钼、铅、锌、银成矿亚带

成矿带位于内蒙古自治区东北部,最大范围东经120°25′—124°18′、北纬49°28′—51°42′。在航磁 ΔT 等值线平面图上,成矿带内分布大面积正磁异常,多成片状分布,异常幅值较高,一般100～300nT,最高650nT,梯度变化不大。航磁 ΔT 化极等值线平面图上,成矿带以正磁异常为主,形状不太规则,多为圆形、椭圆形,幅值较高,整体走向北东,正磁异常周围出现低缓负异常。在 ΔT 化极垂向一阶导数等值线平面图上,成矿带内异常以均匀密集分布的多条北东向展布,呈串珠状异常为特征,异常带规模较小,连续性不好,其中局部异常梯度较大,多呈椭圆状,伴有明显的负异常,其位置多与化极异常相对应。

(四)Ⅲ-5-④额尔古纳金、铁、锌、萤石成矿亚带

成矿带位于内蒙古自治区东北部,最大范围东经118°10′—122°16′、北纬48°03′—50°36′。在航磁 ΔT 等值线平面图上,成矿带北部磁异常以低缓异常为背景,正磁异常多呈椭圆形镶嵌其中,连接紧密,强度高,正负相交,北东向展布。南部以负异常为主,负磁场值较大。航磁 ΔT 化极等值线平面图上,成矿带内负异常突出,北部正磁异常幅值降低,正负相交明显,南部则为大面积负磁场且强度高。在 ΔT 化极垂向一阶导数等值线平面图上,成矿带处于Ⅲ-5-③根河钼、铅、锌、银成矿亚带南侧,异常特征与此成矿带很相似。

(五)Ⅲ-5-⑤海拉尔盆地油气成矿亚带

成矿带位于内蒙古自治区东北部,最大范围东经116°15′—119°50′、北纬47°41′—49°13′。在航磁 ΔT 等值线平面图上,成矿带内磁异常形态规则,西部分布有串珠状正磁异常,椭圆形,北东向展布,正负相交。东部主要为负异常,面积较大,幅值较高,最高-300nT。航磁 ΔT 化极等值线平面图上,成矿带东北部为大面积的负异常,强度较高,西南部主要为平缓的负异常,分布着椭圆形及圆形的正磁异常。在 ΔT 化极垂向一阶导数等值线平面图上,成矿带西侧与Ⅲ-5-②八大关-新巴尔虎右旗铜、钼、铅、锌、银成矿亚带接触分界处,沿分界线北东走向分布一条带状异常,异常较显著,北西侧伴有显著的负异常带。成矿带其余区域上除零星分布着多以圆形、椭圆形的局部异常外,均表现为平缓变化趋势。

六、Ⅲ-6 东乌珠穆沁旗-嫩江(中强挤压区)铜、钼、铅、锌、金、钨、锡、铬Ⅲ级成矿带

(一)Ⅲ-6-①大杨树-古利库金、钼、萤石成矿亚带

成矿带位于内蒙古自治区东北端,近北北东向狭长展布,最大范围东经122°34′—126°08′、北纬47°31′—51°43′。在航磁 ΔT 等值线平面图上,成矿带内磁异常较乱,多呈椭圆形、带状及串珠状分布,轴向以北东向为主,正负相交,磁异常强度高,梯度大。航磁 ΔT 化极等值线平面图上,异常幅值增大,梯度变化更加明显,成矿带边缘负异常突出。在 ΔT 化极垂向一阶导数等值线平面图上,沿成矿带北东向狭长区域内,密集分布着强度高、梯度较大的显著异常,局部异常多呈条带状或串珠状展布,走向多以北东向为主,偶有近东西向的,异常两侧均伴有负异常,且负异常也呈规律的串珠状或条带状展布,正异常变化范围为-300～+450nT/2km。

(二)Ⅲ-6-②罕达盖-博克图铁、钼、锌、铅成矿亚带

成矿带位于内蒙古自治区东北部,南北跨度较大,最大范围东经119°00′—124°00′、北纬46°21′—

51°23′。在航磁 ΔT 等值线平面图上，成矿带内以平缓磁异常为背景，磁异常值一般为—50～300nT 之间，中部多为片状及椭圆形正磁异常，梯度变化大，负异常主要集中在成矿带南、北两端，幅值较大。航磁 ΔT 化极等值线平面图上，中部正磁异常范围减小，幅值增大，两端负异常突出，分布面积较大，梯度变化明显。在 ΔT 化极垂向一阶导数等值线平面图上，成矿带内以平缓变化趋势为主要特征，其中较均匀地零散分布着多以圆形、椭圆形及小的条带状异常，小条带状异常多以北东方向展布，局部异常正负相间，规模均较小，其变化范围为—175～+275nT/2km。

(三) Ⅲ-6-③二连-东乌旗钨、钼、铁、锌、铅成矿亚带

成矿带位于内蒙古自治区北部，紧邻蒙古，东西跨度大，最大范围东经 111°24′—120°20′、北纬 43°42′—46°41′。在航磁 ΔT 等值线平面图上，成矿带以正磁异常为主，场值一般在 100～300nT 之间，最高 1000nT。成矿带北部形态多为连续的圆形及椭圆形磁异常，沿北东向展布，梯度变化大；中部磁场变化平缓，仅在成矿带南侧边缘有一条带状磁异常，强度高，梯度大，北侧伴生负异常；南部为片状分布的磁异常，场值普遍较高，梯度变化明显。航磁 ΔT 化极等值线平面图上，以平缓负异常为背景，正磁异常更为明显，形状规则。在 ΔT 化极垂向一阶导数等值线平面图上，成矿带区域内西、中、东部分布着 3 处较围密集异常区。其中异常面积不大，但强度、梯度均很强，局部正异常以环状分布，伴随有规律的负异常带，其变化范围为—375～+600nT/2km。另外，东西两侧异常多以椭圆状、串珠状异常分布为主，异常较显著，多以北东向展布，局部异常北西侧多伴有负异常，其变化范围为—100～+225nT/2km。

七、Ⅲ-7 白乃庙-锡林郭勒铬、铜(金)、锗、煤、天然芒硝Ⅲ级成矿带

(一) Ⅲ-7-①乌力吉-欧布拉咯铜、金成矿亚带

成矿带位于内蒙古自治区西部，沿北东向延伸至自治区北部边界，最大范围东经 99°55′—107°05′、北纬 39°27′—42°19′。在航磁 ΔT 等值线平面图上，成矿带内以负异常为主，正异常零星分布，多为圆形及椭圆形，成矿带东部有两个幅值较高的正磁异常，呈北东向展布，北侧伴生负异常，梯度变化较大。航磁 ΔT 化极等值线平面图上，成矿带内负异常面积较大，北部负异常强度高，正磁异常多呈圆形、椭圆形分布，梯度变化大。在 ΔT 化极垂向一阶导数等值线平面图上，成矿带区域内大部分区域异常处于平缓趋势，仅在成矿带中部、西部偏北侧区域内见有较多的椭圆状局部异常或呈串珠状异常带，中部北侧局部异常较显著，强度高、梯度大，并南、北两侧伴有负异常，其变化范围为—150～+250nT/2km。另条带状异常多以北东向、东西向展布，规模较小，强度、梯度均一般，但异常较明显。

(二) Ⅲ-7-②查干此老-巴音杭盖金成矿亚带

成矿带位于内蒙古自治区北部，最大范围东经 106°28′—108°30′、北纬 41°13′—42°26′。成矿带面积较小，在航磁 ΔT 等值线平面图上，北部为低缓的正磁异常，呈带状，沿东西向展布；南部为平静的负异常。航磁 ΔT 化极等值线平面图上，成矿带内以平静的负异常为主。在 ΔT 化极垂向一阶导数等值线平面图上，成矿带区内大部分区域均为零值附近平稳变化趋势特征。仅在其南西角乌拉特后旗北西侧见有一独立明显的局部异常，异常呈圆形近似等轴状，梯度较大，面积不太大，极值达 75nT/2km。

(三) Ⅲ-7-③索伦山-查干哈达庙铬、铜成矿亚带

成矿带位于内蒙古自治区北部，最大范围东经 108°26′—110°40′、北纬 42°17′—42°35′。在航磁 ΔT 等值线平面图上，成矿带内分布大面积的负异常，仅在西部及南部各有一椭圆形正异常，近东西向，强度不高，梯度变化大。航磁 ΔT 化极等值线平面图上，成矿带内磁异常无明显变化。在 ΔT 化极垂向一阶导数等值线平面图上，成矿带区内有两处显著的异常。一处在西部索伦山一带，异常呈东西向带状展布，强度一般，但梯度变化明显，其变化范围为—100～+150nT/2km。另一处在成矿带东部南侧分界

处,异常呈东西向带状分布,异常规则,连续性好,长约 65km,异常梯度较大,两侧均伴有明显的负异常,其变化范围为－75～＋150nT/2km。

(四) Ⅲ-7-④ 苏木查干敖包-二连萤石、锰成矿亚带

成矿带位于内蒙古自治区北部,最大范围东经 109°43′—113°45′、北纬 42°21′—44°09′。在航磁 ΔT 等值线平面图上,成矿带以平缓的负异常为背景,异常值范围－175～250nT,正磁异常呈带状、片状及椭圆形零星分布,以北东向为主,梯度变化不大。航磁 ΔT 化极等值线平面图上,成矿带内以负异常为主,零星分布着正磁异常,多为椭圆形,北东向展布。在 ΔT 化极垂向一阶导数等值线平面图上,成矿带区内西半部分多呈平缓变化趋势,其中分布有为数不多的局部异常,呈椭圆状或条带状分布,面积均不大,但梯度变化明显。在成矿带东半部分区域内异常特征明显与西半部分不同,其分布有明显的南、北两个异常带和一个马蹄形异常,其中南侧异常较宽,北东走向,连续性较好,强度不高,但梯度变化较为明显,北侧没有负异常。其中北侧异常带低缓,面积也较小,在其东侧见有一明显的马蹄形半环状异常,环心显负值,异常强度不高,但梯度变化明显。成矿带其他区域均以平缓变化异常为趋势特征。

(五) Ⅲ-7-⑤ 温都尔庙-红格尔庙铁成矿亚带

成矿带位于内蒙古自治区中东部偏北地区,最大范围东经 111°49′—116°32′、北纬 42°23′—44°46′。在航磁 ΔT 等值线平面图上,成矿带内磁异常由南往北逐渐增强,以北东-南西的对角线为分界,南侧以平缓的负异常为主;北侧低缓的负异常背景上,分布着椭圆形的正磁异常,北部磁异常幅值相对南部较高,且呈串珠状沿东西方向展布,梯度变化大。航磁 ΔT 化极等值线平面图上,成矿带内主要为大面积负异常,强度高,零星分布着圆形、椭圆形正磁异常,梯度变化较大。在 ΔT 化极垂向一阶导数等值线平面图上,成矿带区内南西侧大部分区域异常均呈平缓变化趋势。仅在敖仑尚达南东侧,见有一处显著的局部异常,其正异常呈北东走向展布,伴有负异常,变化范围为－125～＋175nT/2km。成矿带内主要异常分布在东部北侧,异常呈由多个不连续的局部异常组成,呈圆形、椭圆形、串珠状分布,局部异常强度高,梯度变化剧烈。四周均伴有强度不同的负异常,其变化范围为－200～＋450nT/2km。

(六) Ⅲ-7-⑥ 白乃庙-哈达庙铜、金、萤石成矿亚带

成矿带位于内蒙古自治区中部偏北地区,最大范围东经 108°02′—114°13′、北纬 41°46′—42°30′。在航磁 ΔT 等值线平面图上,成矿带内磁异常东高西低,磁场强度不高。西部主要为平缓的负异常,零星分布椭圆形正磁异常,东部分布低缓的正磁异常,以椭圆形为主,走向近东西。航磁 ΔT 化极等值线平面图上,成矿带内主要为负异常;东北及西南部分布着不规则的椭圆形正磁异常,强度较高,梯度不大。在 ΔT 化极垂向一阶导数等值线平面图上,成矿带呈东西向狭长区域,在其西半部分由两个明显的局部异常和一个北东走向的串珠状异常带组成,其余区域均为零值附近变化的平缓异常。局部异常分别处于成矿带最西段和南侧边界处,异常呈豆荚状,强度不高,但梯度变化明显,串珠状异常带较为典型,宽度不大,约 8km,但延续较长,可达 140 余千米。成矿带东半部分大部区域,异常均呈平稳变化趋势,无明显局部异常,仅在北侧边界处见有几处低缓的条带状异常,且多伸入北部 Ⅲ-7-⑤ 温都尔庙-红格尔庙铁成矿亚带内。

八、Ⅲ-8 突泉-翁牛特铅、锌、铜、钼、金Ⅲ级成矿带

(一) Ⅲ-8-① 索伦镇-黄岗铁(锡)、铜、锌成矿亚带

成矿带位于内蒙古自治区东部,面积较大,北东向延伸,最大范围东经 115°17′—121°32′、北纬 43°07′—47°00′。在航磁 ΔT 等值线平面图上,成矿带内以负异常为主,正磁异常多为零星分布,呈椭圆形,异常范围－250～750nT。西南部磁异常较平缓,东北部异常较杂乱,梯度变化较大。仅北部分布有

大面积的正磁异常,呈片状及相连的椭圆形,梯度变化大,轴向北东。航磁 ΔT 化极等值线平面图上,成矿带内主要为负磁异常,强度较高,北邻地区分布有椭圆形正磁异常,强度高,梯度大。在 ΔT 化极垂向一阶导数等值线平面图上,成矿带左下侧异常呈平缓变化趋势,无明显的局部异常。在成矿带右上侧,异常杂乱,局部异常强度高,梯度变化较大,异常多以不连续的圆形和椭圆形展布,正异常周围均伴有负异常,其变化范围为 $-225\sim+450 nT/2km$。

（二）Ⅲ-8-②神山-大井子铜、铅、锌、银、铁、钼、稀土、铌钽、萤石矿成矿亚带

成矿带位于内蒙古自治区东部,北东向延伸,最大范围东经 117°24′—122°30′、北纬 43°13′—47°20′。在航磁 ΔT 等值线平面图上,正磁异常主要集中在成矿带南、北两侧,北部正磁异常呈圆形及椭圆形,北侧伴生负异常,梯度变化大;中部以负异常为主,幅值较大,最大值 $-225nT$;南部正磁异常呈带状分布,轴向北东,北侧伴生负异常,梯度变化大。航磁 ΔT 化极等值线平面图上,成矿带北部以负异常为主,零星分布椭圆形正磁异常,强度不高;南部分布着大面积正磁异常,强度较高,呈不规则椭圆形,梯度变化大。在 ΔT 化极垂向一阶导数等值线平面图上,整个成矿带内异常杂乱,局部异常除中部稀疏外,其他均表现为密集分布,异常多为椭圆形或串珠状展布,强度较高,梯度变化显著,单个异常面积较小,北侧多伴有负异常。其变化范围为 $-125\sim+275 nT/2km$。

（三）Ⅲ-8-③卯都房子-毫义哈达钨、铅锌、铬、萤石成矿亚带

成矿带位于内蒙古自治区中东部,最大范围东经 113°25′—117°21′、北纬 42°00′—43°12′。在航磁 ΔT 等值线平面图上,成矿带内磁异常分布较规则,以北东—南西对角线为界,北侧为幅值较大的负异常,南侧主要是以低缓负异常为背景的正磁异常,椭圆形,轴向北东,梯度变化不大。航磁 ΔT 化极等值线平面图上,成矿带北部为负异常,强度高;南部正磁异常以串珠状沿近东西向展布,梯度变化平缓。在 ΔT 化极垂向一阶导数等值线平面图上,成矿带北部异常平缓,无显著局部异常。异常主要分布于成矿带中部及南部区域。中部正异常呈北东向带状展布,较规则,连续性好,强度、梯度变化明显,均伴有负异常。成矿带南东侧以北西向展布、面积较大的正负异常相间伴生的异常带为特征,其中局部异常强度高,梯度变化显著,走向以北东、北西为主,其值变化范围为 $-175\sim+325 nT/2km$。

（四）Ⅲ-8-④小东沟-小营子钼、铅、锌、铜成矿亚带

成矿带位于内蒙古自治区东南部,最大范围东经 117°08′—120°05′、北纬 42°09′—43°09′。在航磁 ΔT 等值线平面图上,成矿带内以平缓负异常为背景,异常范围 $-350\sim475 nT$,磁异常较乱,多为椭圆形及条带状,轴向北东,正负交替,梯度变化大;成矿带西北角有一串珠状的负磁异常,且幅值较高,梯度变化明显。航磁 ΔT 化极等值线平面图上,成矿带内主要为正磁异常,形态较乱,多为圆形及椭圆形,强度高,梯度大。在 ΔT 化极垂向一阶导数等值线平面图上,成矿带内异常杂乱,密集分布较多的正负相伴的局部异常面积都不大,多呈圆形、椭圆形及个别串珠状展布,走向不一,强度较高,梯度变化显著。其变化范围为 $-200\sim+375 nT/2km$。

九、Ⅲ-9 松辽盆地油气、铀成矿区

（一）Ⅲ-9-①通辽科尔沁盆地煤、油气成矿亚带

成矿带位于内蒙古自治区东南端,面积较大,最大范围东经 119°40′—123°38′、北纬 42°33′—45°22′。在航磁 ΔT 等值线平面图上,成矿带以平静的负异常为背景,异常范围 $-225\sim300 nT$,成矿带中间为平缓的负磁异常,正磁异常分布在成矿带东、西两侧,呈不规则椭圆形及带状分布,正负相交,轴向以北东向为主,梯度变化不大。航磁 ΔT 化极等值线平面图上,平静的负异常背景上,分布着大面积正磁异常,多呈椭圆形及带状分布,西部强度较东部高。在 ΔT 化极垂向一阶导数等值线平面图上,正

异常主要分布于成矿带北西侧和南东侧边部,异常强度不高,梯度变化明显,异常多以不规则片状或条带状、椭圆形展布,条带状异常多以北东方向展布。其中南东侧正负异常相间出现,且较为密集,异常显著表现,走向以北西走向为主,其梯度变化范围为 $-125 \sim +175 \text{nT}/2\text{km}$。在成矿带中间大部区域为平缓变化趋势特征。

(二) Ⅲ-9-② 库里吐-汤家杖子钼、铜、铅锌、钨金成矿亚带

成矿带位于内蒙古自治区东南部,面积较小,最大范围东经 $119°05'—121°53'$、北纬 $42°00'—42°46'$。在航磁 ΔT 等值线平面图上,磁异常较平缓,正负异常交替伴生,呈椭圆形,梯度变化小。航磁 ΔT 化极等值线平面图上,成矿带内以正异常为主,强度较高。在 ΔT 化极垂向一阶导数等值线平面图上,成矿带内异常较密集,多以不规则的片状或呈北东向带状异常展布,强度不高,梯度变化明显,周围伴有低缓的负异常,其梯度变化范围为 $-75 \sim +150 \text{nT}/2\text{km}$。

十、Ⅲ-10 华北地台北缘东段铁、铜、钼、铅、锌、金、银、锰、磷、煤、膨润土 Ⅲ 级成矿带

△ Ⅲ-10-① 内蒙古隆起东段铁、铜、钼、铅、锌、金、银、锰、磷、煤、膨润土成矿带

成矿带位于内蒙古自治区东南部,沿省线近东西向延伸,最大范围东经 $114°51'—121°54'$、北纬 $41°36'—42°35'$。在航磁 ΔT 等值线平面图上,成矿带内磁异常较乱,多为不规则椭圆形,正负相交,北部磁异常变化较平缓,南部正磁异常幅值较大,最高 450nT,梯度变化大。航磁 ΔT 化极等值线平面图上,成矿带内磁异常较乱,正负相交,强度高,梯度大。在 ΔT 化极垂向一阶导数等值线平面图上,成矿带地处与河北省北侧分界处,由于边界走向畸形成矿带不够完整,分为东西向不连续的 3 片,其中部面积较大,异常密集杂乱,多以椭圆形或不规则的片状异常展布,正负相伴,异常强度、梯度变化均较显著,其变化范围为 $-175 \sim +200 \text{nT}/2\text{km}$。

十一、Ⅲ-11 华北地台北缘西段金、铁、铌、稀土、铜、铅、锌、银、镍、铂、钨、石墨、白云母 Ⅲ 级成矿带

(一) Ⅲ-11-① 白云鄂博-商都金、铁、铌、稀土、铜、镍成矿亚带

成矿带位于内蒙古自治区中部,近东西向延伸较大,最大范围东经 $108°02'—115°55'$、北纬 $41°20'—42°16'$。在航磁 ΔT 等值线平面图上,东部以大面积负异常为主,西部以低缓负异常为背景,南侧成矿带边缘分布着东西向的条带状正磁异常,强度较高、梯度变化大,北侧伴生负异常。航磁 ΔT 化极等值线平面图上,成矿带东部负异常更加明显,西部异常变化不大,幅值有所增大。在 ΔT 化极垂向一阶导数等值线平面图上,成矿带西部北侧异常呈东西—北东向的条带状异常展布,异常规则,强度不大极值为 $125 \text{nT}/2\text{km}$,梯度变化明显,异常带极值位置与白云鄂博铁稀土矿相对应,正异常带南侧伴有低缓的负异常区。成矿带西侧南部分布有东西向较宽长的异常带,异常强度一般,梯度变化明显。成矿带东部区域多以平缓变化趋势为特征,无显著异常。

(二) Ⅲ-11-② 狼山-渣尔泰山铅、锌、金、铁、铜、铂、镍成矿亚带

成矿带位于内蒙古自治区中西部偏南,呈拱形延伸,最大范围东经 $104°04'—110°21'$、北纬 $38°12'—41°48'$。在航磁 ΔT 等值线平面图上,成矿带内以平缓负异常为主,零星分布的正磁异常遍布整个成矿带,多呈椭圆形及带状,以北东向为主,梯度变化较缓。航磁 ΔT 化极等值线平面图上,成矿带以负异常

为主,变化较缓,正异常呈圆形、椭圆形零星分布。在ΔT化极垂向一阶导数等值线平面图上,成矿带上部及下部均为平缓稳定变化趋势。其中部分区域分布零星的椭圆状和北东走向条带状异常或串珠状异常带,独立椭圆状异常面积不大,但强度、梯度均较显著,条带状或串珠状异常带强度、梯度均一般,宽度较小,但延续较长。

(三) Ⅲ-11-③ 固阳-白银查干金、铁、铜、铅、锌、石墨成矿亚带

成矿带位于内蒙古自治区中部,呈条带形东西延伸,最大范围东经108°50′—113°55′、北纬40°53′—41°43′。在航磁ΔT等值线平面图上,成矿带内分布着大面积负磁异常,且负异常强度较大。只在东、西两端各有一串珠状正磁异常,强度不高,梯度变化明显。走向为北东向及近东西向。航磁ΔT化极等值线平面图上,磁异常无明显变化,只是成矿带中部变化平缓的异常化极后强度增大,呈椭圆形,梯度变化较明显。在ΔT化极垂向一阶导数等值线平面图上,成矿带中部多以杂乱无序正负相伴的椭圆状异常为主,强度一般,梯度明显。成矿带东部区域以两条串珠状异常带展布,走向一条为北西向,一条为北东—南东向,局部异常强度大,梯度变化显著,并伴有明显的负异常,其梯度变化范围为$-125\sim+300\text{nT}/2\text{km}$。

(四) Ⅲ-11-④ 乌拉山-集宁金、银、铁、铜、铅、锌、石墨、白云母成矿亚带

成矿带位于内蒙古自治区中部,最大范围东经108°41′—114°04′、北纬39°55′—41°16′。在航磁ΔT等值线平面图上,成矿带内以平缓磁异常为背景,场值一般$-50\sim100\text{nT}$,最高750nT,磁异常呈明显的条带状分布,从西部延伸到东北部,北东走向,北侧伴生负异常,梯度变化较大。航磁ΔT化极等值线平面图上,成矿带东部及南部以负异常为主,中西部主要为正磁异常,条带状,中间不连续,强度高,梯度大,沿北东向展布。在ΔT化极垂向一阶导数等值线平面图上,成矿带西端即乌拉特前旗—包头市—土默特右旗一带分布有3条带状呈近东西向展布的强异常带,异常带规模较大,两侧均伴有明显的负异常带出现,其梯度变化范围为$-225\sim+450\text{nT}/2\text{km}$,正强异常对应地层为太古宙乌拉山岩群变质岩地层。成矿带中部多以低缓的、走向北东的条带状异常及零星分布圆形或椭圆形异常分布,强度一般,梯度变化明显,多有负异常相伴。成矿带东部凉城县以南区域,以零值左右的平缓变化趋势为主,无明显异常出现。

十二、Ⅲ-12 鄂尔多斯西缘(台褶带)铁、铅、锌、磷、石膏、芒硝成矿带

成矿带位于内蒙古自治区中南部,南北向展布,最大范围东经105°47′—107°07′、北纬38°10′—40°55′。在航磁ΔT等值线平面图上,成矿带内以平缓负异常为主,形态简单,中部有不规则椭圆形正磁异常,梯度变化不大。航磁ΔT化极等值线平面图上,成矿带北侧为椭圆形正磁异常,南侧为负异常。在ΔT化极垂向一阶导数等值线平面图上,成矿带东西边部分布多个圆形、椭圆形异常,强度不一,其中3处独立局部异常强度高,梯度变化显著,其他局部异常以低缓为主。其余成矿带中上大部区域,以平缓变化趋势,无显著异常。

十三、Ⅲ-13 鄂尔多斯(盆地)铀、油气、煤、盐类成矿区

成矿带位于内蒙古自治区中南部,南北向展布,最大范围东经106°43′—111°57′、北纬37°35′—41°17′。在航磁ΔT等值线平面图上,成矿带内以平缓的负异常为背景,正磁异常多呈带状分布,异常之间近似平行关系,沿北西—北东方向展布,北侧伴生负异常,磁异常幅值较高,最大800nT,梯度变化明显。航磁ΔT化极等值线平面图上,成矿带北部磁异常呈带状分布,强度高,梯度大,沿北西—北东方向展布;南部低缓负异常。在ΔT化极垂向一阶导数等值线平面图上,成矿带中部以北大面积区域,分布多条沿北西—北东向展布的平弧形带状异常,或呈串珠状异常带展布,且带状异常多成对平行分布,

带状异常宽度不大,约 10km,但延续很长,最长者可达 250～300km,一般也有 90km 以上,异常带呈由北强向南逐渐减弱的趋势,北侧异常带伴有显著的负异常,南侧则为低缓的负异常相伴。其重力梯度变化范围为 0～+300nT/2km。成矿带中部以南大部区域,均以零值左右的平缓变化趋势为主,无明显局部异常出现。

十四、Ⅲ-14 山西断隆铁、铝土矿、石膏、煤、煤层气成矿带

成矿带位于内蒙古自治区中南部,最大范围东经 111°05′—112°08′、北纬 39°22′—40°01′。成矿带面积小,在航磁 ΔT 等值线平面图上,带内主要为低缓负异常。化极后,负异常强度增大。在 ΔT 化极垂向一阶导数等值线平面图上,成矿带内均以零值左右的平缓变化趋势为特征,没有明显的局部异常出现。

第二节 铁矿区域磁异常特征及找矿标志

内蒙古自治区铁矿成矿环境复杂、类型多样,本次矿产资源潜力评价工作将铁矿成因分为沉积变质型、岩浆岩型、海相火山岩型、矽卡岩类型、热液型和其他类型(如复合内生型风化淋滤型等)6 种。现结合内蒙古自治区 1∶50 万航磁 ΔT 等值线平面图,将下列成矿带内的铁矿主要成因类型、矿床富集区的磁场特征及地质环境等进行描述。

一、海相火山岩型铁矿

(一) Ⅲ-1-① 黑鹰山-雅干铁、金、铜、钼成矿亚带

成矿带内铁矿成因类型主要为海相火山岩型及矽卡岩型。海相火山岩型铁矿,矿种主要为赤铁矿,零星分布在成矿带西北部甜水井地区至黑鹰山一带,矿床多位于航磁异常表现低缓的负磁场区,周围临近椭圆形或条带状正磁异常,强度不高、梯度变化明显。该类型铁矿以黑鹰山铁矿为典型矿床,矿区地层主要出露石炭系及泥盆系,矿床产于下石炭统白山组凝灰岩和碧玉岩中,局部铁矿体产于石英斜长斑岩及石英正长斑岩脉中。矽卡岩型铁矿主要为磁铁矿,零星分布在成矿带东部赛汉陶来苏木地区,航磁异常表现为以较平缓的负磁异常为背景,面积小的似圆形正磁异常附近,该类型铁矿以乌珠而嘎顺为典型矿床,矿区出露地层主要为中奥陶统咸水湖群上部火山岩组及石炭系。成矿作用与中奥陶统咸水湖群火山岩组及晚石炭世似斑状花岗闪长岩、花岗闪长岩有关,铁矿化产于矽卡岩中。

(二) Ⅲ-5-④ 额尔古纳金、铁、锌、萤石成矿亚带

成矿带内铁矿成因类型主要为海相火山岩型及其他类型,矿种为磁铁矿,位于海拉尔市北附近,航磁异常表现为条带状正磁异常,强度高、梯度大,北侧伴生负异常,走向近东西。以谢尔塔拉(红旗沟)为典型矿床,主要出露地层为下石炭统莫尔根河组,岩性主要为中酸性火山-沉积岩;上侏罗统玛尼吐组及第三系中新统呼查山组(第三系=古近系+新近系),岩浆岩主要为海西期斜长花岗岩及次火山岩。赋矿地层为下石炭统莫尔根河组。

(三) Ⅲ-7-⑤ 温都尔庙-红格尔庙铁成矿亚带

成矿带内铁矿成矿类型为海相火山岩型,矿种为磁铁矿及赤铁矿,主要集中分布在苏尼特右旗地区。苏尼特左旗地区也有零星分布,该地区铁矿床多位于航磁异常梯度带附近的正磁异常上或临近椭圆形磁异常的平缓负异常地区。苏尼特右旗地区铁矿床位于负磁异常上,幅值高、梯度大,南部为平缓正异常。此成矿带以白云敖包铁矿为典型矿床,区域上大面积被新生代地层覆盖,古生界和中生界亦广

泛出露,其中以古生界为主。矿区主要为中元古界温都尔庙群桑达来呼都格组,岩性为变质拉斑玄武岩、绿片岩;温都尔庙群哈尔哈达组,岩性为石英片岩、含铁石英岩、大理岩。铁矿主要赋存在桑达来呼都格组上部和哈尔哈达组下部。

二、沉积变质型铁矿

(一) Ⅲ-3 阿拉善(台隆)铜、镍、铂、铁、稀土、磷、石墨、芒硝、盐Ⅲ级成矿带

成矿带内铁矿成因类型主要为矽卡岩型及沉积变质岩型,矿种为磁铁矿。沉积变质型铁矿主要分布在沙日布日都地区,成矿带西部也有零星分布,航磁异常表现为平缓的磁异常区,0nT等值线附近。矽卡岩型铁矿主要分布在阿德日根别立地区及阿拉善右旗北部地区。阿德日根别立地区矽卡岩型铁矿航磁异常表现为低缓的负异常,-125nT等值线附近,该地区以沙拉西别铁矿为典型矿床,主要出露石炭纪地层,石炭纪石英闪长岩与中新元古代渣尔泰山群增隆昌组白云岩和晚石炭世本巴图组长石砂岩、砂质板岩、砾岩夹灰岩接触地带及其附近常形成矽卡岩或矽卡岩化,矽卡岩型铁矿便产于其中。阿拉善右旗北部地区矽卡岩型铁矿床位于椭圆形航磁异常的高值处或异常边缘地区,异常梯度变化大。以卡休他他铁矿为典型矿床,主要出露石炭系和震旦系,石炭纪辉长岩、震旦纪板岩夹大理岩接触处形成矽卡岩,为矽卡岩型铁矿床赋矿层位。

(二) Ⅲ-10-① 内蒙古隆起东段铁、铜、钼、铅、锌、金、银、锰、磷、煤、膨润土成矿带

成矿带内铁矿成因类型有岩浆岩型和沉积变质型,矿种为磁铁矿,岩浆岩型铁矿分布在宁城县地区,位于椭圆形磁异常边缘,梯度变化较大,异常幅值高,沿北东向展布,北侧及西侧伴生负异常。出露地层主要为白垩系。沉积变质型铁矿分布在宁城县头道营子—二道沟地区及敖汉旗地区,航磁异常表现为平缓的磁异常。-25~25nT等值线附近,主要为贾格尔其庙式铁矿,矿体产在太古宇乌拉山岩群片麻岩系中。

(三) Ⅲ-11 华北地台北缘西段金、铁、铌、稀土、铜、铅、锌、银、镍、铂、钨、石墨、白云母Ⅲ级成矿带

成矿带内铁矿成因类型主要为沉积变质型,其余类型铁矿分布较少(图3-1),矿种为磁铁矿,铁矿点较多且集中,主要分布在包头—固阳一带,敖伦布拉格苏木地区也有分布,矿床多位于磁场强度较高

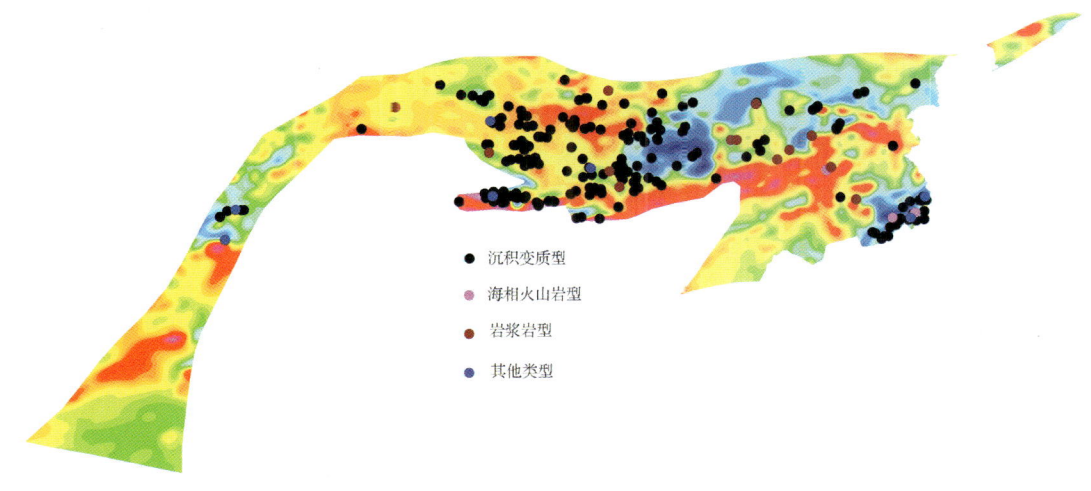

图 3-1 铁矿分布图

的磁场区或磁异常梯度带附近，少数位于低缓负异常地区，异常多呈条带状分布，近东西向，梯度变化大。此成矿带是内蒙古自治区主要的铁矿成矿区，处于华北地台北缘西段阴山断隆Ⅲ级构造单元中，矿床多赋存于新太古界色尔腾山岩群，少数赋存于中太古界乌拉山岩群、千里山群、建平群、古太古界兴和岩群、选布斯格群中，成矿与古老的太古宙绿色岩系硅铁建造有关。该类型矿床以三合明铁矿为代表。此外，白云鄂博铁矿也位于此成矿带内，航磁表现为轴向东西的椭圆形异常，强度高，大地构造位置位于华北板块北部大陆边缘白云鄂博中—新元古代裂谷带，矿床与距今17亿年左右中元古代时期裂谷带形成早期的碳酸岩浆喷发-侵入活动有关。母岩为含矿白云岩，本项目采用沉积说的观点，含矿白云岩为白云鄂博群哈拉霍疙特组中的碳酸盐岩-泥晶灰岩建造。

（四）Ⅲ-12 鄂尔多斯西缘（台褶带）铁、铅、锌、磷、石膏、芒硝成矿带

成矿带内铁矿成因类型主要为沉积变质型及其他类型，分布在乌海地区，沉积变质型铁矿航磁异常表现为椭圆形正值异常，强度高，梯度大，矿种为磁铁矿，主要产在太古宙地层中。其他类型铁矿则表现为低缓磁异常，矿种为赤铁矿及褐铁矿，在石炭系、二叠系及奥陶系中均有产出。

三、矽卡岩型铁矿

（一）Ⅲ-2-①石板井-东七一山钨、钼、铜、铁、萤石成矿亚带

成矿带内铁矿成因类型主要为矽卡岩型，矿种为磁铁矿，分布在成矿带西北角及萤石矿（地名）西北部地区；航磁表现为低缓的负磁异常。以索索井铁矿为典型矿床，地层主要为青白口系大豁落山群，青白口系大豁落山群上岩组白云质大理岩被三叠纪肉红色中粗粒似斑状花岗岩及花岗岩侵入，在接触带内形成矽卡岩，富集地段形成铁矿床。

（二）Ⅲ-6-②罕达盖-博克图铁、钼、锌、铅成矿亚带

成矿带内铁矿成因类型主要为矽卡岩型，矿种为磁铁矿，分布在梨子山地区、伊尔施镇地区。铁矿床在航磁等值线图上位于低缓负磁场区，-75nT等值线附近，矿床周围零星分布小的圆形、椭圆形磁异常。此处铁矿以梨子山铁钼矿为典型矿床，矿区地层主要出露石炭系及奥陶系，晚石炭世白岗质花岗岩、黑云母花岗岩、花岗闪长岩沿北东东转北东方向断裂上侵，在多宝山组、裸河组、额尔古纳河组及哈拉河组的灰岩地层接触地带形成矽卡岩型铁钼矿床。

（三）Ⅲ-6-③二连-东乌旗钨、钼、铁、锌、铅成矿亚带

成矿带内铁矿成因类型主要为矽卡岩型，矿种为磁铁矿，分布在朝不楞地区，航磁异常表现为强度较大的正磁异常，北部伴生负异常，梯度变化大。矿区出露地层主要为古生界中泥盆统，为一套浅海相泥砂质岩石夹灰岩和火山碎屑岩，以及侏罗纪地层。岩浆岩主要为海西期的辉长岩和燕山早期的黑云母花岗岩。此类型矿床分布在西伯利亚南缘增生带，成矿岩体主要为燕山期黑云母花岗岩，围岩为中泥盆统塔尔巴格特组。

（四）Ⅲ-8 突泉-翁牛特铅、锌、铜、钼、金Ⅲ级成矿带

成矿带内铁矿成因类型主要为矽卡岩型及其他类型，矿种为磁铁矿，矿床在黄岗地区至巴林左旗北部一带分布较集中，成矿带东北部则零星分布。前者航磁异常较为低缓，强度不高，梯度变化不大，多数铁矿床位于-75~50nT等值线之间，矿床周围分布椭圆形正磁异常。该成矿带内矽卡岩型矿床以黄岗铁矿为典型矿床，矿床位于内蒙古中部晚海西期增生带，成矿岩体为（黑云母）钾长花岗岩，围岩为大石寨组顶部火山岩和哲斯组下部碳酸盐岩。东北部地区铁矿床位于强度较高的椭圆形磁场上及其附近的负磁场区。铁矿成因类型定为其他类型，以马鞍山为典型矿床，马鞍山式铁矿分布在内蒙古中部地槽褶

皱系苏尼特右旗晚海西期褶皱带,中生代被大兴安岭火山岩带叠加。铁矿与燕山早期花岗闪长岩、二长花岗岩关系密切。断裂控矿明显,北北西向的张性构造为主要控矿构造,区域矿床的分布总体呈北东向展布,受北东—北北东向构造控制。

(五)Ⅲ-9-②库里吐-汤家杖子钼、铜、铅锌、钨金成矿亚带

成矿带内铁矿成因类型以矽卡岩为主,矿种为磁铁矿,主要分布在奈曼旗-库伦旗地区,铁矿床多位于椭圆形磁异常附近的负磁场区,该区以哈拉火烧铁矿为典型矿床。矿区出露地层主要为中石炭统薄层灰岩、结晶灰岩及片岩、板岩等,岩浆岩为海西期及燕山期花岗岩。晚侏罗世—早白垩世中酸性侵入岩、次火山岩侵入上石炭统白家店组,形成矽卡岩型铁矿床。

四、热液岩型铁矿

△Ⅲ-4-①阎地拉图铁成矿亚带

成矿带内铁矿成因类型主要为热液型,矿种为赤铁矿及褐铁矿,分布在阎地拉图地区,航磁异常表现为低缓的负磁场区,-75nT等值线附近。以阎地拉图铁矿为典型矿床,该地区在祁连山褶皱系北祁连褶皱带。矿区主要出露上泥盆统老君山群、下石炭统臭牛沟组和中石炭统羊虎沟组,岩浆岩为海西期闪长岩,赋矿围岩为下石炭统臭牛沟组和中石炭统羊虎沟组。

五、其他类型铁矿

△Ⅲ-14 山西断隆铁、铝土矿、石膏、煤、煤层气成矿带

成矿带内铁矿成因类型为其他类型,分布在清水河地区。铁矿以褐铁矿为主,铁矿点少且规模不大,航磁异常表现为低缓磁异常,0nT等值线附近。本区位于华北陆块清水河台隆与鄂尔多斯台坳的过渡部位,地层以石炭系、二叠系为主,铁矿主要产出于石炭系中。

第三节 铝土矿区域磁异常特征及找矿标志

内蒙古自治区铝土矿矿产不丰富,本项目以清水河铝土矿床为典型矿床进行研究。该矿床位于山西断隆铁、铝土矿、石膏、煤、煤层气成矿带,清水河地区,规模为小型。1∶50万航磁 ΔT 等值线平面图上表现为平缓负磁异常。成矿带内铝土矿分布较为普遍,黄河两岸本溪组出露之地区均能见到。内有大中小型高铝黏土及硬质耐火黏土矿床,均赋存于奥陶纪灰岩侵蚀面上,石炭系本溪组下部,常与山西式铁矿伴生,属陆台型滨海潟湖相胶体化学沉积,区域上称之为G层铝土矿。

第四节 铜矿区域磁异常特征及找矿标志

内蒙古自治区铜矿床的主要类型为沉积型、斑岩型、矽卡岩型、热液型、岩浆型等。而铜矿成矿的时代主要是中元古代和中生代,其次为古生代。现结合内蒙古自治区1∶50万航磁 ΔT 等值线平面图,将下列成矿带内的铜矿主要成因类型、矿床富集区的磁场特征及地质环境等进行描述(多金属矿床涉及同一典型矿床的不再重述,例如乌努格吐山钨钼矿,只在铜矿有关一节描述)。

一、斑岩型铜矿

(一) Ⅲ-2-③珠斯楞-乌拉尚德铜、金、镍、煤成矿亚带

成矿带内铜矿床成因类型为斑岩型,规模多为小型,位于阿拉善盟额济纳旗温图高勒苏木地区,航磁异常表现为低缓的负异常,-125nT等值线附近,以珠斯楞铜矿为典型矿床。矿区地层出露长城系古硐井群;中泥盆统伊克乌苏组、卧驼山组,上泥盆统西屏山组;下二叠统双堡塘组,上二叠统珊瑚井组。岩浆岩主要为海西中期花岗闪长岩、斜长花岗岩及海西晚期二长花岗岩。构造以北西向断裂为主,平移断裂多为北西向和东西向,规模一般较小,是主要的控矿构造。矿体赋存于海西中期蚀变花岗闪长岩、闪长玢岩中。

(二) Ⅲ-5-②八大关-新巴尔虎右旗铜、钼、铅、锌、银成矿亚带

成矿带内铜矿成因类型为斑岩型,分布在海拉尔市新巴尔虎右旗境内,航磁异常表现为低缓负异常,矿床周围临近似圆形正磁异常,强度高、梯度大。以乌努格吐山铜钼矿为典型矿床,该区出露地层有震旦系额尔古纳河组,中侏罗统塔木兰沟组,上侏罗统玛尼吐组及满克头鄂博组,矿区岩浆岩均属钙碱性铝过饱和系列岩石,成矿组分主要来源于斜长花岗斑岩。矿床的形成与该区侏罗纪最强的一期次火山岩浆活动有关,矿体赋存于侏罗纪二长花岗斑岩中。

(三) Ⅲ-10-①内蒙古隆起东段铁、铜、钼、铅、锌、金、银、锰、磷、煤、膨润土成矿亚带

成矿带内铜矿成因类型为斑岩型,多与钼矿伴生,分布在赤峰市地区,位于航磁异常低缓的负磁场区,周围临近椭圆形正磁异常。以车户沟铜钼矿为典型矿床,矿区出露地层为中太古界小塔子沟组,下白垩统义县组、九佛堂组。燕山早期岩浆岩较为发育,以正长斑岩、白云母斜长花岗岩为主。晚侏罗世正长斑岩为主要的赋矿地质体。

(四) Ⅲ-8突泉-翁牛特铅、锌、铜、钼、金Ⅲ级成矿带

成矿带内铜矿成因类型有热液型、斑岩型及矽卡岩型(图3-2),矽卡岩型铜矿零散分布在成矿带内,航磁异常表现为低缓异常及负异常。斑岩型铜矿主要集中在杨家营子镇以北地区,航磁异常表现为平缓的负磁场区,-50nT等值线附近,周围分布椭圆形正磁异常,强度不高。该区以敖脑达巴铜矿为典型矿床,矿区主要出露地层为二叠系大石寨组,中二叠统哲斯组,上侏罗统满克头鄂博组,侵入岩为燕山期石英斑岩。矿体赋存于晚侏罗世石英斑岩中。热液型铜矿床有布敦花式热液型,矿床主要集中在香山—长春岭地区,矿床多位于椭圆形正磁异常边缘的负磁场区,梯度变化较大。以布敦花铜矿为典型矿床,矿区地层主要出露下二叠统寿山沟组、中侏罗统万宝组及上侏罗统满克头鄂博组,该区断裂构造发育且复杂,含铜矿物在局部充填或富集于这些断裂构造之中,断裂构造为含矿溶液的通道,而节理多为含铜矿物的富集场所。矿体赋存于下二叠统寿山沟组北北东向、北西向断裂构造中。道伦达坝式热液型铜矿床分布在锡林浩特—罕山林场地区,位于椭圆形或条带状磁异常边缘,异常梯度变化明显,北东走向,强度不高。以道伦达坝铜矿为典型矿床,矿区出露的地层为古元古界宝音图群,古生代地层有上石炭统本巴图组及阿木山组,二叠系大石寨组、哲斯组、林西组,上侏罗统玛尼吐组,岩浆岩主要为印支期黑云母花岗岩,受区域构造控制,矿体即赋存于印支期岩浆岩与二叠系林西组外接触带附近的北东向断裂构造中。白马石沟式热液型铜矿床分布在翁牛特旗广德公—库伦旗白音花地区,矿床位于椭圆形磁异常边部,异常梯度大、强度高,呈串珠状相连,沿北东向展布,北侧伴生负异常。以白马石沟铜矿为典型矿床,矿区出露地层主要为二叠系及白垩系,岩浆岩主要为燕山早期的花岗岩。花岗岩是成矿母岩,也是矿体的围岩,铜矿物常呈含铜石英脉或细脉浸染状赋存于花岗岩裂隙中或蚀变花岗岩中。

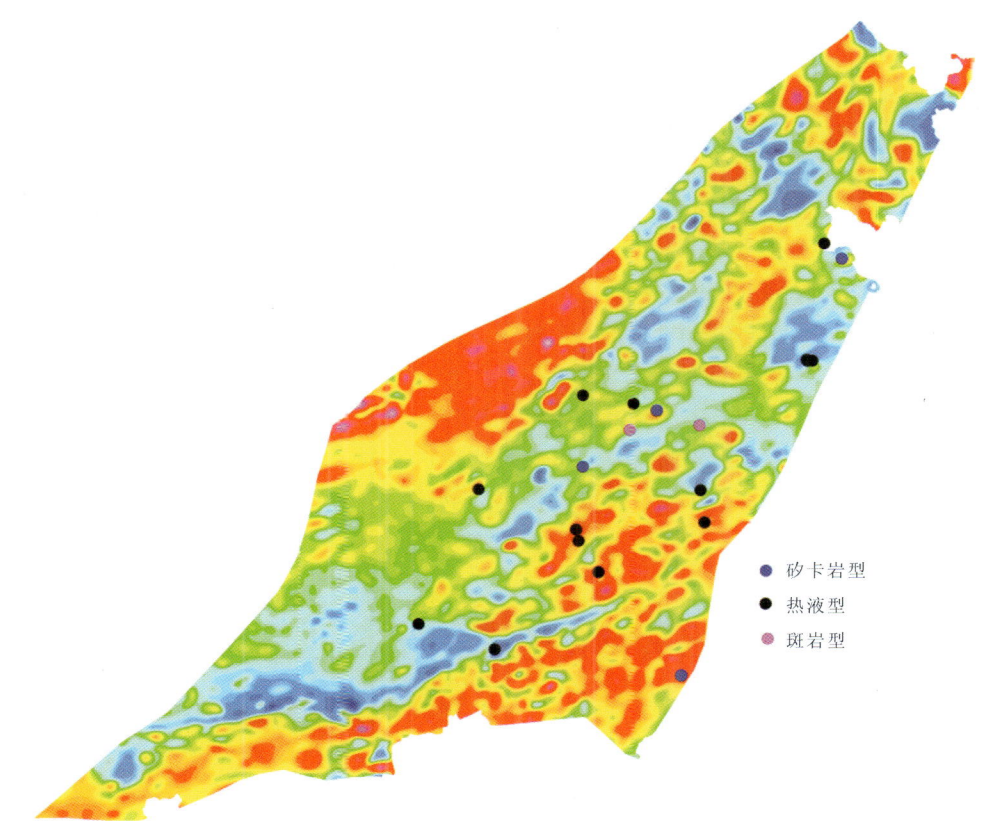

图3-2 热液型、斑岩型及矽卡岩型铜矿分布图

二、矽卡岩型铜矿

(一)Ⅲ-6-②罕达盖-博克图铁、钼、锌、铅成矿亚带

成矿带内铜矿成因类型主要为矽卡岩型,分布在呼伦贝尔市新巴尔虎左旗罕达盖苏木至五一林场地区,航磁异常表现为低缓负异常,矿床附近分布着强度较低的正磁异常,一般呈椭圆形,梯度变化较大。该地区以罕达盖为典型矿床,矿区出露的地层为中奥陶统多宝山组,中上奥陶统裸河组,下石炭统红水泉组等。矿体赋存于石炭纪石英二长闪长岩与奥陶系多宝山组、裸河组的外接触带内矽卡岩中。

(二)Ⅲ-11 华北地台北缘西段金、铁、铌、稀土、铜、铅、锌、银、镍、铂、钨、石墨、白云母Ⅲ级成矿带

成矿带内铜矿成因类型有矽卡岩型、岩浆型和喷流沉积型。矽卡岩型铜矿床分布在盖沙图地区,航磁异常表现为低缓负异常。以盖沙图铜矿为典型矿床,矿区地层为中元古界渣尔泰山群增隆昌组及书记沟组,矿体赋存于中元古代辉长岩及二叠纪花岗闪长岩与中元古界渣尔泰山群增隆昌组接触带内矽卡岩中。岩浆型铜矿床分布在四子王旗小南山地区,位于航磁异常低缓的负磁场区,-25nT等值线附近,该区以小南山铜镍矿为典型矿床,矿区地层主要为白云鄂博群哈拉霍疙特组及中侏罗统大青山组,岩浆岩主要为海西中期辉长岩,其侵入于白云鄂博群中,又被海西晚期花岗岩侵入,矿体赋存于海西中期辉长岩中。喷流沉积型铜矿床是该成矿带内的主要成矿类型,以霍各乞为典型矿床,分布在狼山-渣尔泰地区,矿床多位于低缓航磁异常区,-25~25nT等值线附近,矿床附近存在强度不高的椭圆形正磁

异常,南部为强度较大的负异常区。该区地层主要为中元古界渣尔泰山群,岩浆岩分布普遍,以元古期和海西期岩浆活动最为强烈。矿体赋存于中元古界渣尔泰山群二岩组中。

三、火山岩型铜矿

△Ⅲ-6-③二连-东乌旗钨、钼、铁、锌、铅成矿亚带

成矿带内铜矿成因类型主要为火山岩型及次火山热液型,火山岩型铜矿分布在锡林郭勒盟东乌珠穆沁旗额吉脑淖尔苏木地区,位于条带状磁异常北部边缘,异常沿北东向展布,磁场强度较高、梯度变化大。以小坝梁为典型矿床,矿区主要出露下二叠统格根敖包组,这是矿体产出的主要层位。侵入岩主要为海西晚期正长斑岩及零星出露的超基性岩岩枝,其中火山角砾岩、细碧岩、凝灰岩是铜、金矿床的主要成矿母岩。次火山热液型铜矿分布在奥尤特地区,该区位于中蒙边境,无航磁数据。该区主要出露地层有上泥盆统安格尔音乌拉组、上侏罗统玛尼吐组和石炭系—二叠系宝力高庙组,矿体赋存于石炭系—二叠系宝力高庙组电气石化火山角砾岩、含砾熔结凝灰岩和流纹岩火山岩断裂构造中。

四、热液型铜矿

△Ⅲ-7-①乌力吉-欧布拉格铜、金成矿亚带

成矿带内铜矿成因类型为热液型,分布在欧布拉格地区,航磁异常表现为平缓磁场区,矿床周围有椭圆形正磁异常,强度不高。该区以欧布拉格铜矿为典型矿床,矿区出露地层主要为上石炭统阿木山组、二叠系哲斯组及中生代晚侏罗世火山杂岩。岩浆岩分布广泛,燕山期次火山岩常侵入于晚侏罗世火山杂岩之中,燕山期石英斑岩与成矿关系密切,矿体赋存于燕山期石英斑岩与闪长玢岩的内外接触带中。

五、沉积型铜矿

△Ⅲ-7-⑥白乃庙-哈达庙铜、金、萤石成矿亚带

成矿带内铜矿成因类型为沉积型和接触交代型,分布在白乃庙地区及宫胡洞地区,白乃庙地区矿床位于平缓磁场区,强度不高的椭圆形磁异常边缘,50nT等值线附近,北侧伴生负异常。该地区铜矿床为沉积型,以白乃庙铜矿为典型矿床,矿区出露的地层主要有新元古界青白口系白乃庙组、上志留统西别河组、下二叠统三面井组、上侏罗统大青山组。矿体赋存于新元古界青白口系白乃庙组第三、第五岩段中。宫胡洞地区铜矿床位于平缓负磁场区,无明显航磁特征。该区铜矿床为接触交代型,以宫胡洞铜矿为典型矿床,矿区主要出露白云鄂博群,三叠纪侵入岩呈岩株状侵入白云鄂博群中,在接触带上形成矽卡岩,三叠纪侵入岩是本区的成矿母岩,矿区位于额布尔讨来图-合同庙深断裂带南侧。矿体赋存于三叠纪花岗岩与中元古界白云鄂博群呼吉尔图岩组第三岩段地层接触带内的矽卡岩中。

第五节 铅、锌矿区域磁异常特征及找矿标志

内蒙古自治区铅锌矿多为铅锌或铁锌等复合矿体构成的复合矿床,没有单一矿种产出的矿床。区内铅锌矿床成因类型主要为矽卡岩型、热液型、火山岩型、沉积型及接触交代型,以前两种成因类型为主。现结合内蒙古自治区1∶50万航磁ΔT等值线平面图,将下列成矿带内的铅锌矿主要成因类型、矿床富集区的磁场特征及地质环境等进行描述。

一、火山岩型铅锌矿

（一）Ⅲ-5-①莫尔道嘎铅、锌、银、金成矿亚带

成矿带内铅锌矿床的成因类型为火山岩型，火山岩型铅锌矿床分布在额尔格纳-莫尔道嘎地区，航磁异常多为条带状或椭圆形，走向北东，周围有负异常，矿床多位于高值异常处或其边缘。以比利亚谷铅锌矿为典型矿床，矿区主要出露为中侏罗统塔木兰沟组，上侏罗统满克头鄂博组、玛尼吐组。矿区位于北东向得耳布干深大断裂及其派生的次一级北西向张性构造交汇部位，矿体赋存于中侏罗统塔木兰沟组火山岩地层北西向断裂构造中。

（二）Ⅲ-5-②八大关-新巴尔虎右旗铜、钼、铅、锌、银成矿亚带

成矿带内铅锌矿床的成因类型为火山热液型，分布在陈巴尔虎右旗甲乌拉—查干布拉根一带，矿床多处于椭圆形磁异常边缘，25nT 等值线附近，异常强度不高，梯度较缓。以甲乌拉铅锌矿为典型矿床，矿区中、上侏罗统火山岩广布，出露中侏罗统万宝组、塔木兰沟组，上侏罗统满克头鄂博组、玛尼吐组。燕山晚期岩浆活动强烈，发育有中酸性、中碱性火山岩及同源次火山岩，次火山岩是主要的载矿岩体。矿体赋存于中侏罗统万宝组和塔木兰沟组。

二、矽卡岩型铅锌矿

△Ⅲ-6-③二连-东乌旗钨、钼、铁、锌、铅成矿亚带

成矿带内铅锌矿成矿类型有矽卡岩型和热液型。矽卡岩型铅锌矿床分布在东乌珠穆沁旗查干敖包地区，航磁异常表现为带状磁异常，北东走向，强度高、梯度变化明显，北侧伴生负异常。以查干敖包铅锌矿为典型矿床，矿区出露的地层主要为中—下奥陶统铜山组和多宝山组，燕山早期岩浆岩发育，岩性为中粗粒似斑状花岗岩，燕山早期岩浆岩与中—下奥陶统多宝山组的接触变质带是形成热液交代矽卡岩型铅锌矿重要标志。热液型铅锌矿床分布在东乌珠穆沁旗阿尔哈达地区，航磁异常表现为高值椭圆形磁异常，异常面积不大，呈串珠状相连，周围无负异常。以阿尔哈达铅锌矿为典型矿床，矿区地层主要为上泥盆统安格尔音乌拉组和上侏罗统白音高老组。上泥盆统安格尔音乌拉组为阿尔哈达铅锌矿床赋矿围岩，粗火山碎屑岩和凝灰质砂岩为含矿岩系。海西期至燕山期岩浆岩较发育，其沿北东东—北东向褶皱断裂构造带，多期次岩浆岩侵入，构成构造-岩浆活动带。燕山期中小型中酸性侵入体是找矿的岩体标志。

三、热液型铅锌矿

（一）Ⅲ-8 突泉-翁牛特铅、锌、铜、钼、金Ⅲ级成矿带

该成矿带是内蒙古自治区重要的铅锌矿床集中区，成矿类型主要为热液型，其次为矽卡岩型（图3-3）。矿床主要集中在林西县至乌兰浩特一带，航磁异常主要为低缓负异常，其间零星分布封闭的椭圆形及条带状正磁异常，强度不高。矿床大多数位于低缓磁异常，-100～50nT 等值线附近，少数位于强度相对高的正异常上。出露的地层主要为二叠系大石寨组、哲斯组海相中基性、中酸性火山岩-碎屑岩-碳酸盐岩建造；上侏罗统满克头鄂博组、玛尼吐组及白音高老组陆相火山岩建造。二叠系受北东向及北北东向构造影响，呈北东向展布。侏罗纪火山岩受北东向火山构造及沉积盆地控制，不整合于二叠系之上。成矿的突出特点是赋矿围岩为二叠纪海相碎屑岩夹中性、中基性火山岩，成矿母岩为晚侏罗世—早白垩世中酸性侵入岩。其次在翁牛特旗广德公地区铅锌矿床也较集中，该区位于在成矿带南段的翁牛特旗古生代陆缘增生带，航磁异常表现为成片的、椭圆形的高值异常，矿床位于异常高值附近，该

区出露的地层主要为古生代奥陶纪、二叠纪海相碎屑岩-碳酸盐岩及中生代火山岩。构造及岩浆活动强烈,矿体赋存于海西期石英闪长玢岩体中。

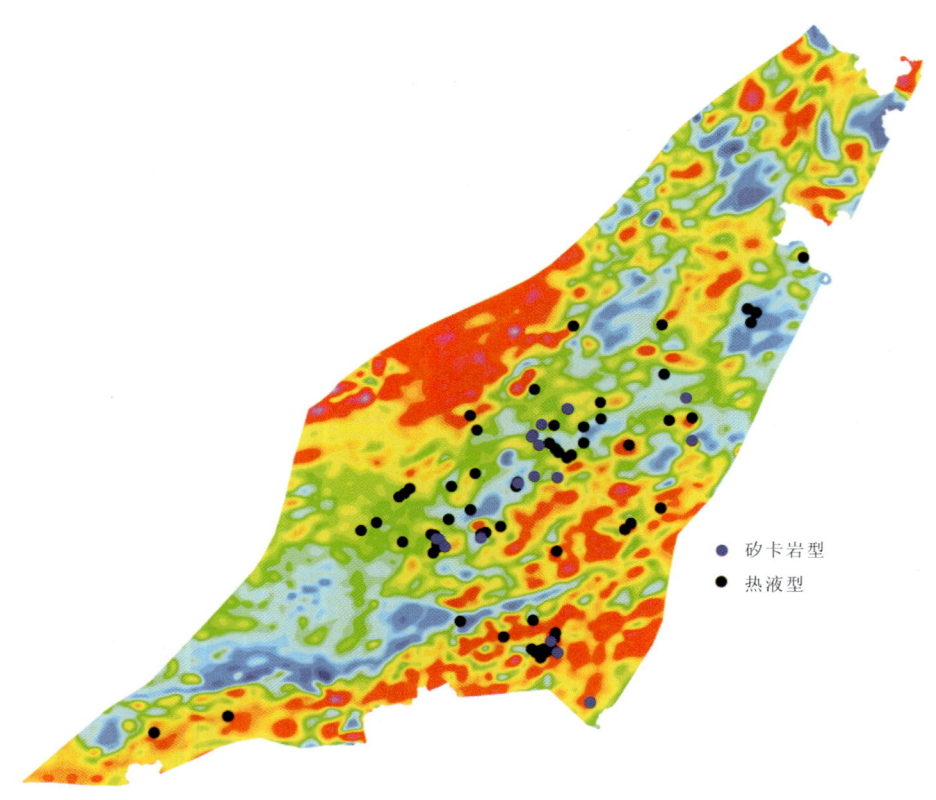

图 3-3 热液型、矽卡岩型铅锌矿分布图

(二) Ⅲ-12 鄂尔多斯西缘(台褶带)铁、铅、锌、磷、石膏、芒硝成矿带

成矿带内铅锌矿床成因类型为热液型,集中在乌海市海勃湾地区,位于椭圆形航磁磁异常上,强度高,梯度大,西侧为平缓负异常。以代兰塔拉铅锌矿为典型矿床,该区地层主要为下奥陶统马家沟组石灰岩、石英砂岩。北西-南东向断裂最为发育,为矿区的主要控矿构造。矿体赋存于下奥陶统马家沟组北西向构造裂隙中。

四、海相火山喷流沉积型铅锌矿

△Ⅲ-11-② 狼山-渣尔泰山铅、锌、金、铁、铜、铂、镍成矿亚带

成矿带内铅锌矿床成因类型为海相火山喷流沉积型,分布在狼山-渣尔泰地区,矿床多位于封闭椭圆形正磁异常附近的低缓磁场区,梯度变化不大。以东升庙铅锌矿为典型矿床,矿区地层主要为中元古界渣尔泰山群及中新生代地层,渣尔泰山群二岩组为海相火山喷流沉积锌铅等多金属矿的赋存层位。

第六节 金矿区域磁异常特征及找矿标志

内蒙古自治区金矿床的成矿大多数与岩浆热液作用有关,金物质的初始来源为古老地层,它们主要

分布在有古老变质岩的地台区,即自治区大约北纬42°以南的华北地台北缘地区。现结合内蒙古自治区1:50万航磁ΔT等值线平面图,将下列成矿带内的金矿主要成因类型、矿床富集区的磁场特征及地质环境等进行描述。

一、热液型金矿

(一) Ⅲ-2-② 阿木乌苏-老硐沟金、钨、锑成矿亚带

成矿带内金矿成因类型为热液-氢化淋滤型,分布在额济纳旗老硐沟地区,航磁异常表现为低缓的负异常,矿床北部分布有低值椭圆形正磁异常,以老硐沟金矿为典型矿床,矿区地层主要为中元古界长城系古硐井组、蓟县系—青白口系园藻山群,岩浆活动频繁,该区断裂以北西西向、北东东向走向断裂为主,断裂控制闪长玢岩脉、花岗岩脉和金铅矿化。矿体主要赋存于中元古界蓟县系—青白口系园藻山群白云石大理岩断裂构造中。

(二) Ⅲ-3-① 碱泉子-卡休他他金、铜、铁、铂成矿亚带

成矿带内金矿成因类型为热液型,分布在阿拉善右旗碱泉子地区,航磁异常表现为低缓负异常,以碱泉子金矿为典型矿床,地层主要为古元古界二道凹岩群上亚段和下白垩统新民堡群及第四系。侵入岩体多呈近东西向,分布于东西向黑山井-红墩子井构造带内及两侧。断裂有近东西向、北东向及北西—北北西向断裂,其中后者为本区金矿化的主要控矿构造,矿体赋存于古元古界二道凹岩群变质岩北西—北北西向断裂构造中。

(三) Ⅲ-5-① 莫尔道嘎铅、锌、银、金成矿亚带

成矿带内金矿成因类型为热液型,分布在额尔古纳右旗西北部,中蒙边境附近,无航磁数据。以小伊诺盖沟为典型矿床,地层主要出露元古宇青白口系佳疙瘩组及震旦系额尔古纳河组,岩浆岩主要为燕山早期黑云母二长花岗岩、中侏罗世花岗斑岩,外围发育燕山早期中粒斑状花岗岩。额尔古纳-呼伦断裂贯穿矿区,矿体主要赋存于青白口系佳疙瘩组构造裂隙中。

(四) Ⅲ-7-② 查干此老-巴音杭盖金成矿亚带

成矿带内金矿成因类型为岩浆热液-石英脉型,分布在乌拉特中旗巴音杭盖地区,航磁异常表现为平缓正异常,北侧为片状高值异常。以巴音杭盖金矿为典型矿床,地层主要为古元古界宝音图群绿片岩,下古生界中下奥陶统乌宾敖包组板岩、千枚岩,以及少量二叠系。侵入岩分布广泛,脉岩发育;加里东期和海西期断裂尤为发育,北西向和东西向断裂为主要控矿构造。矿体主要赋存于含金石英脉中。

(五) Ⅲ-7-⑤ 温都尔庙-红格尔庙铁成矿亚带

成矿带内金矿成因类型为热液型,主要分布在锡林郭勒盟苏尼特左旗地区,航磁异常表现为椭圆形磁异常,强度较高,东北侧伴生负异常。以巴音温都尔金矿为典型矿床,区域出露地层主要有古元古界宝音图群,上古生界下二叠统大石寨组二岩段、哲斯组一岩段,及新生界第三系、第四系。出露的岩体主要有海西晚期黑云母花岗闪长岩、印支期黑云母二长花岗岩。矿体主要赋存于印支期二长花岗岩体糜棱岩带中。

(六) Ⅲ-7-⑥ 白乃庙-哈达庙铜、金、萤石成矿亚带

成矿带内金矿成矿类型主要为热液型及斑岩型,热液型金矿以白乃庙金矿为典型矿床,分布在苏尼特右旗白乃庙地区,航磁异常表现为平缓正异常,矿床临近椭圆形磁异常,强度不高,北侧为大面积负磁场区。矿区出露地层有新元古界青白口系白乃庙群,上古生界上石炭统、下二叠统,中生界上侏罗统以

及新生界第三系、第四系;岩浆活动频繁,以海西晚期中酸性侵入岩为主;区内以东西向断裂构造为主,发育强烈挤压的东西向片理化带,金矿严格受断裂构造控制。矿体主要赋存于青白口系白乃庙组含金石英脉中。斑岩型金矿以毕力赫金矿为典型矿床,位于镶黄旗地区,矿床位于条带状磁异常边缘,平缓正磁异常区,北侧及东侧伴生负异常。该区主要出露地层有上石炭统阿木山组、下二叠统额里图组和于家北沟组,上侏罗统白音高老组、下白垩统大磨拐河组。金矿产于晚侏罗世钙碱性中酸性火山-次火山杂岩体中,容矿岩石主要为花岗闪长玢岩及其接触带附近的沉积凝灰岩-凝灰质砂岩,少量在火山熔岩安山岩中。

(七) Ⅲ-10-① 内蒙古隆起东段铁、铜、钼、铅、锌、金、银、锰、磷、煤、膨润土成矿亚带

该成矿带是内蒙古地区金矿富集带,成矿带内金矿主要成矿类型为热液型,其次为火山隐爆角砾岩型。热液型金矿床分布在喀喇沁旗-敖汉旗地区,该区以低缓磁异常为背景,零星分布椭圆形及圆形磁异常,矿床多位于上述磁异常边缘,梯度变化明显及低缓磁场区。以金厂沟梁金矿为典型矿床,该区地层主要由中太古界乌拉山岩群片麻岩、片岩等,上侏罗统玛尼吐组中酸性火山岩及白垩系义县组基性火山岩夹碎屑岩。本区绝大多数含金石英脉产于中太古界乌拉山岩群变质岩系中,亦有矿脉直接延伸到石英斑岩及侏罗纪火山岩中,有的直接产于海西期斑状花岗闪长岩中。火山隐爆角砾岩型金矿床比较集中,主要分布在宁城县西南地区,位于椭圆形磁异常边缘,强度不高,梯度变化明显,东、西两侧存在负异常。以陈家杖子金矿为典型矿床,区域内出露地层有中太古界乌拉山岩群中深变质岩系,中元古界长城系变质细碎屑岩-碳酸盐岩系,区内岩浆活动频繁,岩浆岩十分发育,分布面积广。该区北东向断裂最为发育,是本区重要的控岩控矿构造,隐爆角砾岩体内部发育北东走向裂隙,并常发育岩脉或含金石英-硫化物矿脉,成为矿区主要容矿构造。

(八) Ⅲ-11 华北地台北缘西段金、铁、铌、稀土、铜、铅、锌、银、镍、铂、钨、石墨、白云母成矿带

成矿带内金矿主要成因类型为热液型,少数为构造破碎蚀变岩型(图3-4),后者集中分布于武川—固阳一带。赛乌素式热液型金矿位于包头市达茂旗北部地区,航磁异常表现为平缓正异常,矿床临近带状及椭圆形正磁异常,以赛乌素金矿为典型矿床,地层主要为中元古界白云鄂博群尖山岩组第二、三岩段,主要岩石为结晶灰岩、砂岩、变质砂岩及碳质板岩,该区广布海西期花岗岩,矿体主要赋存于白云鄂博群尖山岩组含金石英脉中。乌拉山式热液型金矿位于包头-呼和浩特地区,航磁异常表现为磁异

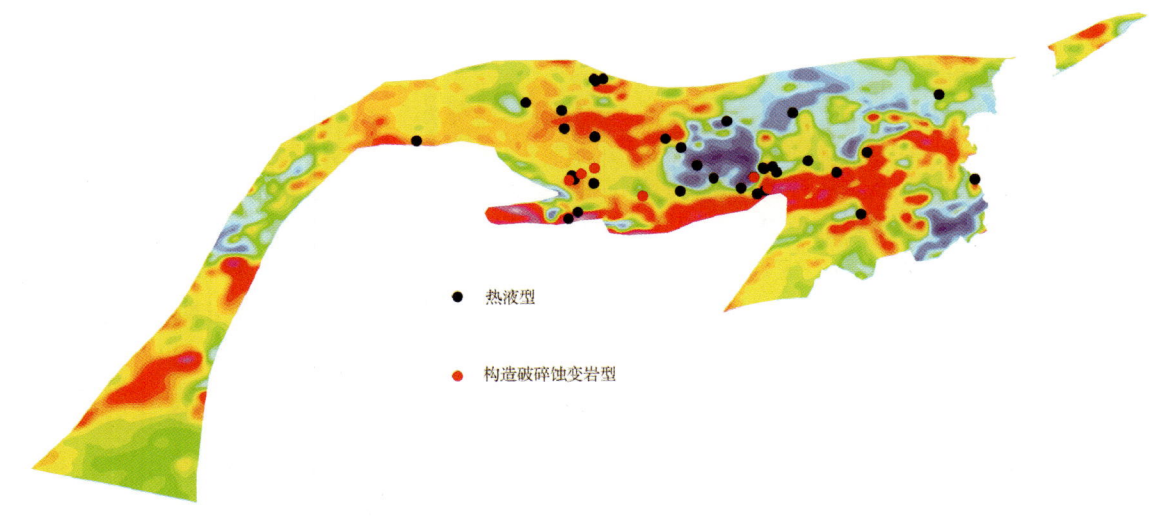

图3-4 热液型金矿分布图

常梯度带附近的低缓异常，南侧为近东西条带状磁异常，北侧负磁场区。以乌拉山金矿为典型矿床，区内出露地层为中太古界乌拉山岩群，区内岩浆岩发育，各期构造运动中均有岩浆侵入。构造非常复杂，褶皱、断裂构造都很发育。以东西向的乌拉山山前大断裂和临（河）-集（宁）大断裂为主，其次有北东向断裂和北西向断裂。矿体主要赋存于中太古界乌拉山岩群变质岩含金石英-钾长石脉中。新地沟式变质热液（绿岩）型金矿位于乌兰察布市察哈尔右中旗地区，航磁异常表现为平缓负异常，区域地层由老至新主要有中太古界乌拉山群、新太古界色尔腾山岩群、中元古界渣尔泰山群、古生界上石炭统拴马桩组、中生界中侏罗统大青山组、新生界第四系。矿体主要赋存于新太古界色尔腾山岩群柳树沟岩组绢云绿泥石英片岩中。

二、隐爆角砾岩型金矿

△Ⅲ-5-④额尔古纳金、铁、锌、萤石成矿亚带

成矿带内金矿成矿类型为隐爆角砾岩型，位于在额尔古纳市境内。矿床位于椭圆形磁异常附近的低缓负异常地区。以四五牧场金矿为典型矿床，矿区地层出露中侏罗统塔木兰沟组及上侏罗统白音高老组，侵入岩体不发育，北东向断裂为主构造方向，控制着超浅成侵入岩英安玢岩、隐爆角砾岩筒和矿体的产出，矿体主要赋存于中侏罗统塔木兰沟组粗安质隐爆角砾岩中。

三、火山岩型金矿

△Ⅲ-6-①大杨树-古利库金、钼、萤石成矿亚带

成矿带内金矿成因类型为火山岩型，分布在海拉尔市鄂伦春自治旗古利库地区，矿床位于不规则椭圆形磁异常，磁场强度较高，北侧伴生负异常。以古利库金矿为典型矿床，该区域地层出露主要为古元古界兴华渡口群变质岩系、新元古界南华系佳疙瘩组。古生界中上奥陶统裸河组、中生界上侏罗统玛尼吐组及白音高老组。区域内岩浆活动较为发育，主要为新元古代—加里东期和燕山晚期，尤其是燕山晚期次火山活动极为频繁。本区构造主要以断裂构造和火山构造为主，褶皱构造不发育。燕山晚期火山活动与成矿关系密切。矿体主要赋存于白音高老组火山爆破角砾岩筒的周边及其外围的断裂构造中。

第七节　磷矿区域磁异常特征及找矿标志

内蒙古自治区磷矿床较少，成因类型有沉积变质型、海相沉积型及沉积型。现结合内蒙古自治区1：50万航磁ΔT等值线平面图，将下列成矿带内的磷矿主要成因类型、矿床富集区的磁场特征及地质环境等进行描述。

· 沉积型磷矿

（一）Ⅲ-3-②龙首山元古宙铜、镍、铁、稀土成矿亚带

成矿带内磷矿成因类型为沉积型，分布在阿拉善右旗境内，航磁异常表现为低缓负异常，以哈马胡头沟磷矿为典型矿床，矿区出露地层主要为震旦系韩母山群草大板组及烧火筒沟组，底板岩性为石英砂岩，厚度稳定，磷矿体赋存于草大板组下部含磷石英砂岩、砂质磷质岩、含磷绢云母石英千枚岩中。

（二）Ⅲ-11-①白云鄂博-商都金、铁、铌、稀土、铜、锿成矿亚带

成矿带内磷矿成因类型为沉积变质型，分布在包头市达茂旗境内，矿床位于条带状磁异常西侧低缓

正磁异常带,北侧伴生负异常。以布龙图磷矿为典型矿床,矿区出露地层为长城系白云鄂博群尖山组第四岩段、第五岩段。主要磷矿体赋存于尖山组第五岩段第二亚段和第三亚段,含矿岩性为含磷砂质板岩、含磷榴石石英砂岩、榴石铁闪磷灰岩、砂状磷灰岩;围岩有板岩、碳质板岩、砂质板岩、长石石英砂岩。矿区范围内褶曲构造、断裂构造均较发育,白云鄂博群中北东向构造为区内磷矿的主要构造标志。

(三) III-11-② 狼山-渣尔泰山铅、锌、金、铁、铜、铂、镍成矿亚带

成矿带内磷矿成矿类型为沉积变质型,分布在乌拉特后旗呼和温都尔镇境内,航磁异常表现为条带状磁异常,北东走向,强度不高,梯度大。以炭窑口磷矿为典型矿床,矿区主要出露长城系渣尔泰山群增隆昌组,即磷矿体赋存地层,岩性为灰白色磷灰石硅质灰岩、含磷砂质硅质灰岩、白云质灰岩、碳质板岩。磷矿体严格受地层控制。本区地处狼山-白云鄂博裂谷带,构造线总体走向北东、北东东,狼山复背斜控制者区内磷矿和其他矿产的分布。炭窑口磷矿即赋存于狼山复背斜北翼,含矿地层为北东走向。

(四) III-11-④ 乌拉山-集宁金、银、铁、铜、铅、锌、石墨、白云母成矿亚带

成矿带内磷矿成因类型为沉积变质型,主要分布在呼和浩特市盘路沟地区及乌拉察布市兴和县境内,盘路沟地区航磁异常表现为条带状磁异常,强度高、梯度大。以盘路沟磷矿为典型矿床,区内大面积出露中太古界集宁岩群石榴斜长片麻岩,地层走向北东东,倾向南东。该地层是矿区内含磷岩系的直接围岩,控制了岩脉的产出形态。含矿带由含磷透辉正长岩组成,呈脉状侵入于集宁岩群中。兴和县地区航磁异常表现为椭圆形低值负异常,梯度大。以三道沟磷矿为典型矿床,区内大面积出露中太古界集宁岩群黄土窑组下段斜长片麻岩,地层走向北东东。该地层是矿区内含磷岩系的直接围岩。含矿带由含磷透辉岩、钾长石化含磷透辉岩组成,矿脉呈脉状侵入于黄土窑组中。透辉岩、透辉-钾长岩是磷矿和稀土矿的主要容矿岩石。

(五) III-12 鄂尔多斯西缘(台褶带)铁、铅、锌、磷、石膏、芒硝成矿带

成矿带内磷矿成矿类型为海相沉积型,分布在阿拉善左旗境内,航磁异常表现为平缓负异常,以正目观磷矿为典型矿床,区内出露地层有:青白口系—震旦系王全口组、南华系—震旦系正目观组、下寒武统馒头组、中寒武统张夏组、上寒武统炒米店组。磷矿赋存于下寒武统馒头组上岩段中,含矿层由含磷砾岩、钙质磷灰细砂岩和磷块岩组成,下伏地层为震旦系正目观组泥板岩冰碛砾岩,上覆地层为中寒武统张夏组条带状、鲕状、竹叶状灰岩。

第八节 钨矿区域磁异常特征及找矿标志

内蒙古自治区钨矿床成因类型主要为热液型,黑钨矿、白钨矿皆有,后者储量较大。钨矿成矿时代主要为燕山期,其次是海西期,成矿与含钨、锡花岗岩有关。现结合内蒙古自治区1:50万航磁 ΔT 等值线平面图,将下列成矿带内的钨矿主要成因类型、矿床富集区的磁场特征及地质环境等进行描述。

• 热液型钨矿

(一) III-2-① 石板井-东七一山钨、钼、铜、铁、萤石成矿亚带

成矿带内钨矿成因类型为热液型,分布在额济纳旗赛汉陶来苏木地区,航磁异常表现为低缓负异常,以东七一山钨矿为典型矿床,区内出露的地层主要为志留系,零星分布侏罗系、新近系和第四系。岩浆岩发育,以燕山期侵入岩为主,矿体主要赋存于燕山早期黑云母花岗岩与中上志留统公婆泉组内外接触带内。志留系为主要控矿地层,次为侏罗系,志留系中的角岩化凝灰质变砂岩、安山岩、矽卡岩及凝灰

质变砂岩,以及与花岗岩体的接触带为主要的地层标志。

(二) III-6-③二连-东乌旗钨、钼、铁、锌、铅成矿亚带

成矿带内钨矿成因类型为热液型,分布在苏尼特左旗台基乌苏地区及东乌珠穆沁旗沙麦地区,台基乌苏地区航磁异常以平缓磁异常为背景,矿床位于椭圆形高值异常西侧,北侧伴生负异常。以乌日尼图钨矿为典型矿床,矿区出露的地层主要为下奥陶统乌宾敖包组二、三段变质粉砂岩,粉砂质板岩,微晶大理岩,安山玢岩,安山岩,凝灰质粉砂质板岩等;岩石特别破碎,蚀变强烈。侏罗纪—白垩纪中细粒花岗岩、花岗斑岩、花岗闪长斑岩比较发育,与乌宾敖包组呈侵入接触。钨矿赋存于下奥陶统乌宾敖包组与侏罗纪—白垩纪中细粒花岗岩、花岗闪长斑岩外接触带中。沙麦地区航磁异常表现为高值正异常,矿床位于椭圆形或片状磁异常边缘,梯度变化明显。以沙麦钨矿为典型矿床,该区主要出露侏罗系,第四系覆盖较广,岩浆岩主要是以燕山期中粒黑云母花岗岩为主,其次为似斑状黑云母花岗岩,这是钨矿体的主要围岩。矿体主要赋存于燕山早期中粒黑云母花岗岩体含钨石英脉中。

(三) III-8-③卯都房子-毫义夸达钨、铅锌、铬、萤石成矿亚带

成矿带内钨矿成因类型为热液型,分布在镶黄旗—正蓝旗地区,矿床位于航磁异常梯度带两侧的低缓负磁场区及平缓正异常地区。以白石头洼钨矿为典型矿床,地层主要出露中元古界白云鄂博群呼吉尔图组,其二段的变质钙镁硅酸岩-碳酸盐岩类岩石和三段的银灰色云母石英片岩及石英云母片岩,为脉状钨矿的主要围岩。区内岩浆岩出露少。主体构造为北东向,褶皱构造为一复式向斜,断裂构造以层间断裂为主,主要发育在向斜的中心部位,是主要的控矿构造。矿体主要赋存于中元古界白云鄂博群呼吉尔图组含钨石英脉中。

(四) III-9-②库里吐-汤家杖子钼、铜、铅锌、钨金成矿亚带

成矿带内钨矿成因类型为热液型,分布在通辽市库伦旗地区,矿床位于正负异常过渡带附近的负磁场区,异常幅值较高,梯度大。以大麦地钨矿为典型矿床,该区地层主要为白垩系热河群义县组,岩浆岩为海西期中粒微斜花岗岩、云英岩化中粒微斜花岗岩。钨矿赋存于花岗岩体内含钨石英脉中。

第九节 锑矿区域磁异常特征及找矿标志

内蒙古自治区锑矿资源较贫乏,仅在西部地区III-2-②阿木乌苏-老硐沟金、钨、锑成矿亚带内有分布,全区只有阿木乌苏一个典型矿床,成因类型为热液型,矿床位于额济纳旗赛汗桃来苏木境内,航磁异常表现为平稳负异常,幅值较高。矿区内出露地层仅见下二叠统方山口组火山岩,该组由一套中酸性火山岩熔岩、火山碎屑岩夹少量正常碎屑岩组成。侵入岩发育,海西期主要为辉长岩和闪长岩,多呈岩株状产出。印支期侵入岩以中酸性石英闪长岩为主,是锑矿一个重要成矿母岩。该区褶皱形态简单,断裂构造极为发育,并对锑矿化体的生成及分布具有明显的控制作用。矿体主要赋存下二叠统方山口组火山岩地层北西—北西西向断裂裂隙中。

第十节 稀土矿区域磁异常特征及找矿标志

内蒙古自治区稀土矿产资源极为丰富,但矿产地不多,所探明的储量主要集中在白云鄂博矿区。稀土矿的成因类型主要有沉积型、岩浆晚期型及沉积变质型,现结合内蒙古自治区1:50万航磁 ΔT 等值线平面图,将下列成矿带内的稀土矿主要成因类型、矿床富集区的磁场特征及地质环境等进行描述。

一、沉积变质型稀土矿

(一) Ⅲ-3-② 龙首山元古宙铜、镍、铁、稀土成矿亚带

成矿带内稀土矿成因类型为沉积变质型,分布在阿拉善右旗阿拉腾朝格苏木地区,航磁异常表现为平缓负异常,周围无正磁场。以桃花拉山稀土矿为典型矿床,矿床产于古元古界二道凹岩群塔马沟组下岩组上段的一套中深变质岩系中,其岩性为:上部层位主要由混合岩化黑云斜长片麻岩、黑云二长片麻岩组成;中部层位上部为条带状大理岩夹角闪片岩、薄层状钙质片岩、层状白云岩等,稀有、稀土矿即产于该层中,条带状大理岩是矿体围岩;下部层位黑云斜长片麻岩夹二云石英片岩。

(二) Ⅲ-11-① 白云鄂博-商都金、铁、铌、稀土、铜、镍成矿亚带

成矿带内稀土矿成因类型为沉积型,分布在包头市白云鄂博地区,航磁异常表现为带状磁异常,东西走向,强度高、梯度大。以白云鄂博稀土矿为典型矿床,该地区结晶基底新太古代色尔腾山岩群,岩性为黑云斜长片麻岩、变粒岩等。准盖层中元古界白云鄂博群,划分为 6 个岩组、18 个岩性段,即都拉哈拉岩组、尖山岩组、哈拉霍疙特岩组、比鲁特岩组、白音宝拉格岩组及呼吉尔图岩组。稀土矿体产于白云鄂博群哈拉霍疙特岩组三岩段白云岩及板岩(特别是富钠板岩和富钾板岩)中。该区为多序幕的褶皱构造,最早形成东西向褶皱,之后南北向褶皱直交于东西向褶皱之上。构成东西、南北复合的褶皱构造体系,是重要的控矿构造。

二、岩浆晚期型稀土矿

(一) Ⅲ-8-② 神山-大井子铜、铅、锌、银、铁、钼、稀土、铌(钽)、萤石成矿亚带

成矿带内稀土矿成因类型为岩浆晚期型,主要分布在扎鲁特旗乌兰哈达地区,航磁异常表现为正负异常过渡带附近的负磁场,幅值较高,梯度变化大。以巴尔哲稀土矿为典型矿床,区域地层出露单一,主要为上侏罗统满克头鄂博组、玛尼吐组、白音高老组的火山岩。岩浆岩主要为燕山早期侵入岩,岩性为含稀土矿钠闪石花岗岩、花岗斑岩。岩体侵入晚侏罗世火山岩中,岩体呈北东向展布。矿体主要赋存燕山早期含稀土矿钠闪石花岗岩体内。

(二) Ⅲ-11-④ 乌拉山-集宁金、银、铁、铜、铅、锌、石墨、白云母成矿亚带

成矿带内稀土矿成因类型为岩浆晚期型,分布在乌兰察布市兴和县地区,航磁异常表现为条带状负磁异常,北东走向,幅值较高,梯度变化明显。以三道沟稀土矿为典型矿床,该区出露中太古界集宁岩群黄土窑组下段斜长片麻岩、二长片麻岩、钾长片麻岩,局部夹石英岩。矿区含磷透辉岩呈脉状产于片麻岩中,地层走向北东东,倾向北北西,该地层是矿区内含磷岩系的直接围岩。稀土矿由含磷透辉岩、钾长石化含磷透辉岩组成,含磷透辉岩、透辉-钾长岩是磷矿和稀土矿的主要赋矿岩石。

第十一节 银矿区域磁异常特征及找矿标志

内蒙古自治区大多数银矿是与铜、铅、锌等金属伴生的伴生银矿,此类矿床的类型主要有热液型及火山岩型等。自治区银矿的成矿作用与中生代岩浆岩有着密切关系。主要分布在自治区东部大兴安岭中南段,即林西-孙吴铅、锌、铜、钼、金成矿带及赤峰地区。现结合内蒙古自治区 1:50 万航磁 ΔT 等值线平面图,将下列成矿带内的银矿主要成因类型、矿床富集区的磁场特征及地质环境等进行描述。

· 热液型银矿

（一）Ⅲ-5-①莫尔道嘎铅、锌、银、金成矿亚带

热液型银矿床分布在额尔古纳市至根河市德尔布尔镇地区，航磁异常表现为以平缓磁异常为背景，叠加串珠状磁异常，北东走向，异常幅值较高。矿床位于其异常边缘，平缓正磁场区，以比利亚谷银矿为典型矿床，区域上主要出露中侏罗统塔木兰沟组中基性火山熔岩、火山碎屑岩，上侏罗统满克头鄂博组、玛尼吐组酸性—中酸性火山熔岩及火山碎屑岩夹火山碎屑沉积岩。矿体赋存于中侏罗统塔木兰沟组火山岩中。

（二）Ⅲ-5-②八大关-新巴尔虎右旗铜、钼、铅、锌、银成矿亚带

成矿带内银矿成矿类型有火山岩型及热液型。火山岩型银矿分布在新巴尔虎右旗地区，矿床位于航磁异常平缓的正磁场区，周围临近似圆形正磁异常，强度不高。以额仁陶勒盖银锰矿为典型矿床，矿区出露地层为中侏罗统塔木兰沟组和上侏罗统白音高老组火山岩。矿体赋存于中侏罗统塔木兰沟组硅化蚀变安山岩中。区域上广泛的中生代火山岩背景是此矿床形成的先决条件，石英脉是找矿的最直接标志。

（三）Ⅲ-6-③二连-东乌旗钨、钼、铁、锌、铅成矿亚带

成矿带内银矿成因类型为热液型，分布在东乌珠穆沁旗地区，航磁异常表现为平缓正异常，矿床临近椭圆形磁异常，强度高，周围无负异常。以吉林宝力格银矿为典型矿床，该区地层出露较简单，地层以上泥盆统安格尔音乌拉组为主，其次为二叠系和中生界侏罗系。坡根和低洼处大面积分布第四系。银矿体赋存于上泥盆统安格尔音乌拉组中。

（四）Ⅲ-8突泉-翁牛特铅、锌、铜、钼、金Ⅲ级成矿带

该成矿带是内蒙古自治区重要的银矿床集中区，成矿类型主要为热液型，矿床主要集中在林西县至乌兰浩特一带，航磁异常主要为低缓负异常，其间零星分布封闭的椭圆形及条带状正磁异常，强度不高。矿床大多数位于低缓磁异常，-100~50nT等值线附近，少数位于强度相对高的正异常上。出露的地层主要为二叠系大石寨组、哲斯组海相中基性、中酸性火山岩-碎屑岩-碳酸盐岩建造；上侏罗统满克头鄂博组、玛尼吐组及白音高老组陆相火山岩建造。二叠系受北东及北北东向构造影响，呈北东向展布。侏罗系火山岩受北东向火山构造及沉积盆地控制，不整合于二叠系之上。成矿的突出特点是赋矿围岩为二叠系海相碎屑岩夹中性、中基性火山岩，成矿母岩为晚侏罗世—早白垩世中酸性侵入岩。其次在翁牛特旗广德地区银矿床也较集中，该区位于在成矿带南段的翁牛特旗古生代陆缘增生带，航磁异常表现为成片的、椭圆形的高值异常，矿床位于异常高值附近，该地区以官地银矿为典型矿床，出露的地层主要为古生界奥陶系、二叠系海相碎屑岩-碳酸盐岩及中生代火山岩。矿体赋存于流纹斑岩中。北东向火山基底隆起带与火山盆地交接部位靠隆起一侧，是火山热液的有利地段，火山构造为官地五级火山机构，它控制了官地银金矿床的产出，可作为区域找矿标志。铁锰帽及铁锰染硅化带是找矿的直接标志。

（五）Ⅲ-11-④乌拉山-集宁金、银、铁、铜、铅、锌、石墨、白云母成矿亚带

成矿带内银矿成因类型为热液型，分布在乌兰察布市察石前旗地区，航磁异常表现为条带状磁异常，北东走向，强度高、梯度大。以李清地银锰矿为典型矿床，矿区内出露的地层主要有中太古界集宁岩群大理岩组、上侏罗统白音高老组陆相酸性火山-次火山岩，其他地层单元呈零星分布。赋矿围岩主要为大理岩，也有片麻岩，没有固定的含矿层位，集宁岩群大理岩组的存在，是寻找该类型银锰矿床的前提。

第十二节　锡矿区域磁异常特征及找矿标志

内蒙古自治区锡矿资源比较丰富,按成因类型可分为矽卡岩型、热液型及细脉浸染型,内蒙古自治区锡矿的成矿与高硅质、高碱质花岗岩类有关,成矿时代均为燕山期,与燕山早期二长花岗岩、钾长花岗岩、花岗斑岩有关;多分布于克什克腾旗地区。现结合内蒙古自治区1:50万航磁 ΔT 等值线平面图,将下列成矿带内的锡矿主要成因类型、矿床富集区的磁场特征及地质环境等进行描述。

一、矽卡岩型锡矿

△Ⅲ-6-③二连-东乌旗钨、钼、铁、锌、铅成矿亚带

该成矿带内锡矿成矿类型为矽卡岩型,分布在朝不楞地区,航磁异常表现为带状磁异常,北东走向,强度高、梯度大,北侧伴生负异常。以朝不楞铁锡多金属矿为典型矿床,该区出露地层主要为上侏罗统满克头鄂博组和白音高老组及中泥盆统塔尔巴格特组,区内岩浆岩较发育,侵入岩主要有海西期的辉长岩和燕山早期的黑云母花岗岩、石英闪长岩、闪长岩及其派生脉岩等。燕山早期黑云母花岗岩规模最大,是成矿母岩,锡矿体赋存于泥盆系塔尔巴格特组与花岗岩体外接触带内。

二、热液型锡矿

(一)Ⅲ-8-①索伦镇-黄岗铁(锡)、铜、锌成矿亚带

成矿带内锡矿成因类型有接触交代型、热液型及花岗岩型,分布在锡林浩特市至克什克腾旗地区,航磁异常表现为平缓负异常,矿床周围分布椭圆形正磁异常,幅值不高。接触交代型锡矿床以黄岗铁锡矿为典型矿床,该区地层主要为下二叠统寿山沟组、大石寨组、哲斯组,上二叠统林西组,中侏罗统新民组,上侏罗统满克头鄂博组、玛尼吐组、白音高老组。矿区岩体主要为燕山早期侵入的钾长花岗岩,少量黑云母钾长花岗岩。燕山早期钾长花岗岩与下二叠统接触部位形成的矽卡岩化带为铁锡矿的赋存有利部位。区内断裂构造发育,北东向压性兼扭性断裂为本区成岩、成矿提供了有利条件。热液型锡矿以毛登锡矿为典型矿床,出露地层主要有下二叠统大石寨组、哲斯组,下侏罗统红旗组,下白垩统梅勒图组。矿区内燕山早期岩浆岩出露面积较大,岩性以阿鲁包格山似斑状花岗岩体边缘相花岗斑岩为主,花岗斑岩是该矿的主要矿源层。锡矿矿体主要赋存在古生界大石寨组含炭变质粉砂岩、粉砂岩中。

(二)Ⅲ-8-②神山-大井子铜、铅、锌、银、铁、钼、稀土、铌(钽)、萤石成矿亚带

成矿带内锡矿成因类型为花岗岩型及热液型。花岗岩型锡矿分布在林西县境内,航磁异常表现为低值负异常。以大井子锡矿为典型矿床,矿区内地层出露有志留系片麻岩、片岩夹大理岩,二叠系砂板岩,上侏罗统满克头鄂博组、玛尼吐组、白音高老组及上二叠统林西组。该地区内无较大的岩体出露,但酸性、中性、基性岩脉非常发育,与成矿有关的主要有燕山早期霏细岩脉、安山玢岩脉、玄武玢岩脉。断裂是本区主要的控制因素,规模较大的北东向断裂在宏观上控制了矿化产出部位。尤其北西向和北西西向断裂为本区主要的容矿构造,直接控制了矿体的赋存部位及形态规模。热液型锡矿分布在通辽市科尔沁右翼中旗境内,航磁异常表现为低值负异常,周围无正磁异常。以孟恩陶勒盖铅锌银锡矿为典型矿床,矿区地层主要为下二叠统寿山沟组,岩性为黑灰色变质粉砂岩、板岩夹灰岩、变质砂岩。岩浆岩侵入活动强烈,燕山早期和海西晚期岩浆侵入活动与内生热液铅锌、银、锡等多金属矿成矿有密切关系。区域性较大的断裂构造有孟恩陶勒盖-牤牛海东西向断裂,海西晚期孟恩陶勒盖黑云母斜长花岗岩体沿

其断裂侵入。矿区规模较大的木吟尔山-孟恩陶勒盖压性断裂带控制着孟恩陶勒盖铅锌银矿体的分布，为储矿构造。矿体赋存于海西晚期花岗岩体中近东西断裂构造带内。

(三) Ⅲ-10-①内蒙古隆起东段铁、铜、钼、铅、锌、金、银、锰、磷、煤、膨润土成矿亚带

成矿带内锡矿成因类型为热液型，分布在锡林郭勒盟太仆寺旗地区，航磁异常呈现为带状磁异常，北东向，强度高、梯度大。以千斤沟锡矿为典型矿床，区域上出露地层主要有太古宇乌拉山岩群变质岩、上侏罗统玛尼吐组、白音高老组。燕山早期岩浆岩从中深成到浅成、超浅成均有产出，岩性有似斑状花岗岩、花岗斑岩、石英正长斑岩、正长斑岩，与成矿密切的岩体为似斑状花岗岩。矿区构造以断裂为主，北东向断裂构造对岩浆活动、成矿作用的控制较为明显，是矿区重要的导矿构造。锡矿体赋存于上侏罗统玛尼吐组粗面岩与似斑状花岗岩接触带内。

第十三节 镍矿区域磁异常特征及找矿标志

内蒙古自治区镍矿与基性岩或基性岩与超基性岩套叠的岩体有关，多分布于深大断裂带上，成矿时代以海西期为主，成矿类型有沉积型、岩浆型等，前者为主要成矿类型。现结合内蒙古自治区1：50万航磁ΔT等值线平面图，将下列成矿带内的镍矿主要成因类型、矿床富集区的磁场特征及地质环境等进行描述。

一、沉积型镍矿

△Ⅲ-4-①阿地拉图铁成矿亚带

成矿带内镍矿成因类型为沉积型，分布在阿拉善左旗巴伦别立镇地区，航磁异常表现为平稳负磁场，周围无正异常。以元山子镍钼矿为典型矿床，该地区地表基本为第四系覆盖，只有小面积的第三系零星出露。根据钻孔及斜井工程揭露，见寒武系香山群，其中含矿层为香山群含炭或夹石英绢云母千枚岩、黑色(含镍、钼等元素)含炭石英绢云母千枚岩，顶底板围岩均为浅灰色石英绢云母千枚岩。

二、岩浆型镍矿

(一) Ⅲ-6-③二连-东乌旗钨、钼、铁、锌、铅成矿亚带

成矿带内镍矿成因类型为岩浆型，分布在二连浩特北部地区及西乌珠穆沁旗的浩雅尔洪克尔地区。二连浩特北部地区镍矿以哈拉图庙为典型矿床，航磁异常表现为带状磁异常，走向东西，强度高、梯度大，周围无负异常。矿区大面积出露的地层有古生界下泥盆统泥鳅河组第一岩段，岩性为深灰色绢云母石英片岩、灰色黑云母石英片岩夹灰色二云母石英片岩，岩浆岩主要出露海西中期超基性岩、辉绿岩及海西晚期白云母花岗岩，岩体呈岩株产出。脉岩有石英斑岩脉、石英脉。镍矿体赋存于海西中期基性—超基性岩体内：辉长岩、辉绿岩、蛇纹岩。地表出露的铁帽是直接的找矿标志。浩雅尔洪克尔地区以白音胡硕镍矿为典型矿床，航磁异常表现为串珠状磁异常，强度高、梯度大。矿床位于椭圆形磁异常边缘，平缓磁场区。矿区出露地层只有上古生界二叠系格根敖包组和新生界第四系，该区侵入岩发育，主要为海西期斜辉辉橄岩、二辉橄榄岩与辉绿岩，呈不规则状岩株产出。矿区断裂主要表现为海西期斜辉辉橄岩、二辉橄榄岩与辉绿岩岩体沿早期北东和北东东向断裂侵入，控制岩体的分布。矿体赋存在海西期超基性岩——斜辉辉橄岩、二辉橄榄岩岩体中。

（二）Ⅲ-7-②查干此老-巴音杭盖金成矿亚带

成矿带内镍矿成因类型为岩浆熔离型，分布在乌拉特后旗巴音查干苏木地区，航磁异常表现为平缓正异常，呈片状分布，场值由北往南呈缓坡状递减。以达布逊镍矿为典型矿床，出露地层主要为古生界中下志留统徐尼乌苏组板岩和千枚岩。岩浆岩主要为超基性橄榄岩、海西中期角闪岩及海西晚期花岗岩，超基性岩是该区的成矿母岩。构造主要受海西期断裂影响，由近东西向断裂和北北东向断裂组成。前者形成早，控制超基性岩体的发育形态和产状。矿体赋存于超基性岩体下部与地层接触带中。

（三）Ⅲ-11-①白云鄂博-商都金、铁、铌、稀土、铜、镍成矿亚带

成矿带内镍矿成因类型为岩浆型，分布在乌兰察布市四子王旗北部地区，航磁异常表现为低缓负异常，北部为平缓正异常，南部为低值负磁场区。以小南山镍矿为典型矿床，地层主要为白云鄂博群哈拉霍疙特岩组石英岩及变质砂岩、变质石英砂岩与黑灰色泥质板岩互层、灰黑色石英岩夹薄层钙质板岩、灰绿色变质砂岩、灰黑色红柱石化板岩等，中侏罗统大青山组砂岩及泥岩，并夹薄煤层。岩浆岩主要为海西中期辉长岩，辉长岩是本区含镍硫化铜矿床的成矿母岩，其侵入于白云鄂博群中，又被海西晚期花岗岩侵入。本区构造变动强烈，褶皱和断裂发育，断裂以北东向压扭性最发育，其次为北北东向压性和北西向张性断裂。矿体赋存于海西中期辉长岩中。

第十四节　菱镁矿区域磁异常特征及找矿标志

内蒙古自治区菱镁矿主要分布在索伦山地区超基性岩带中，位于索伦山-查干哈达庙铬、铜成矿亚带中，本次全国矿产资源潜力评价自治区菱镁矿典型矿床只选取了1个，即察汗奴鲁风化壳型菱镁矿矿床，位于巴彦淖尔市乌拉特中旗境内，航磁异常表现为椭圆形磁异常，东西走向，北侧伴生负异常，幅值较高，梯度变化明显。矿区无沉积岩出露，岩浆岩主要为石炭纪超基性岩，岩性为纯橄榄岩和斜方辉橄岩，但表面均蛇纹石化。矿体产于纯橄榄岩和斜方辉橄岩体内。

第十五节　钼矿区域磁异常特征及找矿标志

内蒙古自治区钼矿床的主要类型为斑岩型、沉积型、热液型、矽卡岩型等。以斑岩型为自治区主要成因类型，钼矿的含矿母岩为燕山期及海西期酸性、超酸性、高硅、高碱、铝过饱和系列岩石（花岗岩类），比较集中分布于满洲里—八大关、大庙—敖汉旗地区等。现结合内蒙古自治区1：50万航磁 ΔT 等值线平面图，将下列成矿带内的钼矿主要成因类型、矿床富集区的磁场特征及地质环境等进行描述。

一、斑岩型钼矿

（一）Ⅲ-1-①黑鹰山-雅干铁、金、铜、钼成矿亚带

成矿带内钼矿成因类型为斑岩型，分布在额济纳旗赛汉桃来地区，航磁异常表现为低缓负磁场区。以小狐狸山钼矿为典型矿床，矿区出露地层有下奥陶统咸水湖组，岩性为安山质岩屑晶屑凝灰岩及蚀变安山岩；下石炭统绿条山组，岩性为砂岩夹安山岩。绿条山组与咸水湖组呈断层接触。区内深成侵入岩为二叠纪花岗岩，也是本区的含矿岩体。区内褶皱及断裂构造发育，主构造线受控于黑鹰山-雅干深断裂和依赫尔包-苏吉诺尔大断裂，次级构造为两断裂之间的北西向、北东向和近东西向断裂以及大狐狸山破火山及其周边的放射状断裂，其中北西向和北东向断裂是区内的主要控矿构造，控制着二叠纪花岗

岩含矿岩体的分布，是本区的主要控岩控矿构造。钼矿赋存于二叠纪花岗岩边缘相的中细粒似斑状花岗岩内。

(二) Ⅲ-5-③根河钼、铅、锌、银成矿亚带

成矿带内钼矿成因类型为斑岩型，分布在呼伦贝尔市伦春自治旗地区，航磁异常表现为串珠状磁异常，北东东走向，强度高、梯度大，南、北两侧有负异常伴生。以岔路口钼矿为典型矿床，矿区地层主要为新元古界—下寒武统倭勒根群大网子组，为浅变质沉积岩及变质海相中基性火山岩；下白垩统光华组，主要岩性有流纹岩、流纹质角砾凝灰熔岩、英安岩、英安质凝灰熔岩及少量含杏仁安山岩等，是本区主要赋矿地层。岩浆岩有海西晚期的石英闪长岩，燕山早期的二长花岗岩，燕山晚期石英斑岩、花岗斑岩等。石英斑岩、花岗斑岩及隐爆活动是本区成矿作用发生的重要因素。

(三) Ⅲ-6-①大杨树-古利库金、钼、萤石成矿亚带

成矿带内钼矿成因类型主要为斑岩型，分布在呼伦贝尔市阿荣旗地区，航磁异常表现为低缓正异常，北侧为负磁场区，南侧则临近椭圆形高值正磁异常。以太平沟钼矿为典型矿床，该区出露地层主要为上侏罗统满克头鄂博组，岩性为流纹岩、凝灰质砾岩、砂岩、火山角砾岩等。岩浆岩主要为早侏罗世宫家街中粗粒碱长花岗岩，早白垩世花岗斑岩、闪长玢岩等。其中花岗斑岩与铜钼矿化关系密切，为含矿母岩。矿体赋存于早白垩世花岗斑岩体内。区内构造发育，北北东向、北东向断裂构造控制花岗斑岩岩株的分布，对岩浆的侵位及矿液的运移富集起到了控制作用，是主要的控矿构造。

(四) Ⅲ-6-②罕达盖-博克图铁、钼、锌、铅成矿亚带

成矿带内钼矿成因类型主要为斑岩型，分布在苏尼特左旗白音乌拉苏木地区，航磁异常表现为平稳的正磁异常，幅值较高，周围无负异常。以乌兰德勒钼矿为典型矿床，矿区出露上石炭统—下二叠统宝力高庙组陆相正常碎屑沉积岩，岩性以砂板岩为主。岩浆岩主体为二叠纪灰红色中粗粒黑云母花岗岩、深灰色细粒黑云母花岗闪长岩及石英脉。构造主要表现为北东向线性糜棱岩带和北西向构造破碎带，后者为容矿构造。矿体赋存于二叠纪石英闪长岩与花岗闪长岩的裂隙中。

(五) Ⅲ-7-⑤温都尔庙-红格尔庙铁成矿亚带

成矿带内钼矿成因类型为斑岩型，分布在锡林郭勒盟阿巴嘎旗别力古台镇，航磁异常表现为以低缓磁异常为背景，矿床位于串珠状磁异常南侧边缘，异常幅值高、梯度变化大。以必鲁甘干钼矿为典型矿床，矿区出露上二叠统林西组，岩性为砂板岩、砂砾岩，林西组受花岗斑岩侵入影响，在接触带形成各类角岩。岩浆岩主要为三叠纪黑云母花岗斑岩，花岗斑岩为成矿母岩。地表发育脉状、网脉状构造裂隙，裂隙充填石英脉，多集中产于花岗斑岩与围岩的接触带附近，为控矿容矿构造。矿体赋存于林西组砂板岩与花岗斑岩接触带附近的构造裂隙中。

(六) Ⅲ-8-②神山-大井子铜、铅、锌、银、铁、钼、稀土、铌钽、萤石成矿亚带

成矿带内钼矿成因类型为斑岩型，分布在阿鲁科尔沁旗赛罕塔拉苏木地区，航磁异常表现为低缓负异常，矿床南侧临近椭圆形磁异常。以敖仑花钼矿为典型矿床，矿区出露地层主要有上二叠统林西组，岩性为变质长石石英砂岩、板岩、长英质角岩、板岩等。上侏罗统满克头鄂博组，角度不整合于林西组之上，岩性为火山碎屑岩、凝灰质砂岩、砂质页岩含煤层。区为岩浆活动频繁，从海西期到燕山期均有发生，以燕山期活动最为强烈，燕山晚期侵入岩以斜长花岗斑岩为主，与铜钼矿化关系密切，为含矿母岩。本区与矿化有直接关系的构造主要为网脉状裂隙及脉状裂隙，对矿液的运移富集起到了控制作用，矿体赋存于燕山晚期斜长花岗斑岩与上二叠统林西组接触带内。

（七）Ⅲ-8-④ 小东沟-小营子钼、铅、锌、铜成矿亚带

成矿带内钼矿成因类型为斑岩型，分布在赤峰市克什克腾旗广兴元镇地区，航磁异常表现为正、负异常分界带附近的低缓负磁场区。以小东沟钼矿为典型矿床，该区地层出露中二叠统于家北沟组，岩性为灰绿色凝灰质砂岩、砂砾岩、砾岩、粉砂岩夹板岩及中性火山熔岩及其火山碎屑岩。矿区内燕山晚期岩浆岩较为发育，以中粒黑云母花岗岩、斑状花岗岩及细粒花岗岩为主。其中小东沟斑状花岗岩为主要的钼矿含矿母岩。区内断裂构造发育，有北北西向及北西向两组，与成矿关系密切，断裂构造控制着岩体内钼矿化体的展布方向。矿体赋存于燕山晚期斑状花岗岩体内。

（八）Ⅲ-11-② 狼山-渣尔泰山铅、锌、金、铁、铜、铂、镍成矿亚带

成矿带内钼矿成因类型为斑岩型，分布在乌拉特后旗巴音前达门苏木地区，航磁异常表现为椭圆形磁异常，强度高、梯度大，南侧为大片负磁场区。以查干花钼矿为典型矿床，矿区出露地层主要为古元古界宝音图岩群，岩性组合为浅灰—灰绿色千枚岩、绢云石英片岩、浅变质粉砂岩等。区内晚二叠世—早三叠世岩浆岩发育，查干花-查干德尔斯花岗岩大面积分布，岩性为中细粒二长花岗岩，中细粒二长花岗岩为含矿母岩。区内钼矿体主要隐伏于地表以下，沿中细粒二长花岗岩与宝音图岩群的北东接触带展布，矿体呈似层状赋存于云英岩化二长花岗岩内。

（九）Ⅲ-11-④ 乌拉山-集宁金、银、铁、铜、铅、锌、石墨、白云母成矿亚带

成矿带内钼矿成因类型为斑岩型，分布在乌兰察布市卓资县大榆树乡地区，矿床位于正负异常过渡带，梯度变化明显，异常呈带状沿北东向展布，与北部大面积正磁异常相连。以大苏计钼矿为典型矿床，地层主要出露中太古界集宁岩群片麻岩组，岩性为矽线石榴片麻岩、黑云斜长片麻岩、石墨片麻岩等。由于太古宙晚期花岗岩侵入，使地层的完整性受到破坏，呈捕虏体存在于花岗岩之中。矿区岩浆岩发育，主要有太古宙晚期碎裂斜长花岗岩、碎裂钾长花岗岩及印支期石英斑岩、花岗斑岩、正长花岗（斑）岩及一些基性、酸性脉岩。矿区处于北东向凉城-黄旗海断裂带、大榆树断裂破碎带及后期北西向断裂构造交会部位。北西向构造是矿区控制含矿斑岩体的主导性构造。矿体赋存于晚三叠世石英斑岩、正长花岗（斑）岩体内。

二、热液型钼矿

△Ⅲ-8-① 索伦镇-黄岗铁（锡）、铜、锌成矿亚带

成矿带内钼矿成因类型为热液型，分布在赤峰市林西县统布镇地区，航磁异常表现为低缓负异常。以曹家屯钼矿为典型矿床，矿区出露地层有下二叠统寿山沟组粉砂岩、砂砾岩、板岩夹灰岩透镜体等。矿区岩浆岩不发育，仅见北东走向石英脉分布，石英脉为矿区含钼岩石。区域上为燕山早期二长花岗岩与成矿关系密切。矿区仅见一条断裂构造，为压扭性断裂，该断裂为容矿构造。矿体赋存于下二叠统寿山沟组砂板岩北东向断裂破碎带中。

第十六节 锰矿区域磁异常特征及找矿标志

内蒙古自治区锰矿发现和进行地勘工作的产地甚少，主要分布在中部地区晚海西期地槽褶皱带下二叠统西里庙组中和华北地台北缘台缘坳陷中新元古界渣尔泰山群中，矿床成因类型有沉积变质型和热液型。现结合内蒙古自治区1∶50万航磁 ΔT 等值线平面图，将下列成矿带内的锰矿主要成因类型、矿床富集区的磁场特征及地质环境等进行描述。

一、沉积变质型锰矿

（一）Ⅲ-7-②查干此老-巴音杭盖金成矿亚带

成矿带内锰矿成因类型为沉积变质型，位于巴彦淖尔市乌拉特中旗巴音杭盖苏木境内，矿床航磁异常表现为低缓正磁异常，周围分布椭圆形磁异常，强度不高，无负异常。以东加干锰矿为典型矿床，矿区内出露的地层主要为中元古界宝音图岩群三岩组，岩性为绢云母千枚岩夹白云质结晶灰岩，变质石英岩透镜体和青灰色厚层状白云质结晶灰岩；矿区内无大面积岩浆岩出露，只有石英脉较为发育。锰矿体赋存于中元古界宝音图岩群三岩组绢云母千枚岩与薄层白云质灰岩过渡带中。白云质结晶灰岩为锰矿层的顶板，可作为找矿标志层。

（二）Ⅲ-11-③固阳-白银查干金、铁、铜、铅、锌、石墨成矿亚带

成矿带内锰矿成因类型为沉积变质型，分布在乌拉特前旗大佘太地区，航磁异常表现为磁异常梯度带附近的低缓正异常。以乔二沟锰矿为典型矿床，矿区内出露的地层主要为中元古界渣尔泰山群阿古鲁沟组一段，岩性为粉砂质板岩，岩石呈灰色—灰褐色。矿体赋存于粉砂质板岩中，矿区岩浆岩、构造不太发育。

二、热液型锰矿

△Ⅲ-7-④苏木查干敖包-二连萤石、锰成矿亚带

成矿带内锰矿成因类型为热液型，位于乌兰察布市四子王旗卫井苏木境内，矿床位于正负异常梯度带附近，北侧及东侧为椭圆形正磁异常，强度高，南侧伴生负异常。以西里庙锰矿为典型矿床，矿区出露主要为中二叠统大石寨组一、二岩段，一岩段岩性为灰绿色流纹岩、流纹质凝灰熔岩及流纹质熔结凝灰岩；二岩段下部为厚层状含砂屑微晶灰岩，中部为紫红色千枚状砂质、泥质板岩，上部为玫瑰色灰岩及流纹质晶屑凝灰岩，锰矿产于该岩段的下部。矿区内岩浆活动微弱。最主要的矿化带产于凝灰质砂砾岩与含砂屑微晶灰岩二者接触部位。

第十七节 铬矿区域磁异常特征及找矿标志

内蒙古自治区铬铁矿成因类型有热液型、岩浆岩及侵入岩型，铬铁矿产于镁质超基性岩内。自治区超基性岩体分布面积较广，主要分布在华北地台北缘。现结合内蒙古自治区1:50万航磁ΔT等值线平面图，将下列成矿带内的铬矿主要成因类型、矿床富集区的磁场特征及地质环境等进行描述。

一、岩浆型铬矿

（一）Ⅲ-6-③二连-东乌旗钨、钼、铁、锌、铅成矿亚带

成矿带内铬铁矿成因类型为岩浆型，位于锡林浩特市朝克乌拉苏木境内，航磁异常表现为茸状磁异常，北北东—北东走向，强度高、梯度大，北侧伴生负异常。以赫格敖拉铬铁矿为典型矿床，地层主要出露为上白垩统二连组，岩性为泥砾岩及砂岩、薄层泥岩。矿区内几乎全部都是超基性岩，褶皱和断层不发育。斜方辉石橄榄岩构成本区超基性岩的主体，铬铁矿体赋存于超基性岩纯橄榄岩相中。

(二) Ⅲ-7-③ 索伦山-查干哈达庙铬、铜成矿亚带

成矿带内铬铁矿成因类型为岩浆岩型，分布在乌拉特中旗索伦山地区，矿床位于正负异常梯度带附近的负磁场区，南侧为带状正磁异常，近东西向，强度不高、梯度变化明显。以索伦山铬铁矿为典型矿床，矿区地层主要为上石炭统本巴图组，岩性为变质砂岩、板岩及中酸性凝灰岩；中二叠统哲斯组，岩性为砾岩、砂岩、板岩及灰岩；下白垩统白彦花组，岩性为砾岩、砂岩、泥岩及煤层。岩浆岩主要为超基性岩体，由石炭纪斜辉橄榄岩与纯橄榄岩组成。断裂发育，断层以近东西向为主，亦发育有北东向及东西向断层。铬铁矿体赋存于石炭纪纯橄榄岩中。

二、热液型铬矿

△Ⅲ-8-② 神山-大井子铜、铅、锌、银、铁、钼、稀土、铌钽、萤石成矿亚带

成矿带内铬铁矿成因类型为热液型，位于兴安盟科右前旗大石寨乡境内，矿床位于正负异常梯度带附近的负磁场区，南侧平缓正异常，北侧负磁场强度较高、梯度大。以呼和哈达铬铁矿为典型矿床，矿区地层主要为中二叠统哲斯组，岩性为砂岩、板岩及灰岩；上侏罗统满克头鄂博组，岩性为中酸性凝灰岩夹凝灰质砂砾岩、页岩。岩浆岩主要为超基性岩体，岩性为二叠纪蛇纹石化纯橄榄岩、蛇纹石化含辉纯橄榄岩、蛇纹石化斜辉橄榄岩，均产有大小不等的铬铁矿体。

三、侵入岩型铬矿

△Ⅲ-8-③ 卯都房子-毫义哈达钨、萤石成矿亚带

成矿带内铬铁矿成因类型为侵入岩型，分布在赤峰市克什克腾旗三义乡，航磁异常表现为椭圆形负磁异常，强度高、梯度大。以柯单山铬铁矿为典型矿床，地层主要为大石寨组，下部中细粒砂岩、砾岩夹数层凝灰岩、灰岩透镜体，中部为灰绿色凝灰质板岩、粉砂岩夹砾岩，上部为砾岩、砂砾岩夹酸性凝灰岩及灰岩；白音高老组，下部为黄褐色砾岩，中部为紫褐色砂页岩及紫杂色砾岩，上部为凝灰质火山角砾岩、流纹岩及花岗斑岩。岩浆岩主要为海西期的超基性岩体，铬铁矿体赋存于超基性岩纯橄榄岩相中。

第十八节 硫铁矿区域磁异常特征及找矿标志

内蒙古自治区硫铁矿资源比较丰富，矿床以与有色金属矿产共伴生者居多，成因类型有岩浆热液型、海相火山岩型及沉积变质型等，储量分布较集中，主要分布在狼山-渣尔泰山地区。现结合内蒙古自治区 1∶50 万航磁 ΔT 等值线平面图，将下列成矿带内的硫铁矿主要成因类型、矿床富集区的磁场特征及地质环境等进行描述。

一、海相火山岩型硫铁矿

(一) Ⅲ-5-④ 额尔古纳金、铁、锌、萤石成矿亚带

成矿带内硫铁矿成因类型为海相火山岩型，矿床位于陈巴尔虎旗境内，航磁异常表现为带状磁异常，北东向，强度高、梯度大。以六一硫铁矿为典型矿床，矿区出露地层主要为石炭系—二叠系宝力高庙组，岩性为绢云母石英片岩、流纹岩、流纹质角砾熔岩、安山质角砾熔岩、安山质凝灰熔岩。矿区侵入岩均呈岩脉产出，岩性主要为闪长玢岩脉、细晶岩脉、云斜煌斑岩脉等。断裂构造发育，多平行于区域断

裂,为后期脉岩贯入提供空间条件。在区域变质作用的基础上,受后期构造挤压而造成片理化及轻微破碎的构造岩分布广泛,并多为矿体的直接顶板。矿体赋存于石炭系—二叠系宝力高庙组片岩中。

(二)Ⅲ-8-②神山-大井 铜、铅、锌、银、铁、钼、稀土、铌钽、萤石成矿亚带

成矿带内硫铁矿成因类型为海相火山岩型,矿床位于赤峰市巴林左旗隆昌镇境内,航磁异常表现为似圆形正磁异常,幅值不高。以驼峰山硫铁矿为典型矿床,矿区内出露地层有上石炭统本巴图组,主要岩性为青灰色厚层状结晶灰岩、碎屑灰岩;上二叠统林西组及下二叠统大石寨组,岩性主要为火山角砾凝灰岩、凝灰岩、晶屑凝灰岩,矿体就赋存于其中。矿区岩浆岩及构造不发育。

二、接触交代型硫铁矿

△Ⅲ-6-③二连-东乌旗钨、钼、铁、锌、铅成矿亚带

成矿带内硫铁矿成因类型为接触交代型,分布在锡林浩特市东乌珠穆沁旗地区,航磁异常表现为带状磁异常,北东走向,强度高,梯度大,北侧伴生负异常。以朝不楞伴生硫铁矿为典型矿床,地层主要出露古生界中泥盆统塔尔巴格特组石英绢云母片岩、砂质板岩、大理岩、变质粉砂,中生界侏罗系查干诺尔组和布拉根哈达组,区内侵入岩较发育,其中大面积出露燕山早期黑云母花岗岩、石英闪长岩、闪长岩及其派生脉岩。黑云母花岗岩出露规模最大,为本区铁矿和硫矿成矿母岩。硫矿即赋存于大理岩和变质粉砂岩接触层面及其附近。

三、热液型硫铁矿

(一)Ⅲ-7-⑥白乃庙-哈达庙铜、金、萤石成矿亚带

成矿带内硫铁矿床成因类型为岩浆岩热液型,分布在白乃庙—苏尼特右旗地区,航磁异常表现为带状磁异常,北东东走向,强度不高,北侧伴生负异常。以别鲁乌图硫铁矿为典型矿床,该区出露地层主要为上石炭统阿木山组和下二叠统三面井组,岩浆活动较为强烈,从中基性—酸性皆有分布,主要有海西中期的石英闪长玢岩、石英斜长斑岩等。矿区内断裂构造较发育,但规模较小。以断裂构造展布的方向大体可分为北东向、北西向及近东西向3组,其中,以北东向张性断裂为主,并为矿区的主要控矿构造,而北西向的压扭性断裂次之,为矿区内导矿构造。矿体赋存于上石炭统阿木山组断裂构造中。矿体主要产于上石炭统阿木山组变质粉砂岩与板岩互层层位及变质砂质粉砂岩、铁染粉砂岩层层位。

(二)Ⅲ-8-①索伦镇-黄岗铁(锡)、铜、锌成矿亚带

成矿带内硫铁矿成因类型为低温热液充填型,分布在克什克腾旗巴彦高勒地区,航磁异常表现为低缓负磁场区,矿床北部临近椭圆形正磁异常。以拜仁达坝硫铁矿为典型矿床,矿区出露简单,主要为宝音图岩群一岩段黑云斜长片麻岩;岩浆岩以海西期石英闪长岩为主,其呈岩株侵入于老地层即新元古界黑云母斜长片麻岩中,燕山早期花岗岩侵入黑云斜长片麻岩中,该期次花岗岩为成矿母岩。断裂构造发育,以北东向断裂构造为主,其次为北西向及近东西向断裂,后者是矿区内的主要控矿构造。除古生界二叠系是主要赋矿地层外,元古宇等也是重要的赋矿地层。

四、沉积变质型硫铁矿

(一)Ⅲ-11-②狼山-渣尔泰山铅、锌、金、铁、铜、铂、镍成矿亚带

成矿带内硫铁矿床规模较大,成因类型主要为沉积变质型,分布在乌拉特后旗-乌拉特中旗甲生盘

地区,矿床多位于航磁异常梯度带附近的低缓正磁场区,多与椭圆形正磁异常临近,南部则为条带状负磁异常。出露地层主要为中元古界渣尔泰山群增隆昌组及阿古鲁沟组,岩性为暗色板岩、碳质板岩、含炭泥砂质白云岩,含炭粉砂质、白云质泥灰岩。本区地处狼山-白云鄂博裂谷带,构造线总体走向北东、北东东,区域构造控制着本区磷矿和锌、铅、铜、硫等多金属矿产的分布。渣尔泰山群为含矿岩系,其中二岩组为海相火山喷流沉积锌铅铜等多金属矿的赋存层位,以东升庙硫多金属矿最为典型;炭窑口硫铁矿床赋存于增隆昌组中,三片沟硫铁矿床赋存于阿古鲁沟组中。

(二)Ⅲ-14 山西断隆铁、铝土矿、石膏、煤、煤层气成矿带

成矿带内硫铁矿床成因类型为沉积型,位于鄂尔多斯市准格尔旗榆树湾地区,航磁异常表现为低缓负异常。以浪上硫铁矿为典型矿床,矿区内出露地层主要有中奥陶统马家沟组石灰岩;上石炭统太原组泥质石灰岩、砂岩、页岩、碳质页岩以及煤层;下二叠统山西组粗砂岩、砂质页岩、薄层细砂岩;下二叠统石盒子组黏土页岩、薄层砂岩、灰黑色页岩。该区岩浆活动较弱,矿体赋存于上石炭统太原组铝土页岩中。

第十九节 重晶石矿区域磁异常特征及找矿标志

内蒙古自治区重晶石资源较少,本次潜力评价工作仅选巴升河重晶石矿为典型矿床,位于罕达盖-博克图铁、钼、锌、铅成矿亚带,成因类型为热液型,矿床在呼伦贝尔市扎兰屯境内,航磁异常表现为低缓负异常,矿床西南侧为低缓正磁异常。矿区出露地层为上古生界上泥盆统,岩性为凝灰质砂岩、粉砂岩、安山玢岩及安山质凝灰熔岩。矿脉赋存泥盆系中,围岩为安山玢岩;区内侵入岩较发育,与重晶石矿成矿有关的主要为海西期花岗岩。矿区内断裂构造发育,呈北北东向和北西向展布,与重晶石矿床成矿有关的主要为北北东向断裂构造,重晶石即产于该断裂构造带内。

第二十节 萤石矿区域磁异常特征及找矿标志

内蒙古自治区萤石矿比较丰富,矿产地较多,萤石成矿主要与中酸性花岗岩晚期热液有关,自治区萤石矿成因类型主要为热液充填型。现结合内蒙古自治区 1:50 万航磁 ΔT 等值线平面图,将下列成矿带内的萤石矿主要成因类型、矿床富集区的磁场特征及地质环境等进行描述。

• 热液充填型萤石矿

(一)Ⅲ-2-①石板井-东七一山钨、钼、铜、铁、萤石成矿亚带

成矿带内萤石矿成因类型为热液充填型,位于阿拉善盟额济纳旗境内,航磁异常表现为平缓负异常。以东七一山萤石矿为典型矿床,矿区出露地层为中生界中上志留统公婆泉组岩性为大理岩、安山岩、英安岩、安山质凝灰岩、砂质板岩。矿体赋存于公婆泉组中,地层对矿体有明显的控制作用。区内侵入岩较发育,大面积出露海西期花岗岩和钠长石花岗岩,其中赋存有多条萤石矿体。矿区内以断裂构造为主,绝大多数断裂构造与成矿有关,断裂构造为矿液的通道和良好的沉淀场所。

(二)Ⅲ-2-②阿木乌苏-老硐沟金、钨、锑成矿亚带

成矿带内萤石矿成因类型为热液充填型,位于阿拉善盟额济纳旗境内,航磁异常表现为平缓正磁异常,矿床位于 25nT 等值线附近。以神螺山萤石矿为典型矿床,该区出露的地层主要为下二叠统金塔组

一岩段,岩性为英安质沉凝灰岩、砾岩、砂岩、凝灰岩、凝灰质砂岩。岩浆岩主要为二叠纪正长花岗岩体,断裂构造比较发育,以北北东向、南北向、北北西向正断层为主及派生构造裂隙。矿体赋存于下二叠统金塔组一岩段断裂中。

（三）Ⅲ-3-③沙拉西别铌、铁、铂成矿亚带

成矿带内萤石矿成因类型为热液充填型,阿拉善左旗红古尔玉林苏木境内,航磁异常表现为低缓负异常,周围无正磁场。以恩格勒萤石矿为典型矿床,该区出露地层为古元古界二道凹岩群斜长绿帘绿泥石岩、斜长角闪岩、绢云母石英片岩、千枚岩、白云质大理岩等。岩浆岩主要为加里东期花岗岩,矿区内断裂构造发育,矿体主要赋存于古元古界二道凹岩群近南北向断裂中。

（四）Ⅲ-5-③根河钼、铅、锌、银成矿亚带

成矿带内萤石矿成因类型为热液充填型,分布在鄂伦春自治旗地区,矿床位于正负异常梯度带附近的低缓正磁场区,西侧为大面积正磁异常,东侧则为负异常。以哈达汗萤石矿为典型矿床,矿区出露地层主要为上古生界上泥盆统大民山组变质长石石英砂岩、变质粉砂质泥岩、变质泥灰岩、大理岩,其中大理岩和变质粉砂质泥岩为萤石矿体直接围岩。矿区内侵入岩较发育,主要为花岗斑岩和正长斑岩,呈岩株状或脉状形式存在,其中花岗斑岩岩株为萤石矿体成矿母岩。矿区褶皱构造、断裂构造均较发育,近南北向张性断裂为本区主干构造,也是主要含矿构造,矿体赋存于上古生界上泥盆统大民山组断裂构造中。

（五）Ⅲ-5-④额尔古纳金、铁、锌、萤石成矿亚带

成矿带内萤石矿成因类型为热液充填型,矿床分布在额尔古纳市境内,航磁异常表现为以低缓磁异常为背景,椭圆形及带状磁异常集中分布,正负异常相交,矿床多位于椭圆形正异常边缘,低缓磁场区。以昆库力萤石矿为典型矿床,矿区大面积出露二叠纪中粒黑云花岗岩,矿赋存于该类岩浆岩内。矿区内构造发育,主要表现为断裂构造和沿断裂裂隙充填的岩脉,矿体赋存于二叠纪中粒黑云花岗岩断裂构造中。

（六）Ⅲ-7-④苏木查干敖包-二连萤石、锰成矿亚带

成矿带内萤石矿成因类型有热液充填,位于二连浩特市境内,航磁异常表现为平稳负磁场,周围无正异常。以白音脑包萤石矿为典型矿床,该区出露的地层主要为上侏罗统白音高老组,岩性为凝灰质含砾粗砂岩、凝灰质砂岩夹流纹质凝灰岩,岩浆岩主要为燕山期花岗岩、黑云母花岗岩等酸性侵入岩体,为近矿围岩,该区北东向断裂构造发育,矿体赋存于上侏罗统白音高老组北东向断层破碎带中。在四子王旗西北部地区分布有沉积改造型萤石矿,航磁异常表现为椭圆形磁异常,北西向,强度高、梯度大,北侧伴生负异常。以苏木查干敖包萤石矿为典型矿床,矿区出露地层为上古生界下二叠统大石寨组,其中三岩组底部的结晶灰岩、矿化大理岩及含矿角砾岩为含矿层,化体围岩主要有流纹斑岩、碳质斑点板岩;岩浆岩主要为燕山晚期花岗岩岩体的边缘相及派生细粒花岗岩,细粒花岗岩局部具萤石矿化。该区断裂构造较为发育,由于构造运动的多期性,有利地控制了区内萤石矿的改造和富集作用,北东向、北东东向的苏木查干敖包束状褶皱群为萤石矿的主要构造标志。

（七）Ⅲ-7-⑤温都尔庙-红格尔庙铁成矿亚带

成矿带内萤石矿成因类型为热液充填型,位于锡林浩特市境内,航磁异常表现为平稳负磁场区,周围无正异常。以跃进萤石矿为典型矿床,矿区出露地层为中二叠统哲斯组的砾岩带以及砂岩带;岩浆岩主要出露海西晚期黑云母斜长花岗岩,与哲斯组的砾岩带呈侵入接触,该侵入岩是成矿的主要岩体。矿区内断层构造发育,断裂构造主要为近南北向、北西向,其次为北东向、北东东向断裂,断裂构造是导矿、

容矿的良好场所,矿体赋存于中二叠统哲斯组断裂构造中。

(八) III-7-⑥白乃庙-哈达庙铜、金、萤石成矿亚带

成矿带内萤石矿成因类型为热液充填型,位于达茂旗地区,航磁异常表现为低缓负异常。以黑沙图萤石矿为典型矿床,矿区主要出露上古生界石炭系,岩浆岩为片麻状花岗闪长岩,呈岩株状侵入于上石炭统砂岩及泥板岩中,二叠纪—三叠纪白岗岩为矿体的围岩。矿区构造发育,近东西向、北东向、北西向裂隙构造为主要含矿构造,矿体赋存于二叠纪—三叠纪白岗岩与石炭系的外接触带裂隙构造中。

(九) III-8-①索伦镇-黄岗铁(锡)、铜、锌成矿亚带

成矿带内萤石矿成因类型为热液充填型,位于锡林浩特市巴彦希勒牧场地区,航磁异常表现为平缓负异常。以白音锡勒牧场萤石矿为典型矿床,该区主要出露上石炭统本巴图组,岩浆岩主要出露燕山期花岗岩,脉岩为晚期形成的细晶花岗岩脉、闪长玢岩脉、石英脉。矿区内断裂构造发育且复杂,北北东—北东东向张扭性正断层及其断裂破碎带为本矿区的控矿构造,矿体赋存于上石炭统本巴图组地层中。

(十) III-8-②神山-大井子铜、铅、锌、银、铁、钼、稀土、铌钽、萤石成矿亚带

成矿带内萤石矿成因类型为热液充填型,位于赤峰市巴林右旗及科尔沁右翼前旗,巴林右旗地区以苏达勒萤石矿为典型矿床,位于正负异常梯度带附近的低缓正磁场区,北侧为负异常区,南侧临近椭圆形磁异常。矿区出露地层主要为上二叠统林西组,岩性为一套浅变质砂岩、粉砂岩及砂质泥岩等碎屑沉积岩。岩浆岩出露有燕山晚期角闪黑云花岗闪长岩、辉长闪长岩,以及派生石英脉、方解石脉岩,萤石矿体产于脉岩当中。区内有一条北东向的断裂破碎带,该断裂构造带具有多期次构造活动,对萤石矿体具有严格的控制作用。矿体赋存于上二叠统林西组北东向断裂构造中。科尔沁右翼前旗地区以六合屯萤石矿为典型矿床,位于椭圆形正磁异常附近的低缓负磁场区,矿区出露地层主要为中生界上侏罗统白音高老组,岩性为岩屑晶屑凝灰岩、含砾岩屑晶屑凝灰岩、流纹质岩屑晶屑凝灰岩、细凝灰岩和流纹斑岩。区内出露的侵入岩仅有闪长玢岩脉,岩脉呈北西西向展布,该侵入岩脉为萤石矿富集提供了丰富的物质来源和热源。矿区内断裂构造较发育,北西向张扭性断裂构造为区内萤石矿的主要构造标志。矿体受地层控制比较明显,主要赋存于岩屑晶屑凝灰岩中。

(十一) III-9-②库里吐-汤家杖子钼、铜、铅锌、钨金成矿亚带

成矿带内萤石矿成因类型为热液充填型,矿床位于赤峰市敖汉旗境内,航磁异常表现为低缓负异常。以陈道沟萤石矿为典型矿床,矿区出露地层为上石炭统酒局子组二岩段绢云母片岩、绢云母片岩夹薄层结晶灰岩、千枚状绢云母片岩与结晶灰岩。区内岩浆岩不发育,主要以花岗斑岩脉和石英脉为主,矿区内北东向及北东东向压扭性及张扭性构造发育,其中压扭性断裂既是导矿和容矿构造,又对主要成矿期的矿体产生破坏,对晚期矿液活动尚起控矿作用。矿体赋存于上石炭统酒局子组中。

(十二) III-10-①内蒙古隆起东段铁、铜、钼、铅、锌、金、银、锰、磷、煤、膨润土成矿带

成矿带内萤石矿成因类型为热液充填型,分布在赤峰市喀喇沁旗境内及太仆寺旗地区,喀喇沁旗境内航磁异常表现为低缓负磁异常,周围分布椭圆形正磁异常。以大西沟萤石矿为典型矿床,矿区出露地层主要为下白垩统义县组,岩性为安山岩、玄武安山岩、凝灰砂岩、凝灰质砂岩夹流纹质凝灰岩。岩浆岩主要为侏罗纪中细粒花岗岩体,及零星分布的花岗斑岩和石英脉。区内断裂构造比较发育,北北东向断裂破碎带及该断裂破碎带近于平行的、较长的次一级断裂为主要控矿构造。矿体就产于这些断裂和破碎带之中。太仆寺旗地区以东郊萤石矿为典型矿床,航磁异常表现为带状磁异常,北东向,强度不高,西北侧伴生负异常。矿区出露地层主要为上侏罗统白音高老组,主要岩性为石英斑岩、流纹质火山角砾岩、流纹质熔结角砾岩、流纹斑岩,该地层为矿体围岩。岩浆岩主要是中粗粒花岗岩,为萤石矿的成矿母

岩。区内逆冲断层、逆掩断层及正断层极为发育,按生成顺序可分为3组,第1组呈北西—北北西向分布,后两组呈北东与北北东向分布,均为成矿前断裂,是萤石矿液的良好通道。矿体赋存于上侏罗统白音高老组断裂构造中。

(十三) Ⅲ-11-① 白云鄂博-商都金、铁、铌、稀土、铜、镍成矿亚带

成矿带内萤石矿成因类型为热液充填型,分布在乌拉特中旗地区、四子王旗地区。乌拉特中旗地区以巴音哈太萤石矿为典型矿床,航磁异常表现为平缓负异常。该区无沉积岩出露,岩浆岩主要为海西晚期钾长花岗岩和黑云母花岗岩,脉岩为萤石石英脉,萤石矿即产于萤石石英脉中。四子王旗地区以白彦敖包萤石矿为典型矿床,航磁异常表现为低缓负异常,北部为平缓正磁场区。矿区出露地层为中元古界长城系白云鄂博群白音宝拉格组,岩性为石英绢云片岩、石英岩、砂质灰岩,地层与花岗岩体接触部位具混合岩化现象,萤石矿体即产于该地层与花岗岩体的外接触带部位。

第四章 磁性铁矿矿产资源潜力

根据全国矿产资源潜力评价《省级磁法汇总研究技术要求》(2012),本次汇总研究报告中主要突出体现研究中的一些新发现、新认识,尤其是矿床与推断地质构造关系中的新发现和新认识。

为此,我们在编写如下章节前,为了能更全面地反映磁异常细节及更准确地定位部分构造位置,更能反映矿床与磁异常和磁法推断地质构造实际的内在关系,并没有完全引用已经完成的全区推断地质构造图和全区航磁 ΔT 等值线平面图等。而是选择应用原始数据(下发的全区 2km×2km 航磁网格数据)采用不同的数据处理方法重新编制部分图件,进行汇总研究总结。

新编图件中:①内蒙古自治区航磁 ΔT 等值线平面图暨内蒙古大地构造分区、内蒙古成矿区带划分综合图,利用航遥中心下发的自治区 2km×2km 航磁网格数据,转换为 .det 文件,快速生成三角剖分网,追踪等值线成图,最后投影为兰伯特 1∶50 万。等值线以 25nT 等差间隔成图,色阶逐一着色区分不合并。②内蒙古自治区 ΔT 正则化滤波等值线平面图及磁法推断火山机构构造图(附图 5),利用航遥中心下发的自治区 2km×2km 航磁网格数据,进行兰伯特等角圆锥投影 1∶50 万,再经 RGIS 网格化,网格化方法及参数为 Modified Shepard's Method(改进谢别德法,即"稠密中值选取网格化方法"),0.01 度间距,默认半径,之后对网格化数据采用正则化滤波(滤波因子 58),勾绘等值线图。

第一节 内蒙古自治区地质概况

内蒙古自治区位于塔里木板块、华北板块、西伯利亚板块交汇部位,自太古宙以来经历了多次构造运动,地层发育齐全,岩浆活动频繁,断裂构造发育,成矿地质条件十分优越。

一、地层

(一)华北地台北缘基底地层简况

基底地层由太古宇和古元古界组成:太古宇包括兴和岩群、集宁岩群、乌拉山岩群和色尔腾山岩群;古元古界包括二道凹岩群、北山群、龙首山群、明安山群。

古太古代兴和岩群(Ar_1)主要分布在兴和县南部和包头市以东地区。主要岩性为条带状混合质紫苏斜长麻粒岩、二辉麻粒岩夹辉石斜长片麻岩及斜长角闪岩,上部夹透镜状透辉磁铁石英岩。可见厚度大于 2337m。

古太古代集宁岩群(Ar_1)主要分布在大青山南麓、集宁、凉城、丰镇、兴和等地。其岩性主要为石榴子石钾长石片麻岩、含紫苏黑云斜长片麻岩、长石石英岩等。厚度大于 3313m。

中太古代乌拉山岩群(Ar_2)主要分布在乌拉山-大青山地区,其岩性组合:下部为斜长角闪岩-角闪斜长片麻岩,夹条带状磁铁石英岩;上部为长石石英岩含石墨大理岩。总厚度约 4158m。

新太古代色尔腾山岩群(Ar_3)主要分布在乌拉山-大青山以北地区及贺兰山、阿拉善盟地区。其岩性组合:下部以角闪斜长片麻岩、斜长角闪岩夹黑云斜长片麻岩为主,夹 2 层条带状磁铁石英岩;中部以黑云斜长片麻岩、黑云变粒岩夹斜长角闪岩为主;上部为石英岩、大理岩。

古元古代二道凹岩群（Pt_1）：分布在大青山区其岩性主要为变粒岩、黑云片岩、二长石英片岩等。

（二）兴蒙地槽区前古生代结晶岩系简况

古元古界有宝音图岩群、兴华渡口群、北山群，分别出露于内蒙古中部、加格达奇和扎兰屯一带、马鬃山以北地区。中、新元古界有温都尔庙群、白乃庙群、长城系古硐井群、园藻山群、艾勒格庙群、青白口系佳疙瘩组等，分别出露于内蒙古中部、白乃庙地区、额济纳旗南部古硐井一带、额济纳旗月牙山—六王山一带、二连浩特西南的艾勒格庙地区、额尔古纳河流域。

二、岩浆岩

伴随构造运动的岩浆活动具有明显的多旋回性。从太古宙至新生代内蒙古自治区可划分为7个岩浆旋回，内生矿产与之关系密切。

（一）侵入岩

①太古宙旋回侵入岩有辉长岩（$Ar\upsilon_1$）、闪长岩（$Ar\delta_1$）、花岗岩（$Ar\gamma_1$），与本期岩浆侵入活动有关的矿产有磷；②元古宙旋回侵入岩有辉长岩、闪长岩、花岗岩、伟晶岩、超基性岩、基性岩，与本期岩浆侵入活动有关的矿产是白云母、铁、铬、镍、铜；③加里东旋回侵入岩有超基性岩、基性岩、闪长岩、花岗岩，与本期岩浆侵入活动有关的矿产有铬、镍、铁、铜；④海西旋回侵入岩有超基性岩、基性岩、闪长岩、花岗岩、辉长岩，与本期岩浆侵入活动有关的矿产有铬、镍、铁、铜、钴、锰、钨、铅、锌、钼、金、萤石、水晶；⑤印支旋回侵入岩有花岗岩，与本期岩浆侵入活动有关的矿产有铜、钨、金、萤石、水晶；⑥燕山旋回侵入岩有闪长岩、花岗岩，形成的矿产有钛、铁、铜、钨、铅、锌、锡、钼、萤石、稀土。海西旋回、燕山旋回是本区成矿的重要旋回。

（二）火山岩

中生代以前的火山岩主要是海底喷发的中基性火山岩、中酸性火山岩。中生代自治区东部大兴安岭地区火山活动最活跃，为陆相火山喷发。这一时期的火山岩有玄武岩、安山岩、粗安岩。新生代火山岩为玄武岩。

（三）构造

由板块构造观点，按各大板块间的缝合线的位置确定本区大地构造单元可划分为4个一级大区：天山-兴蒙造山系、华北陆块区、塔里木陆块区、秦祁昆造山系。

第二节 内蒙古自治区磁性铁矿床分布特征

内蒙古自治区磁性铁矿分布范围广阔遍及全区东部、中部、西部。成因类型多样可划分为：沉积变质型、岩浆岩型、海相火山岩型、陆相火山岩型、矽卡岩型、其他类型6类。

通过多年的地质工作，截至2008年底查明磁性铁矿资源量 $372\,562.7\times10^4$ t（333）。本次磁性铁矿资源量预测工作，在区内提取矿致磁异常621处（其中已知铁矿矿致磁异常435处，推断铁矿矿致磁异常186处）。预测得磁性铁矿资源量 $437\,793.1\times10^4$ t，其中334-1级别资源量 $266\,030.2\times10^4$ t，334-2级别资源量 3354.0×10^4 t，334-3级别资源量 $168\,408.9\times10^4$ t。

各类磁性铁矿床分区特征明显，反映出它们各自成矿的专属性。矿床分布特征的研究可揭示各类矿床控矿因素与成矿地质环境，给出我们寻找某类矿床的方向与潜力评价的依据。这正是我们追求的目标。某种构造背景与地质环境下的矿床分布数量也可反映其成矿概率。

一、沉积变质型磁性铁矿床区域分布特征

沉积变质型磁铁矿分布规模在区内磁性铁矿床中占主导地位，主要分布于华北陆块区，矿床点往往成群出现构成点阵序列，几十个甚至几百个矿床点群聚于某个区位。按矿床点聚集区位划分，区内典型沉积变质型磁铁矿床由西至东可划分为3个分布大区，即甜水井-阿拉善右旗分布区(西区)、巴彦毛道-固阳-丰镇分布区(中区)、八里罕-金厂沟梁分布区(东区)，分别位于内蒙古自治区西部、中部、东部。

（一）甜水井-阿拉善右旗分布区(西区)沉积变质型磁性铁矿床分布特征

甜水井-阿拉善右旗分布区(西区)矿床点呈散状产出，呈线型排列，沿北西-南东向分布于内蒙古自治区与甘肃省接壤处。东经104°以西广袤的区域内仅分布5个矿点，这就充分说明该区内沉积变质型磁性铁矿含矿概率极低。具体见图4-1。

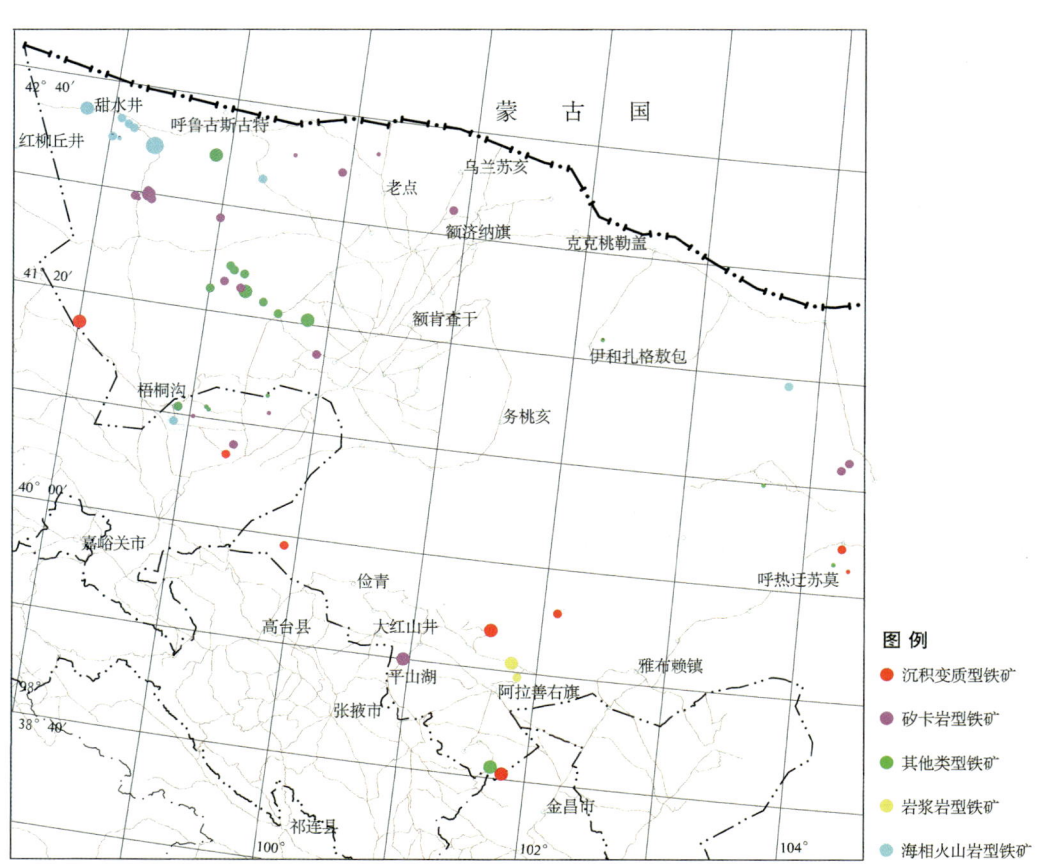

图4-1　甜水井-阿拉善右旗分布区(西区)典型磁性铁矿矿床点阵分布图

（二）巴彦毛道-固阳-丰镇分布区(中区)沉积变质型磁性铁矿床点阵分布特征

巴彦毛道-固阳-丰镇分布区(中区)典型沉积变质型铁矿矿床点阵构成一区两带，区居中间，带居东西两侧(位于华北陆块区与天山-兴蒙造山系两构造单元的过渡带附近)，具体见图4-2。矿床点阵区呈椭圆形东西向分布，规模巨大，东经108°24′—111°47′，东西长约300km，北纬40°34′—42°00′，南北宽160km，行政区划隶属乌拉特中旗、五原县、乌拉特前旗、固阳县、达尔罕茂明安联合旗、武川县。区内矿点星罗棋布集群式出现，聚集了已探明储量的大大小小的沉积变质型磁铁矿床210处，未见与其他各类

型磁性铁矿同区共生现象。矿床点阵东带,呈舌状沿北西-南东向分布,东经112°05′—114°04′,北纬40°23′—41°32′,斜长200km,行政区划隶属四子王旗、察哈尔右翼前旗、察哈尔右翼中旗、察哈尔右翼后旗、卓资县、丰镇市、兴和县、凉城县。带内矿床点阵集群式出现,聚集了已探明储量的大大小小的沉积变质型磁铁矿床29个,偶然可见与岩浆岩型磁性铁矿同区共生现象。矿床点阵西带,呈细条带状沿北东-南西向展布,带内矿床点阵局部集群式出现,共聚集了已探明储量的大大小小的沉积变质型磁铁矿床24个,可见与矽卡岩型、其他类型磁性铁矿床同区共生现象,东经104°17′—108°0′,北纬39°26′—41°37′,斜长约400km。行政区划隶属阿拉善右旗、阿拉善左旗、乌拉特中旗。

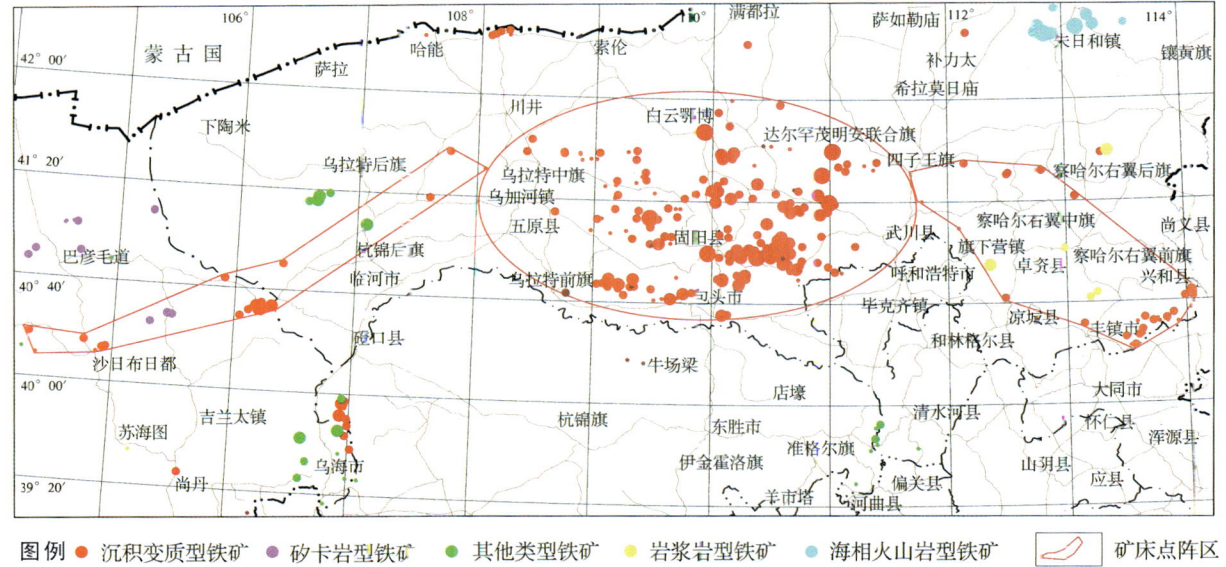

图4-2 巴彦毛道-固阳-丰镇分布区(中区)典型磁性铁矿矿床点阵分布图

巴彦毛道-固阳-丰镇分布区(中区)典型沉积变质型铁矿矿床点阵区全长约900km,整体分布遵从区域构造规律。构造单元区划隶属华北陆块区:迭布斯格-阿拉善右旗陆缘岩浆弧(Pz_2)、狼山-白云鄂博裂谷(Pt_2)、吉兰泰-包头断陷盆地(C_2)、色尔腾山-太仆寺旗古岩浆弧(Ar_3)、固阳-兴和陆核(Ar_3)二级构造单元。基底地层由太古宙兴和岩群(Ar_1)、乌拉山岩群(Ar_2)、色尔腾山岩群(Ar_3)组成。其原岩建造分别为拉斑玄武岩、钙碱质火山岩及其碎屑岩夹硅铁质岩;基性、中基性火山岩、拉斑玄武岩、钙碱质火山岩-火山碎屑岩、硅铁质岩建造;镁铁质火山岩为主夹超镁质岩、硅铁质岩。

(三)八里罕-金厂沟梁分布区(东区)沉积变质型磁性铁矿床点阵分布特征

八里罕-金厂沟梁分布区矿床点阵区规模相对较小,位于赤峰市、通辽市境内,毗邻河北、辽宁两省,呈窄条带状沿北东-南西向展布,产于天山-兴蒙造山系与华北陆块区缝合线附近,具体见图4-3。带内沉积变质型铁矿矿床点阵呈集群式出现,聚集了大小不同的沉积变质型磁性铁矿床31个、岩浆岩型磁性铁矿床9个、矽卡岩型磁性铁矿床6个。存在沉积变质型磁性铁矿床与岩浆岩型磁性铁矿床同区共生、矽卡岩型磁性铁矿床分布其北侧的现象。东西介于东经118°15′至121°37′之间,南北介于北纬41°22′至42°35′之间,斜长250km。构造单元区划隶属华北陆块区:狼山-白云鄂博裂谷(Pt_2)、恒山-承德-建平古岩浆弧(Pt_1)二级构造单元。基底地层主要为太古宙乌拉山岩群(Ar_2)。其原岩建造:下部为基性、中基性火山岩、拉斑玄武岩、钙碱质火山岩-火山碎屑岩、硅铁质岩建造;上部为陆源碎屑、含碳质砂泥质-碳酸盐岩建造。

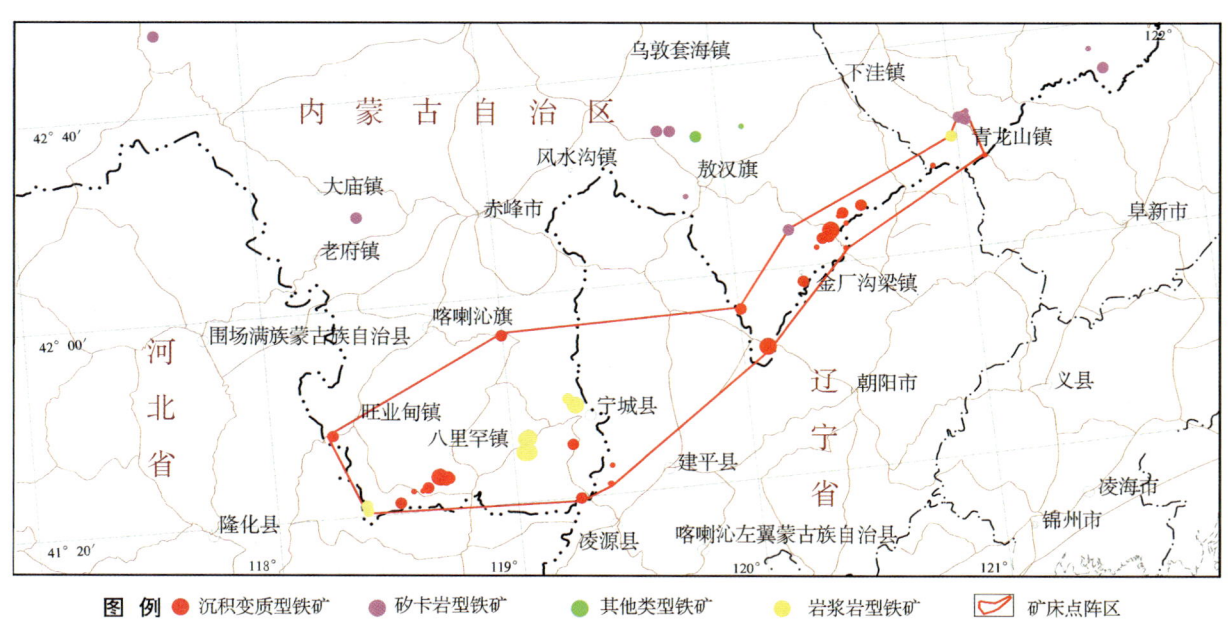

图 4-3 八里罕-金厂沟梁分布区（东区）典型磁性铁矿矿床点阵分布图

二、同区混杂共生磁性铁矿床区域分布特征

矿床点阵区内，各类型磁性铁矿床在空间上无分选的同区混杂共生，分布规模仅次于沉积变质型磁性铁矿床。按矿床点聚集空间可分为大兴安岭主脊-林西分布区、甜水井-大红山-巴彦毛道分布区，分别位于内蒙古自治区东北部与西北部。

（一）大兴安岭主脊-林西分布区同区混杂共生磁性铁矿床分布特征

大兴安岭主脊-林西分布区，矽卡岩型、其他类型、陆相火山岩型、海相火山岩型 4 种磁性铁矿混杂并存，罕见沉积变质型磁性铁矿；分布规模上矽卡岩型与其他类型两类磁性铁矿床占主导地位。矿床点多呈星散分布，点阵区呈舌状沿北东-南西向展布，聚集了大大小小、不同类型的磁性铁矿床 87 个。该矿床点阵区规模巨大，纵贯呼伦贝尔市、兴安盟、锡林郭勒盟、通辽市、赤峰市四盟市。东经 116°49′—124°22′，东西平均宽约 250km；北纬 42°56′—50°54′，南北长 890km。行政区划隶属鄂伦春自治旗、额尔古纳市、牙克石市、陈巴尔虎旗、新巴尔虎左旗、新巴尔虎右旗、阿荣旗、扎兰屯市、扎鲁特旗、科尔沁右翼前旗、突泉县、东乌珠穆沁旗、西乌珠穆沁旗、巴林左旗、阿鲁科尔沁旗、林西县、巴林右旗、克什克腾旗 17 旗、县、市，具体见图 4-4。构造单元区划隶属天山-兴蒙造山系之大兴安岭弧盆系。地层区划由北至南依次为兴安地层区、乌兰浩特-哈尔滨地层分区、锡林浩特-磐石地层分区、赤峰地层分区。

（二）甜水井-大红山-巴彦毛道分布区同区混杂共生磁性铁矿床分布特征

甜水井-大红山-巴彦毛道分布区聚集了典型磁性铁矿床 62 个，矿床点分区集群出现，矽卡岩型、其他类型、海相火山岩型、沉积变质型、岩浆岩型 5 种类型磁性铁矿床并存。分布形式上，各类型铁矿无分选的同区混杂共生；分布规模上，矽卡岩型、其他类型居多，海相火山岩型次之。矿床点阵区呈三角型分布，位于内蒙古自治区的西北角，分布区域较大。西北角角点坐标为东经 97°47′，北纬 42°28′；西南角角点坐标为东经 100°57′，北纬 39°20′；东南角角点坐标为东经 106°46′，北纬 41°19′，区域面积约 109 500km²。行政区划隶属：阿拉善右旗、阿拉善左旗、额济纳旗、乌拉特后旗 4 个旗。具体见图 4-5。

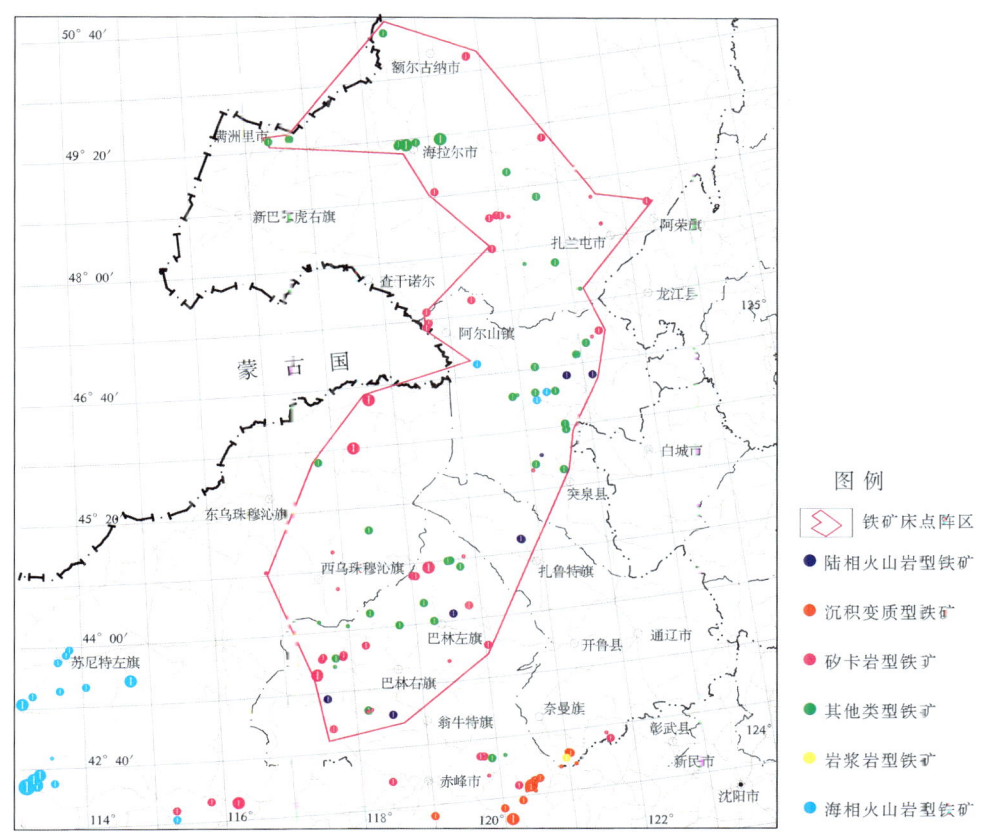

图 4-4 大兴安岭主脊-林西分布区同区混杂共生磁性铁矿床分布图

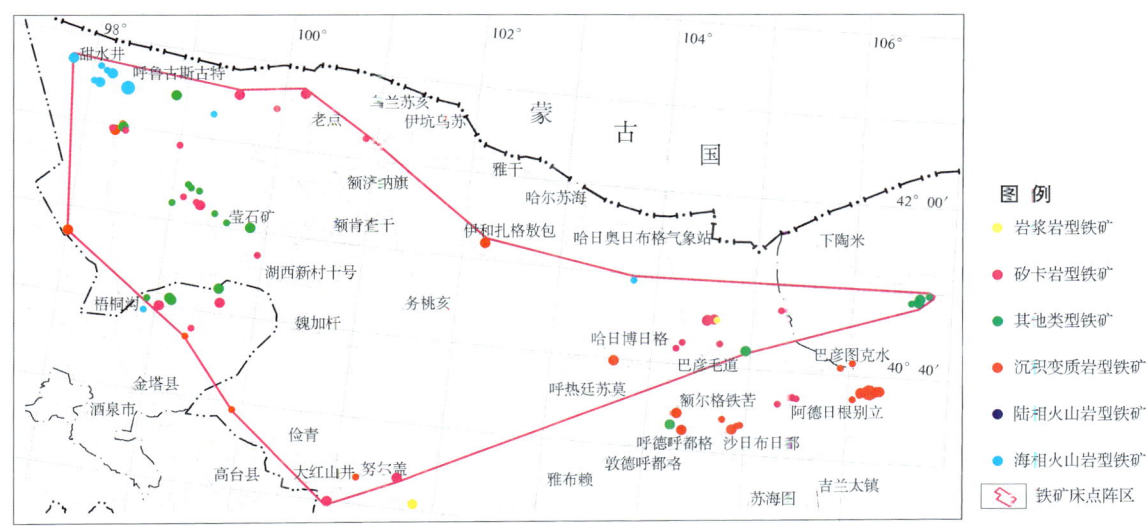

图 4-5 甜水井-大红山-巴彦毛道分布区同区混杂共生磁性铁矿床分布图

构造单元区划隶属天山-兴蒙造山系之额济纳旗-北山弧盆系、塔里木陆块区之柳园裂谷（C—P）二级构造单元。地层区划由北至南依次为觉罗塔格-黑鹰山地层分区、马鬃山地层小区、梧桐沟地层小区、锡林浩特-磐石地层分区。

三、海相火山岩型磁性铁矿床区域分布特征

矿床点阵区近似椭圆形北东-南西向展布规模较小,下至北纬42°26′,上至北纬43°59′;左至东经112°46′,右至东经114°42′。上下长189km,左右宽82km,区域面积约15 500km²。行政区划隶属苏尼特右旗、苏尼特左旗、阿巴嘎旗3旗,具体见图4-6。区内海相火山岩型磁性铁矿床独立存在,无各类矿床共生,矿床点阵构成南、中、北3个带。南带矿点以集群式出现,聚集了大小海相火山岩型磁性铁矿床16个;中、北两带矿点星散分布呈一字形排列,聚集了大小海相火山岩型磁性铁矿床9个。构造单元区划隶属天山-兴蒙造山系之温都尔庙俯冲增生杂岩带二级构造单元。地层区划属锡林浩特-磐石地层分区。

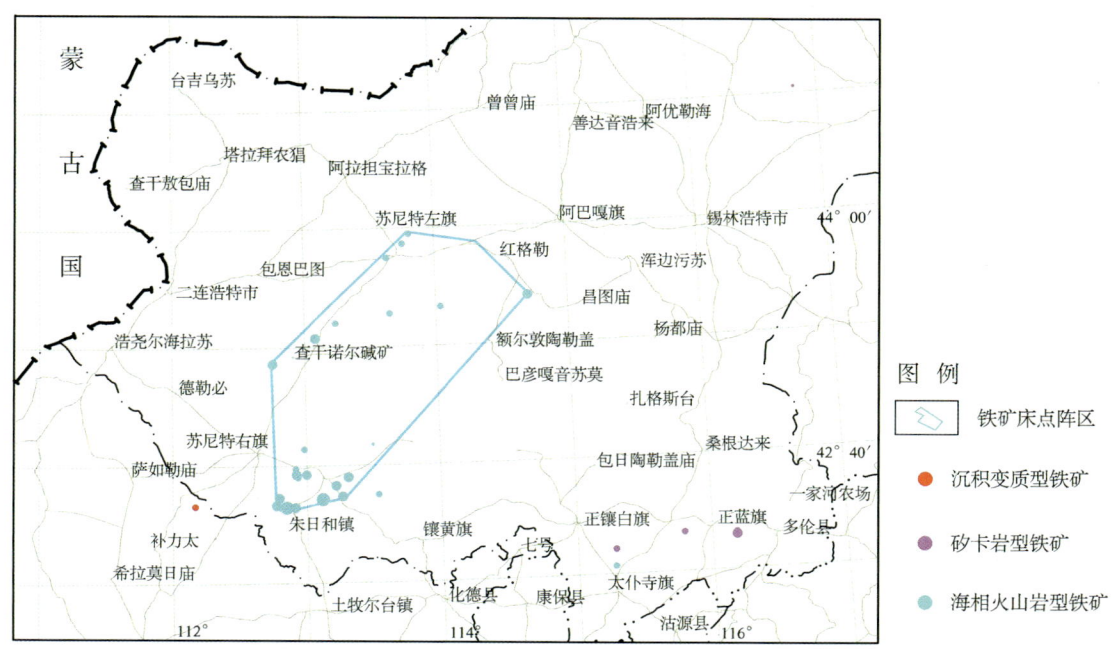

图4-6 典型海相火山岩型磁性铁矿床分布图

四、内蒙古自治区中、西部南毗邻区磁性铁矿床区域分布特征

内蒙古自治区东经101°00′—112°00′的南部与甘肃省、宁夏回族自治区、陕西省及山西省四省区毗邻。毗邻区典型磁性铁矿床主要分布于4个区块,为了叙述方便对4个区块进行编号由西至东依次为:Ⅰ区、Ⅱ区、Ⅲ区、Ⅳ区,具体见图4-7。

Ⅰ区位于阿拉善右旗境内,与甘肃省民乐县毗邻,区内分布两处磁性铁矿床,其中一处为沉积变质型磁性铁矿床,另一处为其他类型磁性铁矿床。构造单元区划隶属华北陆块区之龙首山基底杂岩带(Ar_3—Pt_1)。地层区划属大青山地层小区。

Ⅱ区呈倒梯形,区域面积约1390km²,聚集了典型磁性铁矿床点8个,区内沉积变质型、其他类型两类矿床同区共生南北分带,分部范围均较小。位于阿拉善左旗境内,与宁夏回族自治区青铜峡市毗邻,构造单元区划隶属秦祁昆造山系之走廊弧后盆地(O—S)二级构造单元。地层区划属北祁连地层小区。

Ⅲ区呈月牙形,区域面积约2240km²,聚集了典型磁性铁矿床点25个,区内沉积变质型、其他类型两类矿床同区共生。行政区划隶属乌海市、鄂托克旗,与宁夏回族自治区石嘴山市毗邻。构造单元区划

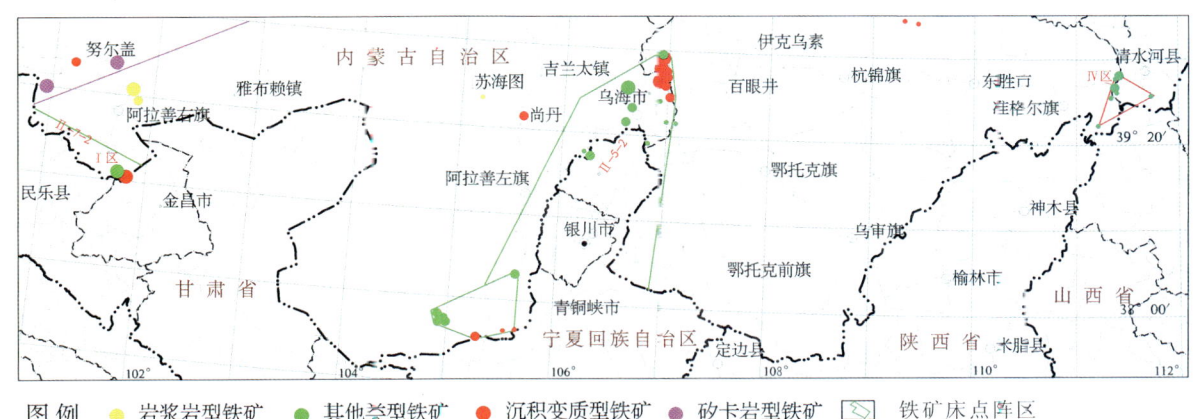

图 4-7 内蒙古自治区中、西部南毗邻区典型磁性铁矿床分布图

隶属华北陆块区之贺兰山被动陆缘盆地（Pz_1）二级构造单元。地层区划属贺兰山-卓资山地层小区。

Ⅳ区位于准格尔旗、清水河县两旗县境内，与山西省偏关县毗邻。矿床点阵呈三角形，分布范围较小，区域面积约 730km²，聚集了典型磁性铁矿床点 7 个，矿床点多以集群式出现，区内其他类型矿床单独存在，未见共生矿床出现。构造单元区划隶属华北陆块区之吕梁碳酸盐岩台地（Pz）二级构造单元。地层区划属阿拉善右旗地层小区。

第三节 内蒙古自治区磁性铁矿资源潜力

归纳上述磁性铁矿床分布特征可知，内蒙古自治区各类磁性铁矿分布规律明显，严格受地质构造控制。天山-兴蒙造山系、华北陆块区、塔里木陆块区、秦祁昆造山系 4 个构造单元均有磁性铁矿床产出。

一、华北陆块区磁性铁矿资源潜力

（一）控矿因素

本次工作统计沉积变质型磁性铁矿床 322 个，95.3% 产于华北陆块区，除鄂尔多斯盆地（Mz）以外，其他各次级构造单元均有沉积变质型磁性铁矿床产出。这充分说明沉积变质型磁性铁矿床的形成严格受控于华北陆块区，区内实质性控矿因素为古火山构造群，这些古火山构造群产生于太古宙—元古宙，分布广阔，几乎遍布整个内蒙古自治区华北陆块区（图 4-8），由于构造区内对应原岩建造已经变质为基底老地层，故宏观上表现为构造区块控矿。区内沉积变质型磁性铁矿床一般单独存在，不与其他各类矿床共生，但是陆块区边缘部偶然可见岩浆岩型磁性铁矿床，其他类型磁性铁矿床与其共存。

由正则化滤波航磁异常特征推知，分布于东经 102°00′—114°20′，北纬 38°49′—42°37′，范围之内由条带状及点豆状次级异常组成的强磁异常群对应地质体为华北陆块区古火山构造群，群内火山机构密布亦称为古火山机构群。该火山机构群由西、中、东 3 部分组成：中部由 7 条线形排列的火山机构群共同组成外观包络呈圆环形的火山机构区；环形火山机构区西侧，由 2 条线形排列的火山机构群并列组成带状火山机构群；环形火山机构区东侧，由 1 条线形排列直线分布、1 条线形排列环形分布的火山机构群串连组成一带一环火山机构群。这些线型排列的古火山机构群，共同组成内蒙古华北陆块区两环两带火山机构群格局，同时构成了内蒙古华北陆块区的古火山构造架构，控制着内蒙古华北陆块区的构造走势。这些古火山机构群形成于太古宙、元古宙，是华北地台古老基底地层原岩建造的岩浆源，控制着华北地台区磁性铁矿的产出,构成环绕一环两带火山机构群周边矿床密布现象(鄂尔多斯盆地内南缘部分尚未发现磁性铁矿床,可能与覆盖层较厚有关)。古火山机构群尽管对应原岩建造经变质作用已成为华北陆块区基底老地层,但它记录了当时的构造特征,为我们指出区内找矿方向,具体见图4-8(图中黄色区域为火山岩分布区下限,红色区域为岩体厚度较大区,红色区域中独立圈闭的异常对应于火山通道)。

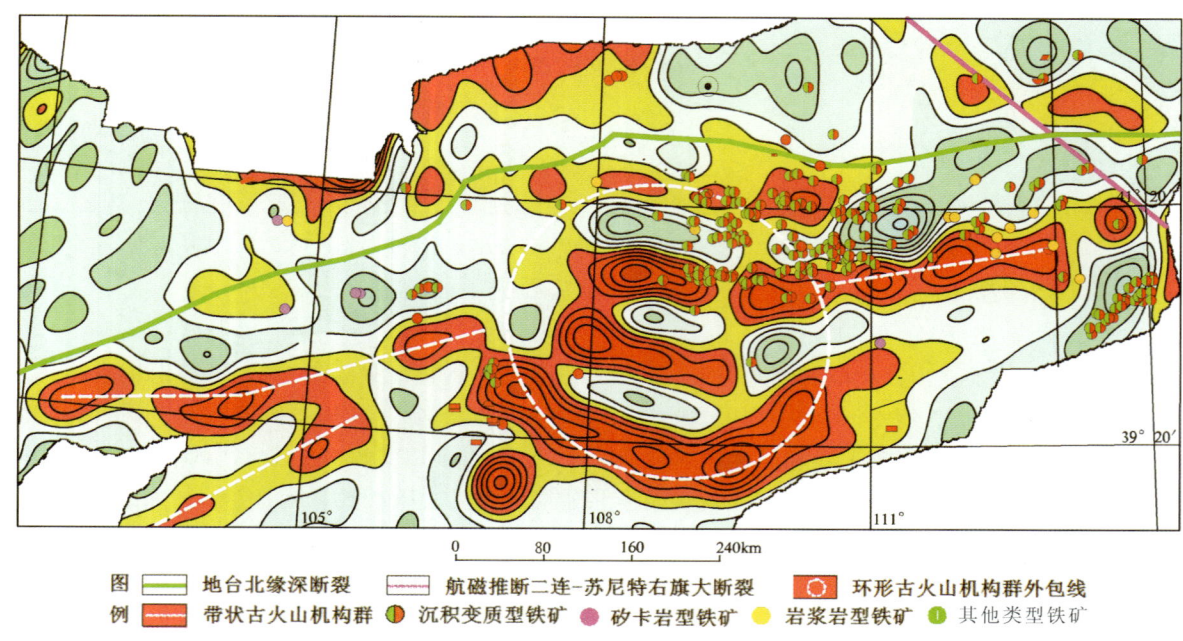

图4-8 华北陆块区航磁 ΔT 异常正则化滤波实例

(二)地质环境

华北陆块区沉积变质型磁性铁矿主要产于下述太古宙和古元古代的古老地层之中。

(1)新太古代色尔腾山岩群(Ar_3):基底地层原岩建造为镁铁质火山岩、中性—中酸性火山岩、中酸性火山碎屑岩、陆源碎屑岩、碳酸盐岩。厚度大于3718m。

(2)中太古代乌拉山岩群(Ar_2):基底地层原岩建造,下部为基性、中基性火山岩、拉斑玄武岩、钙碱质火山岩-火山碎屑岩、硅铁质岩建造;上部为陆源碎屑、含碳质砂泥质-碳酸盐岩建造。总厚度约4158m。

(3)中太古代集宁岩群(Ar_2):基底地层原岩组合为含炭富铝黏土质岩,泥质、凝灰质砂岩,中基性火山岩及碳酸盐岩。厚度大于3313m。

(4)古太古代兴和岩群(Ar_1):基底地层原岩建造主要为拉斑玄武岩、钙碱质火山岩及其碎屑岩夹硅铁质岩。可见厚度大于2377m。

(三)磁性铁矿资源潜力分析

华北陆块区磁性铁矿成矿物质来源于古火山构造群(古老基底地层的原岩建造)之中,太古宙、元古宙火山活动提供了成矿物质流,基性、中基性岩浆既是含矿介质,又是搬运成矿物质的载体,这些岩浆富含铁,为沉积变质型磁性铁矿提供充足的成矿物质来源。区域变质作用使其活化更进一步富集成矿。古火山构造群分布广阔几乎遍布整个内蒙古华北陆块区,东西延续约1500km,南北平均宽度约190km(鄂尔多斯盆地除外),对应含矿古老地层厚度均大于2300m。如此巨大的成矿物质来源空间,蕴含着巨大的磁性铁矿资源潜力。本次矿产资源潜力评价,在华北陆块区提取184处较强矿致磁异常进行资源量预测,求得沉积变质型磁性铁矿资源量 256 565.17×10⁴t,低缓磁异常仍然蕴含着较大的深部磁性铁矿资源潜力,未进行深入研究。

狼山-阴山陆块为沉积变质型磁性铁矿床分布核心区。区内东经 107°00′—111°26′,北纬 40°40′—42°00′区段为沉积变质型典型矿床密集多发区。1:50 万航磁 ΔT 异常呈面形分布,为低值缓变正异常,四周被负值正常背景场或面形分布的负异常包围。异常总体呈不规则带状沿北西-南东向展布,平均走向方位角 283°,长 280km,平均宽约 50km,具体见图 4-9。在小比例尺航磁测量中,单体磁性铁矿床一般等效为点场源,其磁异常空间分布形态一般表现为点豆状,随着观测点与场源距离的增大,场值快速衰减异常范围变宽,距离进一步增大异常特征消失。由此可知,这些航磁低值缓变正异常预示着深部存在寻找大型磁性铁矿床的潜力。低值缓变正异常区,就矿点分布数量、范围与密度来讲,目前在内蒙古自治区首屈一指。矿点分布数量如此之多(220 个),范围如此广阔,密度如此之大,充分说明来自于深部的成矿流体极其丰富。这一结果同样预示着该区深部可能存在大型磁性铁矿床,也即预示着该区深部磁性铁矿资源潜力巨大。例如鞍山弓长岭铁矿上部为不连续的小矿,到深部变成连续而富的大矿。其含矿地层原岩建造也为基性火山岩,矿床成因类型与此亦相同,类比二者也支持这一观点——狼山-阴山陆块区深部蕴含着巨大的磁性铁矿资源潜力。

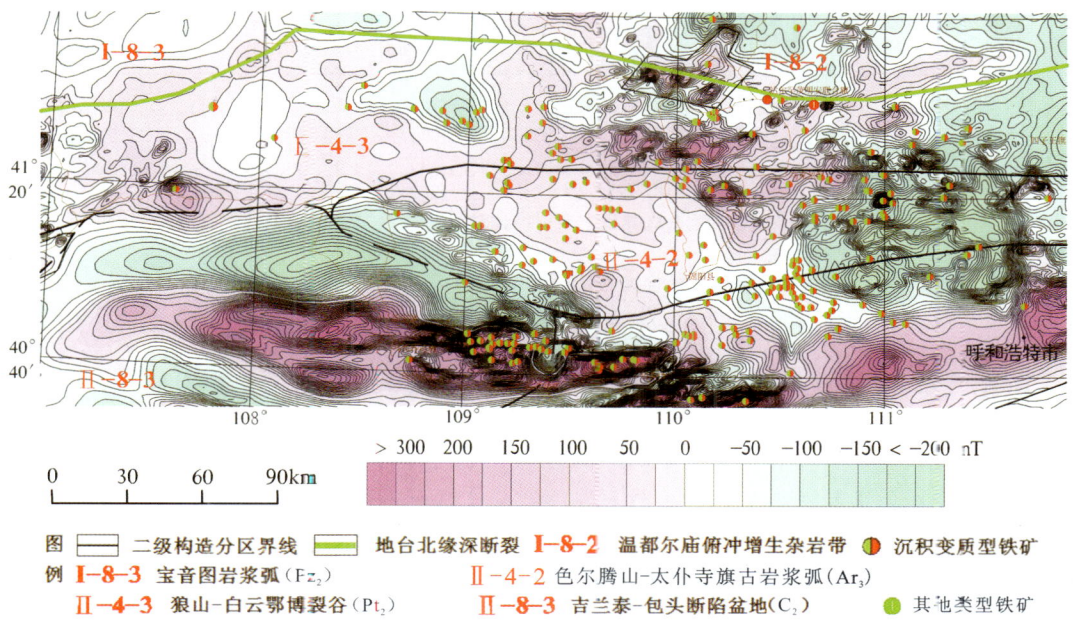

图 4-9 华北陆块区狼山-阴山陆块典型磁性铁矿床分布区航磁 ΔT 异常实例

吕梁碳酸盐岩台地(Pz₁),1:50 万航磁 ΔT 异常东部为面型分布的缓变负异常与固阳-兴和陆核(Ar₃)二级构造单元南端的负异常区相连;西部为面型分布的缓变正异常与鄂尔多斯陆核二级构造单元东端的正异常区相连,具体见图 4-10。正异常区场源为华北陆块区古火山构造群原岩建造经变质作用所形成的古老基底地层区,负异常区场源为反磁性介质(碳酸盐岩等)构成的地层区。正负异常过渡区(古老地层与碳酸盐岩等地层接触带)矿床密集分布,构成该过渡区磁性铁矿潜力带,进而说明磁性铁矿成矿物质来源于华北陆块区古火山构造群。由航磁 ΔT 异常空间分布特征推知,该潜力带呈北东-南西走向弧形分布,西南端点地理坐标为东经 119°05′,北纬 39°24′,东北端点地理坐标为东经 111°56′,北纬 40°26′,内蒙古自治区内长度 134km。该区段尽管分布距离较短,但其矿床分布密度较大,据此分析蕴含着较大的磁性铁矿资源潜力。本次矿产资源潜力评价局部地段提取 8 处矿致磁异常进行资源量预测,求得其他类型磁性铁矿资源量 3052.55×10⁴t,其他区段仍有较大的其他类型磁性铁矿资源潜力。

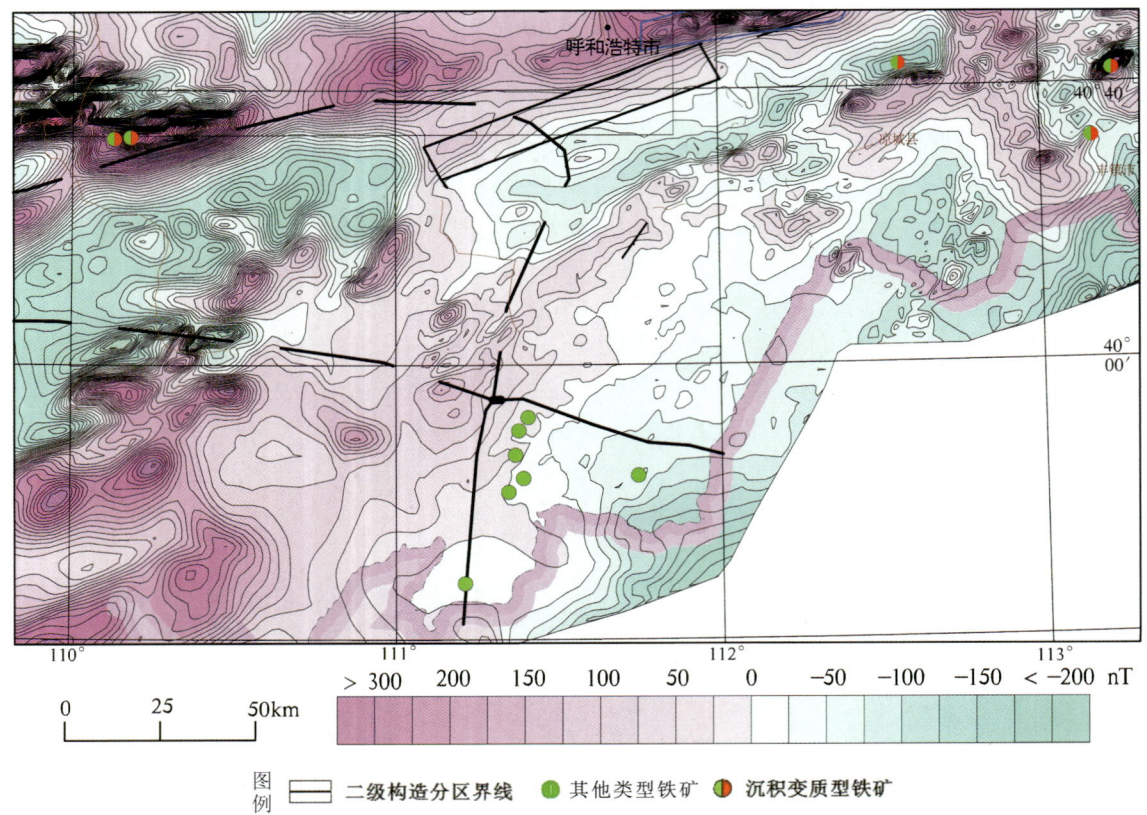

图 4-10 华北陆块区吕梁碳酸盐岩台地(Pz_1)典型磁性铁矿床分布区航磁 ΔT 异常实例

二、天山-兴蒙造山系磁性铁矿资源潜力

归纳上述磁性铁矿床分布特征可知,天山-兴蒙造山系构造单元内的磁铁矿床类型繁多,除温都尔庙俯冲增生杂岩带中的海相火山岩型磁性铁矿床外,一般都无分选地同区混杂共生。按典型磁性铁矿矿床点自然聚集空间划分,可分为大兴安岭主脊-林西分布区(东区)、甜水井-大红山-巴彦毛道分布区(西区)、温都尔庙分布区(区内海相火山岩型磁性铁矿床独立存在)3个子区。

(一)大兴安岭主脊-林西分布区(东区)磁性铁矿资源潜力

1. 控矿因素

大兴安岭主脊-林西分布区(东区)混杂共生磁性铁矿床点阵区呈带状分布于大兴安岭山区,即大兴安岭主脊-林西岩石圈断裂带(图4-11、图4-12),矿床点阵区走向与大兴安岭山脉延伸方向一致,走向方位角15°。所处大的构造环境为天山-兴蒙造山系:海拉尔-呼玛弧后盆地(Pz)、扎兰屯-多宝山岛弧(Pz_2)、锡林浩特岩浆弧(Pz_2)二级构造单元。

由航磁正则化滤波异常(图4-12)可见,该区域多条深大断裂汇集相交,二连-贺根山超岩石圈断裂、锡林浩特地块北缘深断裂、锡林浩特地块南缘深断裂及破碎带,均汇集于区内南段与未定名断裂1相交。大兴安岭主脊-林西岩石圈深大断裂带东缘弧形火山构造带延伸至此终结,大兴安岭主脊-林西岩石圈深大断裂带南缘火山构造带也终结于此,北侧紧邻火山岩带,南侧与地台北缘深断裂相邻,断裂构造火山构造多重汇合形成区域构造格局。构造环境决定了该区成矿条件良好,形成金属矿矿床集群

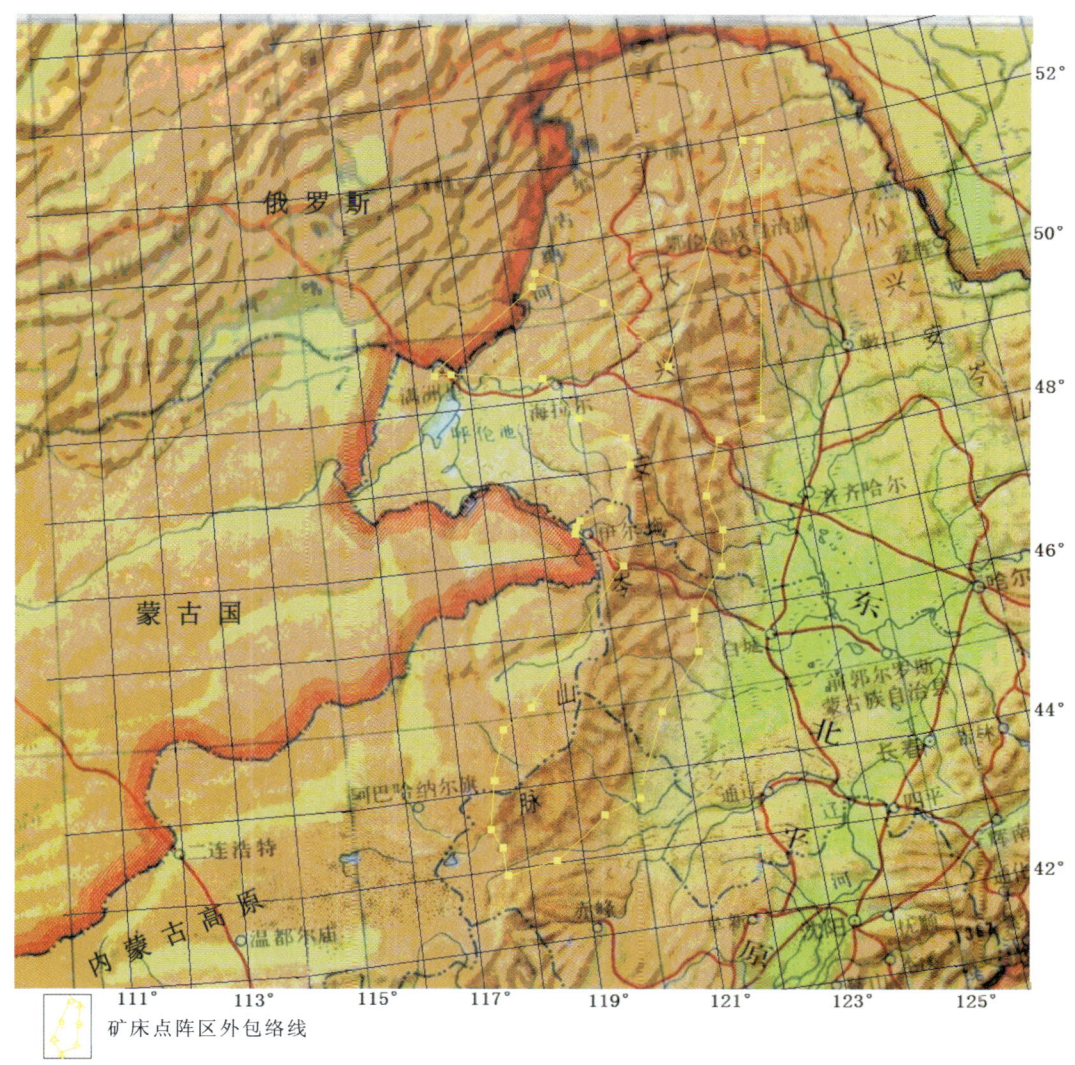

图 4-11　大兴安岭主脊-林西区(东区)混杂共生磁性铁矿矿床点阵区扣合图

式分布的格局。本次工作,东部区统计典型磁性铁矿床 87 个,92%产于大兴安岭主脊-林西岩石圈断裂带内子断裂上。从统计学角度讲,磁性铁矿床的形成严格受控于大兴安岭主脊-林西岩石圈断裂带。

2. 矿床分布区段航磁异常特征

1∶50 万航磁 ΔT 异常密集分布正负兼有,多呈点豆状、豆荚状,局部呈团块状产出,相间出现。矿床点分布于低值缓变的正或负异常区以及点豆状、豆荚状、团块状异常的边部,个别分布于正、负异常的过渡区。

3. 地质环境与资源潜力分析

早中侏罗世本带南部有火山活动,晚侏罗世北部火山活动强烈,从基性到酸性多旋回喷发,中心堆积厚度达 5000～8000m。带内燕山早期侵入岩发育,有的与火山岩呈渐变关系,有的呈侵入接触。来自壳、幔的岩浆含有丰富的成矿物质形成大兴安岭铁、锌、钨、金、银、铅成矿带。

本断裂带切穿深度大,内蒙古内长度大于 1000km,属深、大断裂带。构造环境决定了本带成矿空间巨大,控矿因素决定了本带成矿物质来源充足,地质环境为磁性铁矿提供了良好的成矿条件。点豆状及豆荚状航磁 ΔT 正异常主要由分布面积小、延深大的岩浆岩体引起;团块状正异常主要由分布面积

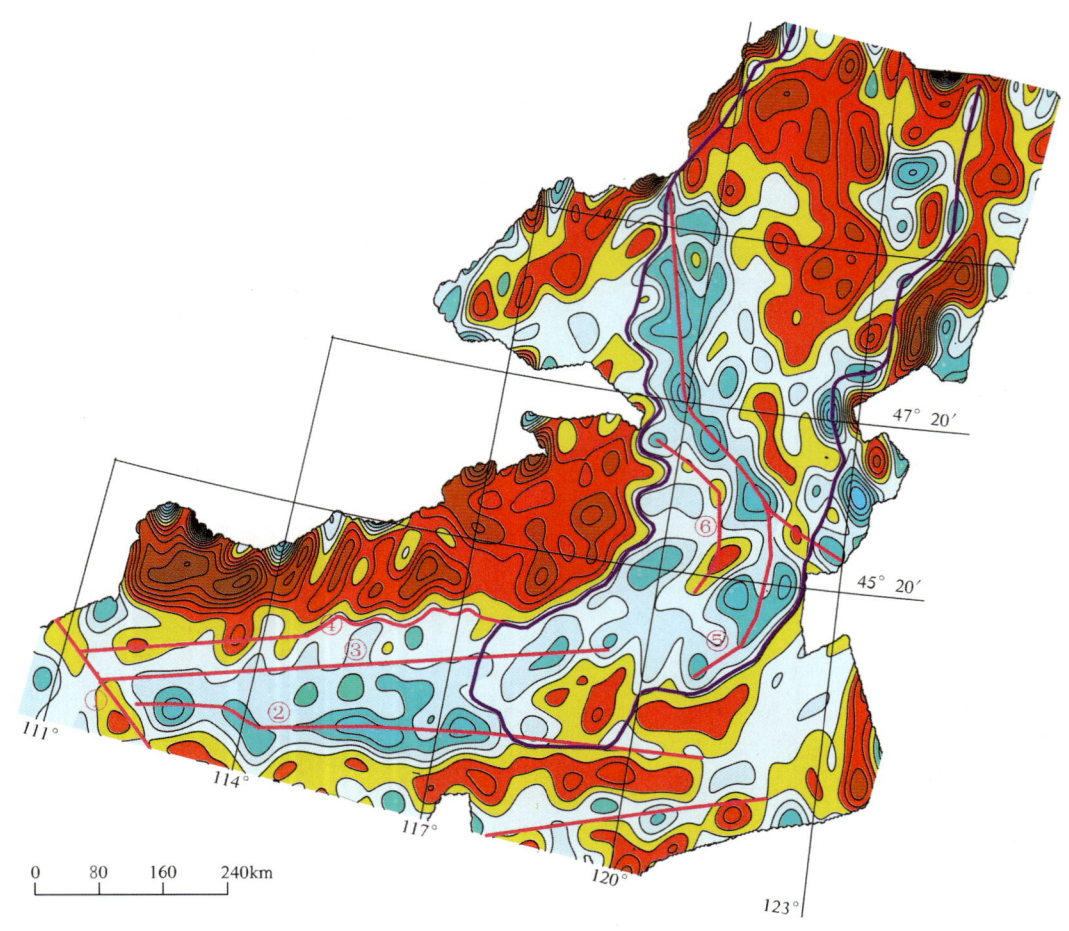

图例
航磁推断断裂构造：① 二连-苏尼特右旗大断裂 ⑤ 未定名断裂1 ⑥ 未定名断裂2
② 锡林浩特地块南缘深断裂及破碎带 ④ 二连-贺根山超岩石圈断裂
③ 锡林浩特地块北缘深断裂 ⑧ 大兴安岭主脊-林西岩石圈断裂带边界

图 4-12 大兴安岭主脊-林西(东区)分布区航磁异常正则化滤波实例

大、延深大的岩浆岩体引起；而团块状负异常主要由分布面积大、延深大的碳酸盐岩地层及由反磁性介质（石英、长石、方解石等）构成的沉积或沉积变质岩系地层引起。这些地质要素，尤其是对矽卡岩型矿床的形成极其有利。对比省级磁性铁矿床分布图与省级航磁 ΔT 异常等值线图可知，各特征异常段均有磁性铁矿床点对应，表明区内成矿条件良好成矿类型多样，异常密集分布说明该区岩浆曾经频繁活动，为磁性铁矿的形成提供了充足的物质来源与高度的成矿概率。从控矿因素、地质环境、成矿地域分布规模、航磁异常分析，该区蕴含着较大的磁性铁矿资源潜力。本次矿产资源潜力评价，在大兴安岭主脊-林西分布区（东区）提取 74 处较强矿致磁异常进行资源量预测，求得混杂共生磁性铁矿资源量 $28\,684.89\times10^4\,t$，低缓磁异常及部分较强磁异常仍有找矿潜力，还未进行深入研究。

（二）甜水井-大红山-巴彦毛道分布区（西区）磁性铁矿资源潜力

1. 控矿因素

甜水井-大红山-巴彦毛道分布区（西区）同区混杂共生磁性铁矿床所处构造环境为天山-兴蒙造山系之额济纳旗-北山弧盆系，由省级磁性铁矿床分布图与省级航磁 ΔT 异常图对比可知，矿床的产出受控于 4 个深断裂：甜水井-雅干深断裂、北山地块南缘岩石圈断裂、乌兰套海超岩石圈断裂、地台北缘深断裂（西段），具体见图 4-13、图 4-14。

第四章 磁性铁矿矿产资源潜力

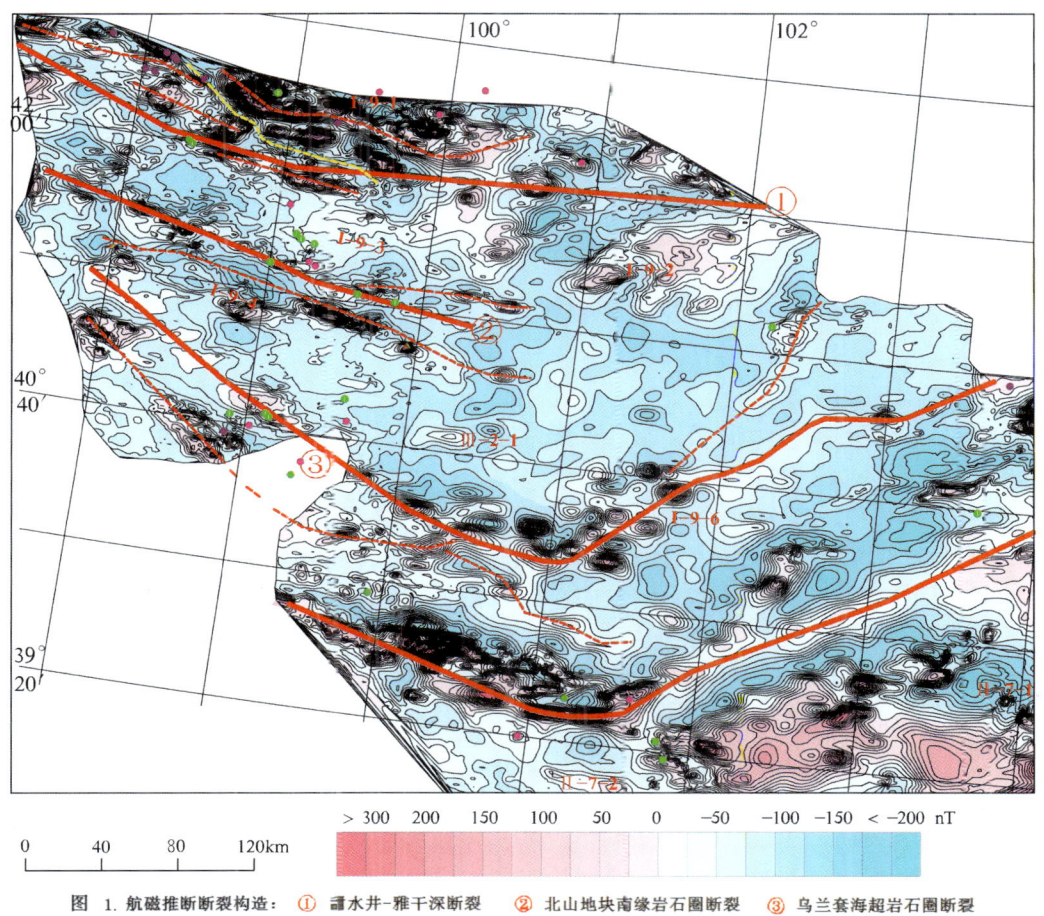

图例
1. 航磁推断断裂构造：① 甜水井-雅干深断裂　② 北山地块南缘岩石圈断裂　③ 乌兰套海超岩石圈断裂
④ 地台北缘深断裂　2. 铁矿：● 矽卡岩型铁矿　● 海相火山岩型铁矿　● 沉积变质型铁矿　● 其他类型铁矿

图 4-13　航磁推断甜水井-雅干深断裂、北山地块南缘岩石圈断裂、乌兰套海超岩石圈断裂实例

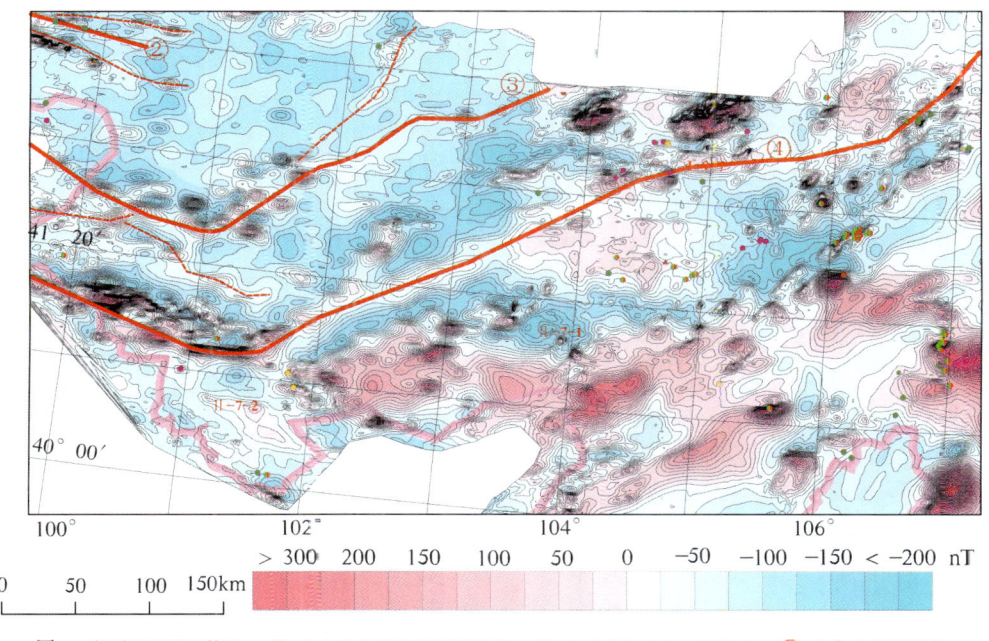

图例
1. 航磁推断断裂构造：② 北山地块南缘岩石圈断裂　③ 乌兰套海超岩石圈断裂　④ 地台北缘深断裂
2. 铁矿：● 岩浆岩型铁矿　● 矽卡岩型铁矿　● 海相火山岩型铁矿　● 沉积变质型铁矿　● 其他类型铁矿

图 4-14　航磁推断乌兰套海超岩石圈断裂-地台北缘深断裂实例

2. 航磁 △T 异常特征

甜水井-雅干深断裂：1：50万航磁 $\triangle T$ 异常总体由多个次级异常组合而成，呈带状沿北西-南东向展布，分布范围较宽。各次级异常多呈小豆荚状产出沿北西-南东向延伸、成群出现、成带分布，构成甜水井-雅干深断裂航磁异常带。按各次级异常赋存边界圈定，区内异常带长约410km，平均宽约70 km。具体见图 4 - 13。

北山地块南缘岩石圈断裂：1：50万航磁 $\triangle T$ 异常总体由多条次级异常带并列组合而成，沿北西-南东向展布。各次级异常以透镜状产出，长轴延伸方向与异常带总体走向一致，膨大、缩小、尖灭串珠状排列构成北山地块南缘岩石圈断裂航磁异常带。按次级异常分布范围圈定：异常总体长约300km，平均宽约35 km。具体见图 4 - 13。

乌兰套海超岩石圈断裂：1：50万航磁 $\triangle T$ 异常总体由多个次级异常组合而成呈"V"字形呈带状分布。两个坐标点为东经100°01′，北纬40°22′；东经101°05′，北纬40°14′。走向拐折，把异常分为3个不同走向段——西段、中段、东段。西段：由左右并列的两个线性异常带组成，北西-南东延伸走向，方位角302°，各次级异常以团块状产出由派生次级小异常群组成，线性排列呈串珠状分布，按各独立圈闭的次级异常边界圈定，图内延伸长度约211km，平均宽约44km。中段：近东西走向，各次级异常以点豆状产出正负相间成群出现成带分布，延伸长度约85km，平均宽约44km。东段：南西-北东走向，在地理坐标点东经101°44′，北纬40°37′处分叉形成南北两带，分叉点西南段次级异常分布特征与中段相同。分叉点北东段，各次级异常以豆荚状或团块状产出线性排列呈串珠状分布。按次级异常分布范围圈定，东段南北两异常带累积长约402km，加权平均宽度约19km。区内异常带总体长度约603km，加权平均宽度约36km。具体见图 4 - 13。

地台北缘深断裂（西段）：1：50万航磁 $\triangle T$ 异常呈次级叠加状态，由多个次级异常组合而成，总体呈"Z"字形呈带状分布。地理坐标点东经101°34′，北纬39°29′以西，北西-南东走向，各次级异常以豆荚状产出，成群沿异常带顺势分布；地理坐标点东经101°34′，北纬39°29′处，异常带向北拐折，沿南西-北东向展布，各次级异常多以豆荚状产出，局部以透镜状产出，成群沿异常带顺势分布。按次级异常分布范围圈定，长约720km。具体见图 4 - 14。

3. 地质环境与资源潜力分析

甜水井-雅干深断裂，形成于二叠纪，为北倾逆断层，走向北西，长500km。北侧为石炭纪形成的六驼山、雅干复背斜，南侧为二叠纪形成的哈珠、哈日苏海复向斜，为北山海西中晚期地槽褶皱带分界，沿断裂有海西期辉长岩、超基性岩分布。

北山地块南缘岩石圈断裂，形成于古元古代，走向北西，区内长度300km。早期为张性后转压性，多为北倾逆断层。基底为北山群，发育蛇绿岩建造，海西中期侵入岩发育。

乌兰套海超岩石圈断裂区内长度400km，大部分被中新生代覆盖，断裂形成于古生代，为北山地槽与内蒙古中部地槽分界线，也为哈萨克斯坦板块与华北板块的对接带。

地台北缘深断裂，西部段长720km，走向北东-南西向，形成于新元古代，古生代活动强烈，为地台与地槽的分界线。槽台地质建造突变沿断裂发育海西期、燕山期花岗岩，控制地台北缘成矿带。

由航磁 $\triangle T$ 异常等值线图可知，甜水井-大红山-巴彦毛道分区（西区）断裂构造发育分布复杂，各类磁性铁矿床均分布于上述4条深大断裂带之上（图 4 - 13，图 4 - 14），可见矿床的产出严格受控于深大断裂构造，这些断裂带是矿床赋存的主要空间。就上述4条深断裂带而言，区内延伸长度累计2000多千米，其中甜水井-雅干深断裂、乌兰套海超岩石圈断裂、北山地块南缘岩石圈断裂3条断裂平均宽度约50km（地台北缘深断裂更宽，是地台地槽过渡带），它们的共同特点是海西期均发生岩浆旋回。海西旋回、燕山旋回是本区成矿的重要旋回，在本区形成众多的铁、铜、铅、锌等金属矿床。断裂构造发育意味着区内既有成矿条件，又有成矿空间，这些磁性铁矿床的存在也充分说明这一点，故该区蕴含着较大的磁性铁矿资源潜力。本次矿产资源潜力评价,在甜水井-大红山-巴彦毛道分布区(西区)提取57处较强矿致磁异常进行磁性铁矿资源量预测,求得混杂共生磁性铁矿资源量44 753.89×10⁴t,低缓磁异常及部分较强磁异常仍有找矿潜力,还未进行深入研究。

(三) 温都尔庙分布区海相火山岩型磁性铁矿资源潜力

1. 控矿因素

区内典型海相火山岩型磁性铁矿床独立存在,矿床点阵区由3个矿点带组成:南带、中带、北带。南带所处构造单元为天山-兴蒙造山系之温都尔庙俯冲增生杂岩带。对比省级磁性铁矿床分布图与省级航磁 ΔT 异常等值线图,参照内蒙古主要深大断裂分布图可知,矿床点阵区完全分布于锡林浩特地块南缘深断裂及破碎带内,这就说明矿区的产出严格受控于锡林浩特地块南缘深断裂及破碎带。具体见图4-15。

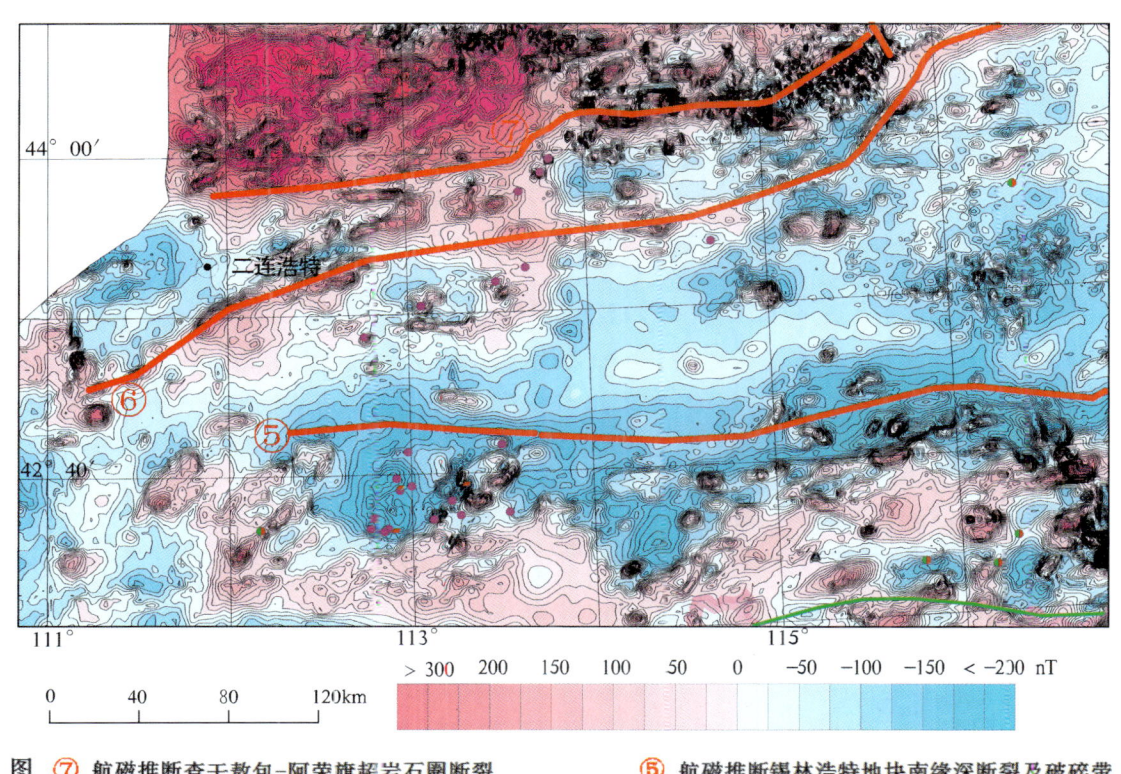

图4-15 典型海相火山岩型磁性铁矿床分布区航磁 ΔT 异常实例

中带所处构造单元为天山-兴蒙造山系之锡林浩特岩浆弧(Pz_2)。对比省级磁性铁矿床分布图与省级航磁 ΔT 异常等值线图,参照内蒙古主要深大断裂分布图可知,矿床点阵列分布于二连-贺根山超岩石圈断裂之上,这就说明矿床的产出受控于二连-贺根山超岩石圈断裂。具体见图4-15。

北带与中带所处同一构造单元。对比省级磁性铁矿床分布图与省级航磁 ΔT 异常等值线图,参照内蒙古主要深大断裂分布图可知,矿床点阵列分布于查干敖包-阿荣旗超岩石圈断裂之上,这就说明矿床的产出受控于查干敖包-阿荣旗超岩石圈断裂。具体见图4-15。

2. 航磁 ΔT 异常特征

锡林浩特地块南缘深断裂及破碎带 1∶50 万航磁 ΔT 异常特征十分明显,由于原生地质构造作用,带内岩石破碎去磁明显,致使航磁表现为较强负异常(绝对值)特征见图 4-13。较强负异常边界清晰,呈楔状西大东小,地理坐标位于东经 112°17′、北纬 42°45′至东经 120°32′、北纬 43°44′两点之间,近东西走向,长约 690km。平均宽度为 60 km 的地段长约 440 km。带内 ΔT 次级异常多处叠加成区,以点豆状产出,呈蜂窝状聚集分布。矿床成群产于蜂窝状异常聚集区。具体见图 4-15。

二连-贺根山超岩石圈断裂对应 1∶50 万航磁 ΔT 异常较复杂,处于北侧高值正异常区与南侧负异常区的过渡带。异常总体呈带状,分叉拐折现象明显,由多处次级异常组合而成,各次级异常以透镜状产出,呈稀疏串珠状排列,叠加于左正右负的背景之上。异常主带南侧树枝状排列明显,具体见图 4-15。查干敖包-阿荣旗超岩石圈断裂对应 1∶50 万航磁 ΔT 异常较复杂,异常总体呈带状,拐折现象明显,由多处次级异常组合而成。东经 114°00′以西,各次级异常以豆荚状产出,顺序排列组成带状异常前段;东经 114°00′—115°38′之间,各次级异常以点豆状或豆荚状产出,成群出现,正负相间成带呈拐折分布,构成异常带中段;东经 115°38′—117°41′之间,异常多以链条状产出,正负相间呈拐折分布,构成异常带东段。地理坐标点东经 111°11′、北纬 43°00′至东经 117°41′、北纬 45°00′两点之间,断裂带 ΔT 异常特征明显,北东-南西走向,长约 590km。地理坐标点东经 117°41′、北纬 45°00′以东,断裂带航磁 ΔT 异常特征不明显,具体见图 4-15。二连-贺根山超岩石圈断裂与乌兰套海超岩石圈断裂航磁 ΔT 异常分布特征有相似之处:①两断裂带均存在点豆状产出,正负相间成群出现的异常带;②两断裂带均存在异常拐折现象。

3. 地质环境

锡林浩特地块南缘断裂及破碎带形成于新元古代,古—中生代有构造活动,早期为张性,晚期为压性,为南倾逆断层。北东-南西走向,长度 800 km。断裂是在原加里东褶皱带与锡林浩特地块之间的断裂基础上发展起来的。石炭纪—二叠纪断裂复活,火山活动强烈,燕山期岩石又遭破碎,沿断裂岩体发育。

二连-贺根山超岩石圈断裂,为海西晚期地槽封闭线,泥盆纪为洋中脊,形成蛇绿岩套,石炭纪向北俯冲,早二叠世地槽回返形成混杂堆积,成为西伯利亚和华北两个增生板块的对接带。中新生代有活动,控制二连盆地。走向北东东,区内长度 900km。早泥盆世为张性,石炭纪—早二叠世为压性,断层面北倾后转南倾。

查干敖包-阿荣旗超岩石圈断裂,为早、晚海西期地槽褶皱带的分界线,泥盆纪—石炭纪为俯冲带,古生代末期地槽回返,南北两大板块对接,为板块聚合带的北界,中生代后期控制二连盆地。走向北东,区内长度 1000km,形成于中生代早期为张剪性,总体东倾。

4. 磁性铁矿资源潜力分析

该类矿床为火山成因的铁矿床。矿床的形成,在岩性组合上与钙碱性富钠质火山岩-次火山岩建造有关;在形成方式上与火山喷溢作用、火山喷发沉积作用、火山热液作用密切相关。矿床若由火山喷溢熔浆形成,则产于中、基性火山熔岩中;矿床若主要由火山喷发作用提供成矿物质,又通过沉积作用形成,则产于以凝灰岩为主的火山碎屑岩系中。

由正则化滤波异常可见,锡林浩特地块南缘断裂及破碎带与火山岩带并行,断裂带正好处于火山岩带与锡林浩特地块接触带之内,南带矿床产于此种环境之中。中带、北带矿床尽管所处地理位置不同、断裂不同,它们亦产于同样的环境之中,具体见图 4-16(图中黄色圈闭的区域为大型火山岩带分布区下限,红色区为岩体垂向厚度较大的区域,红色区内独立圈的小异常对应于火山通道综合体)。这一结果说明断裂构造与火山岩带并行,断裂构造处于火山岩带与地块的接触带这一环境组合是该类矿床产

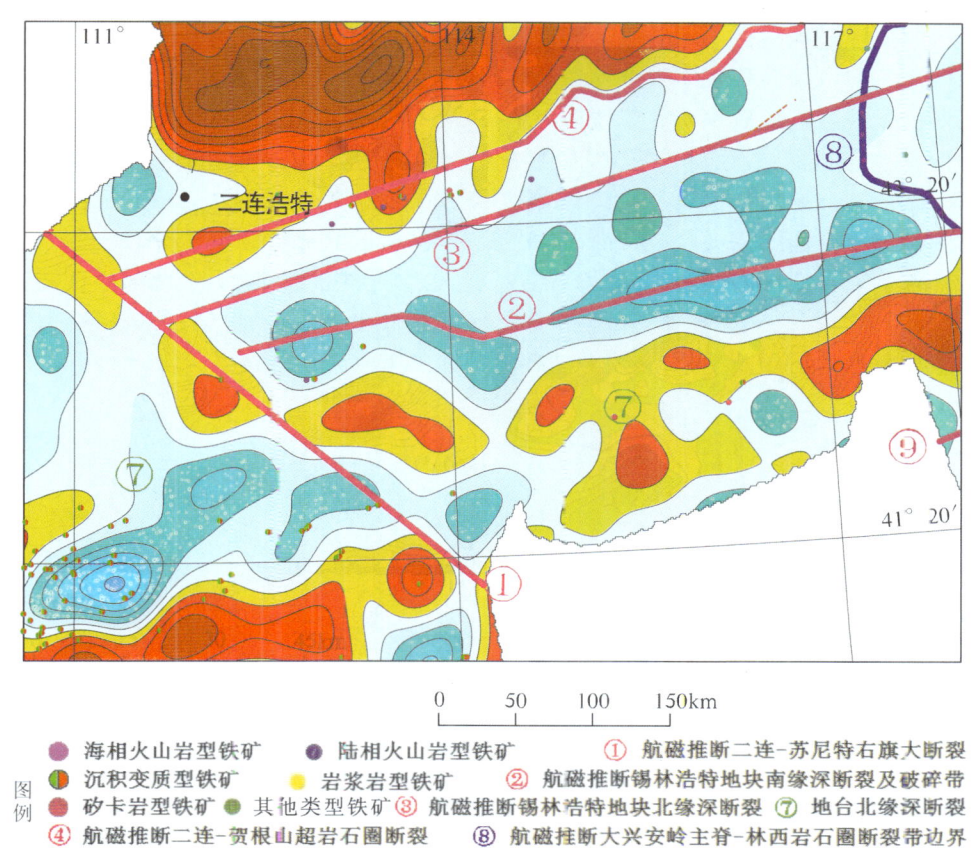

图 4-16 典型海相火山岩型磁性铁矿床分布∑航磁 ΔT 异常正则化滤波实例

出不可或缺的重要因素。从统计学的角度讲众多矿床都分布于此种环境已形成规律。

锡林浩特地块南缘断裂及破碎带从地质环境讲,该断裂切割深度大,为岩浆运移提供了通道,古生代断裂复活火山活动强烈,为成矿创造了良好的物质条件,带内局部区段矿床点密集分布,表明成矿条件良好。由正则化滤波异常可见,该断裂在锡林浩特地块(对应于该区内负异常下限独立圈闭的区域)内与火山岩带并行距离长达 500km,平均宽度为 60km,为成矿物质沉淀提供了广阔的空间。典型矿床仅赋存于带内西端东经 112°46′—113°32′、长 63km 的小范围内,据有关资料介绍 1980 年前后共提交磁性铁矿地质储量 1.2×10^8 t,带内类似矿床密集分布区的航磁异常呈多处分布,绝大部分还未有磁性铁矿床被揭示。综合地质环境、构造环境与矿床分布特征分析,本带蕴含着较大的磁性铁矿资源潜力。

二连-贺根山超岩石圈断裂,航磁异常特征表现为"各次级异常叠加于左正右负的背景之上",充分说明该断裂正好处于两种不同地质体的接触部位。"各次级异常以透镜状产出,呈稀疏串珠状排列"这一特征说明该断裂膨大收缩、间歇出现,分布于该断裂上的已有矿床呈"一"字形稀疏排列也佐证了这一点。该断裂切穿深度大,为含矿流体上行提供了充分的条件,尽管在锡林浩特地块内与火山岩带并行距离也长达约 500km,但空间较大的断裂间歇出现,成矿空间就相对较小,矿床形成的概率就低。相比较之下该断裂含矿前景逊色于锡林浩特地块南缘断裂及破碎带。

查干敖包-阿荣旗超岩石圈断裂切穿深度大,为含矿流体上行提供了充分的条件,但满足成矿要素的地段较少。上述 3 处控矿断裂构造,磁性铁矿资源潜力最大者为锡林浩特地块南缘断裂及破碎带,其次为锡林浩特地块北缘深断裂。本次矿产资源潜力评价,在温都尔庙分布区提取 57 处较强矿致磁异常进行磁性铁矿资源量预测,求得海相火山岩型磁性铁矿资源量 $64\,674.35 \times 10^4$ t,低缓磁异常及部分较强磁异常仍有找矿潜力,还未进行深入研究。

归纳上述结果可知,华北陆块区为古火山构造控矿,这些古火山构造分布广阔,几乎遍布整个内蒙古境内华北陆块区,由于构造区内对应原岩建造已经变质为基底地层,故宏观上表现为构造区块控矿。区内除鄂尔多斯盆地外(覆盖层较厚很难发现矿床),各二级构造区块均有沉积变质型磁性铁矿床产出。矿种分区特征为:陆块区内以沉积变质型铁矿为主,一般不与矽卡岩型铁矿、陆相火山岩型铁矿共存;陆块区边部偶然可见岩浆岩型磁性铁矿床、其他类型磁性铁矿床与沉积变质型铁矿共存;陆块区与地槽区过渡带存在沉积变质型铁矿、矽卡岩型铁矿、其他类型铁矿混杂共存现象。天山-兴蒙造山系构造区为断裂构造控矿,铁矿床分布于深大断裂带内,华北陆块区以西区域铁矿床集中分布于甜水井-雅干深断裂、北山地块南缘岩石圈断裂、乌兰套海超岩石圈断裂、地台北缘深断裂(为华北陆块区与天山-兴蒙造山系构造区过渡带)之内,表现为多种类型铁矿床同区混杂共生;华北陆块区以东区域铁矿床集中分布于大兴安岭主脊-林西岩石圈断裂带,表现为多种类型铁矿床同区混杂共生。

第五章　矿产资源潜力评价中磁测资料的应用效果

第一节　航磁异常圈定重要控矿断裂构造效果

地壳发生断裂构造对应地质体产生破碎、位移等机械运动，致使其原生磁场发生变化，为磁法圈定断裂构造提供了物理前提条件。地质体机械破碎伴随去磁作用，使其原生磁性降低；地质体发生机械运动破坏了原生磁场的连续性，致使其原生磁场产生突变、拐折、张弛现象；岩浆沿裂隙的侵入往往使裂隙的原生磁场产生次生叠加；热液沿裂隙运移，由于围岩蚀变及新物质的充填使裂隙的原生磁场产生局部增强或减弱现象。

本次矿产资源潜力评价利用航磁 ΔT 异常推断圈定一级断裂构造 8 条，二级断裂构造 21 条，三级断裂构造 654 条。区内重要控矿深断裂构造在 1：50 万航磁异常图上特征明确、位置确切。

一、甜水井-雅干深断裂

甜水井-雅干深断裂在 1：50 万航磁 ΔT 异常图上特征明确。异常总体由多个次级异常组合而成，呈带状沿北西-南东向展布，分布范围较宽。各次级异常多呈豆荚状或团块状产出，成群出现、成带分布，近东西向延伸。按各次级异常赋存边界圈定，区内异常带长约 410km，平均宽约 70km。带内有铜、铁、铬、钼、钨、镍、锌、铅、金多处矿床产出，对应于觉罗塔栓-黑鹰山铜、镍、铁、金、银、钼、钨、石膏Ⅲ级成矿带及黑鹰山-小狐狸山铁、金、铷、钼、铬Ⅲ级成矿亚带，是区内重要控矿构造。该断裂构造带西端延伸至甘肃省境内，区内西起东经 97°23′、北纬 42°29′，东至东经 102°03′、北纬 42°04′，全长 410km（航磁范围内），平均宽约 70 km。带内次级断裂构造特别发育，并行、交错共同组成宏观上近东西向分布的甜水井-雅干深断裂带。具体见图 5-1。

二、北山地块南缘岩石圈断裂

北山地块南缘岩石圈断裂在 1：50 万航磁 ΔT 异常图上特征明确。异常总体由多条次级异常带并列组合而成，沿北西-南东向展布呈带状。各次级异常以透镜状产出，长轴延伸方向与异常带总体走向一致，膨大、缩小、尖灭呈串珠状分布。按次级异常分布范围圈定：异常总体长约 300km，平均宽约 35km。带内有铜、铁、铬、钼、银、锰、金、钨多处矿床产出，位于磁海-公婆泉铁、铜、金、铅、锌、钨、锡、铷、钒、铀、磷Ⅲ级成矿带，是区内重要控矿构造。该断裂构造带西端延伸至甘肃省境内，区内西北端点坐标东经 97°48′、北纬 41°47′，东南端点坐标 101°11′、北纬 41°01′，全长约 300km，平均宽约 35km，平均走向方位角 281°。带内延伸距离较短的次级构造，主要产于主带边部，呈树枝状分布，与主带共同组成北山地块南缘岩石圈断裂带。具体见图 5-1。

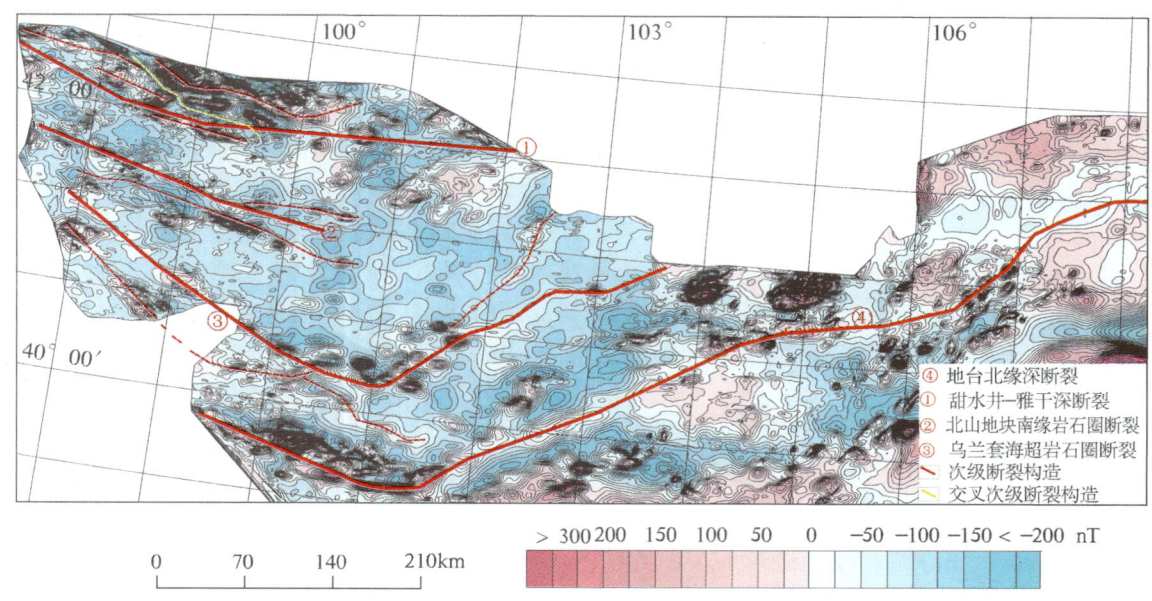

图 5-1 甜水井-雅干、北山地块南缘岩石圈、乌兰套海超岩石圈、地台北缘深断裂航磁异常特征图

三、乌兰套海超岩石圈断裂

乌兰套海超岩石圈断裂带在 1∶50 万航磁 ΔT 异常图上特征明确，总体由多个次级异常组合而成呈"V"字形成带状分布。两坐标为东经 100°01′、北纬 40°22′，东经 101°05′、北纬 40°14′，走向发生拐折现象，把异常分为三个不同走向段——西段、中段、东段。西段：由左右并列的两个线性异常带组成，北西-南东延伸，走向方位角 302°，各次级异常以团块状产出，由派生次级小异常群组成，线性排列串珠状分布，按各独立圈闭的次级异常边界圈定，图内延伸长度约 211km，平均宽约 44km。中段：近东西走向，各次级异常以点豆状产出，正负相间成群出现、成带分布，延伸长度约 85km，平均宽约 44km。东段：南西-北东走向，在地理坐标点东经 101°44′、北纬 40°37′处分叉形成南北两带，分叉点西南段次级异常分布特征与中段相同，分叉点北东段，各次级异常以豆荚状或团块状产出，线性排列呈串珠状分布。按次级异常分布范围圈定，东段南北两异常带累积长约 402 km；加权平均宽度约 19km。区内异常带总体长度约 603km。带内西端有铜、铁、金、锑、萤石多处矿床产出，处于阿木乌苏-老硐沟金、钨、锑、萤石Ⅲ级成矿亚带内。东端有铜、铁、铅、锌、金、镍、锰多处矿床产出，处于乌力吉-欧布拉格金、铜Ⅲ级成矿亚带。异常带是区内重要控矿构造。该断裂构造带西端延伸至甘肃省境内，区内西起东经 97°41′、北纬 42°46′，东至东经 104°02′、北纬 41°20′，全长 603km。该断裂最大特点就是带内存在分布范围相对较大、正负混杂的点豆状强磁异常群，对应地质体为超基性或基性岩体。具体见图 5-1。

四、地台北缘深断裂（西段）

地台北缘深断裂带（西部）在 1∶50 万航磁 ΔT 异常图上特征明确，总体由多个次级异常组合而成，呈"Z"字形成带状分布。地理坐标东经 101°28′、北纬 39°29′点，异常走向发生拐折，形成走向各异的东、西两段：西段异常北西-南东向延伸，走向方位角 286°，各次级异常以豆荚状或透镜状产出，正负异常相伴成群出现呈链状成带分布；东段异常南西-北东向延伸，平均走向方位角 59°，各次级异常以豆荚状或团块状产出，线性排列成带分布。按各次级异常独立圈闭范围圈定，地台北缘深断裂带西部异常带全长约 640km。西段异常带有铁、金、镍、铜多处矿床产出，处于碱泉子-卡休他他金、铜、铁、钴Ⅲ级成矿亚带;东段异常带有铁、金、铬、铜多处矿床产出,处于乌力吉-欧布拉格金、铜Ⅲ级成矿亚带。地台北缘深断裂带(西部)区内西起东经99°32′、北纬39°53′点,东至东经106°16′、北纬41°46′点,全长640km,是区内重要控矿构造。具体见图5-1。

五、锡林浩特地块南缘深断裂及破碎带

锡林浩特地块南缘深断裂及破碎带在1:50万航磁ΔT异常图上特征十分明确,由于原生地质构造作用,带内岩石破碎去磁明显,致使航磁表现为较强负异常(绝对值)特征。异常主体由主带与边部衍生支带组成;主带负异常边界清晰,呈楔状西大东小连续分布,北东-南西向延伸,平均走向方位角79°。西起地理坐标点东经112°17′、北纬42°45′,延伸至地理坐标点东经119°20′、北纬43°22′,连续负异常带渐变尖灭。带内次级异常以点豆状或豆荚状产出,呈蜂窝状聚集,成区块分布。按异常独立圈闭等值线上限值圈定,长580km,平均宽度为60km的地段长约440km;支带负异常从地理坐标点东经116°11′、北纬43°07′向北东延伸呈鸟巢状,区内次级异常以点豆状产出,呈蜂房状分布。

该带内构造呈团块状分布相互叠加,共同组成锡林浩特地块南缘深断裂及破碎带。带内有铁、金、镍、铜、铅、锌、银、锡、铬、钼、钨、萤石多处矿床产出,处于温都尔庙-红格尔庙铁、金、钼Ⅲ级成矿亚带、卯都房子-毫义哈达钨、铅、锌、铬、萤石Ⅲ级成矿亚带及小东沟-小营子钼、铅、锌、铜Ⅲ级成矿亚带,是区内重要控矿构造。具体见图5-2。

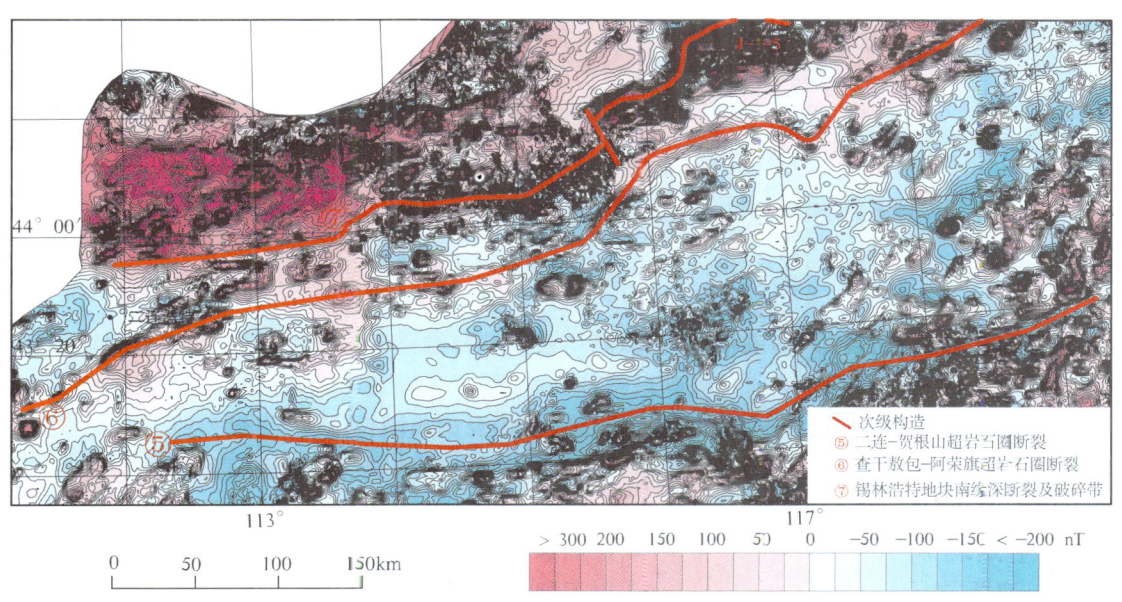

图5-2 锡林浩特地块南缘、二连-贺根山超岩石圈、查干敖包-阿荣旗超岩石圈断裂航磁异常特征图

六、二连-贺根山超岩石圈断裂

二连-贺根山超岩石圈断裂在1:50万航磁ΔT异常图上特征明确,处于北侧高值正异常区南端的正负相间异常群之中。异常规则性差较复杂,总体呈带状分叉拐折现象明显,由多处次级异常组合而成。各次级异常以透镜状产出,呈稀疏串珠状排列,叠加于左正右负的背景之上。异常主带南侧树枝状排列明显。带内有铁、金、锰、铜、铬、钼、银、铅、锌多处矿床产出,处于二连-东乌旗钨、铈、铁、锌、铅、银、铍,苏木查干敖包-二连锰、萤石,温都尔庙-红格尔庙铁、金、钼,索伦镇-黄岗铁、锡、铜、铅、锌、银,卯都房子-毫义哈达钨、铅、锌、铬、萤石5个Ⅲ级成矿亚带内,是区内重要控矿构造。具体见图5-2。

七、查干敖包-阿荣旗超岩石圈断裂

查干敖包-阿荣旗超岩石圈断裂,地理坐标点东经117°41′、北纬45°00′以西,航磁 ΔT 异常特征明确,可分为两段:地理坐标东经111°58′、北纬43°49′至东经113°44′、北纬43°56′两点之间为第一段,断裂构造线北侧高值磁异常大面积连续分布,断裂构造线南侧正负相间的磁异常群大范围分布,构造线位于高值磁异常区与正负相间磁异常群两者之间由南向北场值递增的梯度带陡变区。该断裂构造南西-北东向延伸,走向方位角84°。东经113°44′、北纬43°56′至东经117°12′、北纬45°02′两点之间为第二段,断裂构造对应航磁异常总体呈带状拐折分布,由多处次级异常组合而成。各次级异常以点豆状或豆荚状产出,正负相间成群出现、成带分布。异常带南西-北东向延伸,平均走向方位角72°。

带内有铁、金、镍、铜、铬、钼、钨、萤石多处矿床产出,处于二连-东乌旗钨、钼、铁、锌、铅、银、铍、温都尔庙-红格尔庙铁、金、钼、索伦镇-黄岗铁、锡、铜、铅、锌、银3个Ⅲ级成矿亚带内,是区内重要控矿构造。

该段断裂构造西起东经111°58′、北纬43°49′,东至东经117°12′、北纬45°03′,全长450km。地理坐标点东经117°12′、北纬45°03′以东,断裂带航磁 ΔT 异常特征不明显。具体见图5-2。

该断裂与乌兰套海超岩石圈断裂航磁 ΔT 异常存在相同之处,两者均存在分布范围相对较大、正负混杂的点豆状强磁异常群,表明该类断裂构造切穿深度大,断裂带内都有超基性或基性岩体产出。

八、锡林浩特地块北缘深断裂

该断裂为两种不同岩性的区域地质体的分区界线,断裂南侧为锡林浩特地块,断裂北侧为海西地槽。所处区位由于浅表磁性体磁异常的干扰特征不明确,通过重度正则化滤波可排除干扰使其特征明确。具体见后文图5-4。

第二节 航磁异常圈定大型火山构造效果

一、地球物理前提分析及圈定方法

火山活动过程中,岩浆以喷发为主伴生侵入同源演化沿裂隙形成不同岩性的火山岩-次火山岩体系,它们由高温通过居里点逐渐冷却下来时可获得很强的剩余磁化强度,我们称之为"热剩磁"。火山岩一般处于深大断裂之中,由于断裂在垂向上穿切深度大,纵横向分布范围广阔往往形成规模巨大的磁力场源体,在空间产生大范围强磁性异常区,由于磁性介质分布不均匀,一般呈次级叠加状态。在小比例尺航空磁测中,一般表现为强磁性点源场、线源场、面源场。点源场对应于单体火山机构,线源场对应于火山岩带,面源场对应于由单体火山机构组成的面型火山机构群或同区分布的火山岩带群。

这些场源体由于垂向延深巨大,纵横向分布范围广阔,与其他小体积强磁性场源体相比较,随着观测高度的增大场强衰减缓慢。这一特征,给我们在测量结果中用数学物理方法提取创造了前提条件。

根据火山岩的上述特征,航磁异常通过重度正则化低通滤波把高频成分滤除掉,即把小磁性体产生的磁异常滤除掉,大型火山构造分布特征清晰可见,其位置确切范围明确。具体见图5-3。

二、火山构造分布类型

由图5-3可见内蒙古自治区内大型火山构造发育,根据火山机构分布特征可分为五种类型:①线形排列构成窄带状火山机构群;②线形排列构成弧形火山机构群;③蜂窝状排列构成面形火山机构群;④线形排列组合成环状火山机构区;⑤点状独立分布。

火山喷发通道及其附近区域,火山岩堆积较厚往往形成点豆状或线形强磁区,在小比例尺航磁测量

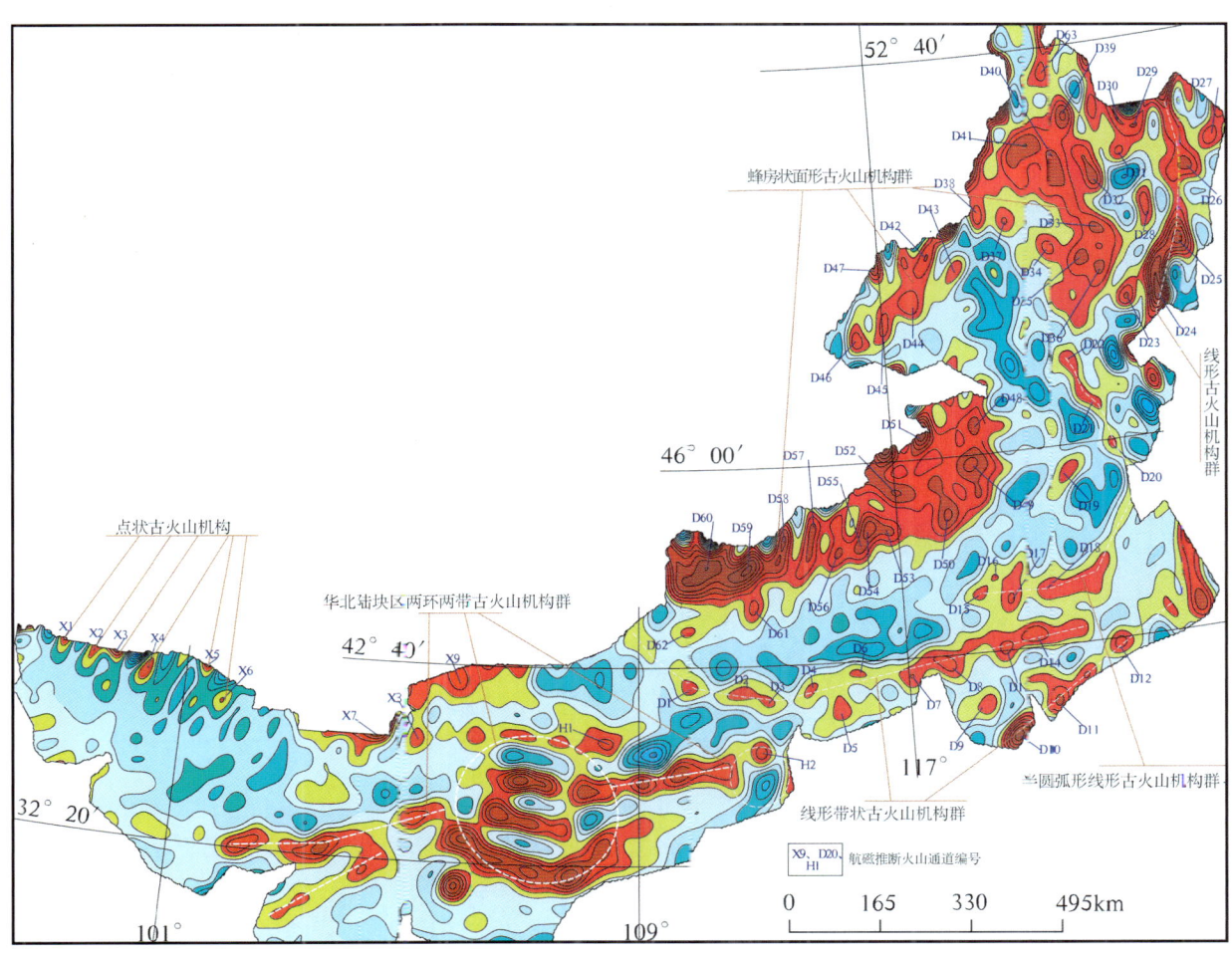

图 5-3 内蒙古自治区航磁异常正则化滤波圈定火山构造分布图

中,表现为点豆状或线形高值次级异常特征叠加于火山构造总体背景异常之上。图中黄色区域为火山岩分布区下限,红色区域为岩体厚度较大区,红色区域中独立圈闭的异常对应于火山通道。

三、华北陆块区古火山构造架构

华北陆块区古火山构造特别发育:中部由 7 条线形排列的火山机构群组成外观包络呈环形的火山机构区;西侧由两条线形排列的火山机构群并列组成带状火山机构群;东侧由一条线形排列直线分布、一条线形排列、环形分布的火山机构群串连组成一带一环火山机构群。这 11 条线型排列的古火山机构群,共同组成内蒙古境内华北陆块区一区两带火山机构群格局。同时构成了内蒙古境内华北陆块区的火山构造架构,控制着内蒙古境内华北陆块区的构造走势。形成华北陆块区(内蒙古境内):中部构造线东西走向,西侧构造线北东-南西走向,东侧构造线北西-南东走向的格局,具体见图 5-3。

这些古火山机构群形成于太古宙、元古宙,是内蒙古境内华北陆块区古老基底地层原岩建造的岩浆源,控制着内蒙古境内华北陆块区金属矿产的产出,构成环绕两环两带火山机构群周边矿床密布的现象。

四、天山-兴蒙造山系古火山构造架构

天山-兴蒙造山系西部区域(位于华北陆块区西侧、北侧的区域),古火山机构不发育,主要分布于西

北侧及北侧内蒙古自治区与蒙古国毗邻区,共10处多呈点状独立分布,具体见图5-3。对比1:100万内蒙古自治区地质矿产图可知,航磁推断的这10处火山机构中火山通道分布区,除一处被第四系覆盖外,其他9处地表均有火山岩出露,出露点岩性及坐标见表5-1。覆盖区有可能为破火山口被第四系充填。

表5-1 天山-兴蒙造山系西部区航磁推断火山通道分布区地表出露岩性及出露点坐标一览表

序号	岩石名称	地理坐标	
		N	E
X1	白山组(Cb):中酸性熔岩、凝灰岩、凝灰岩夹砂岩	42°23′	98°13′
X2	白山组(Cb):中酸性熔岩、凝灰岩、凝灰岩夹砂岩	42°22′	98°55′
X3	咸水湖组(O_2x):安山岩、安山玄武岩、流纹岩夹灰岩	42°20′	99°19′
X4	上更新统(Qp_3):马兰黄土、粉细砂、冲洪积砂砾石	42°04′	100°05′
X5	咸水湖组(O_2x):安山岩、安山玄武岩、流纹岩夹灰岩	42°11′	101°23′
X6	方口组(P_2f):中酸性熔岩、凝灰岩夹砂岩	41°45′	101°50′
X7	苏红图组(K_1s):玄武岩、玄武粗安岩、安山玄武岩	41°22′	105°13′
X8	哲斯组(P_1z):火山碎屑岩	41°17′	106°17′
X9	包尔汉图群布龙山组($O_{1-2}B$):石英砂岩夹安山岩及大理岩	42°17′	107°06′

天山-兴蒙造山系东部区域(位于华北陆块区东侧的区域),火山机构群较发育。地理区位上,北、东、南环绕内蒙古自治区边缘分布,西侧紧邻华北陆块区分布,构成一个大的环形闭合火山机构群。北—东北侧由蜂窝状面型火山机构群组成;东南侧由向北凹的半圆弧状线形火山机构群组成;南侧由直线形火山机构群组成;西侧由向北东凹的线形火山机构群组成。四段空间分布形态不同的火山机构群,共同组成天山-兴蒙造山系东部的环形闭合火山构造架构,具体见图5-3。

五、航磁推断火山通道分布区地表对应出露岩性

(一)华北陆块区航磁推断火山通道分布区地表对应出露岩性

华北陆块区发生于太古宙—古元古代古火山喷发事件,其产物主要为:拉斑玄武岩、钙碱质火山岩、中基性火山岩、镁铁质火山岩、中性—中酸性火山岩及碎屑岩。这些古老的火山岩,经变质作用已形成古老的基底地层。变质岩的剩余磁性与其原岩有关(管志宁,2005),这些古老的火山岩尽管岩性发生变化,在其变质过程中温度低于其居里点温度,热剩磁全部或部分保留下来,记录了这些古老火山岩变质前的磁场特征进而记录了当时的构造特征。所以我们在华北陆块区古老地层区测到了这些古火山机构保留下来的磁场特征,却未发现其原岩建造。区内航磁圈定白垩系、第三系火山机构各一处,对比1:100万内蒙古自治区地质矿产图可知,航磁推断火山通道对应区地面出露的火山岩分别为:白女羊盘组(K_1bn),灰色玄武岩、安山岩;汉诺坝组(N_1h),黑色玄武岩夹红色泥岩。出露点坐标分别为:北纬41°27′,东经110°00′;北纬41°10′,东经113°40′。编号分别为H1、H2。

(二)天山-兴蒙造山系东部区航磁推断火山通道分布区地表对应出露岩性

天山-兴蒙造山系东部区域,除部分超出内蒙古自治区范围的异常外,其余都作了推断,共圈定大型火山通道63处。对推断为火山通道的异常主值区,都与1:100万内蒙古自治区地质矿产图做了一一对比,确定了异常主值区对应的岩性,结果见表5-2。

表 5-2 天山-兴蒙造山系东部区航磁推断火山通道分布区出露岩性及出露点坐标一览表

序号	岩石名称	地理坐标	
		E	N
D1	温都尔庙群（Ch—JxW）：变质拉斑玄武岩、变质辉绿岩、含铁石英岩	112°09′	42°25′
D2	额里图组（P₂e）：火山碎屑岩、安山岩	113°17′	42°19′
D3	额里图组（P₂e）：火山碎屑岩、安山岩	113°53′	42°02′
D4	满克头鄂博组（J₃m）：酸性火山熔岩、酸性火山碎屑岩、火山碎屑沉积岩	114°46′	42°16′
D5	满克头鄂博组（J₃m）：酸性火山熔岩、酸性火山碎屑岩、火山碎屑沉积岩	115°30′	41°52′
D6	满克头鄂博组（J₃m）：酸性火山熔岩、酸性火山碎屑岩、火山碎屑沉积岩	116°01′	42°25′
D7	满克头鄂博组（J₃m）：酸性火山熔岩、酸性火山碎屑岩、火山碎屑沉积岩	117°10′	42°29′
D8	热河群义县组（K₁y）：中基性火山岩、火山碎屑岩	117°57′	42°33′
D9	梅勒图组（K₁m）：中基性、中性熔岩为主，少量中酸性火山碎屑岩	118°26′	41°45′
D10	热河群义县组（K₁y）：中基性火山岩、火山碎屑岩	119°13′	41°20′
D11	热河群义县组（K₁y）：中基性火山岩、火山碎屑岩	120°05′	41°46′
D12	酒局子组（C₂j）页岩夹中酸性凝灰岩	121°48′	42°36′
D13	包尔汉图群布龙山组（O₁₋₂B）：石英砂岩夹安山岩及大理岩	119°12′	42°40′
D14	额里图组（P₂e）：火山碎屑岩、安山岩	119°56′	42°57′
D15	玛尼吐组（J₃mn）：中性火山熔岩	118°44′	43°40′
D16	满克头鄂博组（J₃m）：酸性火山熔岩、酸性火山碎屑岩、火山碎屑沉积岩	119°06′	43°54′
D17	满克头鄂博组（J₃m）：酸性火山熔岩、酸性火山碎屑岩、火山碎屑沉积岩	119°24′	43°30′
D18	白音高老组（J₃b）：酸性熔岩夹中酸性火山碎屑岩	120°12′	43°42′
D19	梅勒图组（K₁m）：中基性、中性熔岩为主，少量中酸性火山碎屑岩	121°06′	45°36′
D20	白音高老组（J₃b）：酸性熔岩夹中酸性火山碎屑岩	122°12′	45°53′
D21	哲斯组（P₁z）：火山碎屑岩	122°00′	46°36′
D22	梅勒图组（K₁m）：中基性、中性熔岩为主，少量中酸性火山碎屑岩	121°24′	47°27′
D23	玛尼吐组（J₃mn）：中性火山熔岩	123°00′	48°15′
D24	龙江组（K₁l）：中酸性火山碎屑岩夹碎屑岩	123°48′	48°18′
D25	甘河组（K₁gh）：玄武岩、凝灰岩、凝灰质粉砂岩	124°36′	49°12′
D26	满克头鄂博组（J₃m）：酸性火山熔岩、酸性火山碎屑岩、火山碎屑沉积岩	125°00′	50°24′
D27	玛尼吐组（J₃mn）：中性火山熔岩	125°42′	50°45′
D28	更新统（Qpβ）：玄武岩	123°53′	49°48′
D29	满克头鄂博组（J₃m）：酸性火山熔岩、酸性火山碎屑岩、火山碎屑沉积岩	123°57′	51°10′

续表 5-2

序号	岩石名称	地理坐标 E	地理坐标 N
D30	白音高老组(J_3b):酸性熔岩夹中酸性火山碎屑岩	123°33′	51°16′
D31	梅勒图组(K_1m):中基性、中性熔岩为主,少量中酸性火山碎屑岩	123°26′	50°48′
D32	玛尼吐组(J_3mn):中性火山熔岩	122°39′	50°27′
D33	玛尼吐组(J_3mn):中性火山熔岩	122°33′	49°33′
D34	大民组($D_{2-3}d$):中基性、酸性火山岩、火山碎屑岩	123°49′	50°02′
D35	玛尼吐组(J_3mn):中性火山熔岩	122°06′	49°06′
D36	玛尼吐组(J_3mn):中性火山熔岩	122°32′	48°55′
D37	玛尼吐组(J_3mn):中性火山熔岩	120°18′	49°51′
D38	玛尼吐组(J_3mn):中性火山熔岩	119°36′	50°00′
D39	白音高老组(J_3b):酸性熔岩夹中酸性火山碎屑岩	122°08′	51°30′
D40	玛尼吐组(J_3mn):中性火山熔岩	121°45′	50°36′
D41	玛尼吐组(J_3mn):中性火山熔岩	121°03′	51°04′
D42	万宝组(J_2wb):凝灰质砂岩夹煤层	118°20′	49°27′
D43	Qp	118°54′	49°06′
D44	呼查山组(N_1hc):砂砾岩、砂岩、泥岩、含钙质结核	117°44′	48°38′
D45	满克头鄂博组(J_3m):酸性火山熔岩、酸性火山碎屑岩、火山碎屑沉积岩	117°03′	48°18′
D46	五叉沟组(N_2wc):安山玄武岩、安山岩	116°16′	48°04′
D47	玛尼吐组(J_3mn):中性火山熔岩	116°57′	49°15′
D48	白音高老组(J_3b):酸性熔岩夹中酸性火山碎屑岩	118°55′	46°24′
D49	白音高老组(J_3b):酸性熔岩夹中酸性火山碎屑岩	118°48′	45°51′
D50	白音高老组(J_3b):酸性熔岩夹中酸性火山碎屑岩	118°22′	45°05′
D51	全新统湖积层(Qh^l):软泥、粉砂	117°43′	46°22′
D52	宝力高庙组(C_2P_1b):中酸性火山熔岩/火山碎屑岩	117°05′	45°28′
D53	格根敖包组(C_2P_1g):安山岩、凝灰岩、凝灰质砂岩	116°39′	44°51′
D54	泥鳅河组($D_{1-2}n$):粉砂岩夹生物碎屑灰岩及火山岩	116°20′	44°51′
D55	泥鳅河组($D_{1-2}n$):粉砂岩夹生物碎屑灰岩及火山岩	116°06′	44°40′
D56	更新统($Qp\beta$):玄武岩	115°36′	44°32′
D57	万宝组(J_2wb):凝灰质砂岩夹煤层	115°00′	44°54′
D58	宝力高庙组(C_2P_1b):中酸性火山熔岩/火山碎屑岩	114°20′	44°48′
D59	宝力高庙组(C_2P_1b):中酸性火山熔岩/火山碎屑岩	113°21′	44°16′
D60	白音高老组(J_3b):酸性熔岩夹中酸性火山碎屑岩	112°33′	44°21′
D61	温都尔庙群($Ch—JxW$):变质拉斑玄武岩、变质辉绿岩、含铁石英岩	113°36′	43°31′
D62	白音高老组(J_3b):酸性熔岩夹中酸性火山碎屑岩	112°12′	43°19′
D63	梅勒图组(K_1m):中基性、中性熔岩为主,少量中酸性火山碎屑岩	121°46′	52°10′

结果中有3处被沉积岩系覆盖，这些覆盖区有可能为破火山口被沉积物充填，其余60处地表均有火山岩出露。

归纳上述结果表明，航磁数据通过正则化滤波可提取出大型火山机构的信息，可取得良好的效果。

第三节 航磁异常圈定大兴安岭主脊-林西岩石圈断裂带效果

一、构造断陷盆地物理场特征及正则化滤波目的

该深大断裂带也为深大构造断陷盆地，经沉积作用沉积物堆积巨厚，这些沉积物以硅质钙质成分为主，磁性均较弱，经破碎去磁后磁性更弱，成岩后一般表现为反磁性特征，在磁测中往往观测到相对平稳的负值异常。断裂内，若有岩浆活动或热液运移时，由于裂隙的不均匀性，往往沿裂隙产生一些顺势分布的膨大、缩小、再膨大、再缩小的场源体。在观测空间形成线性顺势分布，呈膨大、缩小的磁异常。若盆地中有火山岩大面积分布时，可形成较强磁异常（绝对值），场值正负由其剩余磁化强度与感应磁化强度合成矢量确定。

航磁异常正则化滤波目的是消除较小的杂乱磁场的干扰，使磁异常的分布规律更加明晰，有利于我们获取异常中携带的地质信息，它反映的主要是一些延深较大、分布范围广阔的地块、火山岩带、深大断裂带、盆地等地质体的磁性特征，符合我们对该断陷盆地的研究。

二、构造断陷盆地正则化滤波异常特征

北纬47°47′以北区域火山岩大面积分布构成西、中、东三处火山岩航磁高值异常带，共同构成内蒙古自治区东北角火山岩航磁异常体系。中部高值异常带，呈蜂房状分布范围大，总体沿北西-南东向展布，平均走向方位角348°，区内次级异常长轴取向顺势而变，遵从近区构造取向；西侧高值异常带，强磁异常线形分布总体呈带状，沿北东-南西向展布，平均走向方位角20°，与中部高值异常带场值不连续，其间出现窄条带状过渡带。向南延伸至地理坐标点东经119°52′49″、北纬49°47′52″，异常发生改变场值由正变负，条带由窄变宽，带内次级异常沿走向顺势分布，一直向南延伸至地理坐标点东经122°24′35″、北纬45°39′33″，与半圆弧状线形火山机构群异常交汇并向西拐折，形成一个独立圈闭的"δ"状负值异常带；东侧高值异常带，正则化滤波航磁异常由多处次级异常叠加而成，总体呈带状线形分布，平均走向方位角24°，与中部高值异常带场值不连续，其间出现窄条带状突变带，带内次级异常长轴取向与高值异常带走向保持一致，依高值异常带顺势而变，一直向南延伸至地理坐标点东经122°24′35″、北纬45°39′33″，与半圆弧状线形火山机构群异常交汇。

北纬47°47′以南区域异常总体格局：西侧被蜂房状大面积分布的火山机构群异常堵截；东侧被半圆弧状线形火山机构群异常包围；南侧被东西向分布的线型火山机构群异常截断，中部构成一个以负值异常为主的囊状半封闭弧形异常带。带内：北纬47°47′以南至北纬45°39′33″以北，异常总体呈次级叠加状态，各次级异常成群出现，呈串珠状排列，取向一致，沿北西-南东向延伸；北纬45°39′33″以南至北纬41°43′17″以北，东经117°48′24″以东，异常总体呈次级叠加状态，各次级异常星散分布，长轴取向一致沿北东-南西向延伸。东经117°48′24″以西，负值异常区独立圈闭，走向发生拐折自成异常体系。上述特征具体见图5-4。

三、盆地内断裂构造特征及断陷盆地边界圈定

（一）盆地内断裂构造特征

由上述异常特征可知，盆地内断裂构造特别发育，交错现象明显，各次级断裂分布特征受控于盆地

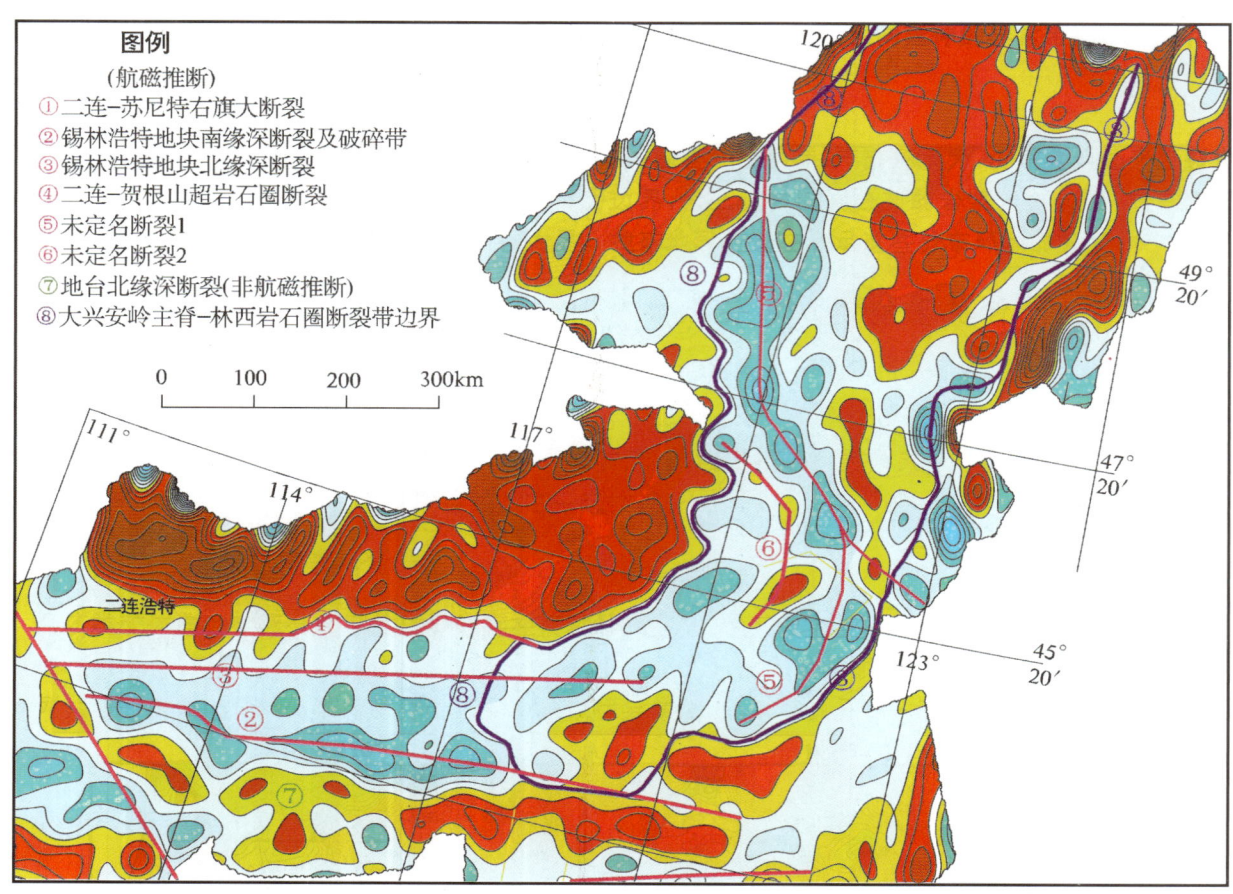

图 5-4 航磁 ΔT 正则化滤波异常圈定大兴安岭主脊-林西岩石圈断裂带图

内未定名断裂 1 与火山构造及盆地周边的火山构造。未定名断裂 1 北起地理坐标点东经 119°18′07″、北纬 50°00′00″,南至地理坐标点东经 120°50′06″、北纬 44°07′34″,区内部分总体呈"S"形分布。地理坐标点东经 121°34′39″、北纬 46°18′11″以北,北西-南东走向,向西凹陷呈弧形分布,以南出现分支一分为二,一支北西-南东顺势延伸出区,另一支走向拐折向东凹陷呈弧形北东-南西向分布。该断裂区内长度 696km,平均宽 48km,地理坐标点东经 120°00′00″、北纬 47°20′00″以北,走向方位角 349°,地理坐标点东经 120°00′00″、北纬 47°20′00″以南,走向方位角 309°延伸至区外,斜向弧形穿切断陷盆地中段、北段,形成该断裂以东盆地内构造,走向方位角约 20°,以西盆地内构造线方向转折,走向方位角增大(38°)的格局。这些断裂构造交织在一起,共同组成宏观上北东-南西向分布的大兴安岭主脊-林西岩石圈深大断裂带。

(二)断陷盆地边界圈定

依据上述正则化滤波磁异常特征该断陷盆地划界如下。

(1)地理坐标点东经 118°51′00″、北纬 48°04′28″至东经 119°18′00″、北纬 49°59′02″区段,断陷盆地以未定名断裂 1 西边为界。

(2)地理坐标点东经 119°18′00″、北纬 49°59′02″至东经 120°37′53″、北纬 53°01′39″区段,断陷盆地以西侧高值异常带与中部高值异常带之间的串珠状次级异常连线为界。

(3)地理坐标点东经 124°29′17″、北纬 51°25′10″至东经 122°24′35″、北纬 45°39′33″区段,断陷盆地以东侧高值异常带与中部高值异常带之间的串珠状次级异常连线为界。

(4)地理坐标点东经122°24′35″、北纬45°39′33″至东经120°01′52″、北纬43°50′47″区段,地理坐标点东经122°24′35″、北纬45°39′33″为多条构造线汇集点,也为走向转折点,界线向西拐折沿"δ"状负值异常带与半圆弧状火山机构群异常之间通过,断陷盆地以此线为界。

(5)地理坐标点东经120°01′52″、北纬43°50′47″至东经119°34′07″、北纬43°09′11″区段,火山机构群次级异常发生走向转变,界线顺势而变断陷盆地以此连线为界。

(6)地理坐标点东经119°34′07″、北纬43°09′11″至东经117°39′37″、北纬44°23′06″区段,南侧东西走向火山机构群异常堵截断陷盆地以其边部为界;西侧独立圈闭自成体系的负值异常区堵截断陷盆地以其边部为界。

(7)地理坐标点东经119°34′07″、北纬43°09′11″至东经118°51′00″、北纬48°04′28″区段,火山机构群异常堵截断陷盆地以其边部为界。具体划定结果见图5-4。

第四节 重要矿种不同成因类型矿床中航磁异常特征及应用效果

本次工作所用航磁数据网度为2km×2km,它反映的主要是一些分布范围广阔、延深较大的地质体或综合地质体的磁场特征,异常地质信息解释结果亦对应于延深较大的地质综合体或区域性分布的地质体。

一、典型铜矿矿床赋存区位航磁异常特征及地质信息简析

(一)热液型铜矿床

1. 矿床赋存区位航磁异常特征

该矿种典型矿床分布区1:50万航磁ΔT异常存在三种分布特征:①区域上正异常呈次级叠加状态大面积分布,夹条带状负异常于其间。矿床赋存区位,负异常呈次级叠加状态由大小、形态各异的次级异常串珠状顺势排列组合而成呈条带状北东-南西向延伸。正异常或相对正异常(异常为负但由边部向主值区场值在增强)寄生于负异常之中或局部小范围突入负异常中,呈半岛状三面被负异常包围,矿床赋存于正异常或相对正异常边缘负异常一侧(图5-5)。②区域上正异常呈次级叠加状态大面积分布,周边被负异常包围。矿床赋存区位异常呈次级叠加状态,各次级异常场值较强,大小、形态各异串珠状顺势排列成窄条带状分布,总体北东-南西走向延伸距离较小。矿床赋存于次级异常梯度带。具体见图5-5、图5-6。③区域上负异常大面积分布正异常或相对正异常呈囊状散布其中,长轴趋向一致,串珠状顺势排列成条带状分布。矿床赋存区位,正异常或相对正异常呈小碎片状出现聚合在一起构成囊状局部异常,融入串珠状异常整体。矿床赋存于囊状异常末端负异常一侧。具体见图5-6。

2. 矿床成矿环境与控矿因素简析

矿床分布区构造单元区划隶属天山-兴蒙造山系之扎兰屯-多宝山岛弧(Pz_2)、锡林浩特岩浆弧(Pz_2)、温都尔庙俯冲增生杂岩带二级构造单元。分布于神山-大井子铜、铅、锌、银、铁、钼、稀土、铌钽、萤石成矿亚带、库里吐-汤家杖子铜、铜、铅、锌、钨、金成矿亚带、内蒙古隆起东段铁、铜、钼、铅、锌、金、银成矿亚带。

异常特征①表明区域上北侧、南侧火山岩带北东-南西向大范围分布,其间存在断陷带被沉积物充填形成沉积建造地层带,地台北缘深断裂由此通过带内,局部有岩浆侵入矿床赋存于侵入体旁边围岩之中,与火山岩带相邻。异常特征②表明与地层相邻区,火山岩带内存在北东-南西向局部断裂构造带,矿

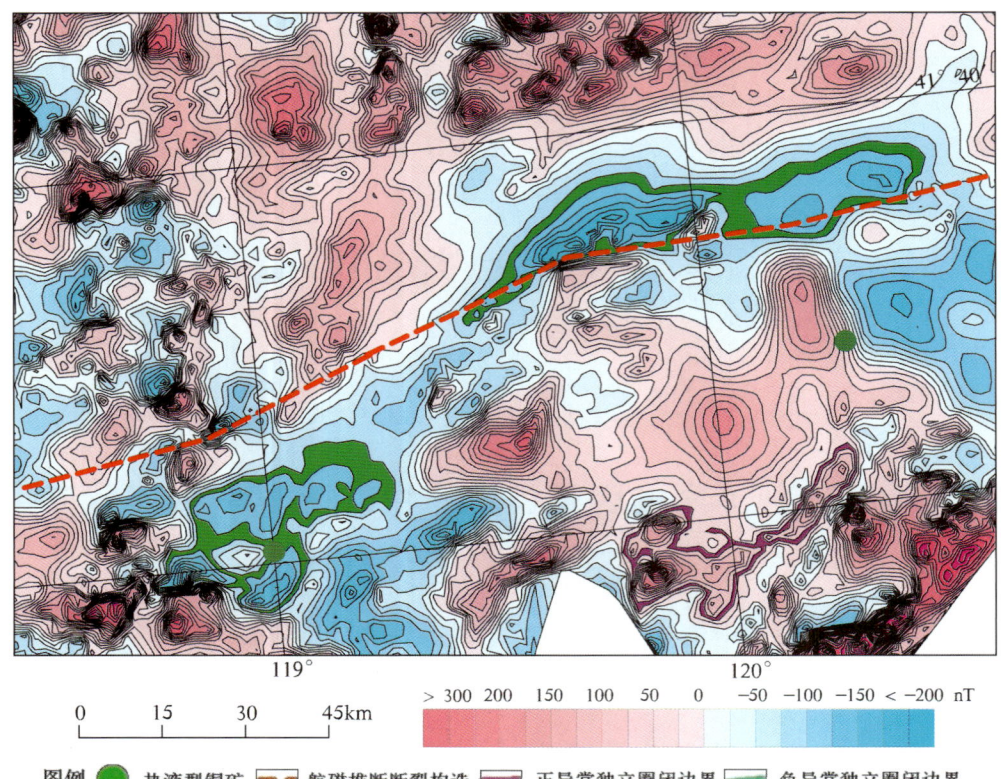

图 5-5　明干山、老西沟、热液型铜矿床分布区航磁 ΔT 异常实例

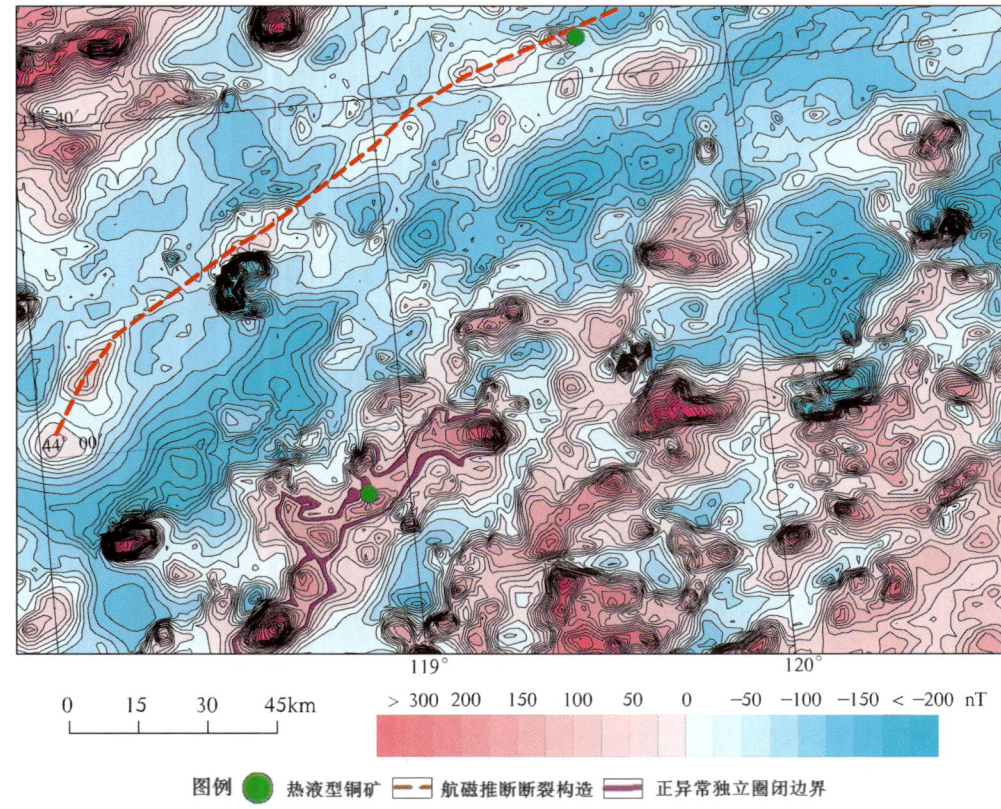

图 5-6　诺尔盖、巴彦温都包力高热液型铜矿床分布区航磁 ΔT 异常实例

床赋存于断裂内。异常特征③表明区域上沉积建造地层大面积分布,地层内断裂构造发育,局域断裂构造北东-南西向延伸,矿床赋存于沿断裂带分布的侵入体与围岩的接触带。

该矿种矿床均分布于大兴安岭主脊-林西岩石圈断裂带与地台北缘深断裂之上,有的产于火山岩带之内,有的产于侵入体旁,故深大断裂与火山活动、岩浆侵入活动是重要控矿因素。

3. 找矿区位选择

根据地质环境把找矿区域分为大兴安岭主脊-林西岩石圈断裂带找矿区、地台北缘深断裂找矿区两个区段。①大兴安岭主脊-林西岩石圈断裂带找矿区:沉积建造地层广泛分布区域,找矿地段应选在横向延伸距离长、纵向分布范围宽的北东-南西走向的深大断裂之上,并且断裂带内有岩浆侵入活动;火山岩分布区找矿地段应选在北东-南西走向的断裂带之上,并且断裂带周围有沉积建造地层相邻。②地台北缘深断裂找矿区:找矿区段应选在与南北两侧火山岩带相邻的断裂构造分布区,并且断裂构造内有岩浆侵入活动。

(二)热液型铜、钼矿床

1. 矿床赋存区位航磁异常特征

该矿种典型矿床分布区 1:50 万航磁 ΔT 异常存在 4 种分布特征:①区域上负异常大面积分布正异常或相对正异常(异常为负但由边部向主值区场值在增强),场值较低,形态、大小各异,零散分布串珠状排列有序组合分段错位拐折成零条带状北东-南西向延伸。矿床赋存区位,异常平移错位矿床赋存于错位处。具体见图 5-7。②区域上正异常呈次级叠加状态大面积分布,夹条带状负异常于其间。矿床

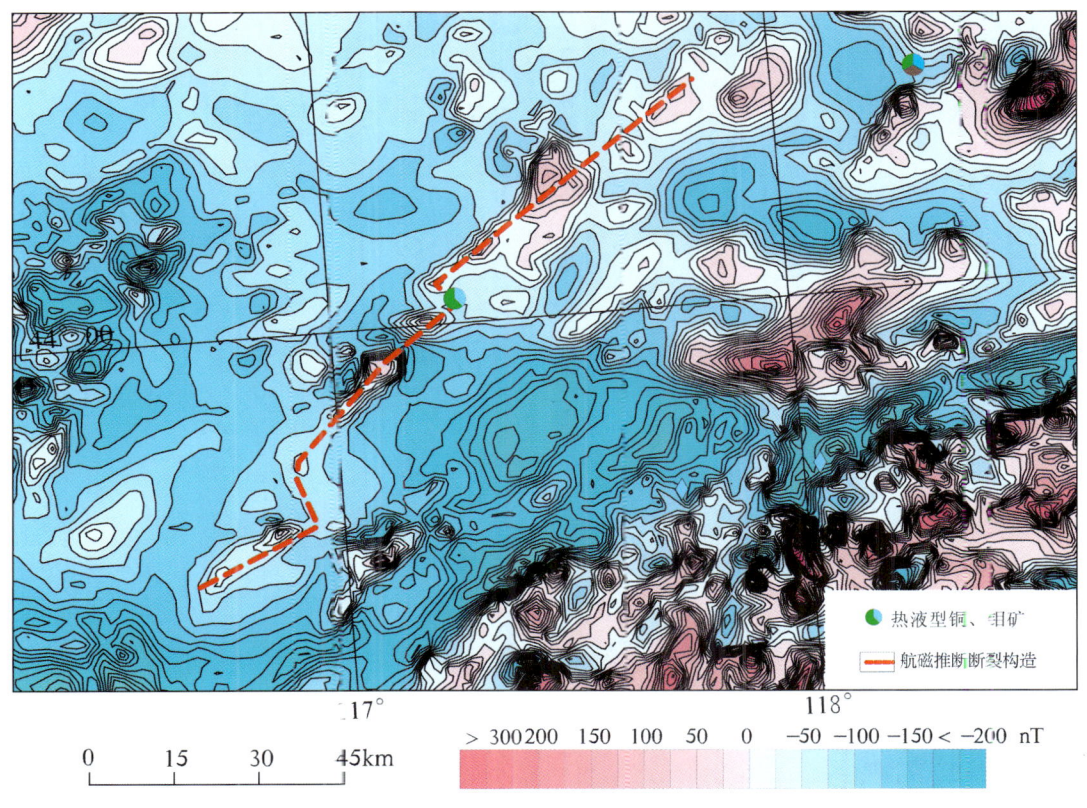

图 5-7 对面沟热液型铜、钼矿床分布区航磁 ΔT 异常实例

赋存区位,负异常呈次级叠加状态由大小、形态各异的次级异常串珠状顺势排列组合而成,呈条带状北东-南西向延伸。正异常走向急剧拐折,局部小范围突入,负异常中呈半岛状三面被负异常包围,矿床赋存于正异常边缘负异常一侧,具体见图5-8。③区域上正异常呈次级叠加状态大面积分布,周边被负异常包围。矿床赋存区位异常呈次级叠加状态,各次级异常场值较强,呈大小、形态各异的串珠状顺势排列成窄条带状分布,总体北东-南西走向延伸距离较小。矿床赋存于次级异常梯度带。具体见图5-8。④区域上,正异常大面积分布,呈次级叠加状态,矿床赋存区位次级异常派生叠加独立圈闭,分布范围大,矿床赋存于独立圈闭的次级异常边缘外侧缓变带。具体见图5-9。

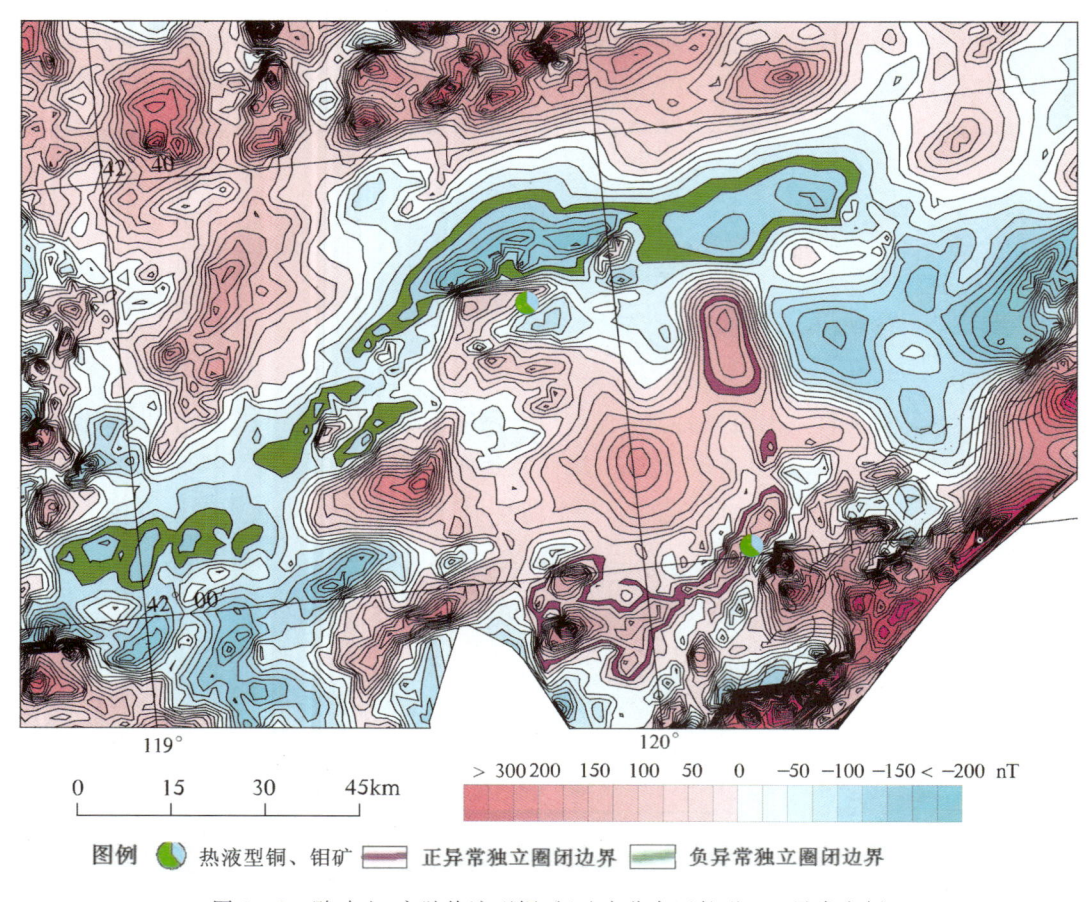

图5-8 鸭鸡山、永胜热液型铜、钼矿床分布区航磁ΔT异常实例

2. 成矿环境与控矿因素简析

矿床分布区构造单元区划隶属天山-兴蒙造山系之扎兰屯-多宝山岛弧(Pz_2)、锡林浩特岩浆弧(Pz_2)、温都尔庙俯冲增生杂岩带二级构造单元,华北陆块区之恒山-承德-建平古岩浆弧(Pt_1)二级构造单元。分布于二连-东乌旗钨、钼、铁、锌、铅、金、银、铬成矿亚带、温都尔庙-红格尔庙铁、金、钼成矿亚带、索伦镇-黄岗铁、锡、铜、铅、锌、银成矿亚带、神山-大井子铜、铅、锌、银、铁、钼、稀土、铌钽、萤石成矿亚带、库里吐-汤家杖子钼、铜、铅、锌、钨、金成矿亚带、内蒙古隆起东段铁、铜、钼、铅、锌、金、银成矿亚带。

航磁异常特征①表明区域上沉积建造地层大面积分布,与火山岩分布区相邻,地层区内次级断裂构造较发育,北西-南东向断裂构造与北东-南西向断裂相互交织于锡林浩特地块南缘深断裂及破碎带之上。由于地壳北西-南东向平移错动致使北东-南西向连续延伸的断裂构造发生平移错动变为三节。矿

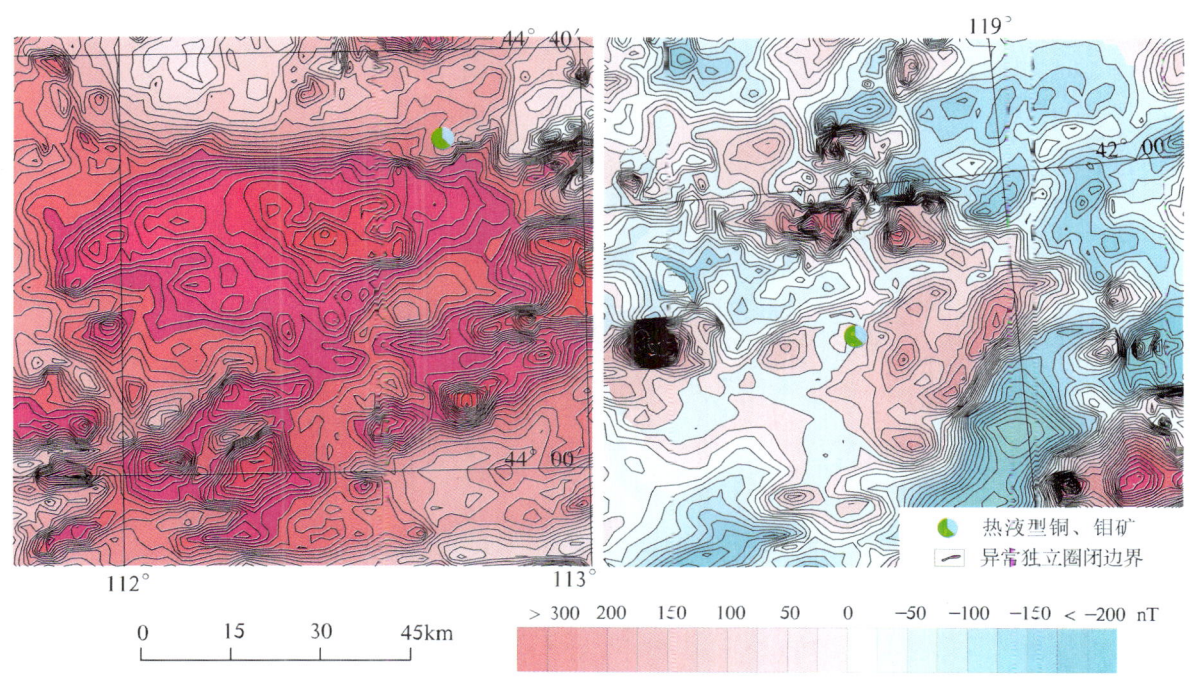

图 5-9 准苏吉花、山河达热液型铜、钼矿床分布区航磁 ΔT 异常实例

床分布于中节北端平移错动部位。航磁异常特征②表明区域上北侧、南侧火山岩带北东-南西向大范围分布,其间存在断陷带被沉积物充填形成沉积建造地层带。地台北缘深断裂由此通过带内局部有岩浆侵入矿床赋存于侵入体旁边围岩之中,与火山岩带相邻。航磁异常特征③表明与地层相邻区,火山岩带内存在北东-南西向局部断裂构造带矿床赋存于断裂内。航磁异常特征④表明区域上火山岩大面积分布,矿床产于较大的透镜状综合体旁边。

由正则化滤波异常(图 5-4)可知矿床分别产于地台北缘深断裂、锡林浩特地块南缘深断裂及破碎带、二连-贺根山超岩石圈断裂、大兴安岭主脊-林西岩石圈深大断裂带与火山岩带,由此可见矿床的产出受控于深大断裂构造与火山构造。

3. 找矿区位选择

锡林浩特地块南缘深断裂及破碎带寻找该类矿床找矿地段应选在北东-南西向延伸的脉岩分布区;二连-贺根山超岩石圈断裂寻找该类矿床找矿地段应选在北侧火山岩带与南侧沉积建造地层区接触带邻进火山岩带一侧;大兴安岭主脊-林西岩石圈深大断裂带寻找该类矿床找矿地段应选在火山岩带与地层区接触带;地台北缘深断裂寻找该类矿床找矿地段应选在与南侧火山岩带相邻的断裂构造分布区及南侧火山岩带中;火山岩带寻找该类矿床找矿地段应选在大的透镜状综合体的边缘外侧。

(三)热液型铜、银矿床

1. 矿床赋存区位航磁异常特征

该矿种典型矿床分布区1:50万航磁 ΔT 区域上,较强负异常(绝对值)大面积分布,规模相对较大、场值较强的条带状正异常呈次级叠加状态北东-南西向延伸分布于负异常之中。矿床赋存区位,异常呈树枝状连接于大的条带状正异常之上,末端膨大,矿床赋存于树枝状异常之上。具体见图5-10、图5-11。

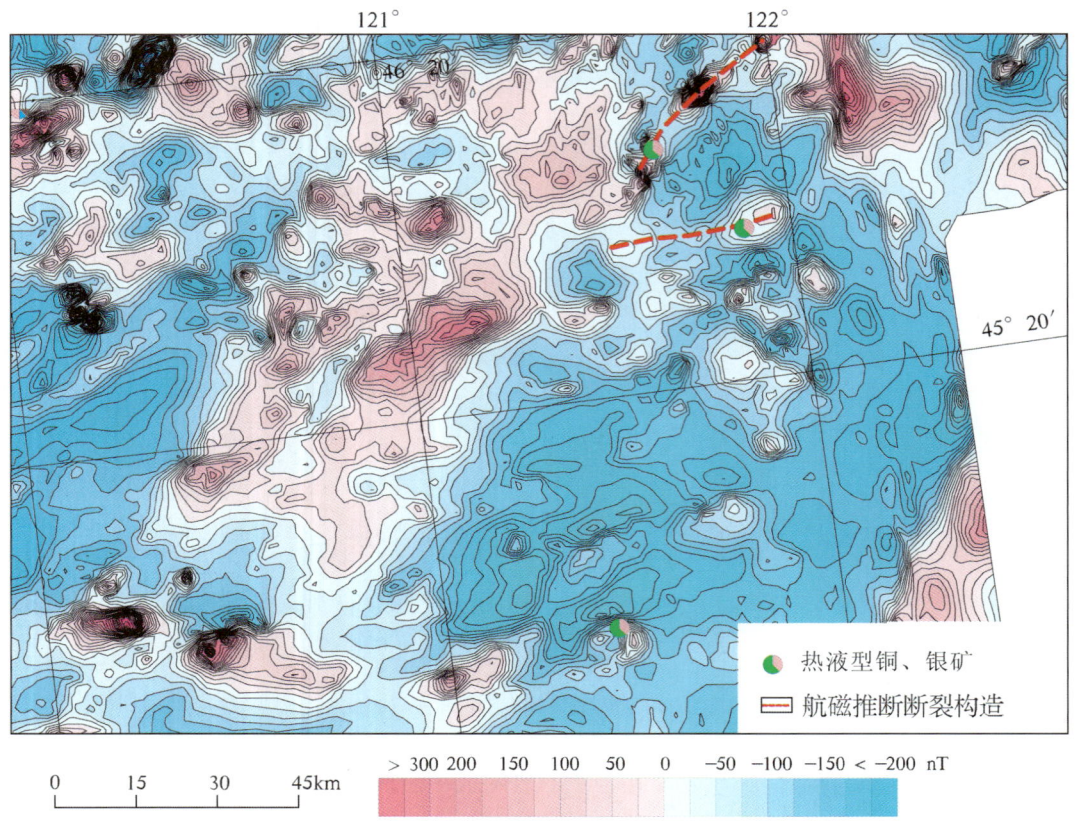

图 5-10 闹牛山、莲花山、孔雀山热液型铜、银矿床分布区航磁 ΔT 异常实例

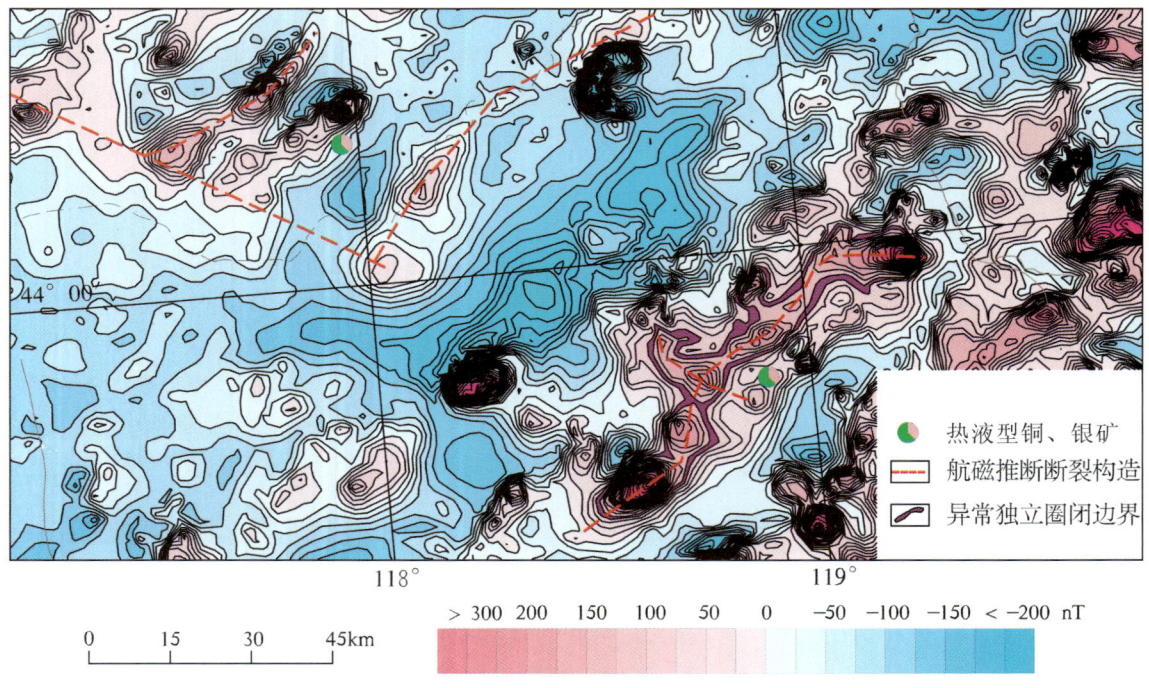

图 5-11 道伦达坝、幸福之路热液型铜、银矿床分布区航磁 ΔT 异常实例

2. 成矿环境与控矿因素简析

矿床分布区构造单元区划隶属天山-兴蒙造山系之锡林浩特岩浆弧(Pz_2)二级构造单元。分布于二连-东乌旗钨、钼、铁、锌、铅、金、银、铬成矿亚带、索伦镇-黄岗铁、锡、铜、铅、锌、银成矿亚带、神山-大井子铜、铅、锌、银、铁、钼、稀土、铌钽、萤石成矿亚带。

较强负异常大面积分布这一特征表明,区域环境为大的断陷盆地,规模相对较大、场值较强的带状正异常呈次级叠加状态,北东-南西向延伸分布于负异常之中这一特征表明,盆地内存在较大的以火山岩为主的岩浆综合带北东-南西向延伸。异常特征表明,典型矿床所处构造背景为大兴安岭主脊-林西岩石圈深大断裂带,带内较大火山构造呈北东-南西向分布,边部地层区衍生树枝状小次级断裂构造,矿床分布于树枝状次构造之上,多产于这些次级构造末端膨大处小侵入体与围岩的接触带。由正则化滤波异常可见,5例典型矿床其中3例分布于未定名断裂1,说明该矿床与此断裂构造关系亲合,具体见图5-12。归纳上述结果可知火山活动与衍生次级断裂构造是重要控矿因素。

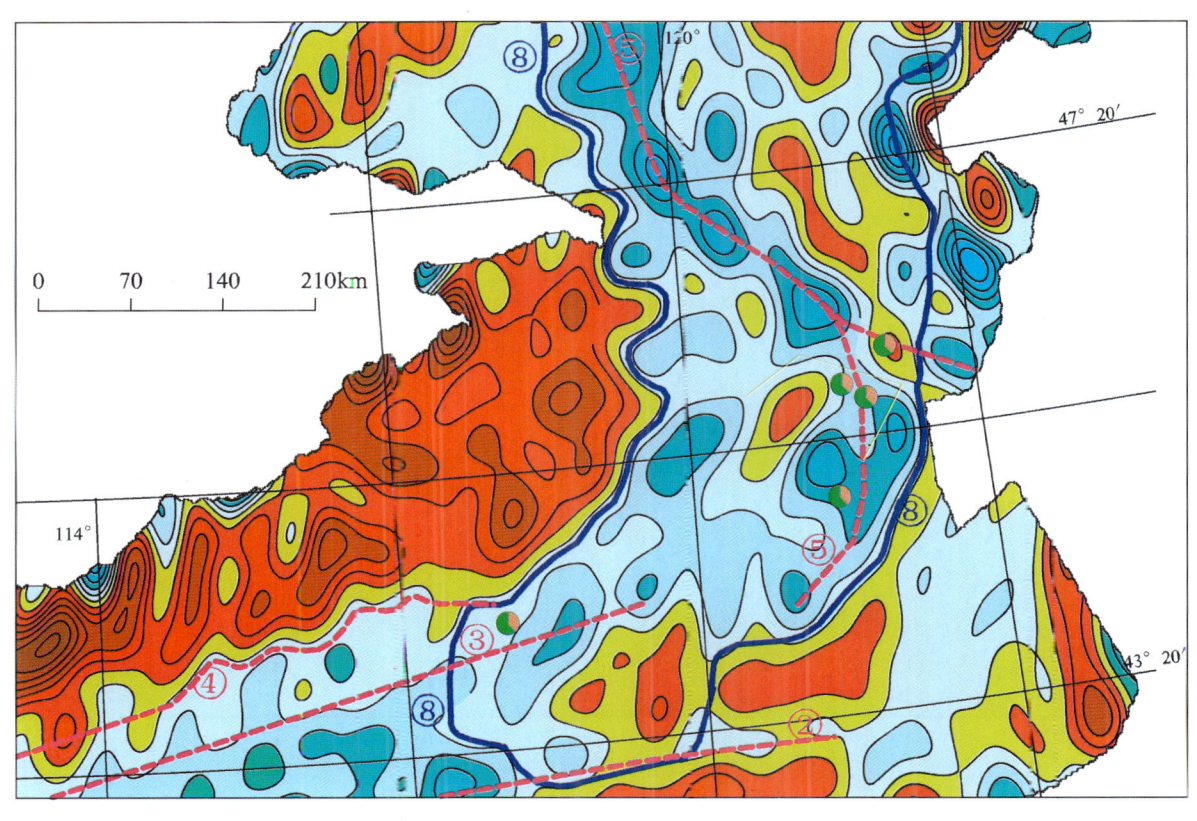

图5-12 典型热液型铜、银矿床分布区航磁正则化滤波异常实例

3. 找矿区位选择

依据上述结果该矿种找矿区段应选在与北东-南西向延伸的、以火山岩为主的岩浆综合带相关联的次生断裂构造分布区段。

(四)热液型铜、金矿床

1. 矿床赋存区位航磁异常特征

该矿种典型矿床分布区 1:50 万航磁 ΔT 异常存在两种分布特征:①区域上正异常呈次级叠加状态大面积分布,夹条带状负异常于其间。矿床赋存区位异常呈次级叠加状态,各次级异常场值较强大小、形态各异串珠状顺势排列组成条带状阵列北东-南西向延伸。矿床赋存于阵列中条带状异常末端,该端与区域正异常所夹条带状负异常相邻。具体见图 5-13。②区域上较强负异常(绝对值)大面积分布,规模相对较大的条带状异常呈串珠状排列,北西-南东向展布于其中。矿床赋存区位,异常横向延伸距离短、纵向宽度窄,呈树枝状连结于大的带状异常之上北东-南西向延伸,矿床赋存于树枝状异常之上。具体见图 5-14。

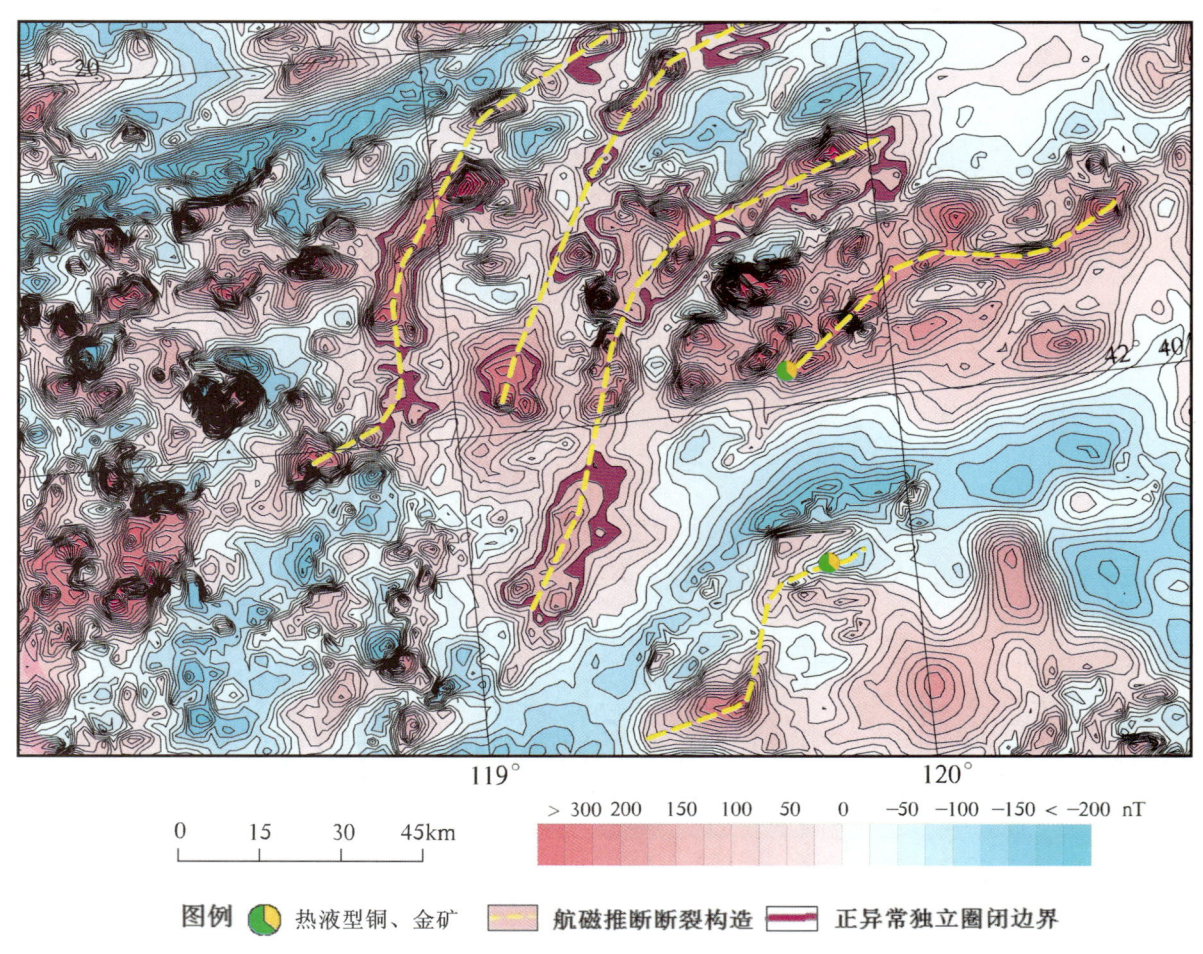

图例 ◐ 热液型铜、金矿   ╌╌ 航磁推断断裂构造   ━━ 正异常独立圈闭边界

图 5-13 白音沟、白马石沟热液型铜、金矿床分布区航磁 ΔT 异常实例

2. 成矿环境与控矿因素简析

矿床分布区构造区划隶属华北陆块区之狼山-白云鄂博裂谷(Pt_2)二级构造单元,天山-兴蒙造山系之公婆泉岛弧(O—S)、巴音戈壁弧后盆地(C)、扎兰屯-多宝山岛弧(Pz_2)、锡林浩特岩浆弧(Pz_2)、温都尔庙俯冲增生杂岩带二级构造单元。分布于乌力吉-欧布拉格铜、金成矿亚带、白乃庙-哈达庙铜、金成矿亚带、固阳-白银查干金、铁、铜、铅、锌、石墨成矿亚带、二连-东乌旗钨、钼、铁、锌、铅、金、银、铬成矿亚

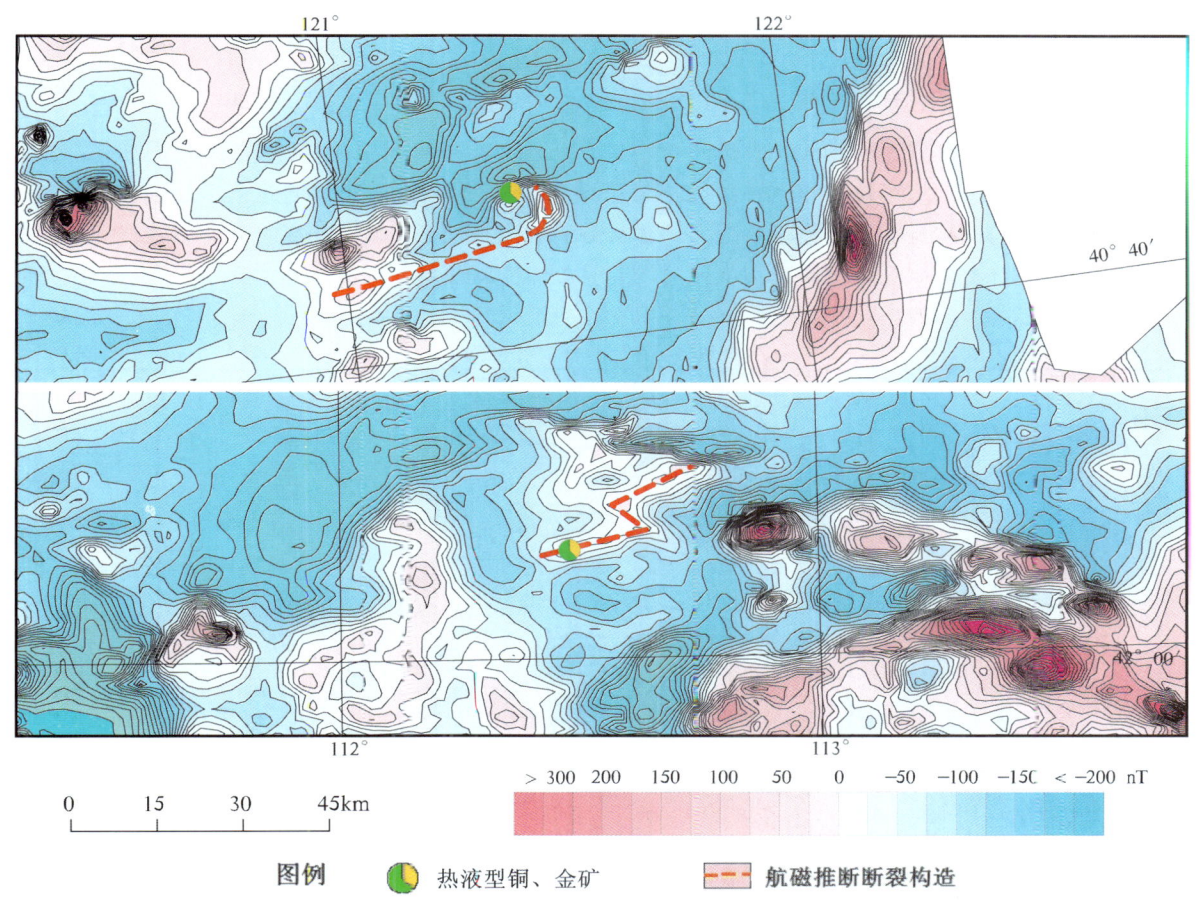

图 5-14 正南方、金鸡岭热液型铜、金矿床分布区航磁 ΔT 异常实例

带、神山-大井子铜、铅、锌、银、铁、钼、稀土、铌钽、萤石成矿亚带、小东沟-小营子钼、铅、锌、铜成矿亚带、库里吐-汤家杖子钼、铜、铅、锌、钨、金成矿亚带。

异常特征①表明区域上北侧、南侧火山岩带北东-南西向大范围分布，夹沉积建造地层于其间地台北缘深断裂由地层通过。锡林浩特地块南缘深断裂及破碎带与地台北缘深断裂夹火山构造（北侧火山岩带）于其间，三者并行北东-南西向延伸构成整体构造环境。矿床赋存区位断裂带单体横向分布距离大、纵向宽度较小，成群出现多条并列分布组成局域断裂阵，呈北东-南西向延伸，矿床赋存于单体断裂带与地台北缘深断裂相邻的一端。异常特征②表明区域上沉积建造地层大面积分布，北西-南东向断裂构造分布于其中，边部次生断裂构造规模较小，呈树枝状北东-南西向延伸连接其上，矿床赋存于树枝状次生断裂之中。两例矿床：一例分布于华北陆块区环形古火山机构群中放射状断裂构造外延部分的次生断裂之上；另一例分布于大兴安岭主脊-林西岩石圈深大断裂带内未定名断裂1之上。

该类矿床分布范围较广泛，地台、地槽及火山岩带均有分布，不管处于何种环境它都有一个重要特点——严格受控于北东-南西向断裂构造。归纳上述结果可知，断裂构造是重要控矿因素。

3. 找矿区位选择

由上述结果可知该类矿床主要分布于两种环境：①与地台北缘深断裂相邻的火山岩带边缘区，该区域找矿区段应选择在火山岩带内断裂成群出现多条并列分布构成局域断裂阵的区段；②地层分布区，该区域找矿区段应选择在地层内区域性大断裂边缘存在北东-南西向次生构造的区段。

(五)矽卡岩型铜矿床

1. 矿床赋存区位航磁异常特征

该类矿床包括:矽卡岩型铜矿床、矽卡岩型铜铁矿床、矽卡岩型铜钼矿床。矿床分布区航磁 ΔT 区域上负异常大面积分布,规模较小的正异常或相对正异常(异常为负但由边部向主值区场值在增强)呈透镜状或碎片状散布其间,有序排列呈带状分布。矿床赋存区位,透镜状小异常空间分布较规则,独立圈闭寄生于较强负异常内,矿床赋存于透镜状小异常之上或边部负异常之中。具体见图5-15、图5-16。

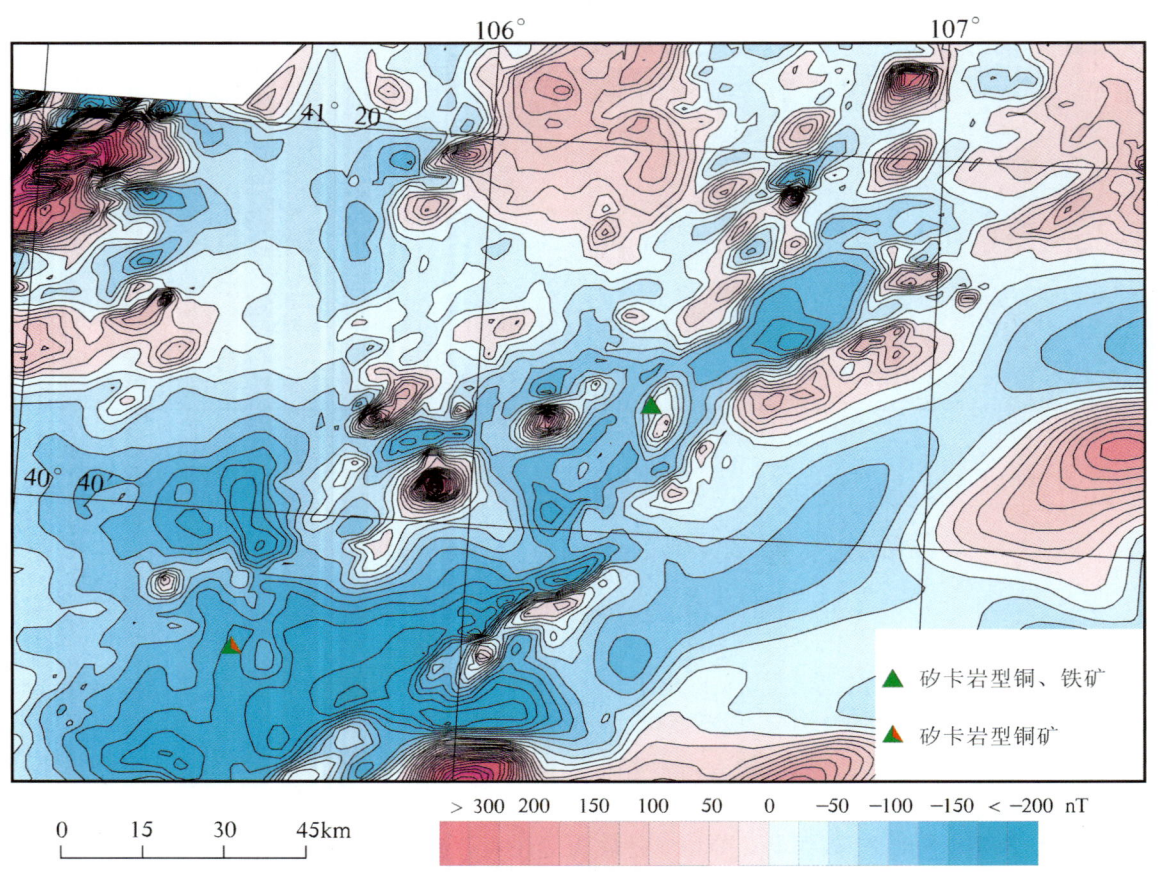

图 5-15 盖沙图、沙拉西别矽卡岩型铜、铁,铜矿床分布区航磁 ΔT 异常实例

2. 成矿环境与控矿因素简析

矿床分布区构造区划隶属华北陆块区之迭布斯格—阿拉善右旗陆缘岩浆弧(Pz_2)二级构造单元,天山-兴蒙造山系之红石山裂谷(C)、公婆泉岛弧(O—S)、扎兰屯-多宝山岛弧(Pz_2)、锡林浩特岩浆弧(Pz_2)、温都尔庙俯冲增生杂岩带二级构造单元。分布于雅布赖-沙拉西别铁、铜、铂、萤石、石墨、盐类、芒硝成矿亚带、狼山-渣尔泰山铅、锌、金、铁、铜、铂、镍、硫成矿亚带、神山-大井子铜、铅、锌、银、铁、钼、稀土、铌钽、萤石成矿亚带、罕达盖-博克图铁、铜、钼、锌、铅、银、铍成矿亚带。

异常特征表明区域上以钙质硅质成分为主的沉积建造地层大面积分布,地层内断裂构造较发育,北东-南西向延伸,规模较小的侵入体散布其中,矿床赋存于侵入体之上或围岩接触带。典型矿床所处区位构造环境为地台北缘深断裂、大兴安岭主脊-林西岩石圈深大断裂带,断裂构造与岩浆侵入活动为重要控矿因素。

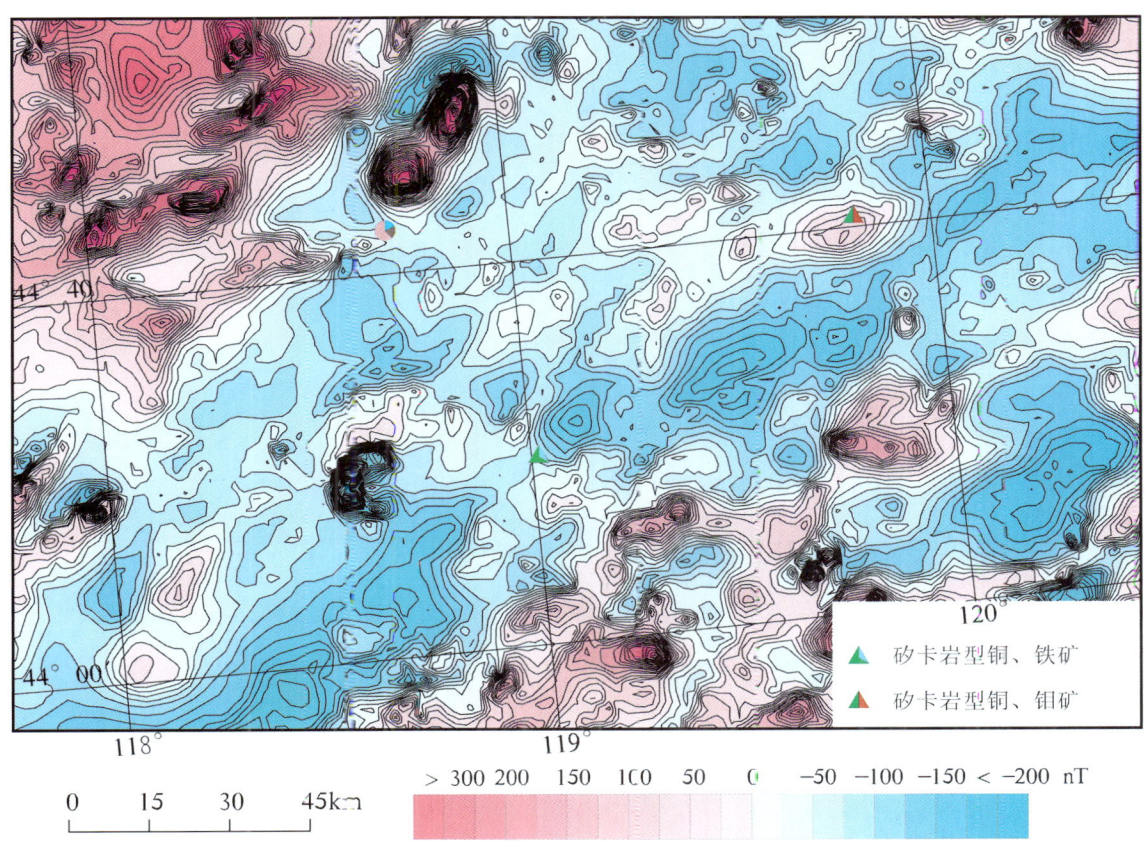

图 5-16　小井子、阿根他拉矽卡岩型铜、钼，铜、铁矿床分布区航磁 ΔT 异常实例

3. 找矿区位选择

寻找该类矿床找矿地段应选在碳酸盐岩地层分布区，地层内有较小的中酸性侵入体分布的区段。

(六) 海相火山岩型铜金矿床

1. 矿床赋存区位航磁异常特征

该矿种典型矿床分布区 1∶50 万航磁 ΔT 异常存在两种分布特征：①区域上负异常区域性大面积分布，正异常较平缓呈舌状大范围分布三面被负异常包围。矿床赋存区位，异常呈次级叠加状态，各次级异常场值相对较低，以点豆状产出串珠状顺势排列组成条带状阵列，北东-南西向延伸。矿床赋存于阵列中较平缓带状异常末端。具体见图 5-17。②区域上正异常区域性大面积分布，南侧存在局部平缓负异常。矿床赋存区位，异常场值强梯度陡，呈次级叠加状态，各次级异常以窄条带状产出，正负相间拐折叠加共同组成北东-南西向"S"形分布的局部强磁异常区，三面为正异常包围，一侧与平缓负异常相邻，矿床赋存于"S"形次级异常末端。具体见图 5-18。

2. 成矿环境与控矿因素简析

矿床分布区构造区划隶属天山-兴蒙造山系之二连-贺根山蛇绿混杂岩带(Pz_2)、温都尔庙俯冲增生杂岩带二级构造单元，分布于二连-东乌旗钨、钼、铁、锌、铅、金、银、铬成矿亚带、白乃庙-哈达庙铜、金成矿亚带。

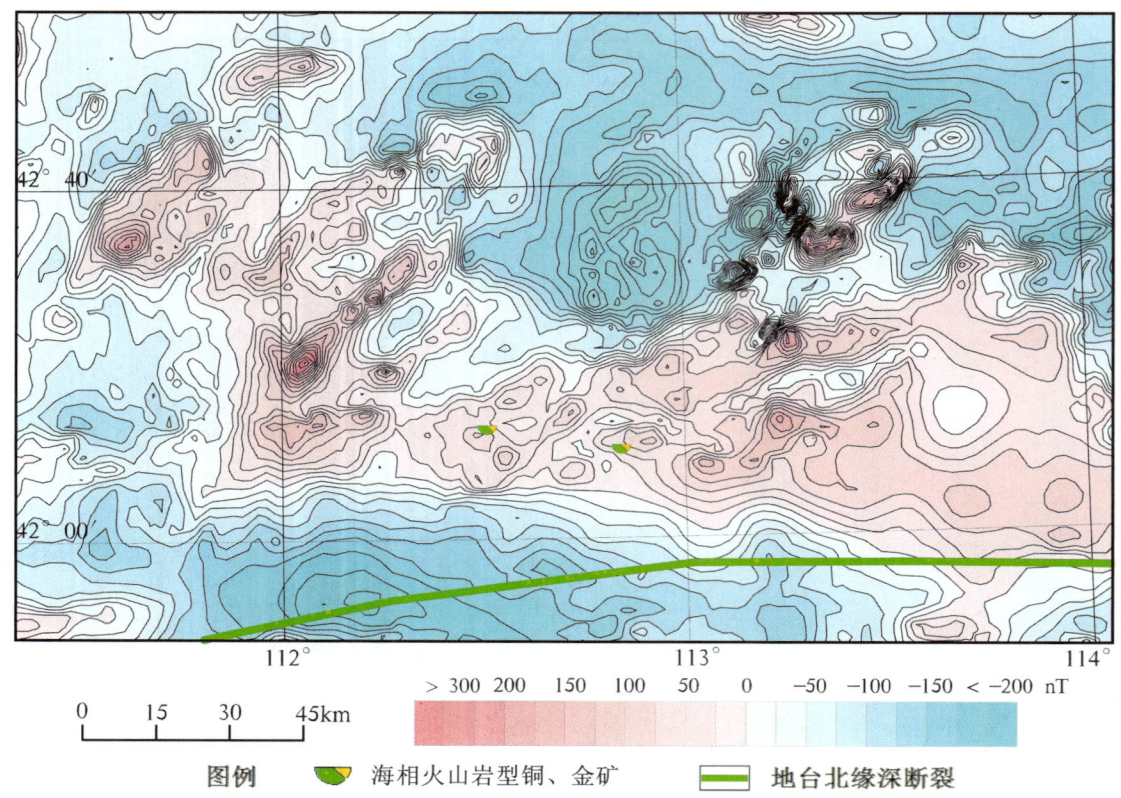

图 5-17 白乃庙、谷那乌苏海相火山岩型铜、金矿床分布区航磁 ΔT 异常实例

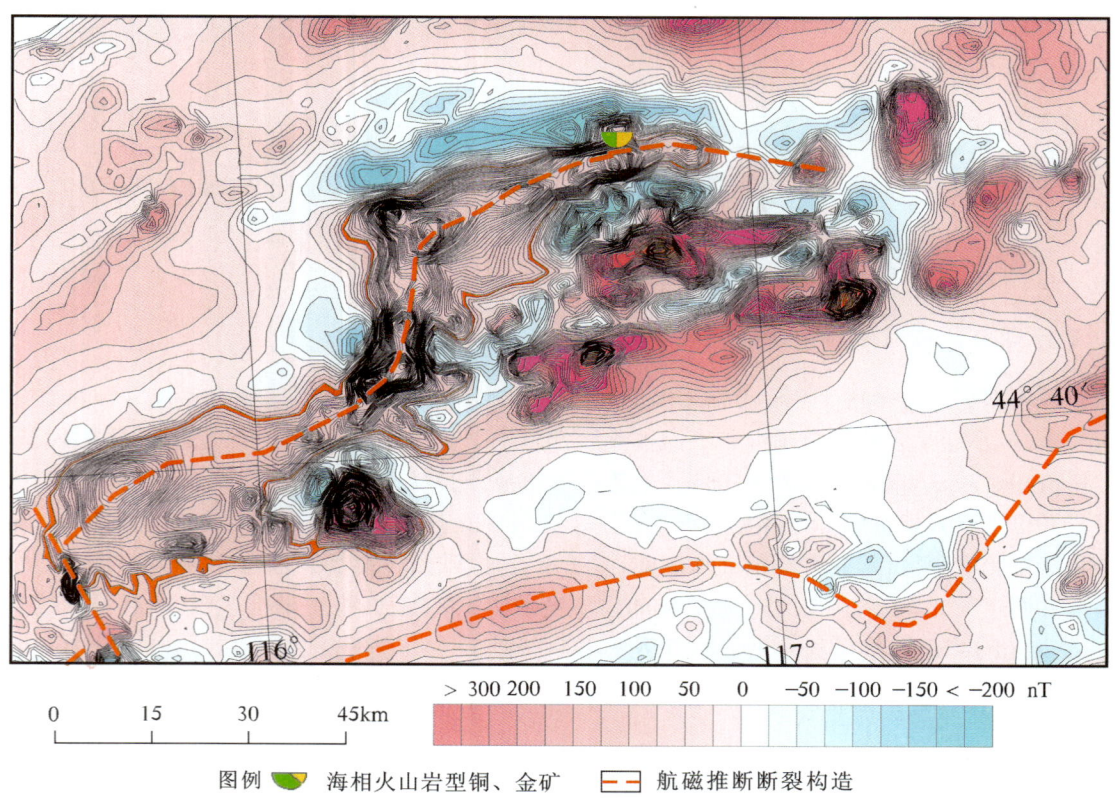

图 5-18 小坝梁海相火山岩型铜、金矿床分布区航磁 ΔT 异常实例

异常分布特征①表明矿床赋存区位北侧为锡林浩特南缘深断裂及破碎带,南侧为地台北缘深断裂,两者夹火山岩带于其间形成总体构造环境。由正则化滤波异常可见,火山岩带西起地理坐标点东经110°46′、北纬43°20′,东至地理坐标点东经121°12′、北纬42°57′,总体呈弧形分布。地理坐标点东经112°35′、北纬42°12′的火山岩带元向拐折,此点以西北西-南东走向,此点以东近东西走向,二连-苏尼特右旗大断裂由此通过,锡林浩特南缘深断裂及破碎带西端汇合于此,地台北缘深断裂在此处附近通过,形成多断裂局域交叉汇集的构造格局,矿床赋存于汇集处。具体见图5-19。

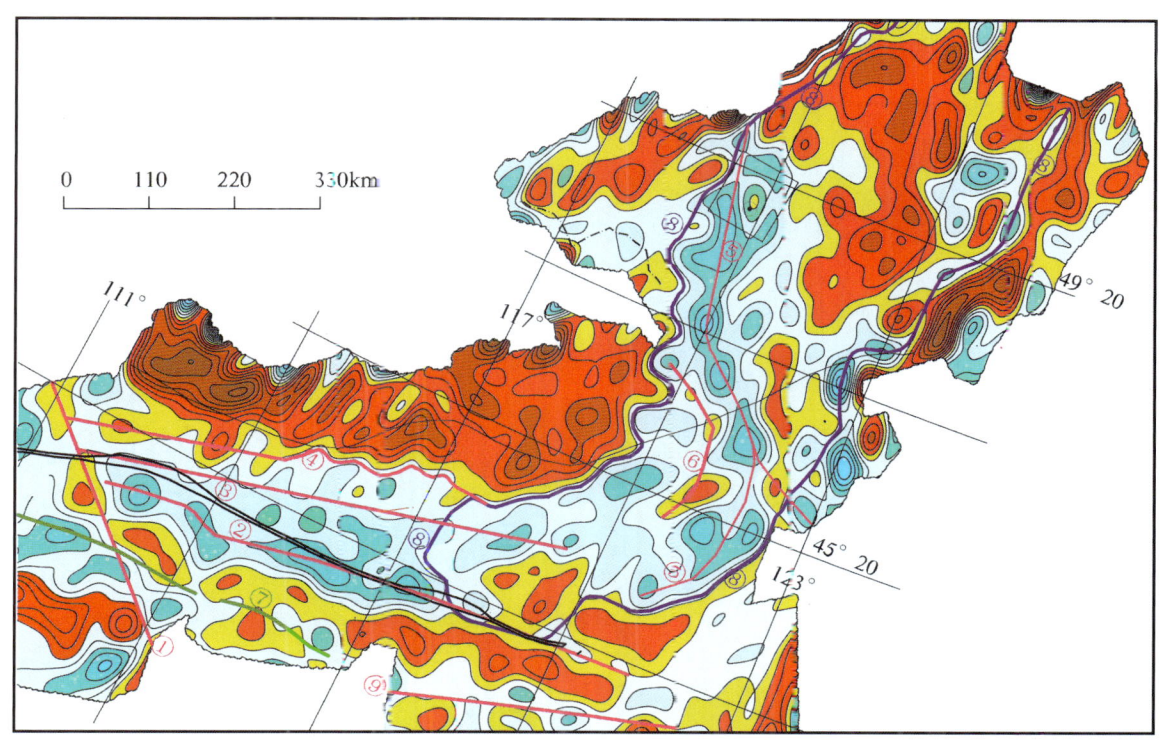

图例 航磁推断断裂构造:①二连-苏尼特右旗大断裂 ②锡林浩特地块南缘深断裂及破碎带 ③锡林浩特地块北缘深断裂 ④二连-贺根山超岩石圈断裂 ⑤未定名断裂1 ⑥未定名断裂2 ⑦地台北缘深断裂(非航磁推断) ⑨地台北缘深断裂 ⑧大兴安岭主脊-林西岩石圈断裂带边界 ▼海相火山岩型铜、金矿 ━━ 二级构造分区界线

图5-19 白乃庙、谷那乌苏、小坝梁海相火山岩型铜、金矿床分布区航磁异常正则化滤波实例

异常分布特征②表明区域上火山岩大面积分布,矿床赋存区位基性—超基性岩带呈"S"形分布(图5-18中红色等值线圈闭区),垂向延深巨大,与火山岩共存。该岩带南段、北段北东-南西走向,中段南北走向,这种拐折现象表明该岩带处于北东-南西向断裂构造与南北向断裂构造交叉复合部位,矿床赋存于北段东端。该岩带处于查干敖包-阿荣旗超岩石圈断裂之上,南侧与二连-贺根山超岩石圈断裂相邻,两断裂相距较近共同组成局域构造格局。归纳上述结果可知该类矿床的产出,深大断裂构造与火山活动为重要控矿因素。

3. 找矿区位选择

上述结果表明该类矿床均分布于火山岩带内的深大断裂之上,尤其是多断裂复合区,寻找该类矿床应该满足这些条件,找矿地段应该选在火山岩带内的深大断裂分布区段。

(七)斑岩型铜钼、铜银矿床

1. 矿床赋存区位航磁异常特征

区域上,正异常呈次级叠加大面积分布,夹正负异常混杂区于其间。矿床赋存区位,较强负异常(绝对值)呈次级叠加状态,由透镜状或碎片状次级异常组合而成,成带状沿北东-南西向延伸,碎片状正异常及相对正异常(异常为负,但由边部向主值区值在增强)分布其周边。矿床赋存于带内较小次级异常内或正负异常过渡带。具体见图5-20、图5-21、图5-22。

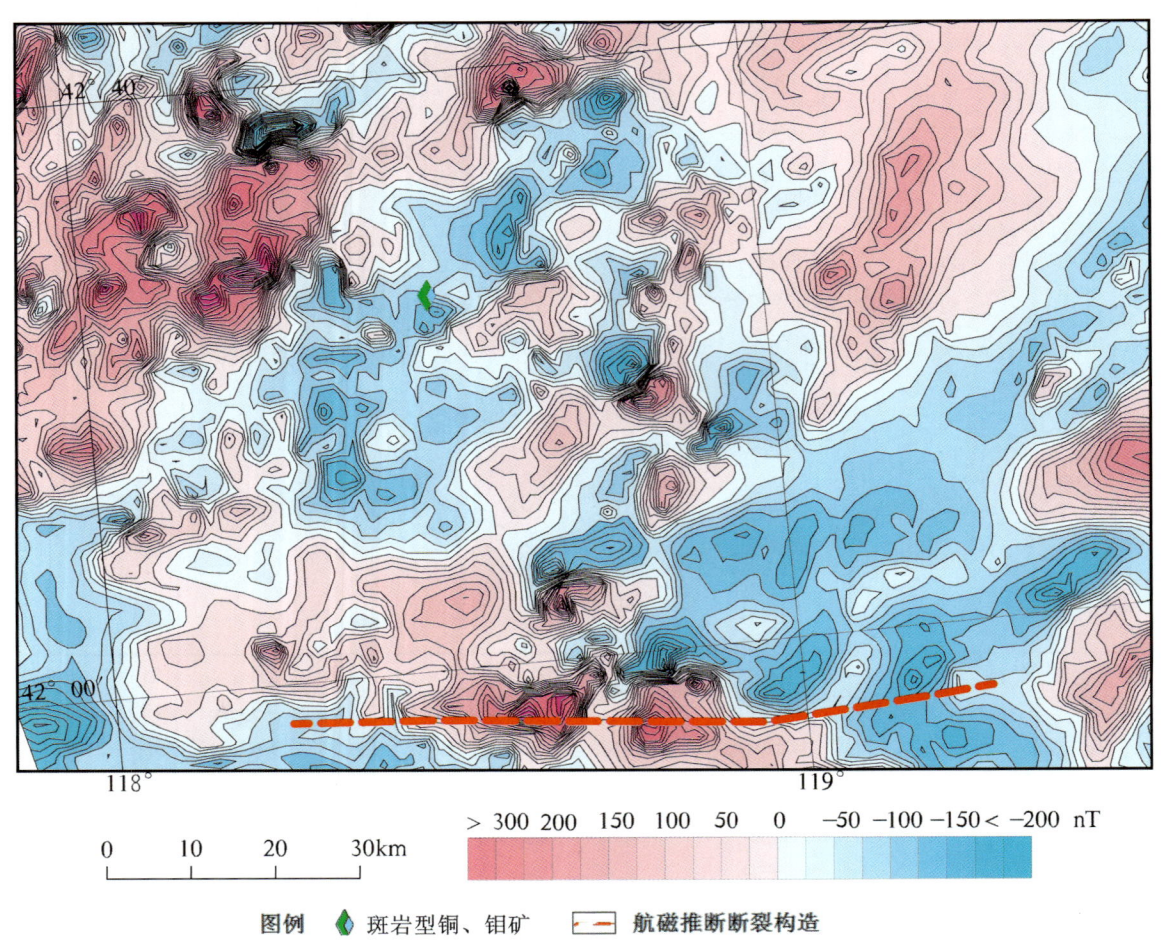

图5-20 敖脑达巴、敖仑花斑岩型铜、银,铜、钼矿床分布区航磁 ΔT 异常实例

2. 成矿环境与控矿因素简析

该类矿床构造单元区划隶属天山-兴蒙造山系之扎兰屯-多宝山岛弧(Pz_2)、锡林浩特岩浆弧(Pz_2)、温都尔庙俯冲增生杂岩带二级构造单元。分布于八大关-陈巴尔虎旗铜、钼、铅、锌、银、锰成矿亚带、神山-大井子铜、铅、锌、银、铁、钼、稀土、铌钽、萤石成矿亚带、神山-大井子铜、铅、锌、银、铁、钼、稀土、铌钽、萤石成矿亚带。

异常特征表明区域上火山岩大面积分布,夹沉积建造地层于其间,地层区内以碳酸岩及硅质成分为主的地质体在断裂内构成岩带,紧邻火山岩边缘北东-南西向连续分布,较小的岩浆岩体沿岩带四周断续出现,对其构成包围。矿床分布于岩带边缘,产于包围岩带的小岩浆岩体内或岩浆岩体与岩带的接触带。

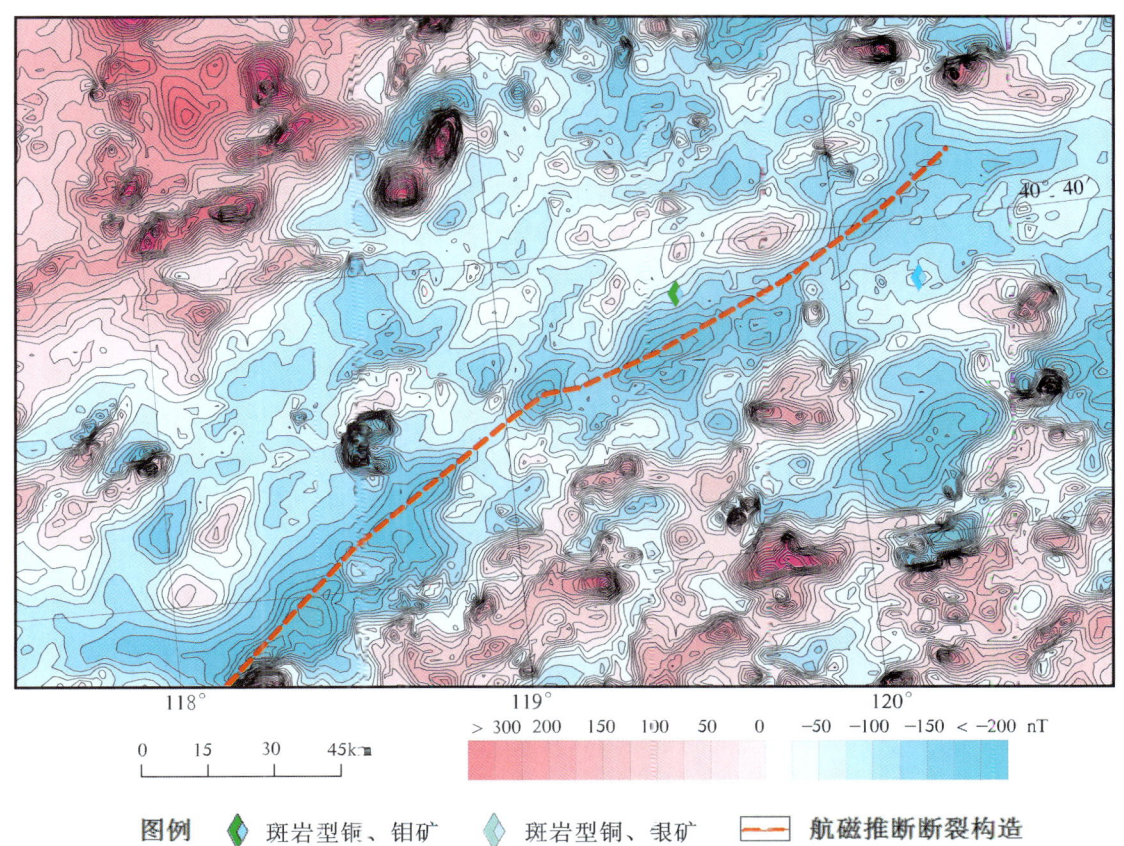

图 5-21 车户沟斑岩型铜、钼矿床分布区航磁 ΔT 异常实例

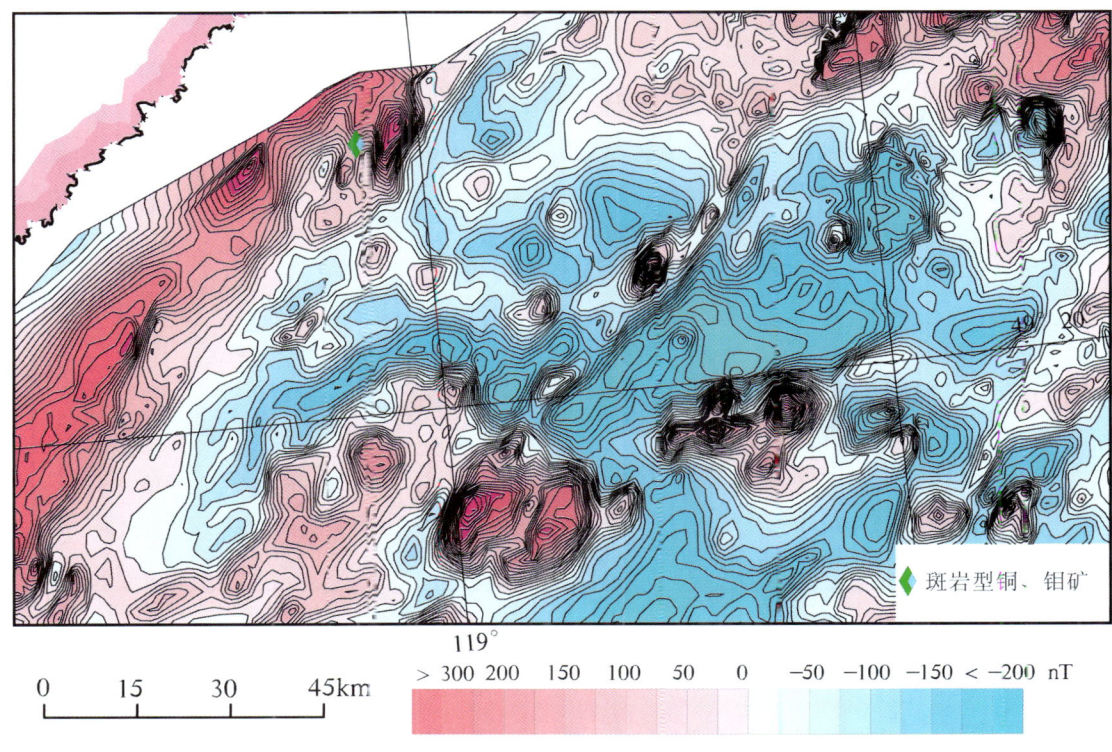

图 5-22 八一斑岩型铜、钼矿床分布区航磁 ΔT 异常实例

典型矿床分别分布于地台北缘深断裂、大兴安岭主脊-林西岩石圈深大断裂带、火山岩带，分布特征表明断裂构造、火山活动与岩浆侵入活动是重要控矿因素。

3. 找矿区位选择

矿床产于沉积盆地边部的岩体之上或产于岩体与围岩的接触带，产出环境为：沉积盆地处于断裂带之上，呈带状北东-南西向分布；一侧以火山岩带为边界，另三侧被断续分布的岩浆岩体包围，或三侧被火山岩带包围，一侧以断续分布的岩浆岩体为界。找矿地段应选在满足这些分布环境的区段。

二、典型铅锌矿矿床赋存区位航磁特征及异常地质信息简析

（一）热液型铅锌矿床

本小节描述的热液型矿床包括：热液型铅、锌矿床，热液型铅、锌、银矿床，热液型铅、锌、钨矿床，热液型铅、锌、铜矿床，它们同区混杂共生故放在一起描述。

1. 矿床赋存区位航磁异常特征

该类矿体典型矿床分布区航磁异常存在两种分布特征：①区域上正异常场值较强，呈次级叠加状大面积出现，矿床赋存区位各次级异常形态复杂，呈大小各异的串珠状顺势排列、有序叠加组成条带状阵列，北东-南西向延伸。矿床赋存于阵列中条带状异常之上，具体见图 5-23、图 5-24。②分布于特

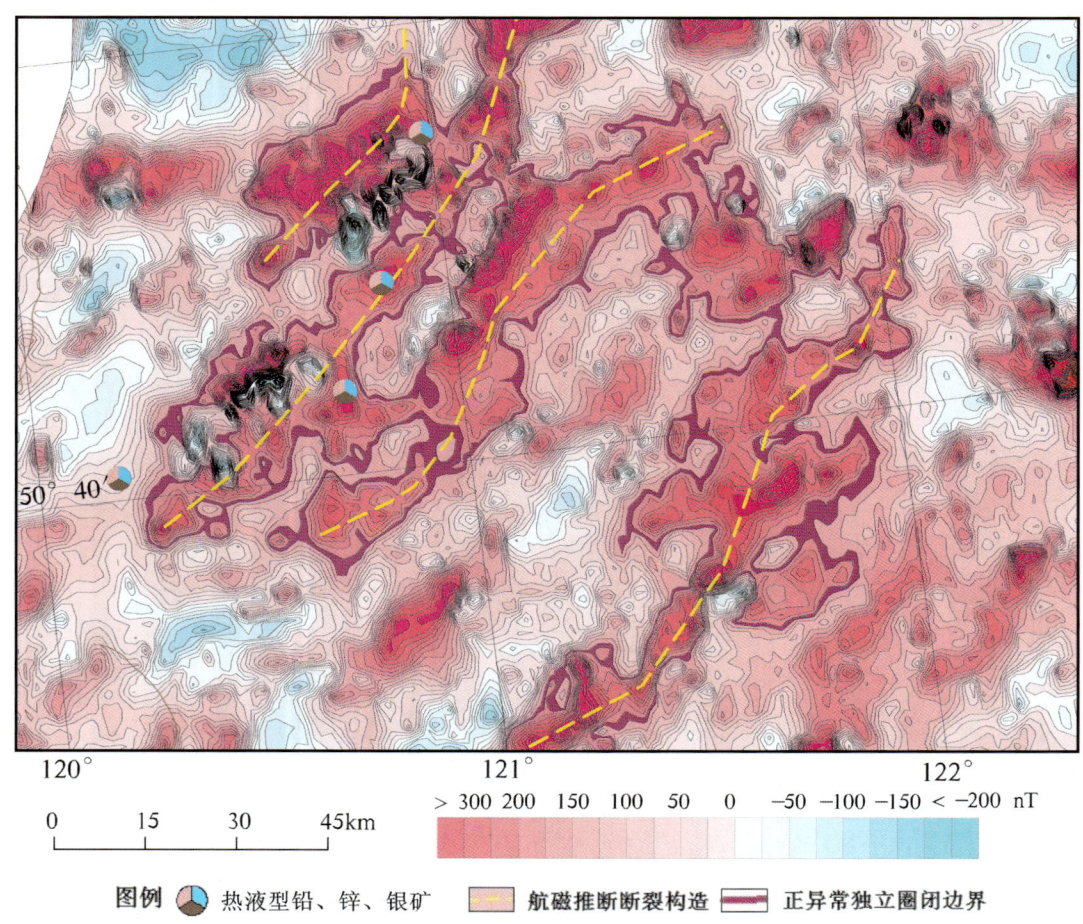

图 5-23　下护林、三道桥、三河、比利亚谷热液型铅、锌、银矿床分布区航磁 ΔT 异常实例

别区:区域上,为南北两侧宽带状正异常,呈次级叠加状态大面积区域性分布,北东-南西向延伸,夹宽带状负异常于其间。特别区位于宽带状负异常区内,拐点坐标如表5-3所示。区内负异常大面积区域性分布,东北段异常较强(绝对值)呈带状沿北东-南西向分布,西南段异常较弱,成碎片状星散分布叠加于平稳负背景场之上;区内正异常,东北段较强呈次级叠加状态,呈带状夹于两侧负异常之间沿北东-南西向分布,中段呈碎片状星散分布,西南段场值较强呈次级叠加状态,各次级异常单体无序分布相互叠加构成北东-南西向延伸的条块状异常组合体与负异常相邻伴存,具体见图5-25、图5-26。区内热液型铅锌、铅锌银、铅锌钨、铅锌铜矿床集群出现同区混杂共生,聚集了大、小矿床74个,具体见图5-27。

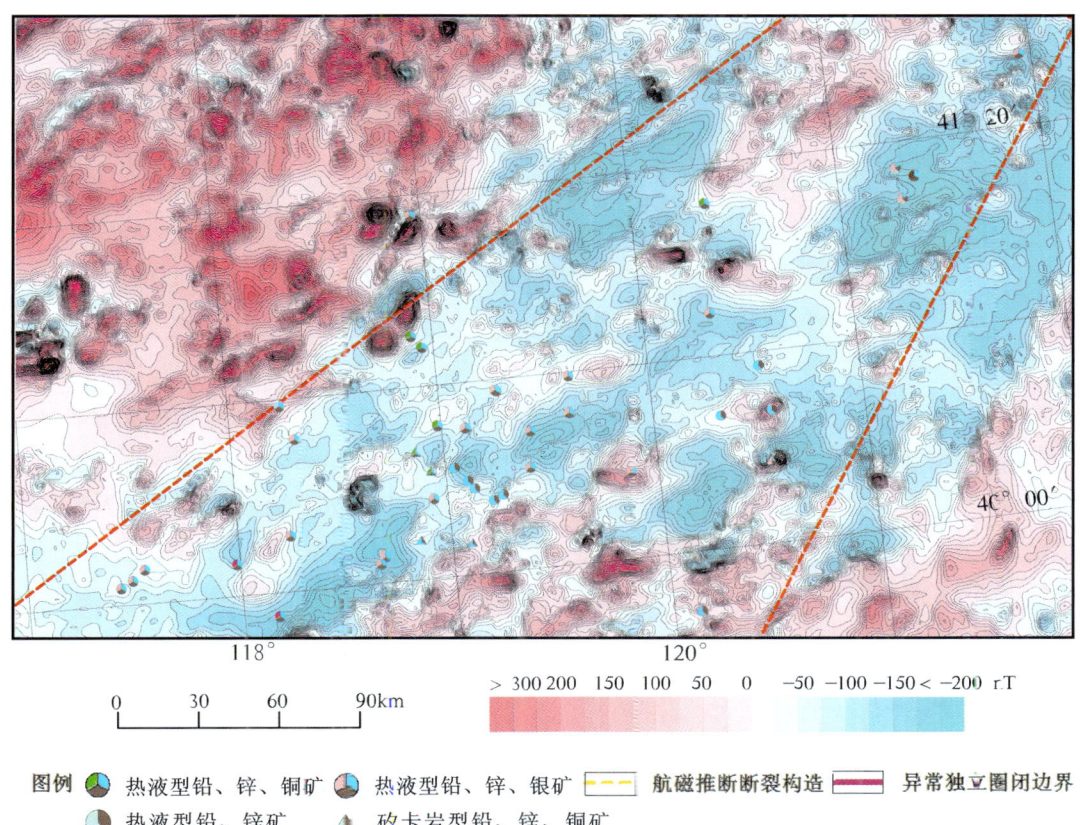

图 5-24 红光、三百井热液型铅锌铜、铅锌银矿矿床分布区航磁 ΔT 异常实例

表 5-3 航磁异常特别区拐点坐标一览表

序号	地理坐标	
	E	N
1	116°24′	43°46′
2	121°15′	45°58′
3	122°15′	45°40′
4	119°12′	42°20′

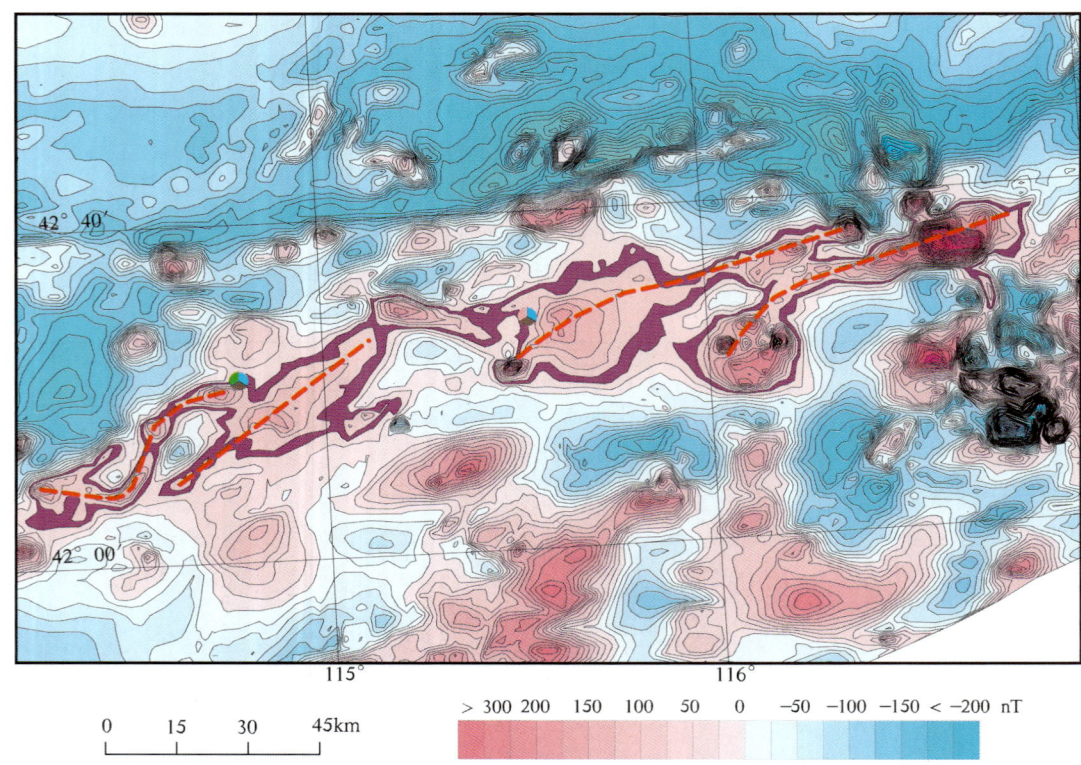

图 5-25 矿床特别分布区(上半部分)航磁 ΔT 异常实例

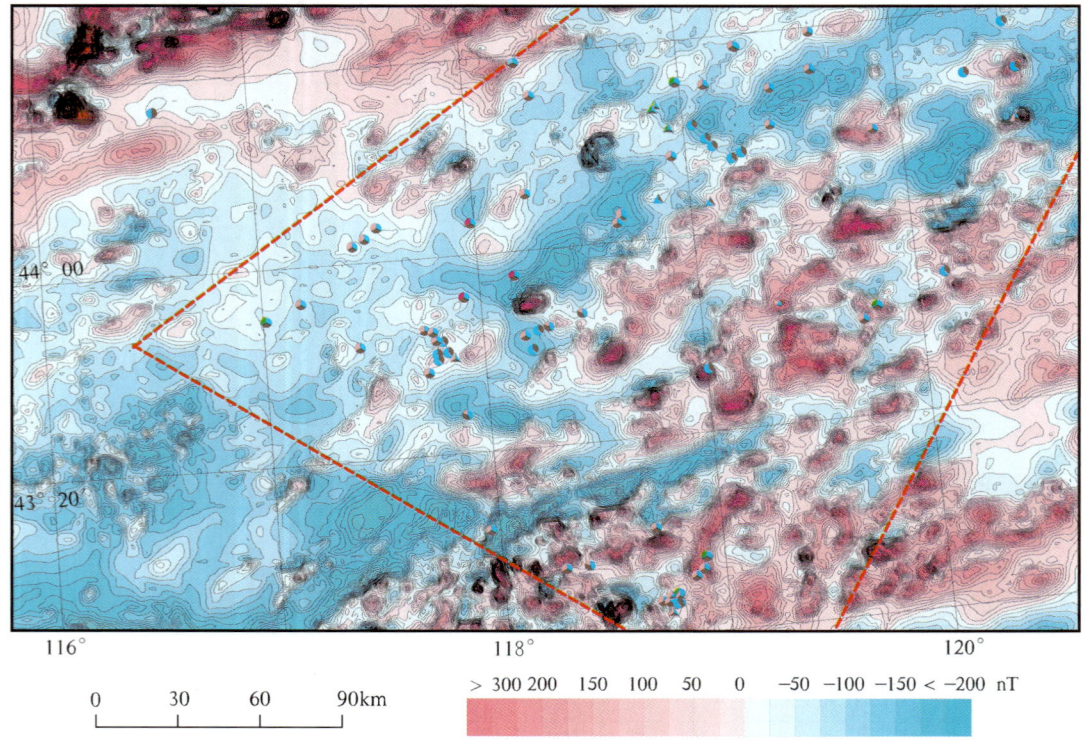

图 5-26 矿床特别分布区(下半部分)航磁 ΔT 异常实例

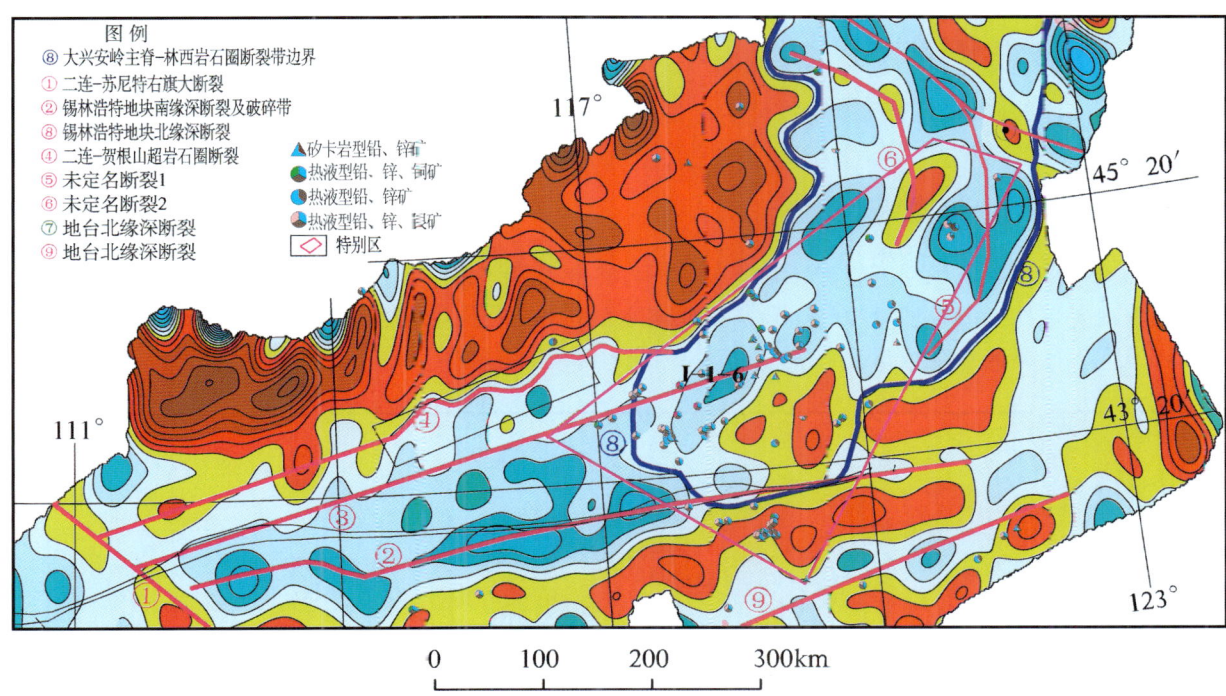

图 5-27 航磁正则化滤波异常热液型铅锌银、铅锌铜、铅锌、铅锌钨矿床分布点位扣合图

2. 成矿环境与控矿因素简析

该类典型矿床赋存区构造单元又划隶属华北陆块区之固阳-兴和硅核(Ar₃)、色尔腾山-太仆寺旗古岩浆弧(Ar₃)、贺兰山被动陆缘盆地(Pz₁)二级构造单元；天山-兴蒙造山系之额尔古纳岛弧(Pz₁)、二连-贺根山蛇绿混杂岩带(Pz₂)、扎兰屯-多宝山岛弧(Pz₂)、锡林浩特岩浆弧(Pz₂)、温都尔庙俯冲增生杂岩带、松辽断陷盆地(J—K)二级构造单元。分布于珠斯楞-乌拉尚德铜、金、镍、铅、锌成矿亚带、狼山-渣尔泰山铅、锌、金、铁、铜、铂、镍、硫成矿亚带、乌拉山-集宁铁、金、银、钼、铜、铅、锌成矿亚带、索伦镇-黄岗铁、锡、铜、铅、锌、银成矿亚带、卯都房子-毫义哈达钨、铅、锌、铬成矿亚带、小东沟-小营子钼、铅、锌、铜成矿亚带、罕达盖-博克图铁、铜、钼、锌、铅、银、铍成矿亚带、二连-东乌旗钨、钼、铁、锌、铅、金、银、铬成矿亚带、库里吐-汤家杖子钼、铜、铅、锌、钨、金成矿亚带、内蒙古隆起东段铁、铜、钼、铅、锌、金、银成矿亚带。

异常特征①表明区域上火山岩大面积分布，矿床赋存区位断裂成群出现，多条并列分布，组成局域断裂阵北东-南西向延伸，矿床赋存于单体断裂带之上。6例典型矿床分别处于两个不同区位的火山岩带之上，尽管相距甚远但都沿着北东-南西向延伸，说明矿床的形成受控于区域构造。故阵列式北东-南西向断裂构造与火山活动是重要控矿因素。

特别区②处于大兴安岭主脊-林西岩石圈深大断裂带南段，由图5-27可见该区域为多条深大断裂汇集相交区，二连-贺根山超岩石圈断裂、锡林浩特地块北缘深断裂、锡林浩特地块南缘深断裂及破碎带，未定名断裂1均汇集于此，其他断裂与未定名断裂1在此区相交。大兴安岭主脊-林西岩石圈深大断裂带东缘弧形火山构造带延伸至此终结，大兴安岭主脊-林西岩石圈深大断裂带南缘火山构造带也终结于此，北侧紧邻火山岩带南侧与地台北缘深断裂相邻，断裂构造火山构造多重汇合形成局域构造格局。构造环境决定了该区成矿条件良好，形成金属矿矿床集群式分布的格局。

3. 找矿区位选择

区域上大面积火山岩分布时寻找该类矿床找矿区段应选择在火山岩带内断裂成群出现、多条并列分布构成局域断裂阵的区段。特别区寻找该类矿床找矿区段应选择在断裂构造之上。

(二)矽卡岩型铅锌矿床

本小节描述的矽卡岩型矿床包括:矽卡岩型铅、锌矿床,矽卡岩型铅、锌、银矿床,矽卡岩型铅、锌、铁矿床。

1. 矿床赋存区位航磁异常特征

该类矿种典型矿床赋存区航磁异常分布特征与热液型铅锌银矿基本相同,它们经常同带同区分布,分布区域主要包括火山岩带、特别区,异常特征前文已述,在此不再烦赘。下面图5-28和图5-29为火山岩带矿床分布区异常特征。

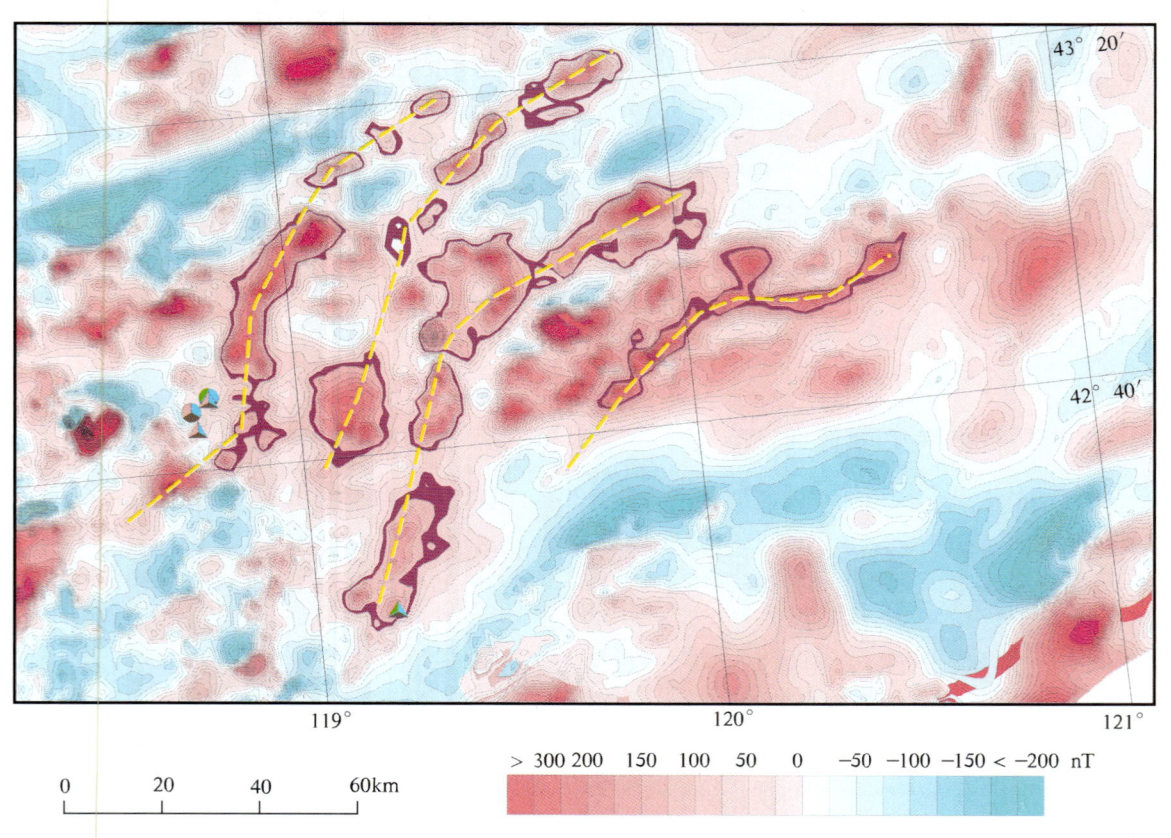

图5-28 九分地、香房地、敖包山矽卡岩型铅锌银、铅锌铜矿床分布区航磁 ΔT 异常实例

2. 成矿环境与控矿因素简析

典型矿床赋存区构造区划隶属天山-兴蒙造山系之扎兰屯-多宝山岛弧(Pz_2)、锡林浩特岩浆弧(Pz_2)、温都尔庙俯冲增生杂岩带、松辽断陷盆地(J—K)二级构造单元。分布于罕达盖-博克图铁、铜、钼、锌、铅、银、铍成矿亚带、二连-东乌旗钨、钼、铁、锌、铅、金、银、铬成矿亚带、神山-大井子铜、铅、锌、银、铁、钼、稀土、铌钽、萤石成矿亚带、小东沟-小营子钼、铅、锌、铜成矿亚带、库里吐-汤家杖子钼、铜、铅、锌、钨、金成矿亚带。

当矿床赋存于特别区时,一般产于分布范围小独立圈闭,四周被负异常包围的正异常或相对正异常(异常为负,但由边部向主值区值在增强)梯度带或边缘负异常一侧。正异常或相对正异常对应地质体为小型中酸性侵入体,包围于四周的负异常对应地质体为侵入体的碳酸岩类围岩,即矿床产于较小的

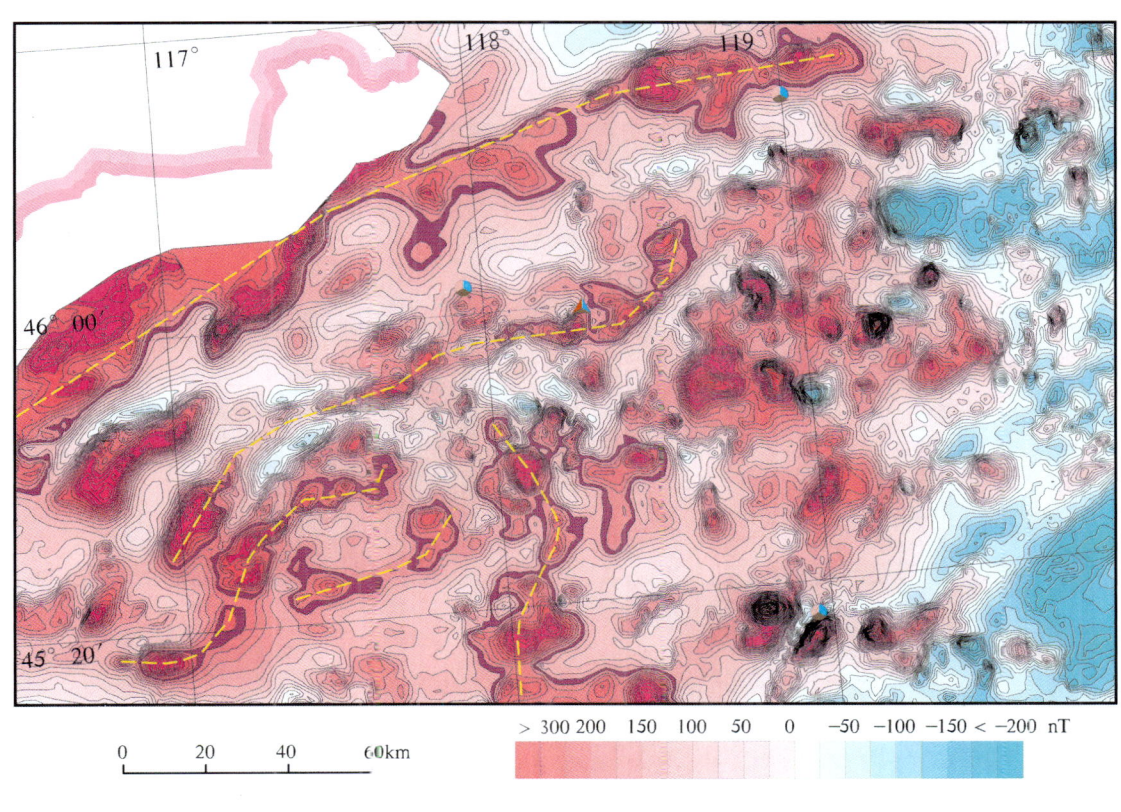

图 5-29　查干敖包矽卡岩型铅锌铁矿床分布区航磁 ΔT 异常实例

中酸性侵入体与围岩接触带附近。当矿床分布于火山岩带时一般产于断裂成群出现、多条并列分布组成局域断裂阵北东-南西向延伸的单体断裂带之上。

矿床产于火山岩带时，阵列式北东-南西向断裂构造与火山活动是重要控矿因素；当产于特别区时，区内断裂构造与中酸性岩浆侵入活动为重要控矿因素。

3. 找矿区位选择

区域上火山岩大面积分布时，寻找该类矿床找矿区段应选择在火山岩带内断裂成群出现、多条并列分布构成局域断裂阵的区段；特别区寻找该类矿床时，找矿区段应选择在断裂构造之上有中酸性侵入体分布，局域环境为碳酸岩分布区的地段。

三、典型金矿矿床赋存区位航磁特征及异常地质信息简析

本小节描述的金矿床包括热液型金矿床、热液型金、银矿床，构造破碎蚀变岩型金矿床，岩浆岩型金矿床，斑岩型金矿床，与侵入岩建造有关的热液型-与中酸性岩类有关的热液型金矿床。这些矿床往往同区位共生，故综合描述。

（一）矿床赋存区位航磁异常特征

该类矿体典型矿床分布区 1∶50 万航磁 ΔT 区域异常特征多样不限于某种形式。矿床赋存区位，异常特征主要表现为两点：①异常有正有负，无特定排列方向，最重要特征表现为"小"，即矿床赋存于互关联系数很小、独立圈闭的小异常内或边部。小区块内矿床经常集群式出现，大区域内不按某种方式排

序或成带,往往星散分布。②地台区矿床分布于区域性大异常起始等值线(−25～0nT)附近趋势明显,具体见图 5-30、图 5-31。

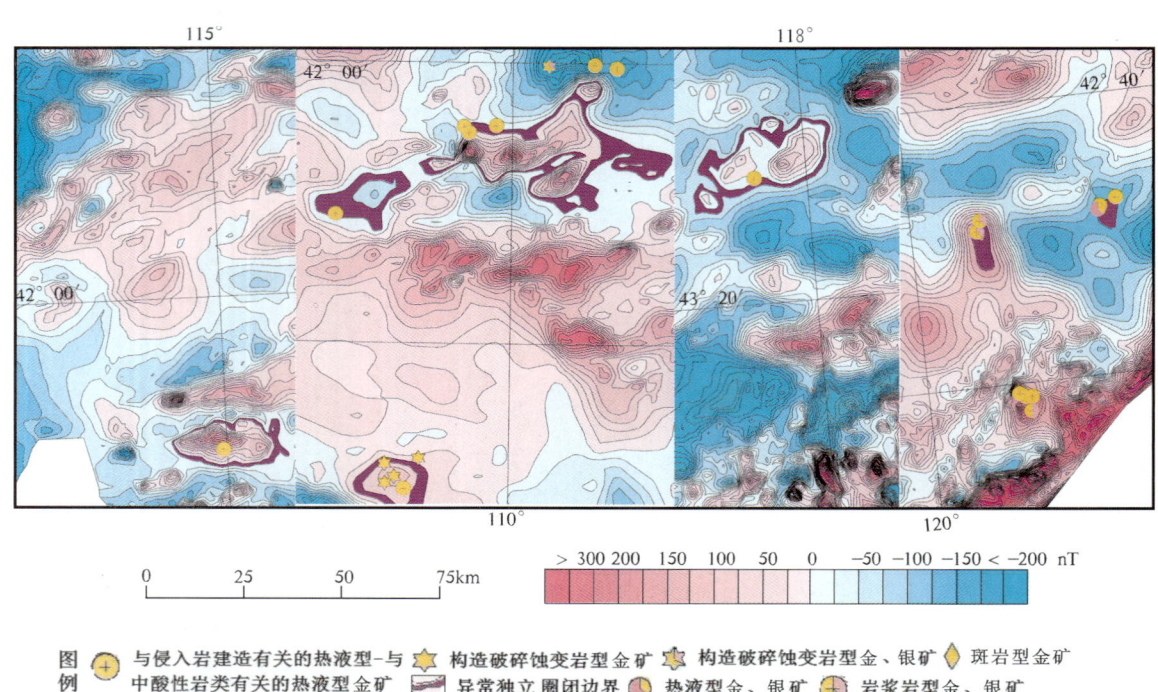

图 5-30 毛汰山、水泉子分子、塔黄土、长皋沟等地典型金矿床分布区航磁 ΔT 异常实例

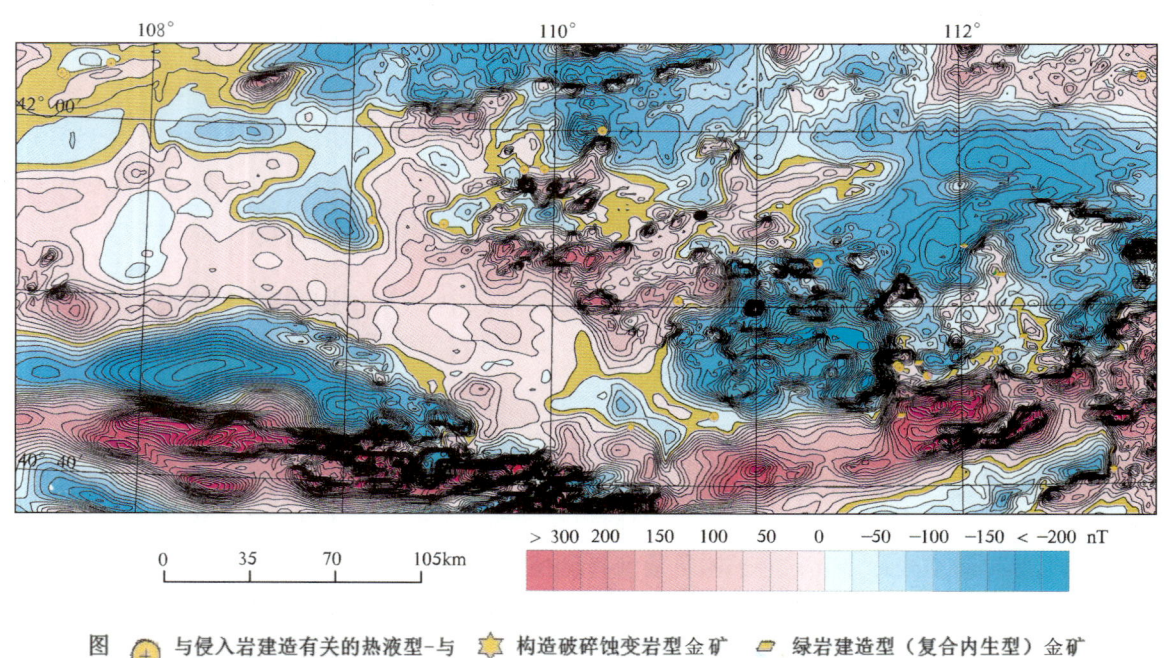

图 5-31 浩尧尔忽洞、摩天岭、东河子、驼盘等地典型金矿床沿航磁 ΔT 异常起始等值线分布实例

(二)成矿环境与控矿因素简析

典型矿床赋存区构造区划隶属华北陆块区之迭布斯格-阿拉善右旗陆缘岩浆弧(Pz_2)、固阳-兴和陆核(Ar_3)、色尔腾山-太仆寺旗古岩浆弧(Ar_3)、狼山-白云鄂博裂谷(Pt_2)、恒山-承德-建平古岩浆弧(Pt_1)二级构造单元;天山-兴蒙造山系之红石山裂谷(C)、哈特布其岩浆弧(C—P)、宝音图岩浆弧(Pz_2)、额尔古纳岛弧(Pz_1)、扎兰屯-多宝山岛弧(Pz_2)、锡林浩特岩浆弧(Pz_2)、温都尔庙俯冲增生杂岩带、松辽断陷盆地(J—K)二级构造单元。分布于黑鹰山-小狐狸山铁、金、铜、钼、铬Ⅲ级成矿亚带、阿木乌苏-老硐洞金、钨、锑、萤石成矿亚带、碱泉子-卡休他他金、铜、铁、钴成矿亚带、图兰泰-朱拉扎嘎金盐芒硝石膏成矿亚带、查干此老-巴音杭盖铁、金、钨、铜、镍、钴成矿亚带、狼山-渣尔泰山铅、锌、金、铁、铜、铂、镍、硫成矿亚带、白云鄂博-商都金、铁、铌、稀土、铜、镍成矿亚带、白乃庙-哈达庙铜、金成矿亚带、乌拉山-集宁铁、金、银、钼、铜、铅、锌成矿亚带、固阳-白银查干金、铁、铜、铅、锌、石墨成矿亚带、温都尔庙-红格尔庙铁、金、钼成矿亚带、索伦镇-黄岗铁、锡、铜、铅、锌、银成矿亚带、卯都房子-毫义哈达钨、铅、锌、铬成矿亚带、小东沟-小营子钼、铅、锌、铜成矿亚带、神山-六井子铜、铅、锌、银、铁、钼、稀二、铌钽、萤石成矿亚带、二连-东乌旗钨、钼、铁、锌、铅、金、银、铬成矿亚带、库里吐-汤家杖子钼、铜、铅、锌、钨、金成矿亚带、内蒙古隆起东段铁、铜、钼、铅、锌、金、银成矿亚带。

该类矿种典型矿床主要产于地台区,多呈集群式分布。地槽区偶有产出,分布于甜水井-雅干深断裂、北山地块南缘岩石圈断裂、乌兰套海超岩石圈断裂带、二连-贺根山超岩石圈断裂、大兴安岭主脊-林西岩石圈深大断裂带,主要表现为星散式分布。异常特征①表明与该类矿床产出相关的地质体分布范围小,矿床主要产于独立分布的较小侵入体之上,分布于岩体的边部或岩体与围岩的接触带或不同地质体之间的接触带,即趋边效应明显,在地台区矿床往往集群式出现。异常特征②表明地台区矿床分布于区域性大地块边缘的趋向明显。区域性断裂构造控矿特征不明显,主要表现为接触带控矿与构造区块控矿。地槽区矿床主要产于断裂内岩体与围岩的接触带。火山岩区矿床主要产于火山岩带边部。由此可见,在地台区岩浆侵入活动、接触构造、构造区块为重要控矿因素;地槽区岩浆侵入活动、深大断裂、接触构造、火山构造为重要控矿因素。

(三)找矿区位选择

华北陆块区找矿地段应选择在太古宙—元古宙老变质岩系地层区与较新的沉积建造地层区接触带附近有岩浆侵入活动的地段;地槽区找矿地段应选择在深大断裂内有酸性岩体或中性岩体侵入的地段;火山岩分布区找矿地段应该选择在与深大断裂相邻规模较大的火山岩带边部。

四、典型钼矿床赋存区位航磁特征及异常地质信息简析

(一)斑岩型钼矿床

本小节描述的矿床包括斑岩型钼矿床、斑岩型钼、铜矿床,它们的分布特征相同,故一起描述。

1. 矿床赋存区位航磁异常特征

区域上,正异常场值较强,呈次级叠加状态成带状大范围连续分布,局部向内凹陷,矿床赋存区位,带状异常凹陷区另一侧正异常呈串珠状分布,与凹陷区共同组成环形封闭圈包围负异常于其中。负异常空间分布呈囊状由次级异常组合而成北东-南西向展布,各次级异常以透镜状产出串珠状顺势排列成条带状,沿负异常走向延伸。矿床赋存于正负异常过渡区靠近较强正异常一侧的梯度带之上,具体见图5-32、图5-33。

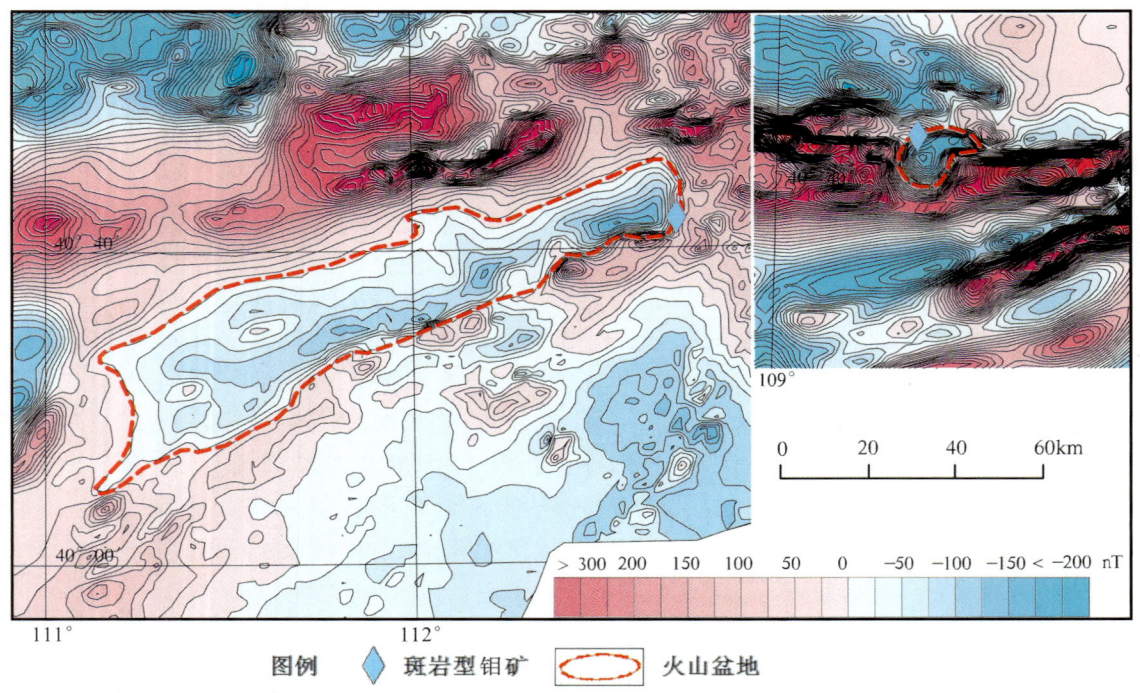

图 5-32 必鲁甘干、西沙德盖斑岩型钼矿床分布区航磁 ΔT 异常实例

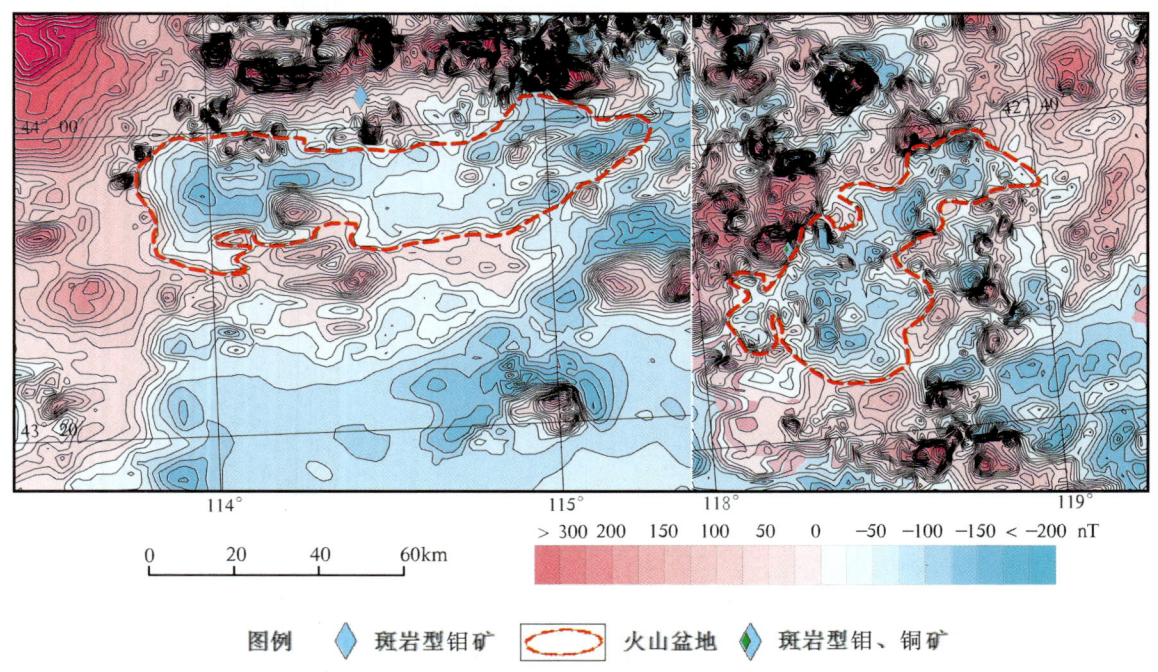

图 5-33 大苏计、车户沟三区斑岩型钼矿床、钼、铜矿床分布区航磁 ΔT 异常实例

2. 成矿环境与控矿因素简析

典型矿床赋存区构造单元区划隶属华北陆块区之吉兰泰-包头断陷盆地（Cz）、固阳-兴和陆核（Ar_3）二级构造单元；天山-兴蒙造山系之园包山（中蒙边界）岩浆弧（O—D）、海拉尔呼玛弧后盆地（Pz）、

扎兰屯-多宝山岛弧(Pz_2)、温都尔庙俯冲增生杂岩带二级构造单元。分布于黑鹰山-小狐狸山铁、金、铜、钼、铬Ⅲ级成矿亚带、乌拉山-集宁铁、金、银、钼、铜、铅、锌成矿亚带、根河-甘河钼、铅、锌、银成矿亚带、温都尔庙-红格尔庙铁、金、钼成矿亚带、内蒙古隆起东段铁、铜、钼、铅、锌、金、银成矿亚带。

区域上,正异常场值较强呈次级叠加状态,呈带状大范围连续分布这一特征表明,火山岩成带状大范围分布;带状异常内凹,与另一侧串珠状异常组成环形封闭圈包围囊状负异常于其中,这一特征表明火山岩带边部存在封闭盆地,沉积物充填其中构成沉积建造火山盆地;负异常区内次级异常串珠状顺势排列成条带状,沿负异常走向分布,这一特征表明火山盆地内沿走向存在断裂构造。这些要素共同组成矿床赋存环境,矿床赋存于火山岩带边部与盆地的接触带。

地槽区内与典型矿床相关的火山岩带分别处于甜水井-雅干深断裂、大兴安岭主脊-林西岩石圈深大断裂带之上与地台北缘深断裂、查干敖包-阿荣旗超岩石圈断裂、锡林浩特地块南缘深断裂及破碎带边部。华北陆块区内与典型矿床相关的火山岩带经变质作用已形成太古宙—元古宙基底地层,尽管它们的岩性发生改变,但其原生构造特征被地磁场记录下来。这些新老火山岩带(华北陆块区及以东区域)尽管走向不同,有的北东-南西走向,有的东西走向,但与矿床相关联的盆地走向均为北东-南西向,充分说明矿床的形成受控于北东-南西向区域断裂构造。归纳上述结果,火山岩带与火山盆地这种特定的组合环境与断裂构造是重要控矿因素。

3. 找矿区位选择

依据矿床分布环境寻找该类矿床找矿地段应该选择在火山岩带边部存在封闭式火山盆地的区段。若火山岩带为横向延伸距离大、纵向分布宽度大的区域性大范围分布,此时火山岩带与深大断裂并行,找矿区段应紧邻深大断裂边部;若火山岩带分布范围小,此时火山岩带分布于深大断裂内,找矿区段应选在深大断裂内。

(二)热液型钼矿床

1. 矿床赋存区位航磁异常特征

区域上,正异常场值较强,呈次级叠加状态大面积分布。矿床赋存区位,各次级异常场值较强、形态复杂,大小各异,呈分支复合串珠状排列,呈条带状分布构成阵列沿北东-南西向延伸。分支点内侧正异常反向独立圈闭(由边缘向异常中心场值渐变减小)范围小、场值低,伴生于主干异常边部,形态随周边环境顺势而变,矿床赋存于此小异常过部。具体见图5-34、图5-35。

2. 成矿环境与控矿因素简析

典型矿床赋存区构造区划隶属天山-兴蒙造山系之海拉尔-呼玛弧后盆地(Pz)、扎兰屯-多宝山岛弧(Pz_2)二级构造单元。分布于二连-东乌旗钨、钼、铁、锌、铅、金、银、铬成矿亚带、根河-甘河钼、铅、锌、银成矿亚带。

异常特征表明典型矿床赋存于火山岩大面积分布的环境之中,火山岩分布区断裂构造较发育,这些断裂构造往往膨大收缩、分支复合成条带状分布,组成断裂阵北东-南西向延伸形成局域构造格局,矿床赋存于断裂分支复合处。分支复合点为侧反向独立圈闭范围小、场值低的正异常对应地质体为酸性侵入体,沿火山岩分布区断裂阵内裂隙分支复合点侵入矿床分布于其边缘围岩中。由此可见,北东-南西向延伸的断裂构造与酸性岩浆侵入活动为重要控矿因素。

3. 找矿区位选择

依据矿床分布环境寻找该类矿床找矿区位应该选择在火山岩分布区北东-南西向断裂阵内裂隙分支复合点处有酸性岩浆侵入的地段。

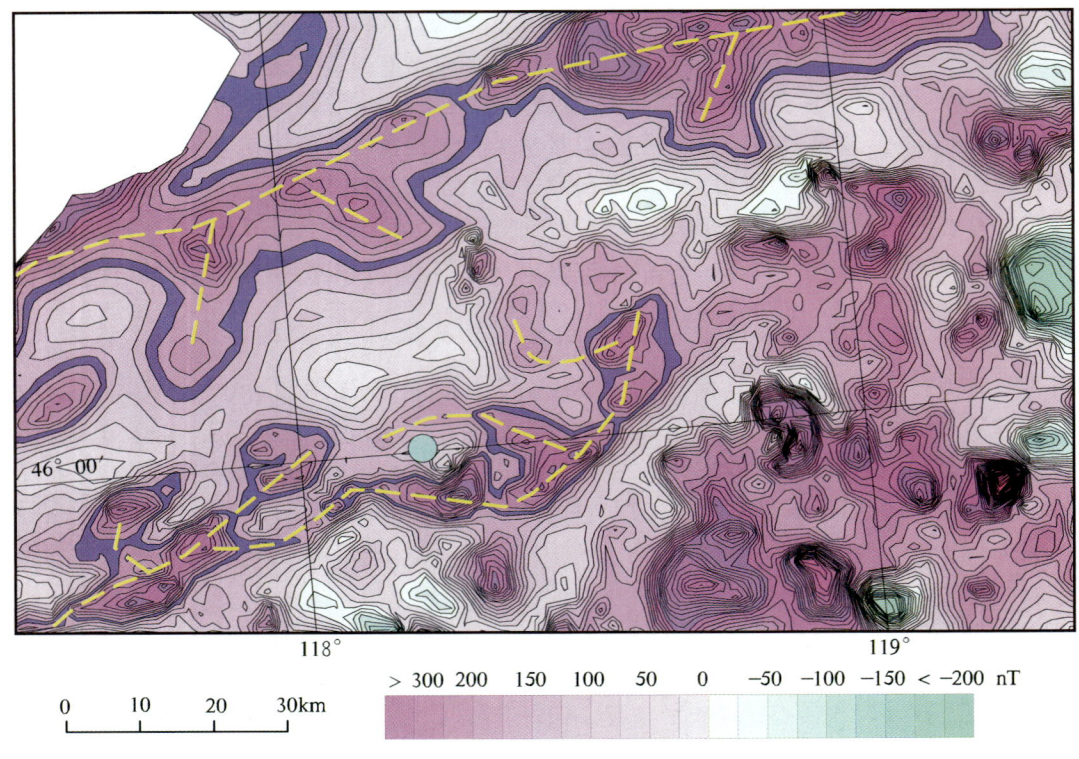

图 5-34 迪安钦阿木热液型钼矿床分布区航磁 ΔT 异常实例

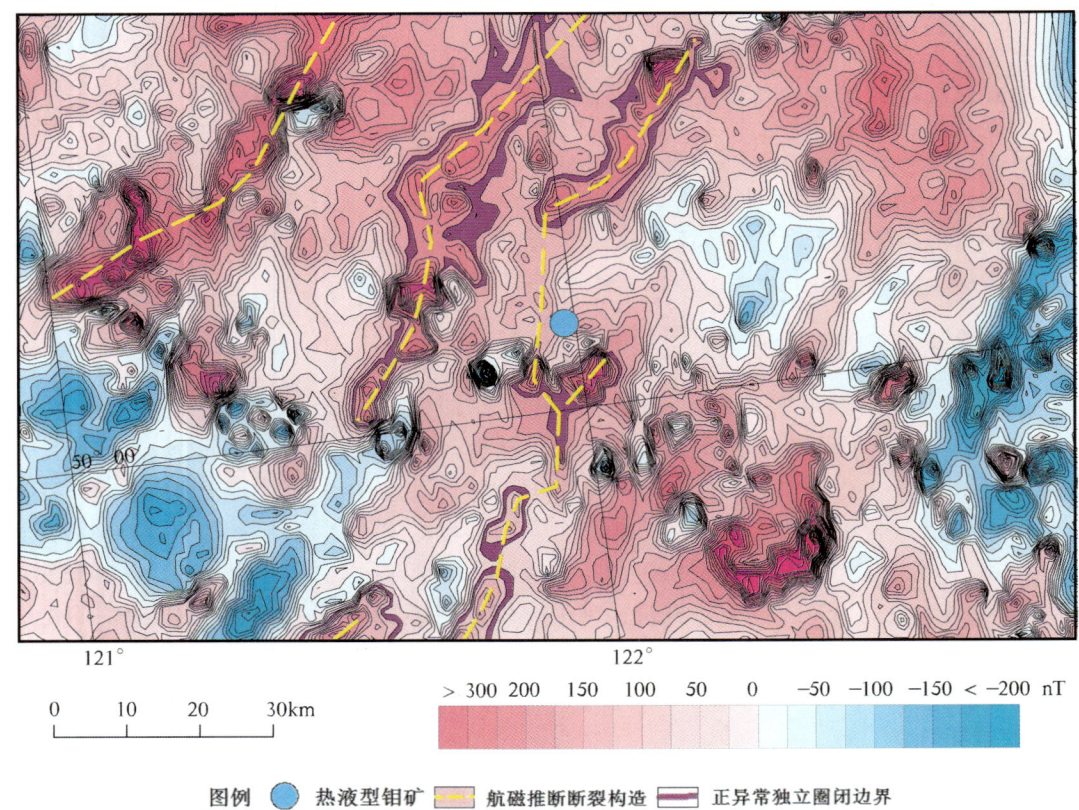

图 5-35 外新河热液型钼矿床分布区航磁 ΔT 异常实例

(三) 热液型钼、铜矿床

1. 矿床赋存区位航磁异常特征

该类矿体典型矿床分布区航磁异常存在两种分布特征：①区域上正异常场值较高，呈次级叠加状态大面积出现，矿床赋存区位各次级异常形态复杂，大小各异串珠状顺势排列有序叠加组成条带状阵列，北东-南西向延伸。矿床赋存于阵列中条带状异常之上，具体见图5-36。②区域上一侧负异常场值较强（绝对值）呈次级叠加状态成带状北西-南东向展布，各次级异常以大团块状产出串珠状顺势排列，北西-南东向延伸，一侧正异常场值较强，以小条带状产出相互叠加，局部小条带状负异常夹于其间组成阵列大面积分布。矿床赋存区位，异常呈次级叠加状态、串珠状排列成窄条带状，正负相间组成阵列北东-南西向延伸，矿床赋存于正、负小条带状异常交叉处负异常一侧，具体见图5-37。

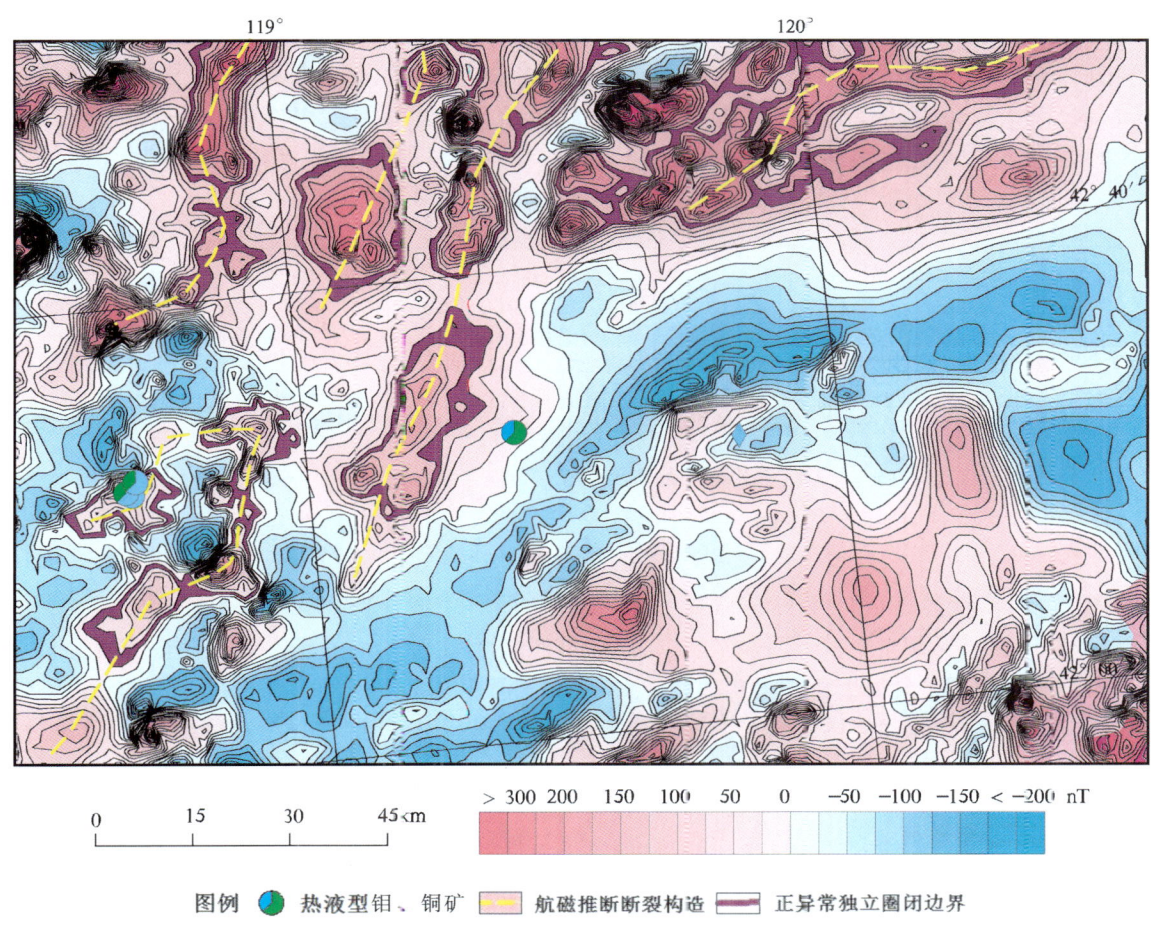

图5-36 四道沟、胡彩沟、后塔子、关家营热液型钼、铜矿床分布区航磁 ΔT 异常实例

2. 成矿环境与控矿因素简析

典型矿床分布区构造单元区划隶属天山-兴蒙造山系之园包山（中蒙边界）岩浆弧（O—D）、扎兰屯-多宝山岛弧（Pz_2）、温都尔庙俯冲增生杂岩带二级构造单元。分布于黑鹰山-小狐狸山铁、金、铜、钼、铬Ⅲ级成矿亚带、库里吐-汤家杖子钼、铜、铅、锌、钨、金成矿亚带、小东沟-小营子钼、铅、锌、铜成矿亚带、罕达盖-博克图铁、铜、钼、锌、铅、银、铍成矿亚带、内蒙古隆起东段铁、铜、钼、铅、锌、金、银成矿亚带。

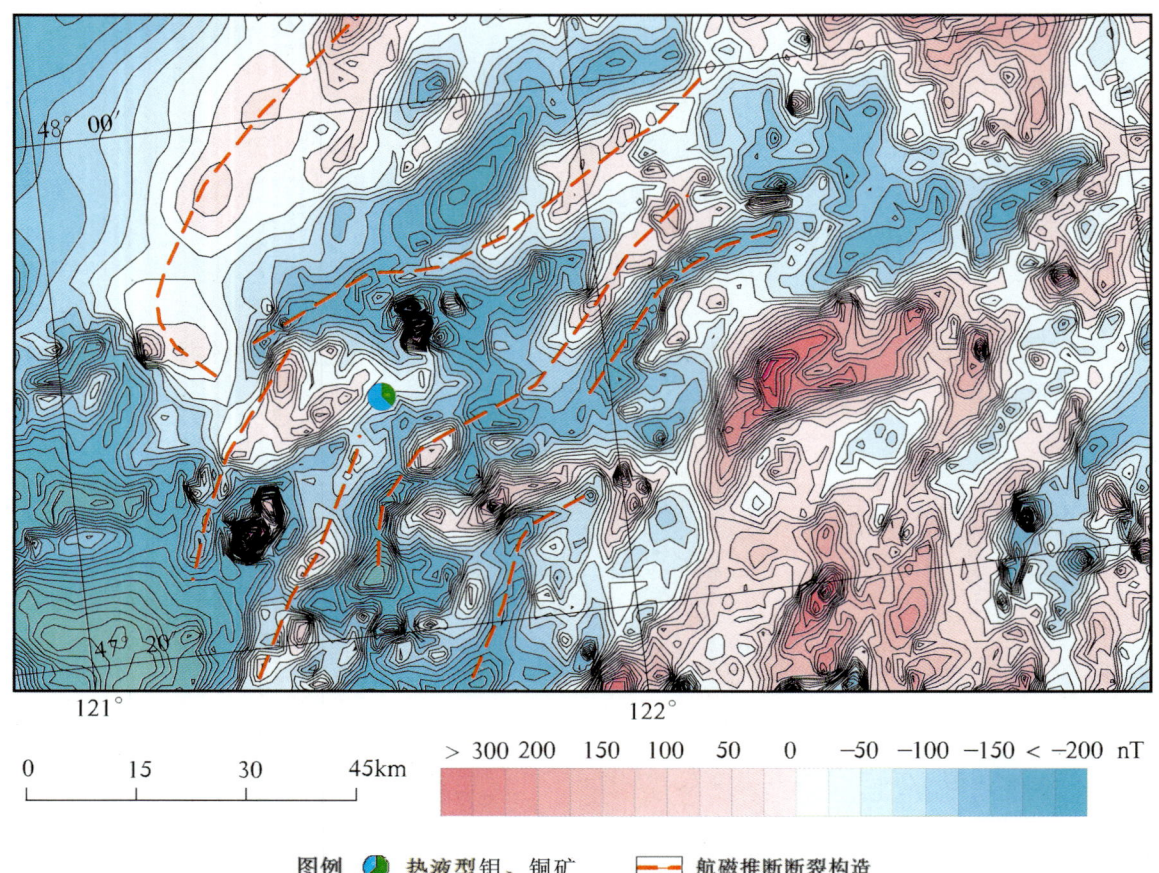

图 5-37 花岗山热液型钼、铜矿床分布区航磁 ΔT 异常实例

异常特征①表明典型矿床赋存于火山岩大面积分布的环境之中，火山岩分布区断裂构造较发育，这些断裂构造往往膨大收缩，形态复杂成条带状分布组成断裂阵北东-南西向延伸，与南侧地台北缘深断裂相交形成局域构造格局，矿床赋存于断裂阵与地台北缘深断裂相交的一端。

异常特征②表明区域上断裂构造褶皱构造并存，左侧为沉积建造地层分布区未定名断裂1，由此区通过右侧为火山岩分布区，矿床赋存区夹于两区之间。矿床赋存区位断裂构造发育多条并列分布构成断裂阵北东-南西向延伸与南侧北西-南东向延伸的未定名断裂1相交形成局域构造格局。断裂阵与未定名断裂1相交处有酸性岩体侵入矿床赋存于侵入体与围岩接触带。由正则化滤波异常可见典型矿床分布区大的构造背景为大兴安岭主脊-林西岩石圈深大断裂带东段，矿床赋存区位未定名断裂1以北西-南东走向从左侧通过，右上侧火山岩带北东-南西走向其下端终结于此，左下侧火山岩带北西-南东走向其上端终结于此，断裂构造、火山构造多重汇合形成局域构造格局。具体见图5-38。

归纳上述结果可知，北东-南西向断裂构造与酸性岩浆侵入活动是重要控矿因素。

3. 找矿区位选择

依据矿床分布环境寻找该类矿床找矿区位应该选择在火山岩分布区北东-南西向断裂阵内有酸性岩浆侵入的地段。

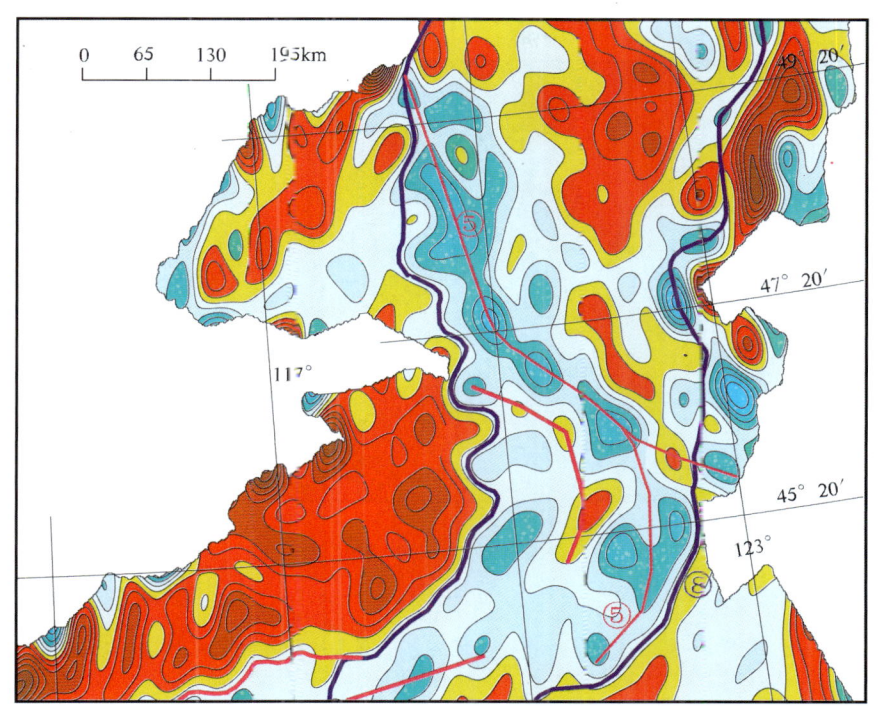

图例 ● 热液型钼、铜矿 ⑤ 航磁推断未定名断裂1
      ⑧ 航磁推断大兴安岭主脊-林西岩石圈断裂带边界

图 5-38 花岗山热液型钼、铜矿床分布区航磁异常正则化滤波实例

五、典型钨矿床赋存区位航磁特征及异常地质信息简析

(一) 矿床赋存区位航磁异常特征

本小节描述的钨矿床包括斑岩型钨矿床、热液型钨矿床、热液型钨、钼矿床。该类典型矿床分布区航磁异常随区域不同而变,一般存在两种分布特征。

1. 华北陆块区及以东区域

区域异常特征多样不限于某种型式。矿床赋存区位正异常一侧凹形分布,凹形区内一般为负异常充填,偶见相对负异常充填(异常虽然为正,但由边缘向异常中心场值渐变减小,剔除区域背景场仍为负异常),矿床赋存于凹形区负异常一侧或正异常缓变带,具体见图5-39、图5-40。

2. 华北陆块区以西区域

区域上负异常大面积分布,场值较低(绝对值),变化平缓,矿床赋存区位异常以透镜状产出,串珠状有序排列线性分布,同带多条并列北西-南东向延伸,矿床赋存于透镜状异常之上或边缘。具体见图5-41。

(二) 成矿环境与控矿因素简析

典型矿床分布区构造区划隶属华北陆块区之狼山-白云鄂博裂谷(Pt_2)二级构造单元;天山-兴蒙造山系之明水岩浆弧(C)、公婆泉岛弧(O—S)、扎兰屯-多宝山岛弧(Pz_2)、温都尔庙俯冲增生杂岩带、松辽断陷盆地(J—K)二级构造单元。分布于石板井-东七一山钨、锡、铷、钼、铜、铁、金、铬、萤石成矿亚带、

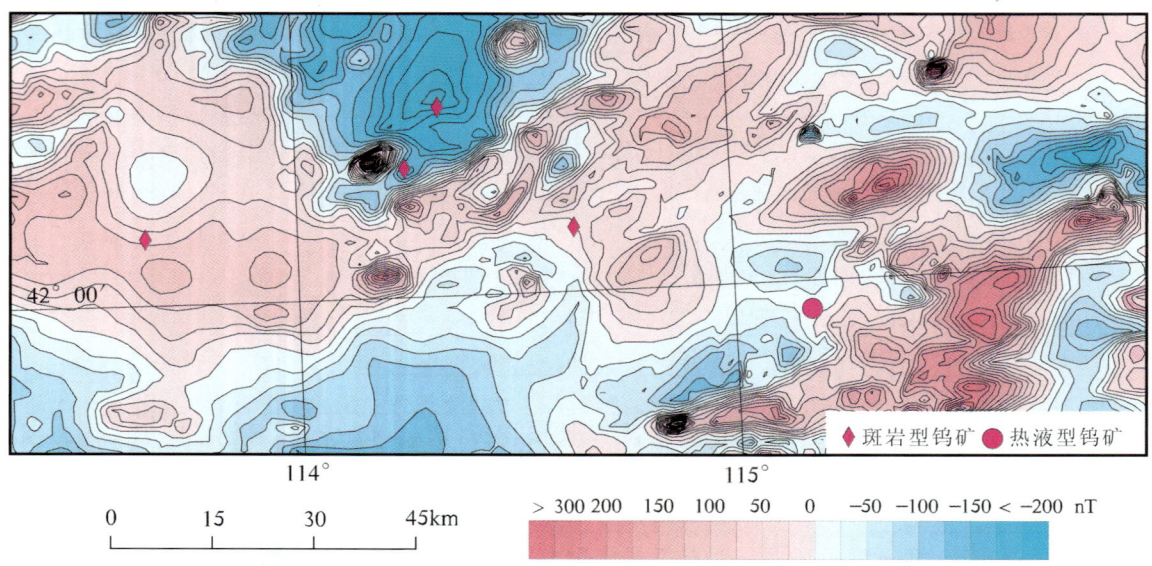

图 5-39　卯都房子、亳义哈达、灰热哈达、三胜村斑岩型白石头洼热液型钨矿床分布区航磁 ΔT 异常实例

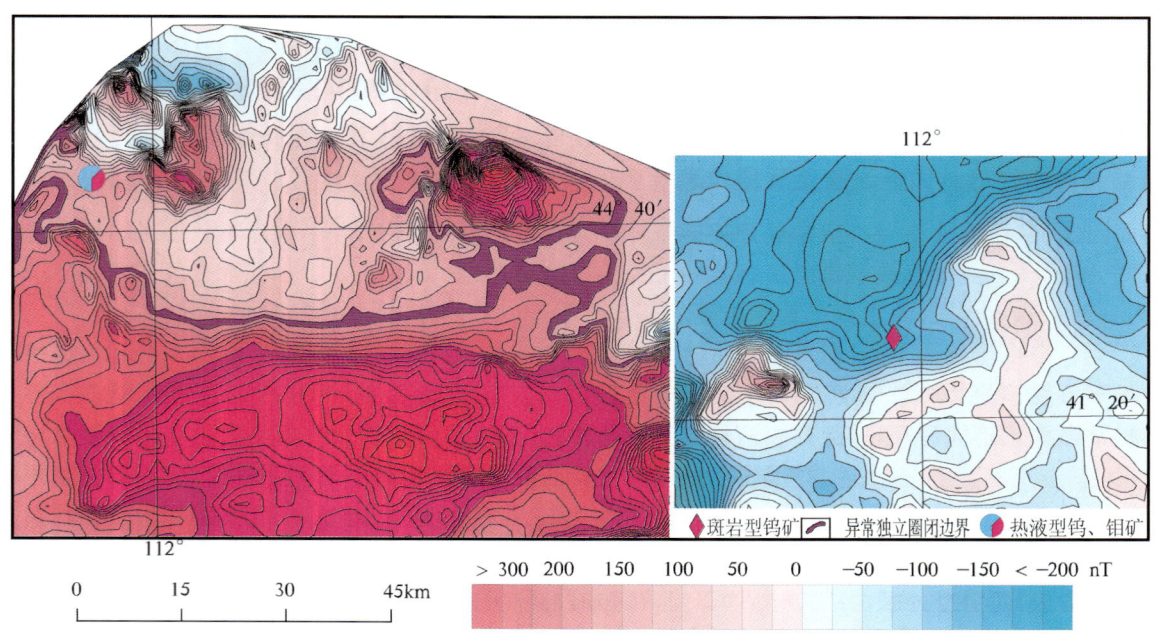

图 5-40　乌日尼图热液型钨、钼矿床及中斯拉斑岩型钨矿床分布区航磁 ΔT 异常实例

阿木乌苏-老硐沟金、钨、锑、萤石成矿亚带、白云鄂博-商都金、铁、铌、稀土、铜、镍成矿亚带、固阳-白银查干金、铁、铜、铅、锌、石墨成矿亚带、卯都房子-亳义哈达钨、铅、锌、铬成矿亚带、二连-东乌旗钨、钼、铁、锌、铅、金、银、铬成矿亚带、库里吐-汤家杖子钼、铜、铅、锌、钨、金成矿亚带。

异常特征①表明岩浆岩带一侧呈凹形分布，沉积建造充填其间形成局域半封闭盆地，矿床赋存于岩浆岩与沉积建造接触带附近或岩浆岩之中，这些凹形构造可能是不同方向断裂在岩体分布区汇集的一种表现形式。该类典型矿床分布受控于断裂构造，主要分布区为地台北缘深断裂及与其相邻的火山岩带边部，锡林浩特地块南缘深断裂及破碎带与火山岩带相邻的凹陷区分布两例，但也与地台北缘深断裂非常邻近，中蒙边界一例也分布于断裂带之上。

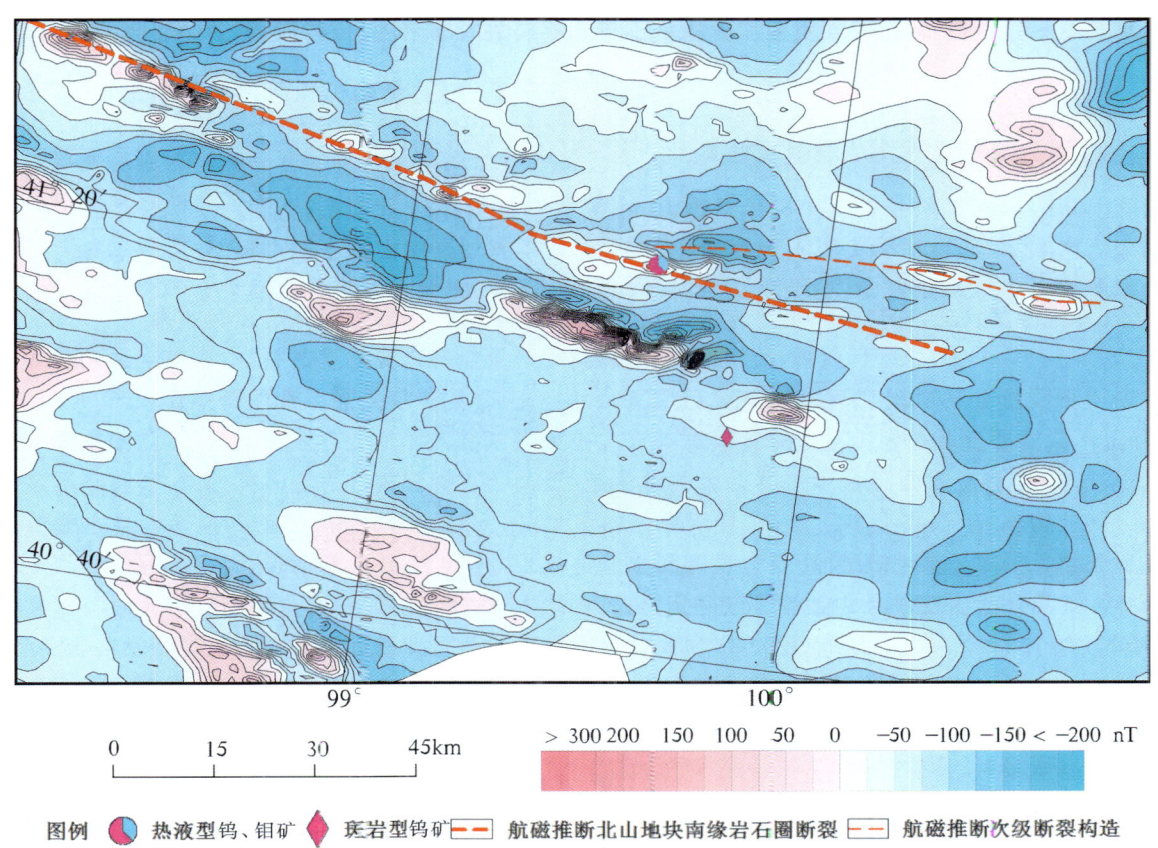

图 5-41 七一山热液型钨、钼矿床及鹰嘴红山斑岩型钨矿床分布区航磁 ΔT 异常实例

异常特征②表明断裂带内多条断裂膨大收缩,并行分布沿北西-南东向延伸,岩体断续侵入其间,矿床分布于断裂带之上产于侵入体为或围岩之中。所给两例矿床均分布于北山地块南缘岩石圈断裂之上。归纳上述结果可知,深大断裂与岩浆侵入活动是该类矿床产出的重要控矿因素,华北陆块区及以东区域凹形构造也为重要控矿因素。

(三)找矿区位选择

华北陆块区及以东区域找矿区位应选择在沿深大断裂岩浆岩带一侧较大弯曲内凹形区、被沉积建造充填的区段;华北陆块区以西区域找矿区位应选择在沉积建造地层区深大断裂同带多条并行、膨大收缩呈线形分布小型岩体断续侵入的地段。

六、典型锡矿床赋存区位航磁特征及异常地质信息简析

该类矿床给出 5 例,4 个矿种分别为热液型锡矿床、热液型锡、铜矿床、热液型锡、银矿床、热液型锡、铅、锌矿床,分别处于 4 个磁异常区位,由于矿床较少不具备统计意义故对其进行分别叙述。

(一)小孤山、毛登热液型热液型锡铅锌、锡银矿床

1. 矿床赋存区位航磁异常特征

区域上,北侧与大面积分布的正异常区相邻,南侧为大面积分布的负异常区,矿床处于区域正负异常接触带负异常区一侧。矿床赋存区位,背景场平稳场值为负大面积出现,独立圈闭的负异常分布范围

较小,主值区北东-南西向延伸,外侧等值线张弛曲褶,东西向拉伸,四周被碎块状小异常包围,外形依周边碎块状小异常顺势而变,与环境中的碎块状小异常共同组成北东-南西向延伸的异常带。矿床赋存于该负异常张弛带缓变区。具体见图5-42。

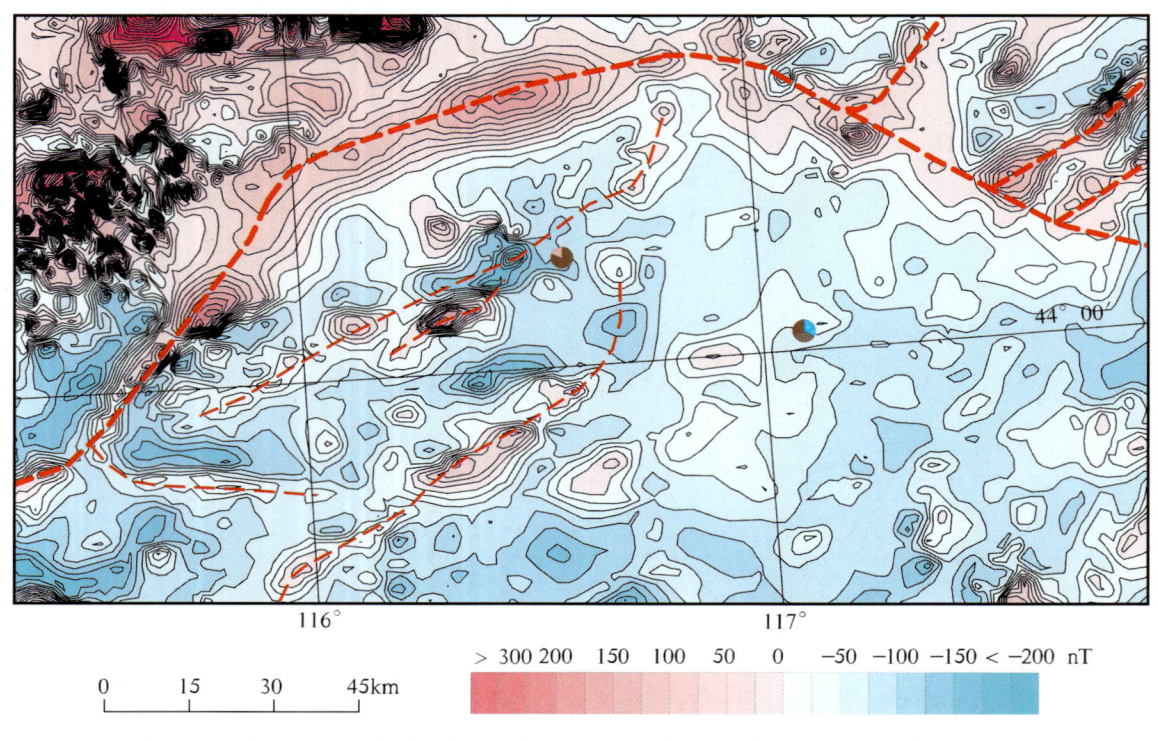

图5-42 小孤山、毛登热液型锡、铅、锌矿及热液型锡、银矿床分布区航磁 ΔT 异常实例

2. 成矿环境与控矿因素简析

矿床分布区构造单元区划隶属天山-兴蒙造山系之锡林浩特岩浆弧(Pz_2)二级构造单元,分布于索伦镇-黄岗铁、锡、铜、铅、锌、银成矿亚带。

异常特征表明两矿床赋存区位地质环境为:北侧火山岩大面积分布,南侧沉积建造地层大面积分布,火山岩区向北凹陷与地层区接触,矿床赋存于两者弧形接触带地层区一侧。接触带地层疏散、裂隙发育、岩浆侵入频繁,二连-贺根山超岩石圈断裂沿接触带通过,局域断裂交错分布共同构成构造背景,矿床分布于局域交错断裂之上。矿床赋存区位,酸性岩筒分布于中间,周边被较小的岩浆岩体星散包围,矿床分布于岩筒附近。酸性岩筒对应负异常强度较大(绝对值),表明其延深巨大,绝非一般侵入体,可能为酸性火山通道。这些特征说明,复合断裂构造与岩浆活动是重要控矿因素。

(二)大井子北热液型锡铅锌矿床

1. 矿床赋存区位航磁异常特征

该区异常特征与小孤山、毛登热液型热液型锡、铅、锌矿床,锡、银矿床分布区异常特征相仿。区域上,左侧负异常大面积分布,右侧正异常大面积分布,矿床处于区域正负异常接触带负异常区一侧。矿床赋存区位,异常场值为负分布、范围较小、四周被团块状小正异常星散包围,空间分布形态依周边小异常顺势而变,与周边正异常近于突变接触。主值区平坦开阔、独立圈闭、分布面积相对较大呈等轴状。异常南翼梯度相对较陡,北翼相对较缓,热液型锡、铅、锌矿床产于异常主值区外侧边部,具体见图5-43。

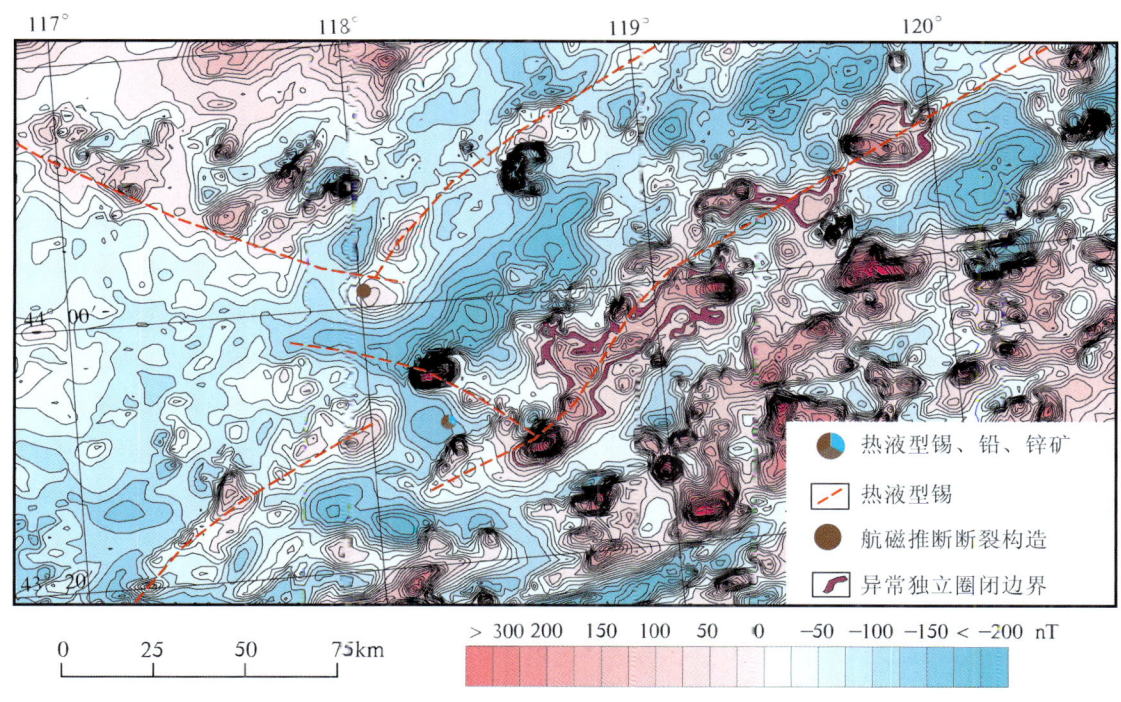

图 5-43 宝盖沟热液型锡矿床，大井子北热液型锡、铅、锌矿床分布区航磁 ΔT 异常实例

2. 成矿环境与控矿因素简析

矿床分布区构造单元区划隶属天山-兴蒙造山系之锡林浩特岩浆弧（Pz_2）。分布于神山-大井子铜、铅、锌、银、铁、钼、稀土、铌钽、萤石成矿亚带。

异常特征表明该矿床赋存区位大的地质环境与小孤山、毛登热液型热液型锡、铅、锌矿床，锡、银矿床赋存区位相同，同样，一侧紧邻火山岩分布区，矿床赋存于两者接触带地层区一侧。所处大的构造环境为大兴安岭主脊-林西岩石圈深大断裂带西段。矿床赋存区位断裂构造发育纵横交错：东侧北东-南西向延伸的断裂一端汇集于此；西南侧北东-南西向延伸的断裂一端汇集于此；北侧北西-南东向延伸的断裂紧邻其旁通过，这些断裂相互交织共同构成局域构造背景夹矿床赋存区位于其间，具体见图 5-43。对比小节（一）中结果可知，矿床同样分布于酸性岩筒附近，酸性岩筒可能为酸性火山通道，复合断裂构造与岩浆活动为重要控矿因素。

（三）热液型锡矿床

1. 矿床赋存区位航磁异常特征

区域上，北侧与大面积分布的正异常区相邻，南侧为大面积分布的负异常区，矿床处于区域正负异常接触带负异常区一侧。矿床赋存区位，异常总体呈叠加状态，由两个次级异常组合而成叠加于低值负异常之上。两次级异常较规则分布面积小，以楔状产出一头膨大、一头紧缩，长轴方向各异遵从周边异常分布趋势。北侧次级异常与北东-南西向分布的串珠状异常融合，共同组成串珠状异常带；南侧次级异常长轴转向迎合西北侧带状异常走势。热液型锡矿床产于南侧次级异常膨大端梯度带上部，具体见图 5-43。

2. 成矿环境与控矿因素简析

矿床分布区构造单元区划隶属天山-兴蒙造山系之锡林浩特岩浆弧（Pz_2）。分布于索伦镇-黄岗铁、锡、铜、铅、锌、银成矿亚带。

异常特征表明该矿床赋存区位大的地质环境与小孤山、毛登热液型热液型锡、铅、锌矿床，锡、银矿床赋存区位相同，同样一侧紧邻火山岩分布区，另一侧为地层区矿床赋存于两者接触带靠近地层区一侧。所处大的构造环境为大兴安岭主脊-林西岩石圈深大断裂带西段。矿床赋存区位同一异常的两个次级异常长轴方向各异，表明异常对应地质体被断裂纵向穿切，方向不同的断裂构造汇集于该地质体。北侧的次级异常对应地质体融合于北东-南西向的断裂构造，南侧的次级异常对应地质体融合于北西-南东向的断裂构造，两断裂构造呈"十"字相交于南北两侧地质体之间构成局域构造背景矿床，赋存于断裂相交汇合点，具体见图5-43。复合断裂构造与岩浆活动为重要控矿因素。

归纳上述结果可知，热液型锡矿，热液型锡、铅、锌矿，热液型锡、银矿成矿环境极其相似，不同的是热液型锡、铅、锌矿与热液型锡、银矿成矿环境中岩体酸性更强，它们均受控于交叉复合式断裂构造。

3. 找矿区位选择

上述三矿床成矿环境基本相同，故一起讨论。依据成矿环境寻找该类矿床找矿区位应该选择在火山岩分布区与沉积建造地层区接触带交错复合式断裂构造体系之上。热液型锡、铅、锌矿和热液型锡、银矿床赋存于酸性很强的岩筒旁，而热液型锡矿赋存于酸性相对较弱的侵入体之上。

（四）热液型锡铜矿床

1. 矿床赋存区位航磁异常特征

区域上，一侧异常场值较强（绝对值），正负相间呈次级叠加状态无序分布，一侧正异常场值较强，呈次级叠加状态大面积出现。矿床赋存区位各次级异常形态复杂，大小各异呈串珠状顺势排列有序叠加，组成条带状阵列北东-南西向延伸。矿床赋存于阵列中条带状异常分支复合节点处，具体见图5-44。

2. 成矿环境与控矿因素简析

矿床分布区构造单元区划隶属天山-兴蒙造山系之温都尔庙俯冲增生杂岩带二级构造单元。分布于小东沟—小营子钼、铅、锌、铜成矿亚带。

异常特征表明区内火山岩大面积分布一侧火山岩呈蜂房状无序分布，一侧火山岩总体呈带状北东-南西向延伸有序分布，带内裂隙发育膨大收缩、分支复合组成条带状阵列北东-南西向延伸。两种分布特征说明两侧火山岩分布区所处地质环境迥然不同，矿床分布于两侧火山岩分区界线处即接触带，产于北东-南西向延伸的断裂构造分支复合节点处。

区域上北侧为锡林浩特地块南缘深断裂及破碎带，南侧为地台北缘深断裂，矿床分布区火山岩总体呈带状夹于两断裂之间构成两侧断裂构造、中间火山构造，三者北东-南西向并行的总体构造格局，矿床赋存于火山岩带内的条带状断裂与地台北缘深断裂相交的一端。归纳上述结果可知，断裂构造是重要控矿因素。

3. 找矿区位选择

依据矿床分布环境寻找该类矿床找矿区位应该选择在两种火山岩分布区的接触带，即火山岩带内北东-南西向延伸的条带状断裂阵侧翼边缘处。

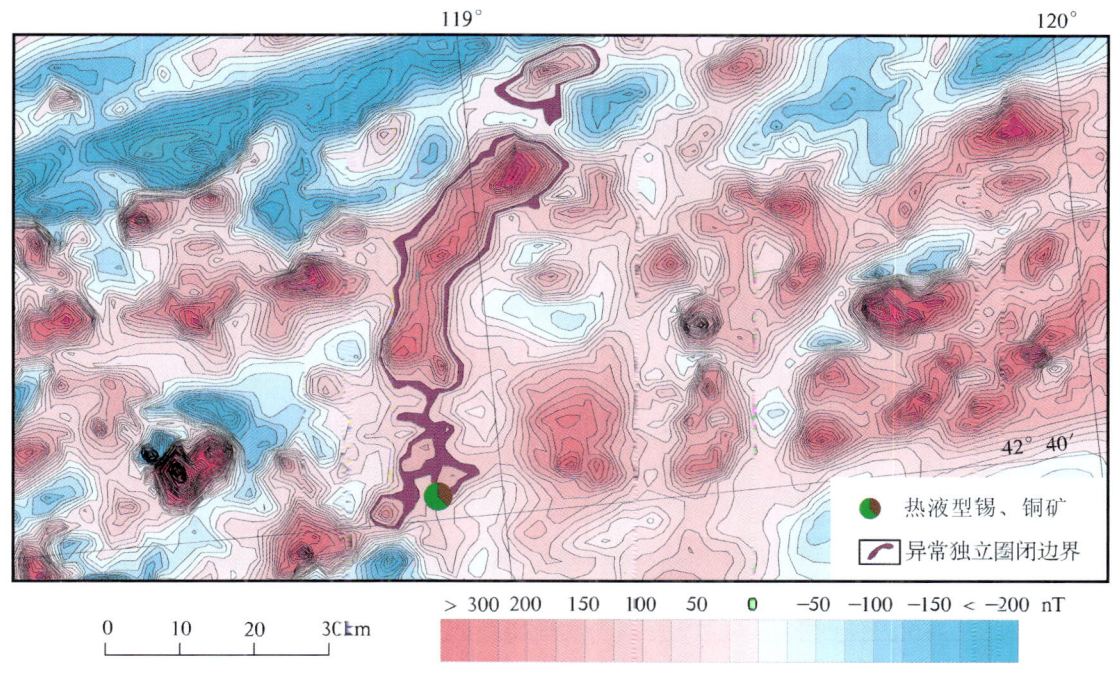

图 5-44 二道沟热液型锡、铜矿床分布区航磁 ΔT 异常实例

七、典型铬矿床赋存区位航磁特征及异常地质信息简析

(一)矿床赋存区位航磁异常特征

该矿种典型矿床分布区 1∶50 万航磁 ΔT 异常存在两类分布特征:①区域上,负异常场值较强(绝对值),大面积分布,由次级异常组合而成,各次级异常呈六的团块状产出,等值线波世拐折,斑点状、豆荚状小正异常寄生其中,一侧较强正异常紧邻其旁大面积分布。矿床赋存区位,正异常场值强、梯度陡、分布范围小,呈豆荚状依势寄生于负次级异常之间,走向遵从相邻异常分布趋势与区域构造线方向趋于一致。矿床赋存于豆荚状异常梯度带或边部负异常一侧,具体见图 5-45、图 5-46。②区域上依据异常特征可细划为西、中、东 3 个区:西区异常呈次级叠加状态,各次级异常多以点豆状产出,正负相间成群出现、遍布全区。中区北侧,异常平缓场值为正,呈面型分布,局部北东-南西向延伸的小条带状异常叠加其上;中区中部,异常呈次级叠加状态,各次级异常以点豆状产出,场值强、梯度陡,正负相间杂乱堆积构成"S"形分布的局域强磁异常区周边被串珠状负异常包围,矿床分布其间;中区南侧,负异常区域性分布,弧形正异常带沿其边缘通过,区内碎片状异常成群出现、无序星散分布。东区局域背景场较高,各次级异常场值强、梯度较陡,叠加其上以团块状产出相互组合构成条带状异常群,以北东-南西向延伸。

矿床赋存区位,异常强度大、梯度陡,呈次级叠加状态成窄条带状,以分段拐折"S'形分布。地理坐标点东经 116°17′、北纬 45°01′异常发生拐折,该点以东异常走向方位角 83°,该点以南异常走向方位角 0°;地理坐标点东经 116°17′、北纬 44°48′异常发生拐折,该点以西走向方位角 71°,该点以北走向方位角 0°。矿床赋存于南端走向拐折点附近,见图 5-47。

(二)成矿环境与控矿因素简析

典型矿床分布区构造单元区划隶属天山-兴蒙造山系之索伦山蛇绿混杂岩带(Pz_2)、二连-贺根山蛇

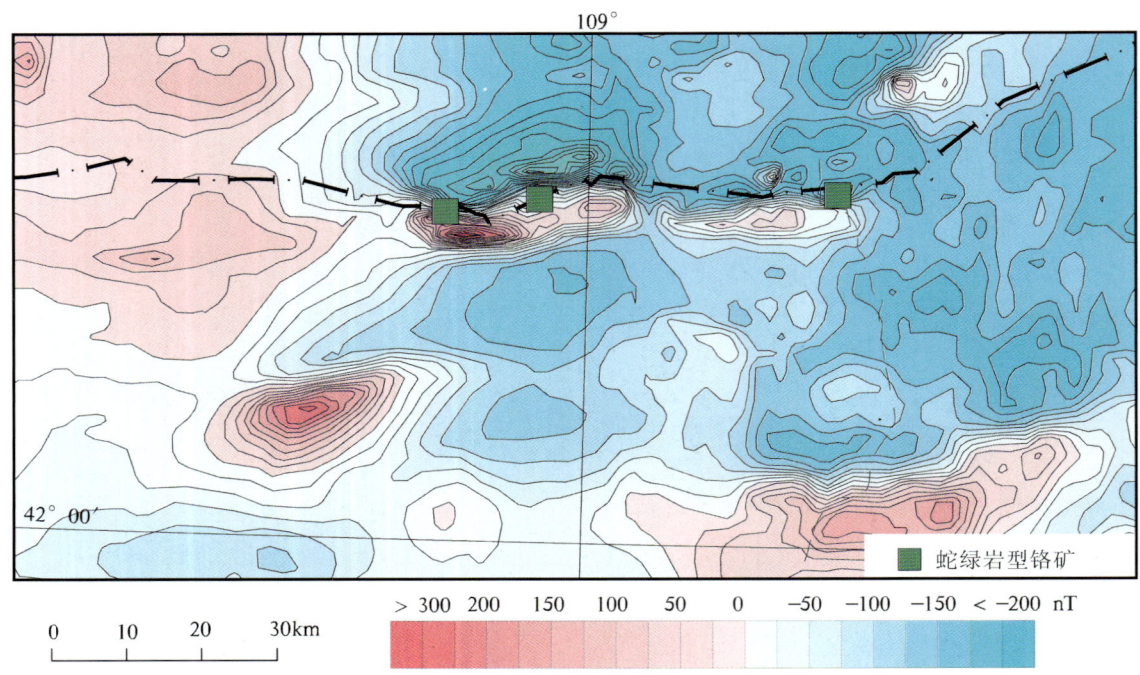

图 5-45 察汗胡勒、索伦山、乌珠尔蛇绿岩型铬矿床分布区航磁 ΔT 异常实例

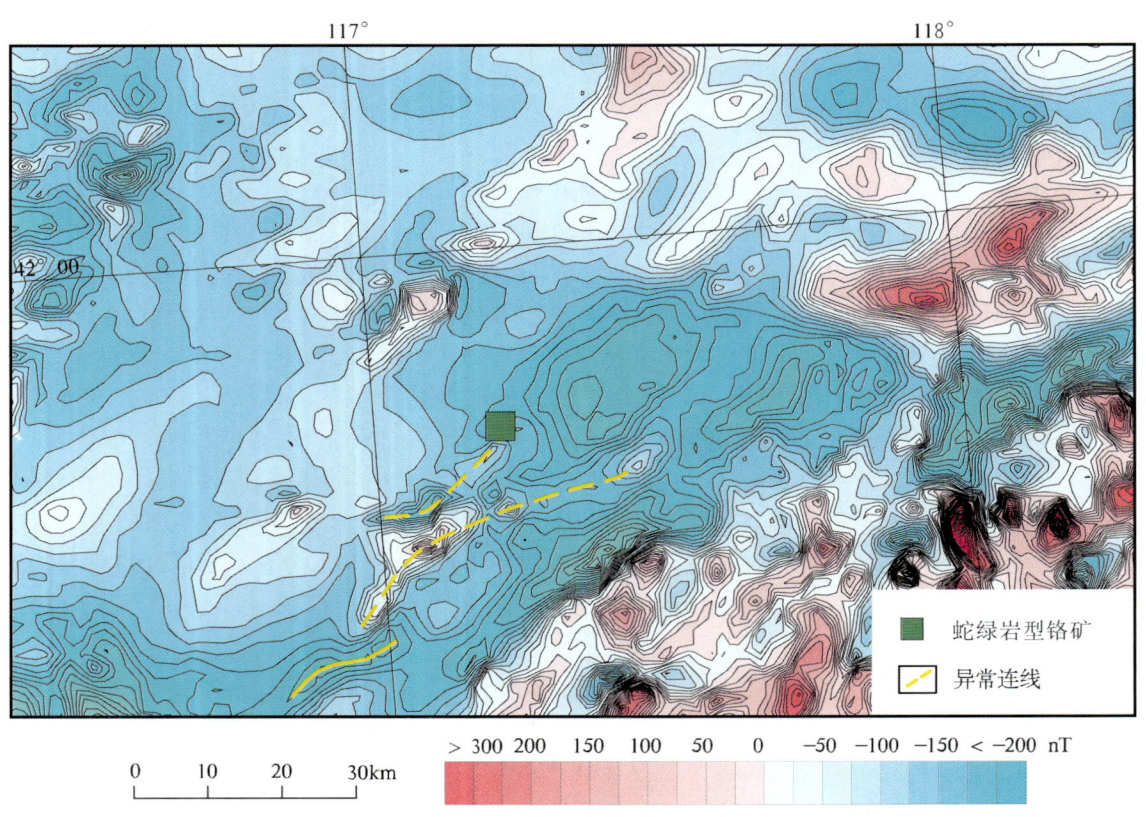

图 5-46 柯单山蛇绿岩型铬矿床分布区航磁 ΔT 异常实例

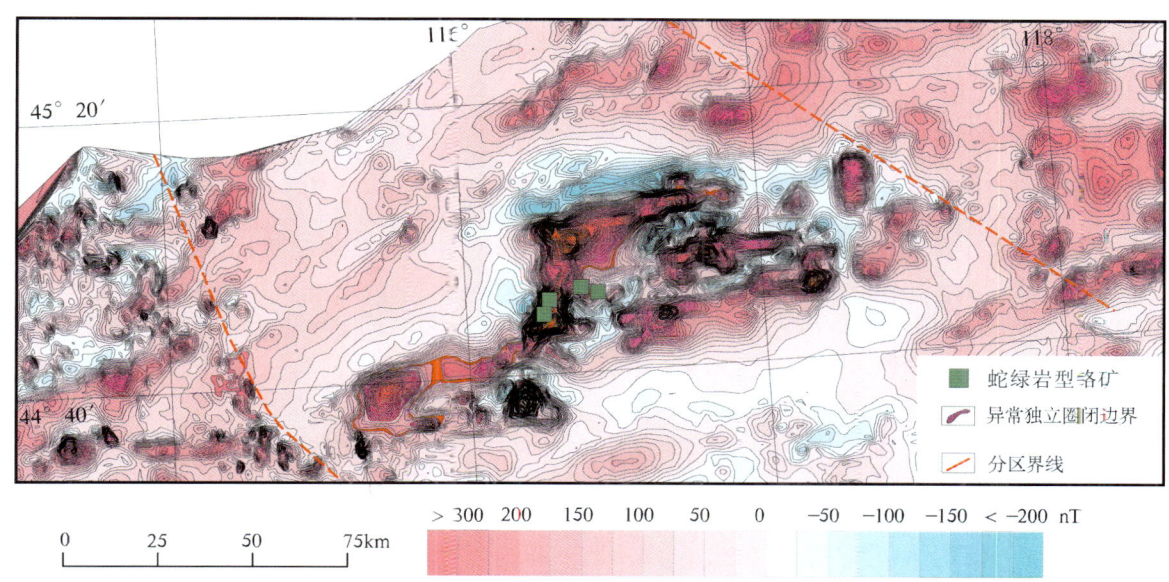

图 5-47 赫格敖拉 602、3756、贺白区蛇绿岩型铬矿床分布区航磁 ΔT 异常实例

绿混杂岩带（Pz_2）、温都尔庙俯冲增生杂岩带二级构造单元。分布于索伦山-查干哈达庙铬、铌成矿亚带、神山-大井子铜、铅、锌、银、铁、钼、稀土、铌钽、萤石成矿亚带、二连-东乌旗铬、钼、铁、锌、铅、金、银、铬成矿亚带。

异常特征①表明大的沉降盆地（或沉降带）边缘与火山岩带近区的沉积建造内褶曲构造发育，把地质体分割形成不同区块，基性、超基性岩脉沿区块之间的接触带侵入构成矿床的成矿环境，矿床产于基性、超基性岩体内或产于岩体与围岩的接触带。典型矿床分别位于索伦山超岩石圈断裂、锡林浩特南缘深断裂及破碎带、未定名断裂1，这一结果表明矿床的产出受控于深大断裂构造。上述结果说明沉降盆地（或沉降带）深大断裂构造及基性、超基性岩侵入活动为重要控矿因素。

异常特征②表明西区火山岩呈小块状星散分布，东区火山岩呈条块状连续分布，中区沉积建造大面积分布，由于厚度较薄自身磁场特征表现得并不十分强烈，基底磁场叠加其上形成整体地磁场强度较高的格局。含矿岩带（图5-47中红色线圈闭的范围）处于中区，与火山岩并存共同组成强磁性场源体。我们知道，磁法测量中，观测到的磁场强度是场源体积与磁性介质含量的共同效应，一些垂向延深很大、纵横向范围广阔的磁力场源体产生的磁场，随着观测高度的增大其场强衰减缓慢，在航磁测量中可观测到较强的磁场强度，据此分析该场源体垂向延深很大、纵横向分布范围广阔。含矿岩带北段、南段北东-南西走向，中段南北走向，这种突变拐折现象表明该岩带处于北东-南西向断裂构造与南北向断裂构造交叉复合部位，矿床赋存于断裂构造南端交叉复合处。北东-南西向分布的查干敖包-阿荣旗超岩石圈断裂与南北向分布的局域断裂相交，这种交叉复合构造环境形成局部矿床集群式产出的局面。归纳上述结果可知该典型矿床分布于北西-南东向沉降带中，交叉复合式断裂构造与基性、超基性岩侵入活动为重要控矿因素。

特征①②典型矿床都分布于沉降带与火山岩带相邻的地质环境之中，表明该环境组合对该类矿床形成有利。

（三）找矿区位选择

依据成矿环境，寻找该类矿床找矿区位应该选择在大型沉降盆地内（或沉降带）与火山岩带相近的存在深大断裂基性、超基性岩沿深大断裂侵入的地段。

八、典型镍矿床赋存区位航磁特征及异常地质信息简析

（一）热液型镍铜矿床

1. 矿床赋存区位航磁异常特征

区域上负异常大面积出现，点豆状异常场值强、梯度陡、成群出现星散分布，呈带状北东-南西向延伸。矿床赋存区位异常场值为正，强度低、梯度较缓，呈舌状沿北西-南东向展布规模相对较大，处于四面负异常包围之中，点豆状异常分布其旁，与其共同组成带状异常。矿床赋存于舌状异常梯度带上，具体见图5-48。

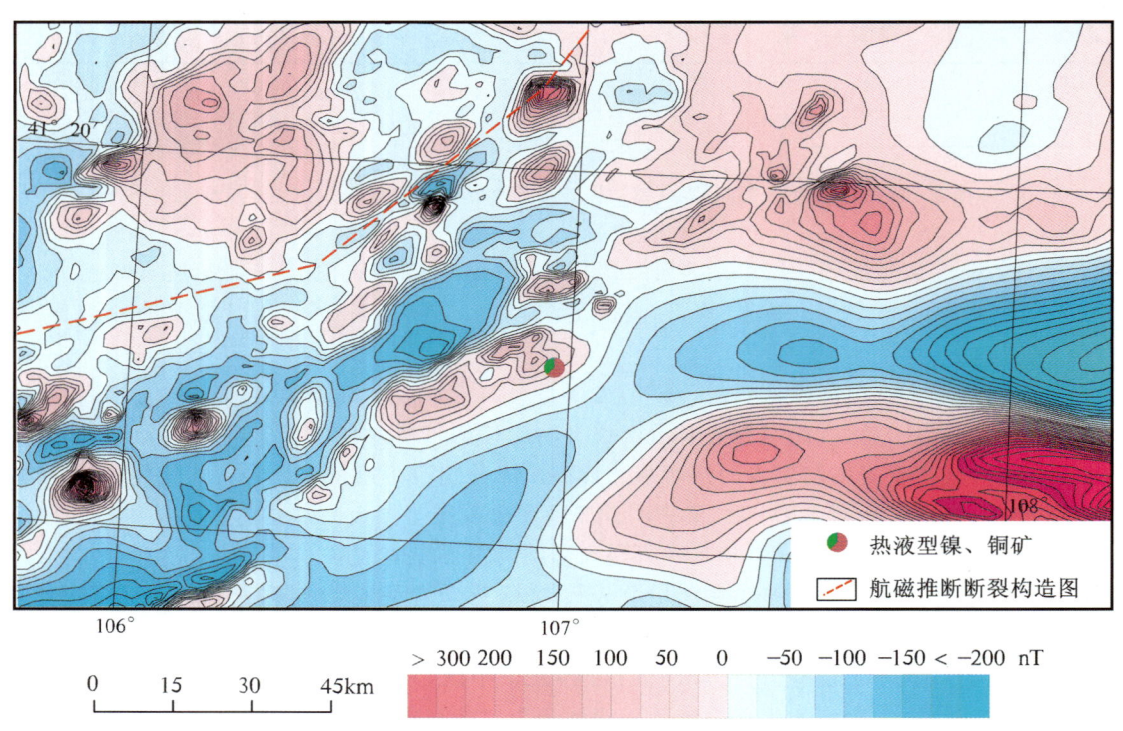

图5-48 欧布拉格、别力盖庙热液型镍、铜矿床分布区航磁 ΔT 异常实例

2. 成矿环境与控矿因素简析

典型矿床分布区构造单元区划隶属华北陆块区之迭布斯格-阿拉善右旗陆缘岩浆弧（Pz_2）、狼山-白云鄂博裂谷（Pt_1）二级构造单元。分布于狼山-渣尔泰山铅、锌、金、铁、铜、铂、镍、硫成矿亚带、白云鄂博-商都金、铁、铌、稀土、铜、镍成矿亚带。

异常特征表明矿床赋存区位，中酸性地质体侵入于地层之中，矿床产于中酸性侵入体与地层接触带附近。矿床分布于地台北缘深断裂之上，深大断裂构造为重要控矿因素。

3. 找矿区位选择

依据成矿环境寻找该类矿床找矿区位应该选择在华北陆块区地台北缘深断裂较大型舌状中酸性侵入体边缘。

(二)岩浆型镍铜矿床

1. 矿床赋存区位航磁异常特征

区域上正异常大范围出现低值缓变,斑点状缓变小,异常寄生其中,边界凹凸拐折,随周边负异常形态顺势而变,呈不规则带状,四周被负异常包围。矿床赋存区位异常存在三种分布特征:①次级异常场值相对较强,以点豆状产出,集群式出现叠加成带北东-南西向延伸,矿床赋存其中;②主体正异常呈舌状凸出,矿床赋存于其旁侧负异常中;③主体正异常凹陷区被负异常充填,其形态规则、梯度陡,依主体正异常给出空间顺势分布,矿床赋存于其缓变梯度带,具体见图5-49。

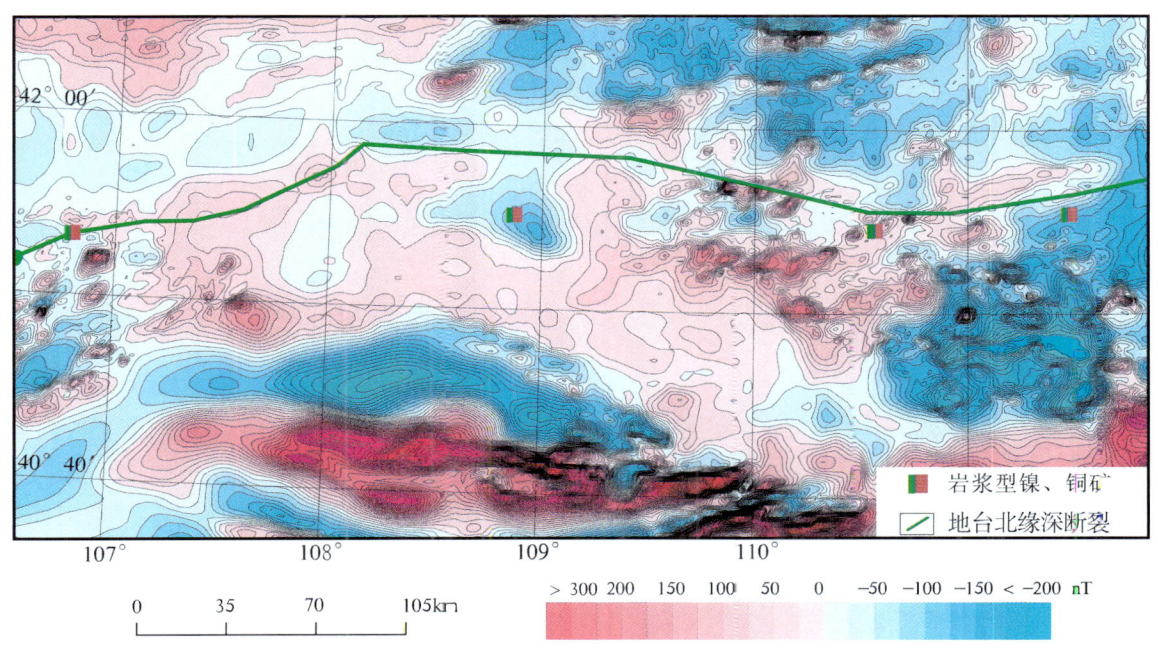

图5-49 额布图、克布、黄花滩、小南山岩浆型铜、镍矿床分布区航磁 ΔT 异常实例

2. 成矿环境与控矿因素简析

典型矿床分布区构造单元区划隶属华北陆块区之狼山-白云鄂博裂谷(Pt_1)二级构造单元;天山-兴蒙造山系之二连-贺根山蛇绿混杂岩带(Pz_2)二级构造单元。分布于查干此老-巴音杭盖铁、金、钨、钼、铜、镍、钴成矿亚带、白云鄂博-商都金、铁、铌、稀土、铜、镍成矿亚带、二连-东乌旗钨、钼、铁、锌、铅、金、银、铬成矿亚带。

大的区域上该类典型矿床多产于华北陆块区,小的产出环境多样,有的产于基性超基性岩带,有的产于沉积建造小盆地,有的产于岩体与沉积建造接触带附近无规律可循。但构造背景较明确,典型矿床均分布于深大断裂之上,集中分布于地台北缘深断裂,个别分布于查干敖包-阿荣旗超岩石圈断裂之上。就是说矿床的形成受控于构造区块,原生成矿物质来源于华北陆块区老地层的原岩建造,即太古宙—元古宙的基性、超基性火山岩,后期岩浆活动只是为成矿物质富集提供了条件。故古火山活动与断裂构造是重要的控矿因素。

3. 找矿区位选择

依据成矿环境寻找该类矿床找矿区位应该选择在环华北陆块区古火山机构群的地台北源深断裂之上。

(三) 岩浆型镍钴矿床

1. 矿床赋存区位航磁异常特征

该类典型矿床1:50万航磁 ΔT 异常存在两种分布特征：①区域上，正异常大面积连续出现，周边被低值（绝对值）缓变负异常包围。矿床赋存区位，正异常呈次级叠加状态、半岛状分布，梯度较缓、等值线张弛曲折。矿床赋存于正异常张弛缓变带上小次级异常主值区附近。②区域上，正异常大面积连续分布，一侧与低值（绝对值）缓变负异常相邻。矿床赋存区位异常呈次级叠加状态，各次级异常以点豆状产出，场值高、梯度陡，成群出现正负相间杂乱堆积，边部负异常范围较小、梯度缓，顺势分布独立圈闭与其伴存。矿床赋存于边部独立圈闭的缓变负异常内，具体见图5-50。

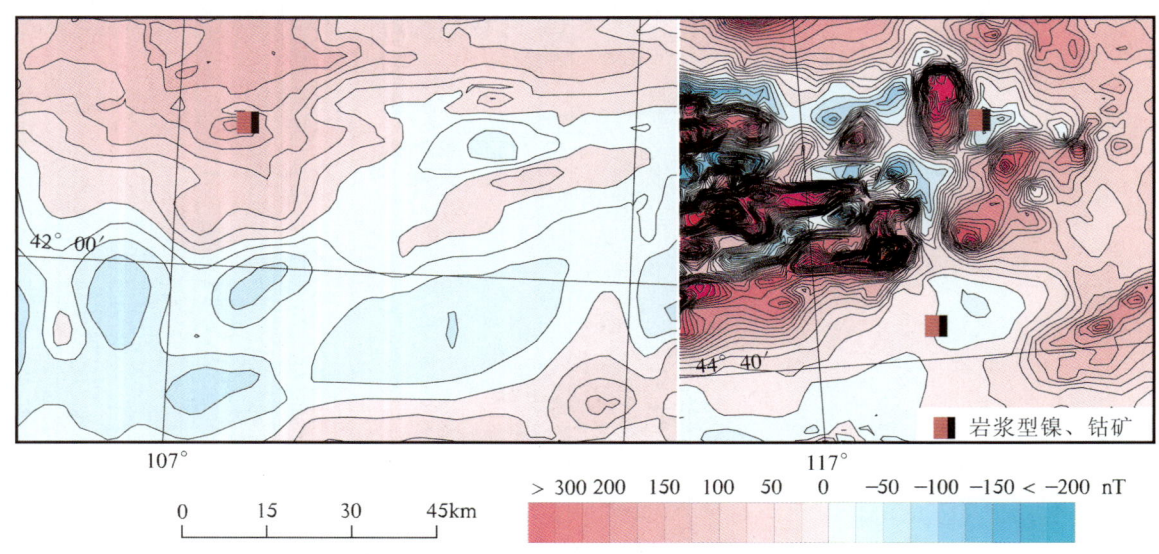

图5-50　达布逊、白音胡硕、珠尔很沟岩浆型镍、钴矿床分布区航磁 ΔT 异常实例

2. 成矿环境与控矿因素简析

典型矿床分布区构造单元区划隶属天山-兴蒙造山系之宝音图岩浆弧(Pz_2)、二连-贺根山蛇绿混杂岩带(Pz_2)、锡林浩特岩浆弧(Pz_2)二级构造单元。分布于查干此老-巴音杭盖铁、金、钨、钼、铜、镍、钴成矿亚带、索伦镇-黄岗铁、锡、铜、铅、锌、银成矿亚带。

异常特征表明区域上火山岩大范围分布，超岩石圈断裂沿火山岩分布区通过，矿床分布于超岩石圈断裂之上，产于小沉积盆地边缘。三例矿床分别处于索伦山超岩石圈断裂与查干敖包-阿荣旗超岩石圈断裂之上。这些分布特征表明火山活动与超岩石圈断裂是重要控矿因素。

3. 找矿区位选择

依据上述结果寻找该类矿床找矿区位应该选择在，火山岩分布区存在超岩石圈断裂并有沉积小盆地分布于超岩石圈断裂之上的地段。

九、典型锰矿床赋存区位航磁特征及异常地质信息简析

（一）沉积变质型、淋积型锰矿床

1. 矿床赋存区位航磁异常特征

区域上，较平稳的正异常大面积分布，负异常分布面积相对较小散布其间。矿床赋存区位，正异常宽阔缓变一侧小曲率凹陷面积较大的负异常充填其间。沉积变质型锰矿床产于正负异常凹形接触线正异常一边，淋积型锰矿床产于正负异常凹形接触线稍远处负异常一边，具体见图5-51。

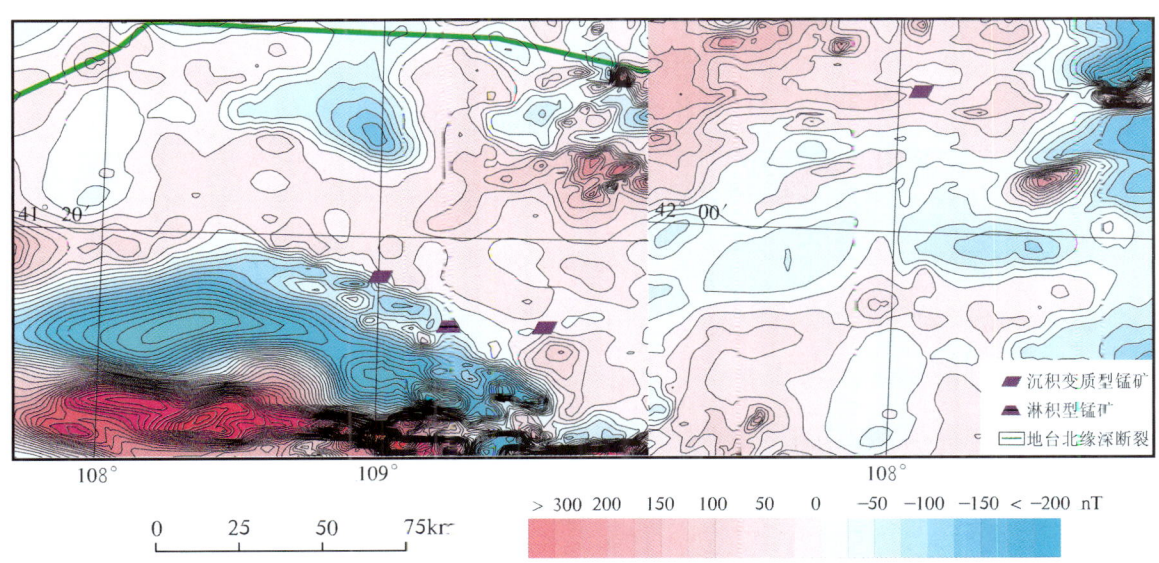

图5-51　红壕、乔二沟、东加干沉积变质型锰矿床及六大股塔库山淋积型锰矿区分布区航磁 ΔT 异常实例

2. 成矿环境与控矿因素简析

典型矿床分布区构造单元区划隶属天山-兴蒙造山系之宝音图岩浆弧（Pz_2）与华北陆块区之色尔腾山-太仆寺旗古岩浆弧（Ar_3）二级构造单元。分布于查干此老-巴音杭盖铁、金、钨、钼、铜、镍、钍成矿亚带、狼山-渣尔泰山铅、锌、金、铁、铜、铂、镍、硫成矿亚带、固阳-白银查干金、铁、铜、铅、锌、石墨成矿亚带。

从大的背景上讲，较平稳大面积分布的正异常对应于正变质岩系地层分布区及原岩建造以火山碎屑为主的地层分布区（为了叙述方便统一为正地层区），大范围出现的负异常对应于沉积或沉积变质岩系地层分布区（为了叙述方便统一为负地层区）。由航磁异常可见，该类典型矿床产于正地层区与负地层区的凹形接触带附近。沉积变质型锰矿床产于正地层区内，淋积型锰矿产于负地层区内。这一现象表明，淋积型锰矿的成矿物质来源于正地层区，由于风化淋滤作用正地层区内岩石或矿床中的锰随水搬运离开正地层区稍远的地方，在负地层区内富集成矿。异常特征表明该类矿床分布于火山岩带-古火山岩带（分布于华北陆块区的岩性已变质）边缘靠近沉积建造盆地一侧，正异常较平稳大面积分布这一特征说明火山岩带内对应原生地质体主要为火山碎屑物。这些结果表明形成该类矿床的原生锰矿来自于火山岩带，矿床的形成与火山活动有关。火山活动与凹陷形接触构造为重要控矿因素。

3. 找矿区位选择

依据矿床分布环境寻找该类矿床找矿区位应该选择在火山岩带内地质体以火山碎屑岩为主，边缘与沉积盆地呈内凹接触的地段；华北陆块区选择在古火山构造群（岩性已改变）周边磁异常平稳缓变、大面积分布的地段。

（二）海相火山岩锰矿床

1. 矿床赋存区位航磁异常特征

区域上，负异常大面积分布，正异常呈倒"T"字形分布其中。矿床赋存区位，正异常呈次级叠加状态较大曲率凹陷形分布，边部梯度较陡与负异常呈凹形接触，低值负异常（绝对值小于75nT）环绕正异常圈闭，形成镶边带矿床赋存其间。具体见图5-52。

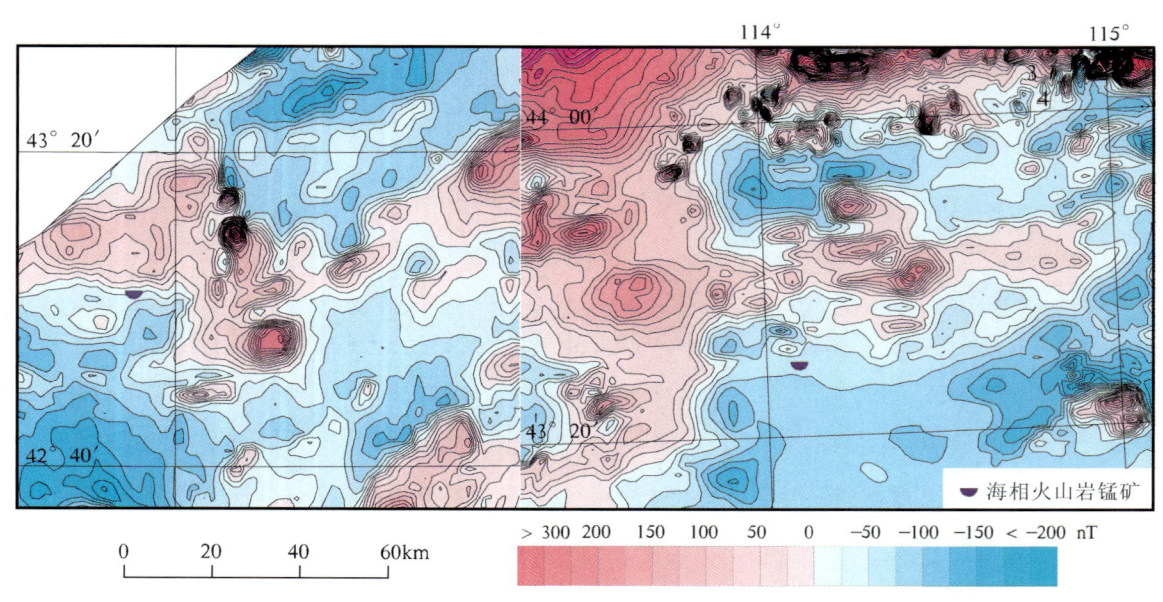

图5-52 西里庙、军科海相火山岩锰矿床分布区航磁 ΔT 异常实例

2. 成矿环境与控矿因素简析

典型矿床分布区构造单元区划隶属天山-兴蒙造山系之锡林浩特岩浆弧（Pz_2）二级构造单元。分布于苏木查干敖包-二连锰、萤石成矿亚带、温都尔庙-红格尔庙铁成矿亚带。

大面积分布的负异常对应地质体为沉积建造地层区，分布于其中的倒"T"字形正异常对应地质体为倒"T"字形相交的窄条带状火山岩带。异常特征表明，区域上沉积建造地层大面积出现局部"T"字形相交的窄条带状火山岩带分布其中，赋存矿床一侧，火山岩带呈凹陷形分布与地层接触，矿床赋存于凹形接触带附近。断裂构造十字相交构成局部构造环境，矿床分布于断裂交叉汇聚处附近。这些断裂分别为二连-苏尼特右旗大断裂、二连-贺根山超岩石圈断裂与局部次级断裂。归纳上述结果可知，交叉复合式断裂构造、火山活动、凹陷形接触构造为重要控矿因素。

3. 找矿区位选择

依据矿床分布环境，寻找该类矿床找矿区位应该选择在区域上沉积建造地层大面积出现，局域断裂构造交叉复合，"T"形窄条带状火山岩分布于交叉复合处边缘内凹与地层区接触的地段。

(三) 热液型锰矿床

1. 矿床赋存区位航磁异常特征

区域上,负异常区域性大面积分布,南侧正异常呈带状北东-南西向展布。矿床赋存区位,正异常场值较低,南翼梯度较陡、北翼梯度缓,呈团块状产出独立圈闭斑点状小异常零散撒落其上,边缘凹凸曲褶分布5-7范围较大,置于负异常中。南侧边缘大范围内凹负异常顺势充填其中,与其构成凹形接触,矿床赋存于凹陷区负异常一侧,具体见图5-53。

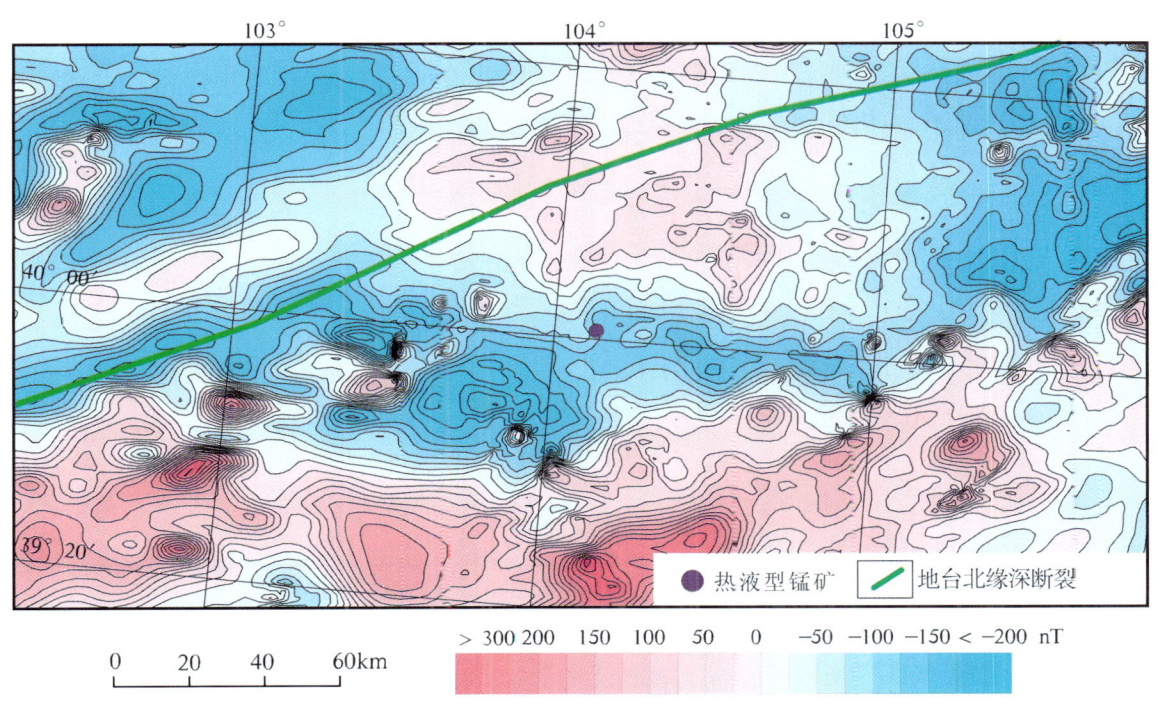

图5-53 巴深高勒热液型锰矿床分布区航磁 ΔT 异常实例

2. 成矿环境与控矿因素简析

典型矿床分布区构造单元区划隶属华北陆块区之迭布斯格-阿拉善右旗陆缘岩浆弧(Pz_2)二级构造单元。分布于雅布赖-沙拉西别铁、铜、铂、萤石、石墨、盐类、芒硝成矿亚带。

异常特征表明区域上沉积建造地层大面积分布,以中酸性为主的岩浆岩侵入其中。赋存矿床一侧侵入体向内凹陷与地层接触,矿床赋存于凹形接触带附近地层一侧。矿床处于地台与地槽过渡区,地台北缘深断裂由此通过构成总体构造格局。上述结果表明深大断裂构造、凹陷形接触构造、浆岩侵入活动为重要控矿因素。

总结上述结果可知,无论沉积变质型、淋积型锰矿床,还是海相火山岩、热液型锰矿床,它们的成矿环境中都存在岩体与沉积建造地层呈凹形接触的现象,岩体内凹沉积建造地层外凸,共同构成凹形接触关系,矿床产于弧型接触带附近。这是锰矿床形成的一个重要规律。

3. 找矿区位选择

依据矿床分布环境,寻找该类矿床找矿区位应该选择在区域上沉积建造地层大面积分布,深大断裂由此通过断裂内较大规模的岩体侵入一侧内凹与沉积建造地层接触的地段。

十、典型铝土矿床赋存区位航磁特征及异常地质信息简析

(一)矿床赋存区位航磁异常特征

区域上,异常左正右负区域性分布,两异常接触界线北东-南西向延伸,呈弧形向正异常一侧凹陷。矿床赋存区位,左侧正异常变化平缓场值低、分布范围大、局部存在次级异常叠加,右侧负异常分布面积大、独立圈闭等值线较密集,由主值区向外渐变变疏,边部等值线张弛拐折随环境而变。正负异常相关系数小呈过渡接触。矿床赋存于正负异常接触界线附近,具体见图5-54。

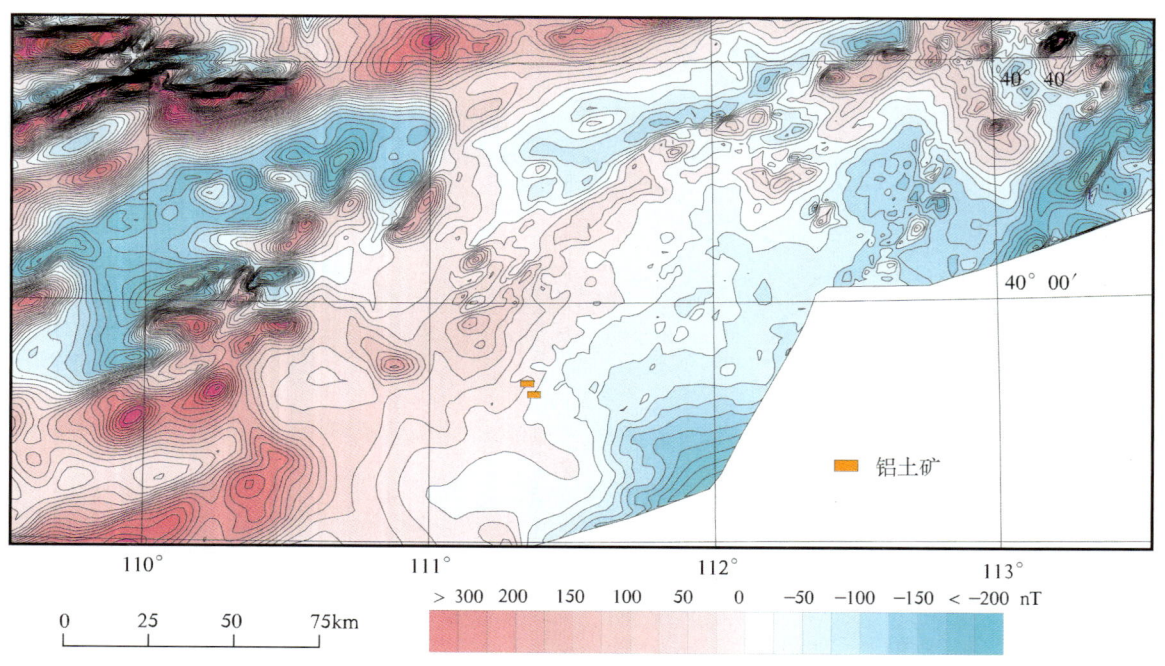

图5-54 焦稍沟、城坡铝土矿床分布区航磁 ΔT 异常实例

(二)成矿环境与控矿因素简析

典型矿床分布区构造单元区划隶属华北陆块区之吕梁碳酸盐岩台地(Pz_1)二级构造单元。分布于山西断隆铁铝土矿石膏煤煤层气成矿带。

左侧区域正异常反映的主要是华北陆块区古老地层原岩建造的磁场特征,这些原岩建造其岩性主要为中基性火山岩含铝极其丰富,尽管后期经过变质作用岩性发生变化,但在变质过程中原岩热剩磁全部或部分保留下来被我们观测到,这就表明该区正异常对应于华北陆块区基底地层分布区。对比1:100万地质图可知,该区域地表大面积出露的地层为:石千峰群刘家沟组砂岩、泥岩,寿山沟组变质粉砂岩板岩、变质砂岩,宝格达乌拉组砂质泥岩砂岩砂砾岩,志丹群泥岩、泥灰岩等。这些沉积岩系地层在航磁上只能引起低值平稳负异常,不可能产生该区大面积分布的平稳正异常,证明该区正异常的产生主要由华北陆块区基底地层引起。右侧区域负异常反映的主要是以碳酸岩类、硅质类成分为主的沉积建造地层区的磁场特征,这是因为碳酸岩类、硅质类矿物为反磁性介质一般均引起负异常。

异常特征表明,矿床赋存区位一侧为华北陆块区基底地层分布区,其厚度大、分布范围广阔,成矿原生铝来自于此区;一侧为沉积盆地,其沉积物成分均匀分布、范围广阔,由异常边缘向异常中心厚度逐渐变大,表明由边缘向中心盆地深度渐变增大原始沉积环境平稳。两者共同构成既有成矿物质来源,又有

良好沉积条件的矿床形成特定环境。基底地层向内凹陷与沉积建造盆地接触,矿床产于凹形接触带。

综合上述结果可知,特定的基底地层与特定的沉积环境为该类典型矿床的重要控矿因素。

(三)找矿区位选择

一侧华北陆块区古火山构造群边缘向内凹陷,另一侧范围广阔、成分较均匀、渐变增厚的碳酸岩盆地与此凹形接触,找矿区位应该选择在该种环境下的凹形接触带。

十一、典型热液型锑矿床赋存区位航磁特征及异常地质信息简析

(一)矿床赋存区位航磁异常特征

区域上,负异常区域性大面积分布,局部场值平稳,构成区域背景场,正异常大小不一、形态各异串珠状线性排列成带状,沿北西-南东向展布。矿床赋存区位,正异常相对较规则分布、面积相对较大,呈岛礁状独立圈闭,长轴北西-南东向延伸融入整体异常带。异常场值低、梯度缓、四面被负异常包围,主值区南侧斑点状小异常呈线性排列寄生其上。矿床赋存于正异常北东侧边缘附近负异常中。具体见图5-55。

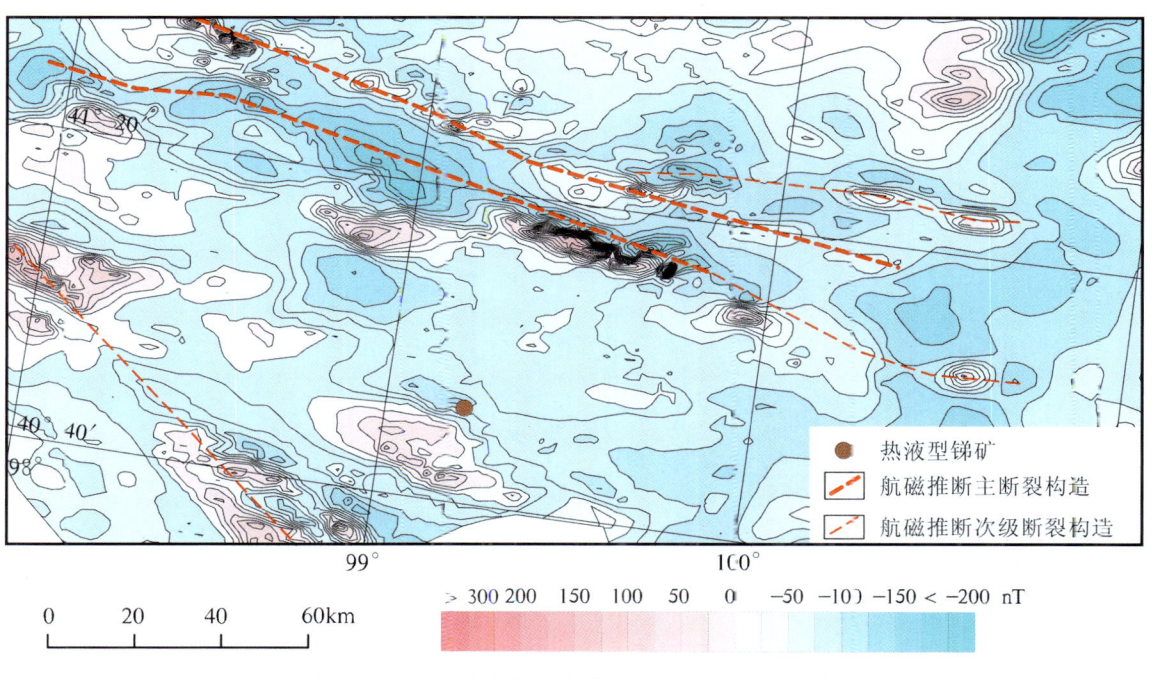

图5-55 阿木乌苏锑矿床分布区航磁 ΔT 异常实例

(二)成矿环境与控矿因素简析

典型矿床分布区构造单元区划隶属塔里木陆块区之柳园裂谷(C—P)二级构造单元。分布于阿木乌苏-老硐沟金、钨、锑、萤石成矿亚带。

异常特征表明区域上沉积建造地层大面积分布,地层内断裂构造发育北西-南东向延伸。这些断裂构造往往同带多条并列出现,复合成宽大断裂带。区域上从北至南依次为甜水井-雅干深断裂、北山地块南缘岩石圈断裂、乌兰套海超岩石圈断裂,它们相互间距离较近。典型矿床分布于乌兰套海超岩石圈断裂之上,产于断裂带内岩浆岩体旁地层一侧。矿床分布特征表明,超岩石圈断裂与岩浆侵入活动是重

要控矿因素。

(三) 找矿区位选择

开阔的沉积建造地层区超岩石圈断裂分布其中,沿断裂较大型岩体侵入,岩体与周边地层接触带为找矿区段。

十二、典型银矿床赋存区位航磁特征及异常地质信息简析

(一) 热液型银金矿床

1. 矿床赋存区位航磁异常特征

区域上,左侧异常场值较强(绝对值)正负相间呈次级叠加状态无序分布,右侧异常场值较强(绝对值)、正负相间呈次级叠加状态,正异常北东-南西向延伸有序分布,南侧正异常大面积分布夹条带状负异常于其间。矿床赋存区位异常呈次级叠加状态,各次级异常场值较强、梯度陡,大小不一、形态各异,呈串珠状顺势排列组成条带状阵列,北东-南西向延伸。矿床赋存于条带状阵列南侧末端,具体见图5-56、图5-57。

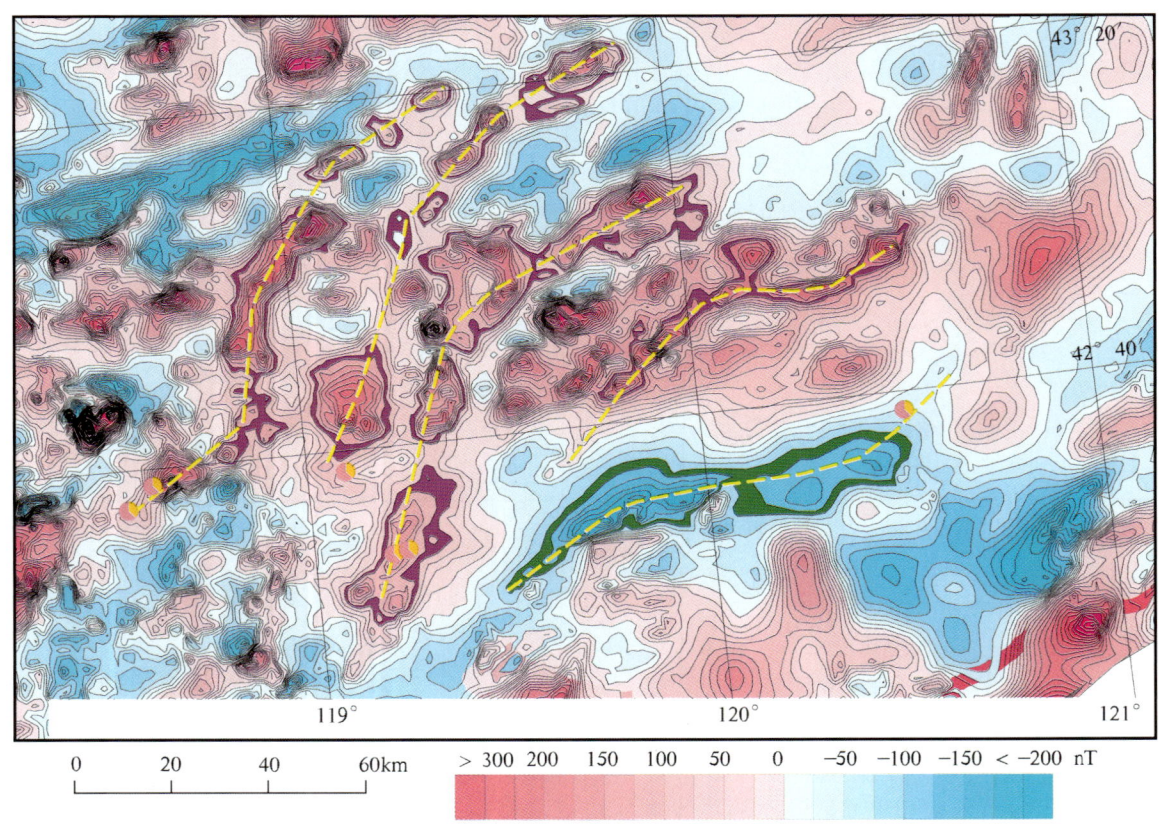

图5-56 官地、温德沟、青山、敖包山、四棱子山、二台营子热液型银、金矿床分布区航磁 ΔT 异常实例

入体,在成矿空间广阔的断裂交会处富集成矿。交叉复合型断裂构造与酸性、碱性岩浆活动为重要控矿因素。

归纳沉积变质型稀土矿床与沉积型稀土矿床结果可知,两类矿床形成环境如此相似,大的环境都处于华北陆块区,小的环境都处于沉积建造地层内地台北缘深断裂与局域断裂交叉复合点。

3. 找矿区位选择

找矿区位与沉积变质型稀土矿床相同,同样选择在平稳的沉积建造地层内北东-南西走向的断裂与地台北缘深断裂交叉复合处附近有酸性、碱性岩体能与断裂沟通的地段。

(三)岩浆-热液型稀土矿床

1. 矿床赋存区位航磁异常特征

区域特征见本章第十二小节(二)热液型银铅锌矿床。矿床赋存区位异常场值为负强度大(等值线绝对值最大为575nT),呈"φ"形分布,由次级异常叠加而成,北东-南西向延伸。主值区次级异常较规则呈"蝌蚪"状产出,南翼梯度陡北翼梯度缓;南北两侧各次级异常以透镜状产出,张弛曲褶叠加于主值区两侧。矿床赋存于主值区梯度带上端。具体见图5-61。

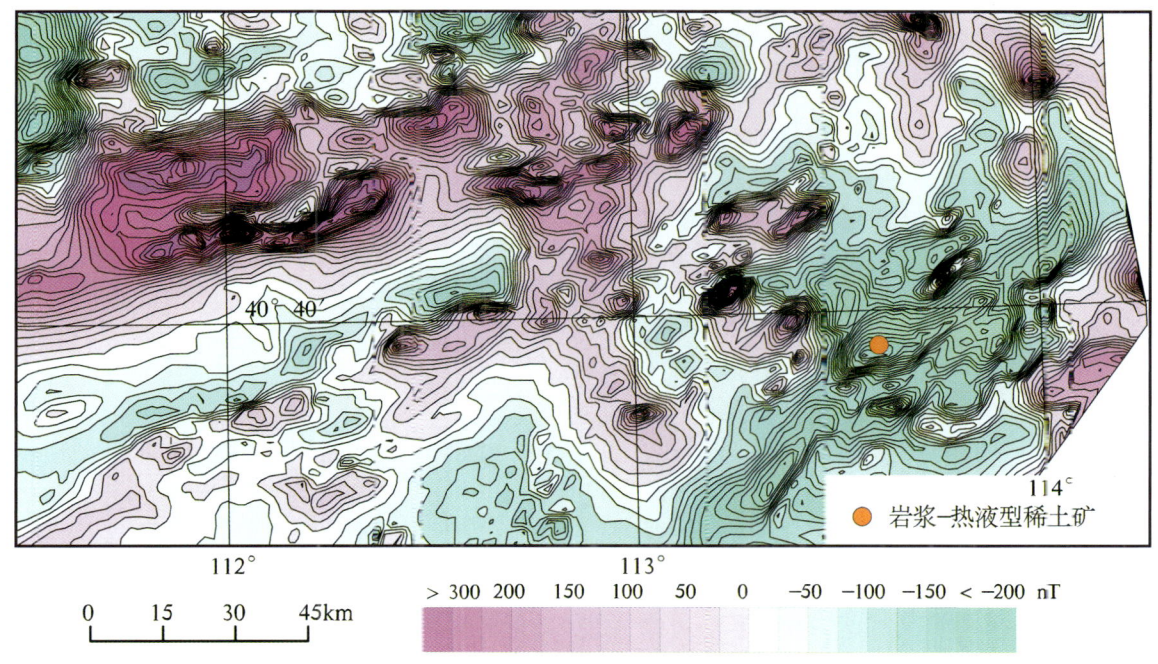

图5-61 旗杆梁岩浆-热液型稀土矿床分布区航磁 ΔT 异常实例

2. 成矿环境与控矿因素简析

典型矿床分布区构造单元区划隶属华北陆块区之固阳-兴和陆核(Ar_3)二级构造单元,分布于乌拉山-集宁铁、金、银、钼、铜、铅、锌、石墨白云母成矿亚带。

区域环境处于前述的华北陆块区一环一带古火山构造群,环形分布的正异常对应地质体未变质之前曾经是太古宙或元古宙的古火山机构群,包围于其中的呈"φ"形分布的负异常对应地质体未变质之前曾经是太古宙或元古宙的破火山口,破火山口内充填物主要为以酸性熔岩及硅质钙质等一些反磁性介质为主的碎屑物。这些充填物堆积厚度巨大,变质成岩后形成集宁岩群等一些老地层,其磁场特征保留下来形成高负异常的格局。这些古火山构造局部区域后期火山活动复活形成局部新火山岩分布区。

矿床赋存区位处于上述破火山口之内,北东-南西向线性断裂穿切破火山口形成主体构造格局,矿床赋存于断裂之上。断裂构造与酸性、碱性岩浆活动是重要控矿因素。

3. 找矿区位选择

稀土类典型矿床均分布于与华北陆块区相关的断裂内,表明该类矿床的形成与华北陆块区古火山构造及古火山活动关系密切,故寻找该类矿床区域上应该选择在华北陆块区。目标地段为以酸性、碱性岩类为主的老地层区,地层内断裂构造北东-南西走向,这是因为华北陆块区及以东区域主要为北东-南西走向的断裂控矿。

十四、典型硫铁矿床赋存区位航磁特征及异常地质信息简析

（一）层控型硫铁矿铅锌多金属矿

1. 矿床赋存区位航磁异常特征

区域上一侧为点豆状异常分布区,各点豆状异常叠加组合大小各异,正负相间成群出现,顺势成带分布;另一侧为华北陆块区基底地层原岩建造磁异常分布区(古火山构造对应岩性已改变)。矿床赋存区位正异常以点豆状产出,独立圈闭形态规则场值低,分布范围小,寄生于平稳的负值背景场中与西侧点豆状异常群混为一体置于边部,紧邻华北陆块区基底原岩建造磁异常分布区,矿床赋存于其边部,具体见图5-62。

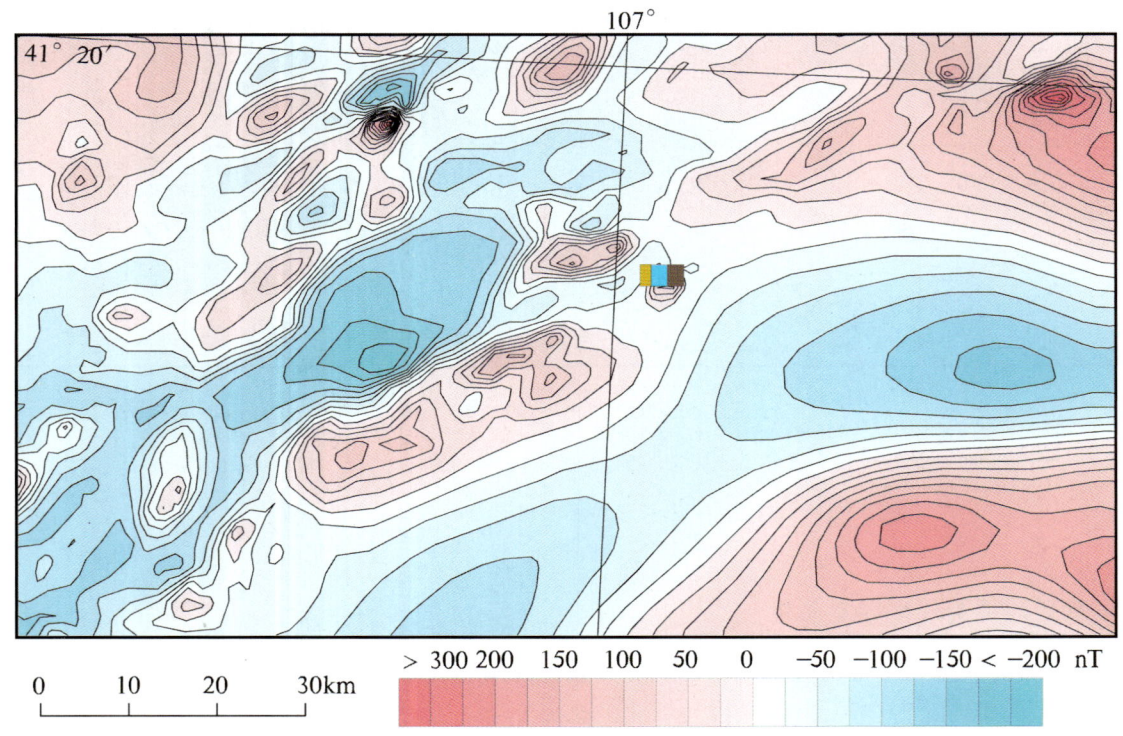

图5-62 东升庙层控型硫铁矿铅、锌多金属矿床分布区航磁 ΔT 异常实例

2. 成矿环境与控矿因素简析

典型矿床分布区构造单元区划隶属华北陆块区之龙首山基底杂岩带（$Ar_3—Pt_1$）二级构造单元，分布于狼山-渣尔泰山铅、锌、金、铁、铜、铂、镍、硫成矿亚带。

异常特征表明矿床赋存区西侧为北东-南西走向的大断裂带，该带纵向分布较宽，地台北缘深断裂由此通过，带内地层较破碎、侵入体频繁分布，是地台、地槽过渡带。矿床赋存区东侧为太古宙—元古宙火山机构群分布区，其原岩建造经变质作用已成为华北陆块区基底地层。这些火山机构群尽管岩性发生变化，但其磁场特征保留下来记录了当时的构造特征。由于纵横向分布范围广阔、垂向延深巨大，在航磁测量中磁场强度衰减缓慢，表现出强磁性（绝对值）特征。矿床赋存于西侧断裂带与东侧太古宙—元古宙古火山构造群接触带。矿床周边为平稳的沉积环境小侵入体侵入其间（或为富含磁黄铁矿的陡立大型筒状蚀变体充填其间），矿床产于小侵入体（或为蚀变体）与围岩接触带。形成矿床的原生矿物来自于古火山机构群，经沉积作用在平稳的沉积环境中聚集，后期岩浆活动为其提供热源使其变质或提供热液对其改造成矿。归纳上述结果可知，深大断裂构造、太古宙—元古宙火山机构群与平稳的沉积环境为重要控矿因素。

3. 找矿区位选择

依据上述成矿环境找矿区位应选在地台北缘深大断裂与华北陆块区古火山机构群接触带附近区内沉积环境平稳小侵入体侵入其间（或为富含磁黄铁矿的陡立大型筒状蚀变体充填其间）的地段。

（二）层控型硫铁矿

1. 矿床赋存区位航磁异常特征

区域上负异常大面积分布，正异常以透镜状或小团块状产出串珠状排列成带状北西-南东向线性分布。矿床赋存区位异常呈主、副关系并列分布，主异常场值较强，呈稠密排列串珠状北西-南东向线性分布，副异常场值较弱叠加于主异常旁侧，呈稀疏排列串珠状北西-南东向线性分布，矿床赋存于副异常之上小次级异常边缘，具体见图 5-63。

2. 成矿环境与控矿因素简析

典型矿床分布区构造单元区划隶属天山-兴蒙造山系之公婆泉岛弧（O—S）二级构造单元，分布于石板井-东七一山钨、锡、铷、钼、铜、铁、金、铬、萤石成矿亚带。

异常特征表明区域上沉积建造地层大面积分布，地层为断裂构造较发育，这些断裂构造延伸距离大，往往同带多条并列出现，复合成宽大断裂带北西-南东向延伸。区域上从北至南依次为甜水井-雅干深断裂、北山地块南缘岩石圈断裂、乌兰套海超岩石圈断裂，三断裂相互间距离较近，典型矿床分布于北山地块南缘岩石圈断裂之上。矿床赋存区位，主断裂带内有火山岩呈窄条带状北西-南东向分布，紧邻其旁为月牙形小沉积盆地。小沉积盆地内与主断裂并行的次级断裂构造呈北西-南东向延伸，小侵入体稀散分布其上，矿床产于小侵入体（或为富含磁黄铁矿的陡立大型筒状蚀变体）边缘。综合上述结果可知典型矿床成矿物质来源于火山岩，经沉积作用在沉积盆地内聚集后期岩浆活动为其提供热源使其变质或提供热液对其改造成矿。所以断裂构造、火山活动与沉积环境为重要控矿因素。

归纳上述结果可知无论是层控型硫铁矿铅、锌多金属矿，还是层控型硫铁矿，尽管它们形成的地质环境与地理区位不同，但是矿床的形成都存在四个重要因素：①深大断裂构造；②火山活动；③矿床边部岩浆侵入活动（或为富含磁黄铁矿的陡立大型筒状蚀变体存在其边部）；④较平稳的沉积环境。

3. 找矿区位选择

依据上述成矿环境找矿地段应选在满足以下三点的区域：①沉积盆地边部存在深大断裂；②火山岩

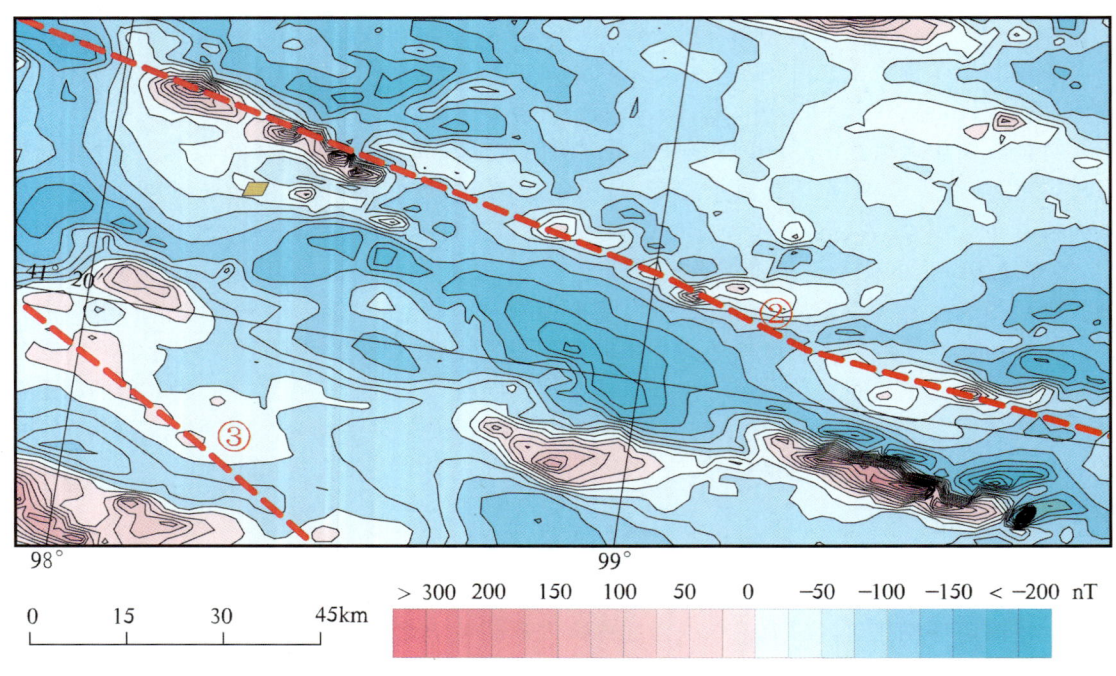

图 5-63 乌兰赤海层控型硫铁矿矿床分布区航磁 ΔT 异常实例

沿深大断裂分布;③盆地内存在次级断裂构造,小侵入体分布于次级断裂构造之内。

(三)沉积型硫铁矿

1. 矿床赋存区位航磁异常特征

区域上西侧为华北陆块区基底地层原岩建造磁异常分布区(岩性已变质),东侧负异常场值较强(绝对值),分布面积大,等值线较密集由主值区向外渐变变疏,边部等值线张弛拐折随环境而变。矿床赋存区位正异常场值低,平缓开阔边缘呈凹形分布平稳的局域负值背景场充填其间,矿床赋存于凹形区内邻近正异常附近,具体见图 5-64。

2. 成矿环境与控矿因素简析

典型矿床分布区构造单元区划隶属华北陆块区之吕梁碳酸盐岩台地(Pz_1),分布于山西断隆铁、铝土矿、石膏、煤、煤层气成矿带。

异常特征表明矿床赋存区西侧为太古宙—元古宙火山机构群分布区,对应原岩建造经变质作用形成华北陆块区基底地层。基底地层边缘内凹构成半封闭盆地形成局域沉积环境,矿床赋存其间。异常平稳表明沉积环境平稳沉积物分布均匀。形成矿床的原生矿物来自于太古宙—元古宙古火山机构群,经沉积作用在古火山机构群附近的盆地内成矿,古火山机构群与平稳的沉积环境为重要控矿因素。

3. 找矿区位选择

依据成矿环境,该类矿床找矿地段应选在华北陆块区古火山机构群边部沉积环境平稳的凹形沉积盆地内。

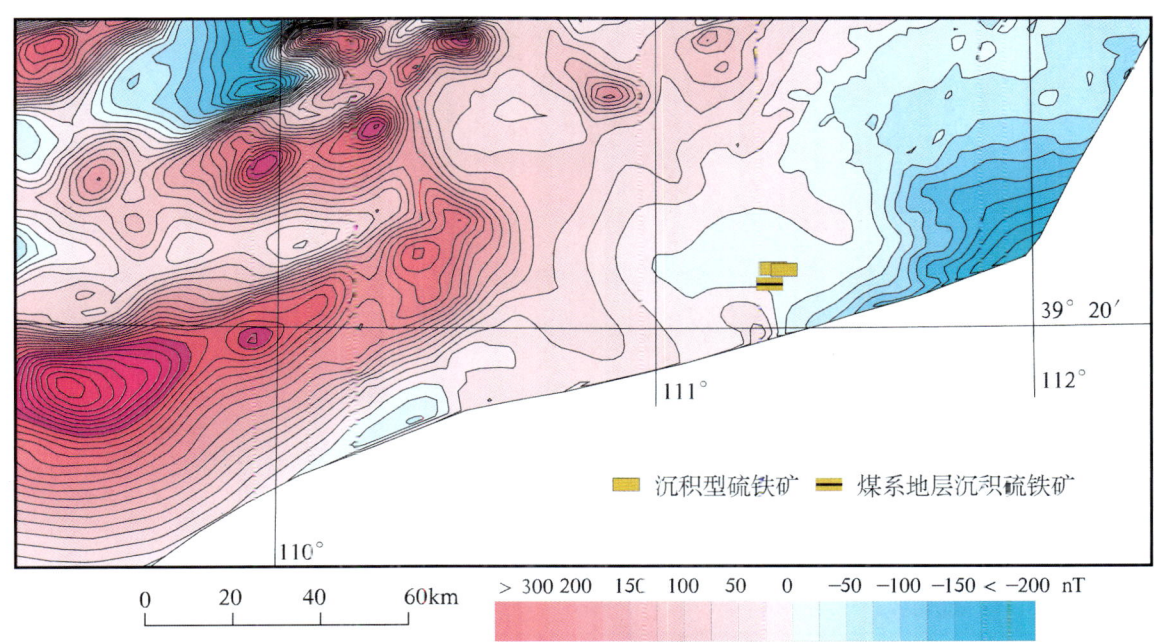

图 5-64 房塔沟、戚家沟沉积型硫铁矿矿床及榆树湾煤系地层沉积硫铁矿矿床分布区航磁 ΔT 异常实例

十五、典型热液型菱镁矿床赋存区位航磁特征及异常地质信息简析

(一)矿床赋存区位航磁异常特征

区域上,负异常场值较强(绝对值)大面积分布由次级异常组合而成,各次级异常呈大的团块状产出等值线波曲拐折,斑点状、豆荚状小正异常寄生其中,一侧较强正异常紧邻其旁大面积分布。矿床赋存区位正异常梯度陡,分布范围小,呈豆荚状依势寄生于强负异常之间,走向遵从周边异常分布趋势与区域构造线方向趋于一致。矿床赋存于豆荚状异常梯度带。具体见图 5-65。

(二)成矿环境与控矿因素简析

典型矿床分布区构造单元区划隶属天山-兴蒙造山系之索伦山蛇绿混杂岩带(Pz_2)二级构造单元,分布于索伦山-查干哈达庙铬、铜成矿亚带。

异常特征表明大的沉降盆地边缘与火山岩带近区的沉积建造内褶曲构造发育,把地质体分割形成不同区块,超基性岩脉沿区块之间的接触带侵入构成矿床的成矿环境,矿床产于超基性岩与围岩的接触带。典型矿床分布于索伦山超岩石圈断裂,这一结果表明矿床的产出受控于深大断裂。上述结果说明沉降盆地、超岩石圈断裂及超基性岩侵入活动为重要控矿因素。

(三)找矿区位选择

依据成矿环境寻找该类矿床找矿区位应该选择在大型沉降盆地内与火山岩带相近的区域存在超岩石圈断裂、超基性岩沿超岩石圈断裂侵入的地段。

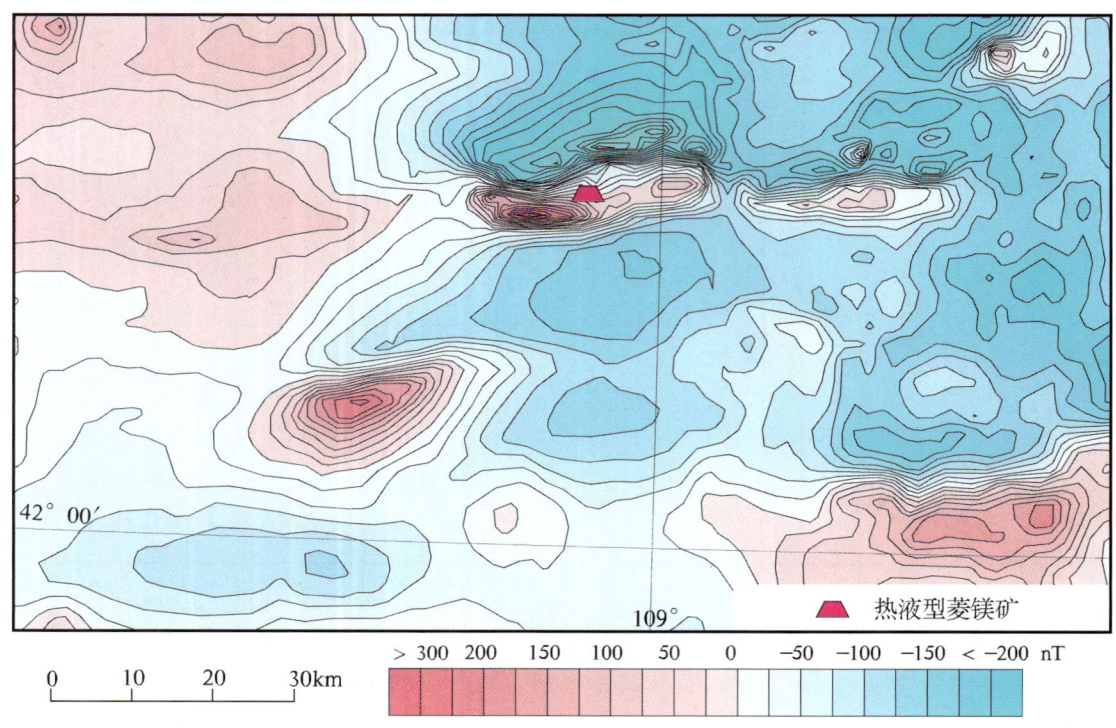

图 5-65 察汗奴鲁菱镁矿矿床分布区航磁 ΔT 异常实例

十六、典型热液型重晶石矿床赋存区位航磁特征及异常地质信息简析

(一)矿床赋存区位航磁异常特征

区域上,异常呈次级叠加状态,各次级异常场值较高(绝对值)、梯度较陡,以蠕虫状产出成群出现正负相间有序排列,北东-南西向延伸区域性大面积分布。矿床赋存区位,负异常场值相对较强(绝对值),呈次级叠加状态,中部开阔、边界梯度相对较陡,空间分布呈团块状面积较大,边部凹凸曲褶依周边次级异常顺势而变。西南侧蠕虫状正异常向其直插点豆状小正异常刺入其间,矿床赋存于点豆状小正异常外侧负异常内。具体见图 5-66。

(二)成矿环境与控矿因素简析

典型矿床分布区构造单元区划隶属天山-兴蒙造山系之扎兰屯-多宝山岛弧(Pz_2),分布于罕达盖-博克图铁、铜、钼、锌、铅、银、铍成矿亚带。

区域上异常呈次级叠加状态,以蠕虫状产出成群出现、正负相间有序排列,北东-南西向延伸、区域性大面积分布,这一特征表明该区域褶皱构造发育,区域性大面积分布。异常相对高值区对应于背形褶曲,异常相对低值区对应于向形褶曲,褶皱构造轴向北东-南西向延伸。团块状分布面积较大的负异常对应地质体为封闭盆地,该盆地边界较陡处于褶皱构造带之上,盆地内褶皱构造发育,轴向与区域褶皱构造轴向趋于一致。盆地内堆积物其矿物成分以硅质钙质为主。点豆状正异常对应地质体为较小的侵入体,侵入于盆地边缘,矿床产于侵入体与围岩接触带。矿床所处构造环境为大兴安岭主脊-林西岩石圈断裂带东端褶皱构造发育区,区内褶皱构造轴向北东-南西延伸;矿床所处地质环境为封闭盆地,较大范围分布,盆边四周侵入体与火山岩并存。依据矿床所处构造环境与地质环境分析,轴向北东-南西的褶皱构造、封闭盆地、岩浆侵入活动为重要控矿因素。

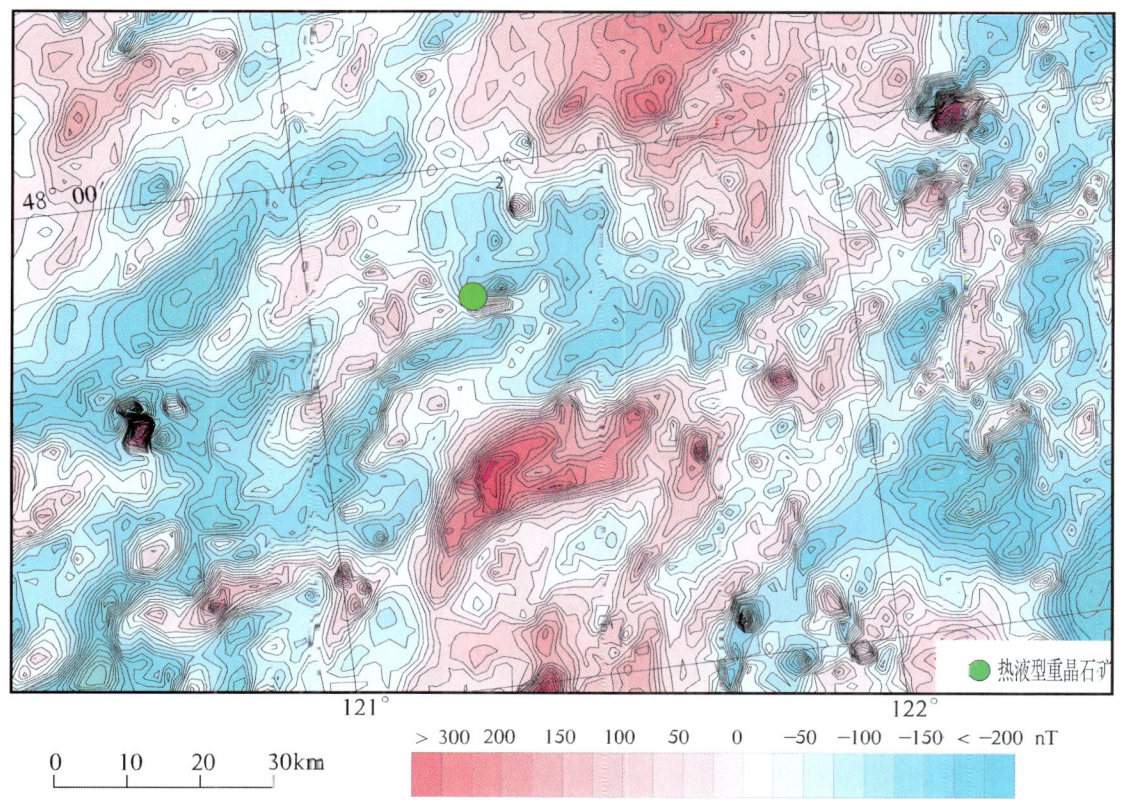

图 5-66 巴升河热液型重晶石矿矿床分布区航磁 ΔT 异常实例

（三）找矿区位选择

依据典型矿床分布环境分析，找矿区位应该选择在区域上褶皱构造发育封闭盆地处于褶皱构造带之上，边缘有小型酸性岩体侵入的地段。

十七、典型萤石矿床赋存区位航磁特征及异常地质信息简析

（一）热液充填型萤石矿

1. 矿床赋存区位航磁异常特征

该类典型矿床分布区航磁异常有三种分布特征：①区域上负异常大面积分布，正异常以透镜状或小团块状产出，串珠状排列成带状线性分布，矿床赋存区位正异常分布范围小，矿床赋存于小正异常边部，具体见图 5-67；②区域上正异常总体呈带状大范围分布，一侧与大面积负异常接触，边缘凹陷凹形区被负异常充填，边缘凸出区被负异常或相对负异常（场值低于被包围区）包围形成正负异常大曲率弧形接触，矿床分布于弧形接触部位正异常附近，具体见 5-68；③区域上异常呈次级叠加状态正负相间分布，次级异常整体呈线形叠加，正次级异常相互组合构成凹形区被负异常充填或正次级异常凸出部位被负异常或相对负异常（场值低于被包围区）包围，形成正负异常大曲率弧形接触，矿床分布于弧形接触部位正异常附近，具体见图 5-69。

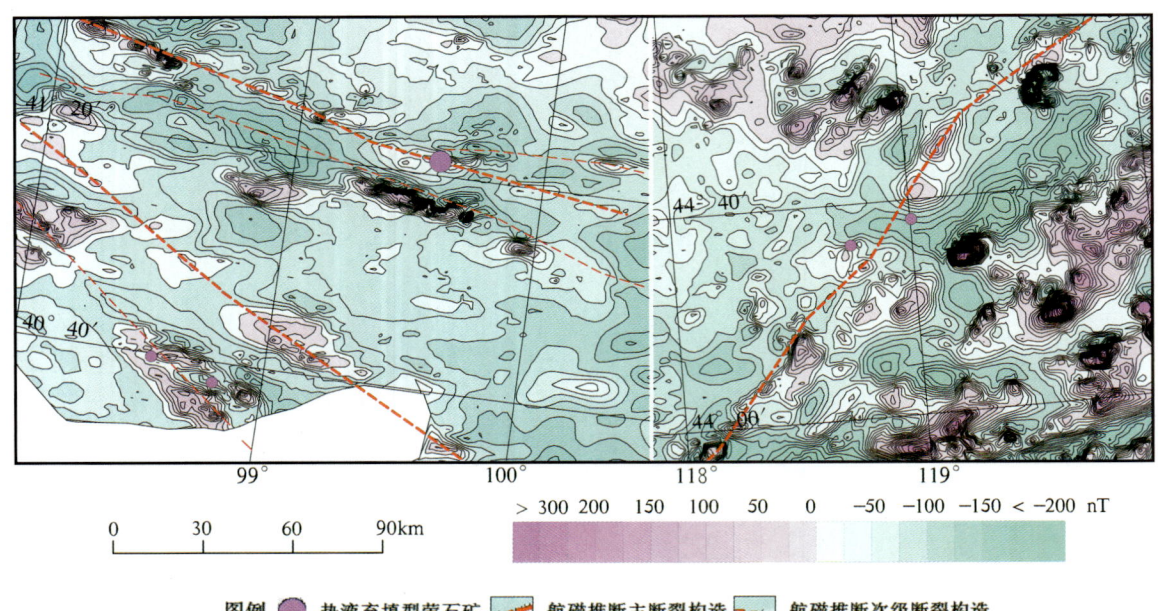

图 5-67 神螺山、玉石山、东七一山、水头、桃山热液充填型萤石矿矿床分布区航磁 ΔT 异常实例

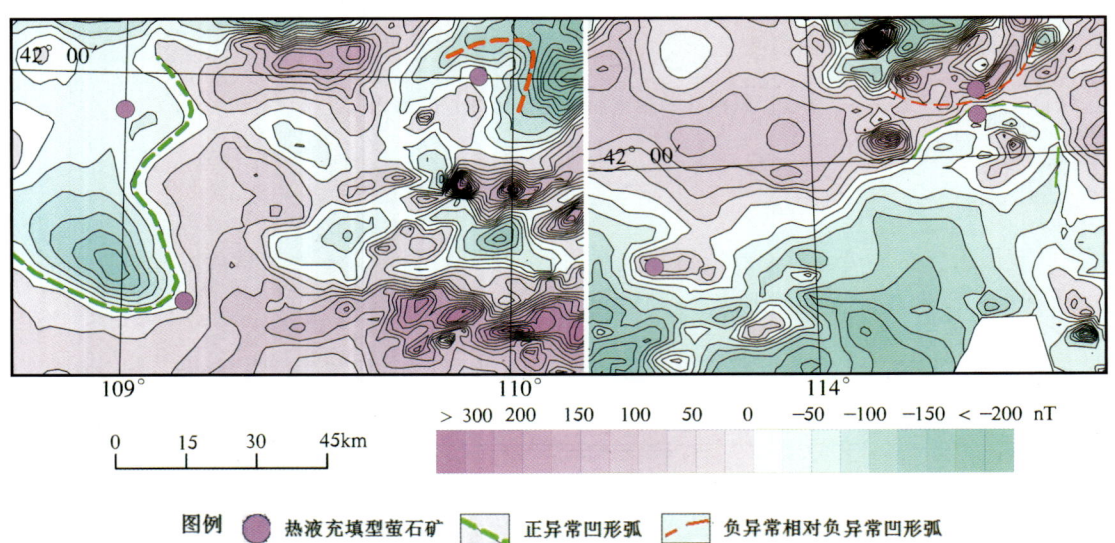

图 5-68 库仑敖、包巴音哈太、黑沙图、郝家沟、达盖滩、石匠山热液充填型萤石矿床分布区航磁 ΔT 异常实例

2. 成矿环境与控矿因素简析

典型矿床分布区构造单元区划隶属：天山-兴蒙造山系之海拉尔-呼玛弧后盆地（Pz）、锡林浩特岩浆弧（Pz_2）、温都尔庙俯冲增生杂岩带、明水岩浆弧（C）二级构造单元；华北陆块区之狼山-白云鄂博裂谷（Pt_2）、迭布斯格-阿拉善右旗陆缘岩浆弧（Pz_2）二级构造单元。分布于石板井-东七一山钨、锡、铷、钼、铜、铁、金、铬、萤石成矿亚带，雅布赖-沙拉西别铁、铜、铂、萤石、石墨、盐类、芒硝成矿亚带，阿木乌苏-老硐沟金、钨、锑、萤石成矿亚带、白乃庙-哈达庙铜、金成矿亚带、苏木查干敖包-二连锰、萤石成矿亚带、温都尔庙-红格尔庙铁、金、钼成矿亚带、白云鄂博-商都金、铁、铌、稀土、铜、镍成矿亚带、卯都房子-毫义哈

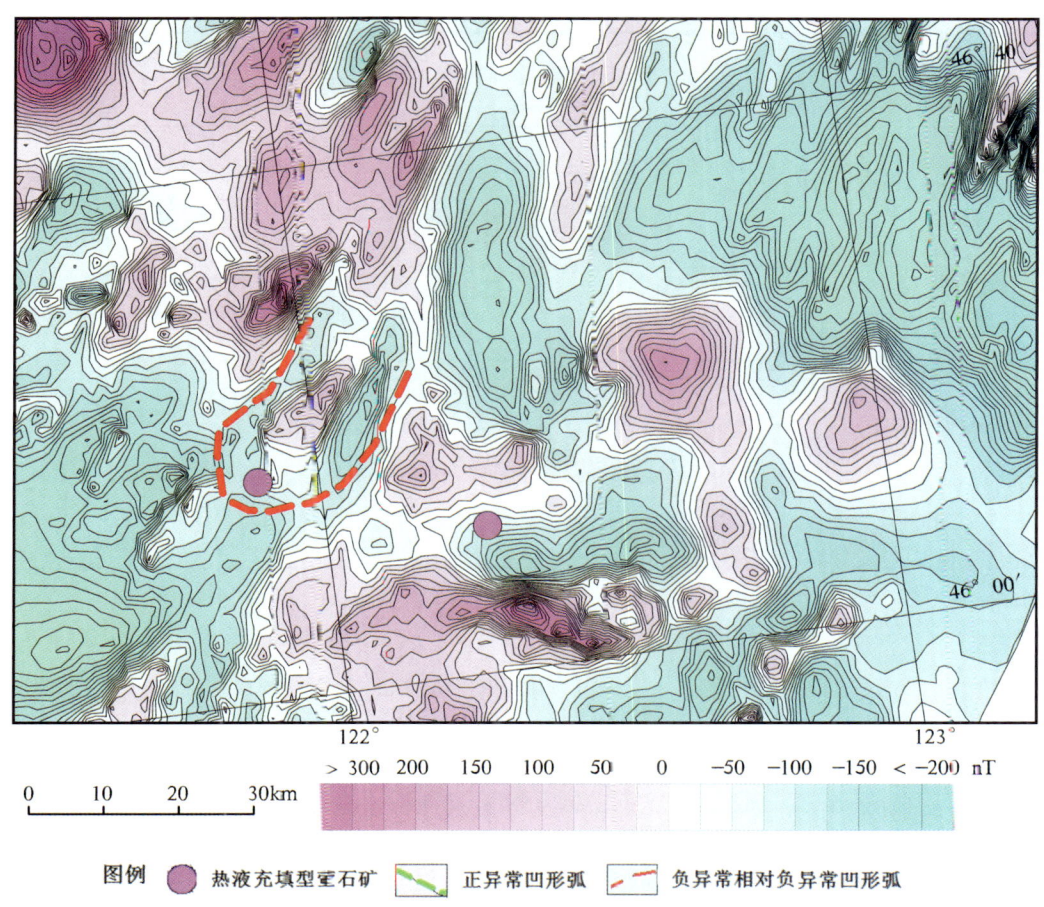

图 5-69　协林、六合屯热液充填型萤石矿矿床分布区航磁 ΔT 异常实例

达钨、铅、锌、铬成矿亚带、库里吐-汤家杖子钼、铜、铅、锌、钨、金成矿亚带、内蒙古隆起东段铁、铜、钼、铅、锌、金、银成矿亚带、小东沟-小营子钼、铅、锌、铜成矿亚带、索伦镇-黄岗铁、锡、铜、铅、锌、银成矿亚带、神山-大井子铜、铅、锌、银、铁、钼、稀土、铌钽、萤石成矿亚带、额尔古纳金、铁、锌、硫、萤石成矿亚带。

异常特征表明，该类矿床在大面积沉积建造地层分布区一般产于沿深大断裂侵入的中酸性岩体之上或中酸性侵入体与地层的接触带附近；在区域性岩浆岩带分布区一般赋存于岩浆岩带与地层接触带，产于岩浆岩带边缘大曲率凹陷被沉积建造地层充填或岩浆岩带局部小范围凸出被沉积建造地层包围的弧形接触带。矿床的产出严格受控于断裂构造，与中酸性岩体侵入关系密切。所给典型矿床在北山地块南缘岩石圈断裂分布 1 处，乌兰套海超岩石圈断裂分布 2 处，二连-贺根山超岩石圈断裂分布 1 处，大兴安岭主脊-林西岩石圈深大断裂带分布 7 处，地台北缘深断裂分布 12 处，锡林浩特地块北缘深断裂分布 6 处。地台北缘深断裂与锡林浩特地块北缘深断裂分布较集中，沿断裂构造呈线性分布，具体见图 5-70，其他断裂构造分布相对分散。地台北缘深断裂是地台区与地槽区的分界线，而锡林浩特地块北缘深断裂南侧为锡林浩特地块，北侧为海西地槽，从典型矿床分布数量与分布特征可看出，该类矿床特别亲合地台与地槽分界线这种断裂构造。

归纳上述结果可知，该类矿床形成环境中沉积建造地层、中酸性岩浆侵入活动、断裂构造均不可缺少，断裂构造、中酸性岩浆侵入活动为重要控矿因素。

3. 找矿区位选择

该类矿床主要分布于深大断裂带内中酸性侵入体之上或附近。当区域上沉积建造地层大面积分布

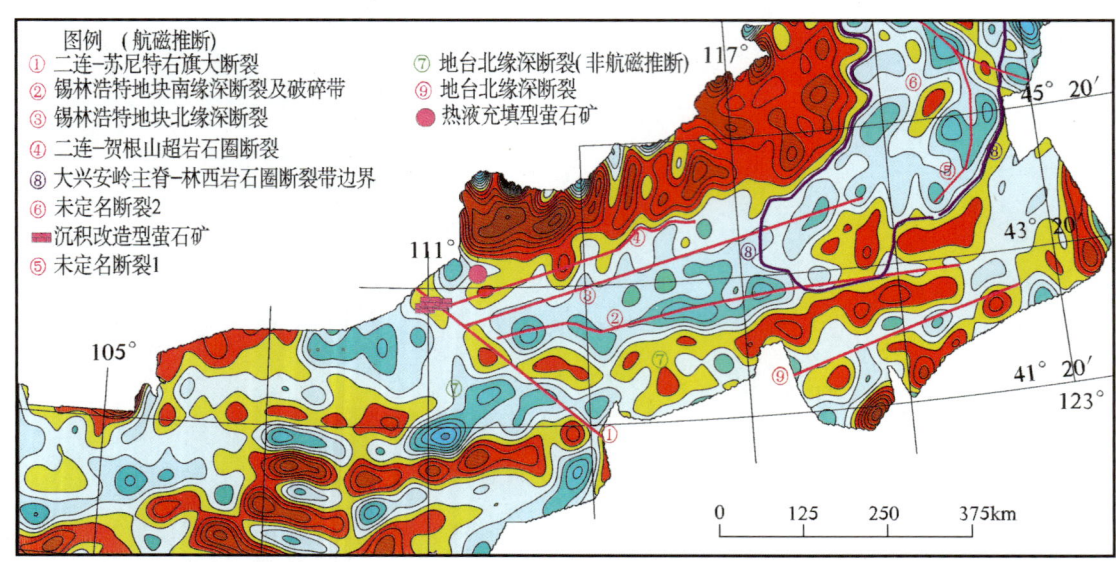

图 5-70　萤石矿矿床主要分布区航磁异常正则化滤波实例

断裂构造呈线性分布其中，在这种地质环境中找矿区位应选在断裂带内中酸性岩体侵入的地段及其侵入体与围岩的接触带附近，具体见图 5-67；当岩浆岩带大面积出现，纵向分布范围较宽，并且与深大断裂并行时，在这种地质环境中找矿区位应选在紧邻深大断裂一侧、岩浆岩带边缘较大曲率的凹陷沉积建造地层充填其间的地段或岩浆岩带边缘小范围凸入于沉积建造地层的地段，具体见图 5-68；当区域上褶皱构造大面积分布时，在这种地质环境中找矿区位应选在岩浆岩带沿褶皱构造轴向分布，一端插入沉积建造地层的区段或岩浆岩带小范围构成凹形分布沉积建造地层充填其间的区段，具体见图 5-69。

（二）沉积改造型萤石矿

1. 矿床赋存区位航磁异常特征

区域上负异常大面积分布，正异常呈"十"字相交充填其间。矿床赋存区位，正异常呈次级叠加状态由东西两处相交而成。西处异常总体呈囊状北西-南东向延伸，各次级异常以点豆状或楔状产出叠加其上，西侧星散分布，东侧串珠状排列，北西-南东向延伸；东处异常总体呈带状北东-南西向延伸，西端次级异常呈楔状产出与西处异常相融合，东端次级异常以豆荚状产出顺势排列构成条带叠加于局域正异常之上，北东-南西向延伸，具体见图 5-71。

2. 成矿环境与控矿因素简析

典型矿床分布区构造单元区划隶属天山-兴蒙造山系之锡林浩特岩浆弧（Pz_2）二级构造单元，分布于苏木查干敖包-二连锰、萤石成矿亚带。

异常特征表明，该区域沉积建造地层广泛出现，局部有北西-南东走向的囊状岩浆岩带与北东-南西走向的窄条带状岩浆岩带呈"十"字相交分布于其中。二连-苏尼特右旗大断裂北西-南东向延伸由囊状岩浆岩带通过，二连-贺根山超岩石圈断裂北东-南西向延伸由窄条带状岩浆岩带通过，两断裂交叉会合构成总体构造格局，矿床分布于断裂交叉会合处。由正则化滤波异常可见，大型火山岩带（图 5-72 中蓝色实线联结部分）东起地理坐标点东经 121°13′、北纬 42°56′，西至地理坐标点东经 110°46′、北纬 43°20′，总体呈弧形分布，地理坐标点东经 114°20′、北纬 42°02′走向拐折，西段北西-南东走向，东段北东-南西走向囊状岩浆岩带处于西段末端，具体见图 5-72。由此可见，囊状岩浆岩带是区域上弧形分布的大型火山岩带的一个组成部分处于大型火山构造带之上。图 5-72 中黄色区域为火山岩带分布区下限，红色区域为带内岩体厚度较大区，红色区域中独立圈闭的异常对应于火山通道。上述结果说明对于典型矿床的形成，火山活动与交叉复合式断裂构造是重要控矿因素。

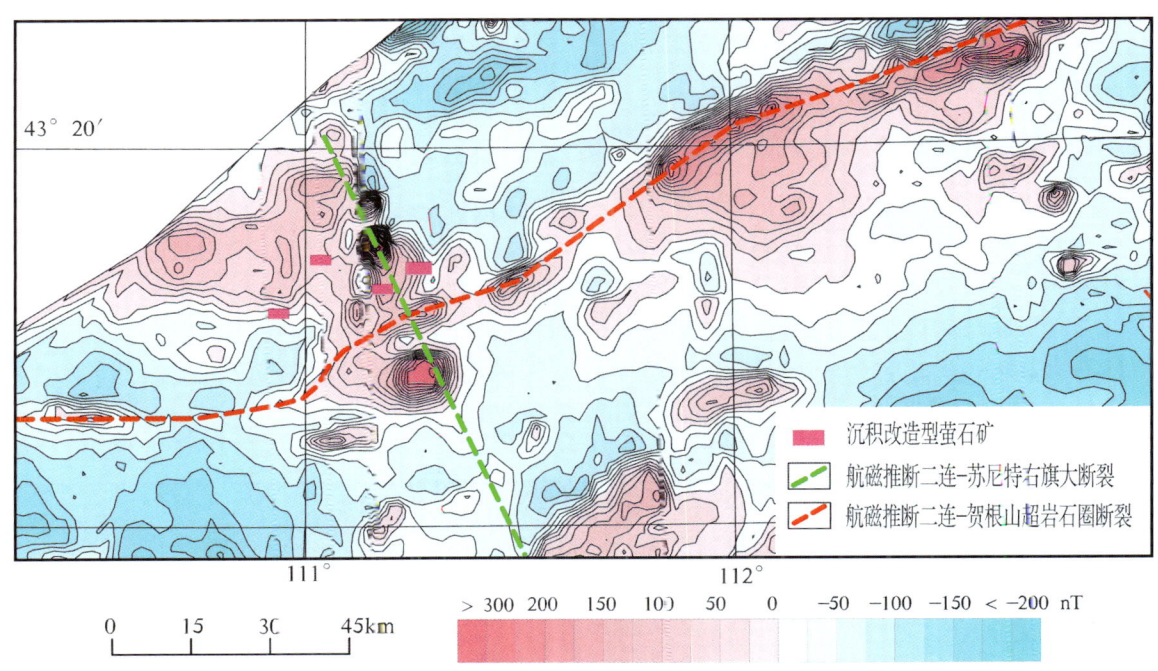

图 5-71　满提、西里庙、北敖包吐、苏木查干敖包沉积改造型萤石矿床分布区航磁 ΔT 异常实例

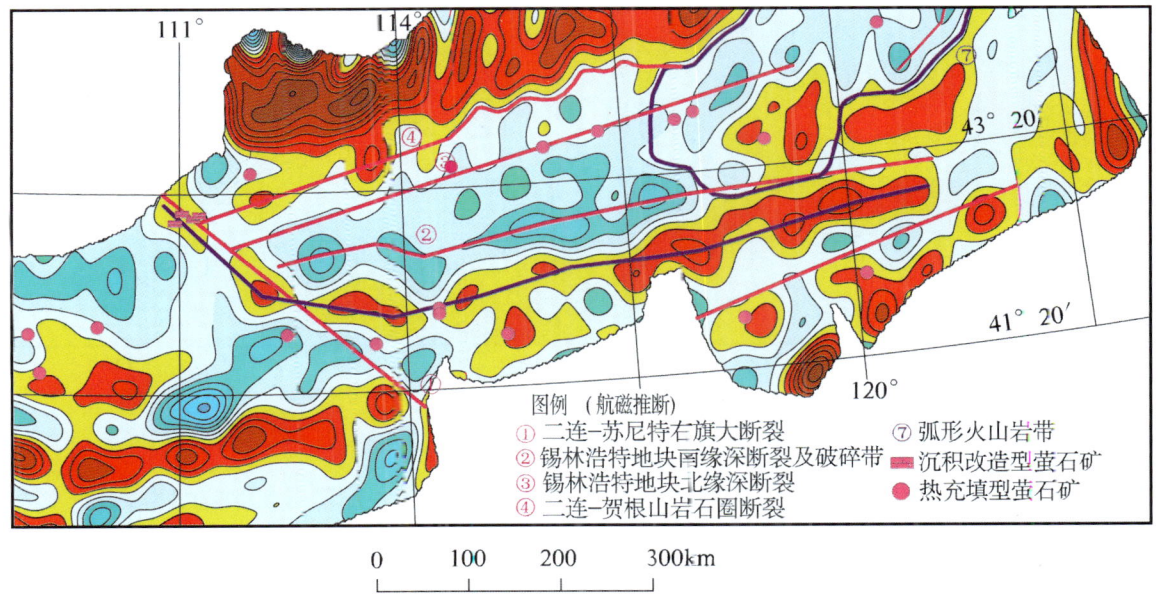

图 5-72　满提、西里庙、北敖包吐、苏木查干敖包沉积改造型萤石矿床分布区航磁正则化滤波异常实例

3. 找矿区位选择

归纳上述结果可知该类典型矿床赋存环境为：①区域上沉积建造地层大面积出现；②北西-南东走向与北东-南西走向断裂构造交叉汇集；③火山岩带分布于交叉复合式断裂构造之上。这些矿床赋存环

境指出,该类矿床找矿区位应选在沉积建造地层内有火山岩带分布,并且北西-南东走向与北东-南西走向的断裂交叉汇集于火山岩带之上的区段。

十八、典型磷矿床赋存区位航磁特征及异常地质信息简析

(一)岩浆岩型磷矿床

1. 矿床赋存区位航磁异常特征

区域上正异常场值较高呈一环一带串连分布。带状异常位于西侧,纵向分布相对较宽,以次级叠加状态产出北东-南西向延伸;环状异常位于东侧呈次级叠加状态,各次级异常以透镜状产出、串珠状排列、相互组合叠加构成局部放射状总体呈环状的异常群,负异常环绕一环一带正异常分布。矿床赋存区位异常场值高(绝对值),有正有负,正异常呈窄条带状线性分布,走向遵从区域构造线方向北东-南西向延伸;负异常呈蝌蚪状寄生于"φ"形分布的局域负异常之中,走向遵从区域构造线方向北东-南西向延伸,矿床赋存于窄条带状与蝌蚪状异常之上,具体见图5-73。

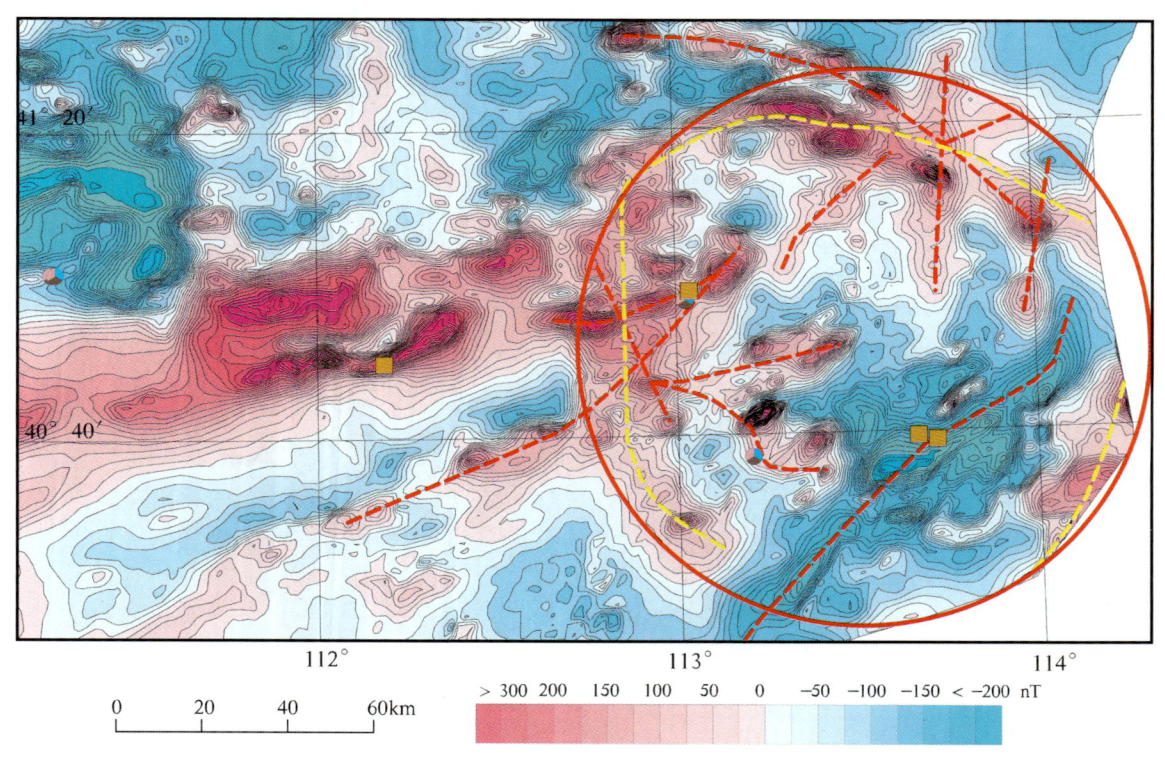

图5-73 盘路沟、官屯堡窑、老松窑、三道沟岩浆岩型磷矿床分布区航磁 ΔT 异常实例

2. 成矿环境与控矿因素简析

典型矿床分布区构造单元区划隶属华北陆块区之固阳-兴和陆核(Ar_3)二级构造单元,分布于乌拉山-集宁铁、金、银、钼、铜、铅、锌、石墨白云母成矿亚带。

异常特征表明矿床赋存区为太古宙—元古宙火山机构群分布区,古火山机构群对应于一环一带异常群,尽管这些古火山机构群对应原岩建造经变质作用已形成华北陆块区基底地层,但它们记录了区域

上的构造特征。一带对应于裂隙喷发式火山构造,一环对应于中心喷发式火山构造。异常特征表明中心式火山喷发区(图5-73中棕色圆环内区域)分布面积大,区内断裂构造方向各异,成群出现在边部聚合构成放射状、环状断裂组合,中间为破火山口。这些火山构造与西侧裂隙式火山构造共同组成局域一环一带的火山构造格局,典型矿床分布其中。矿床与裂隙群中北东-南西走向的断裂构造关系密切,均分布于此种断裂之上,环形区域内典型矿床分布较多。华北陆块区这种放射状、环状、直线状复合型特殊构造环境内北东-南西走向的断裂构造是重要控矿因素。

3. 找矿区域选择

上述结果表明该类矿床在特定的构造环境中产出,受控于北东-南西向断裂构造,找矿地段以一环一带区域为重点,选在一环一带区北东-南西向局部断裂带区段。

(二)沉积变质型磷矿床

1. 矿床赋存区位航磁异常特征

该典型矿床与沉积变质型稀土矿床处于同一区域,故异常区域特征两者相同,这里不再烦赘。矿床赋存区位正异常呈透镜状较规则分布,范围小,场值相对较低,梯度较陡,北侧伴存负异常与其呈镜像分布,南翼梯度陡、北翼梯度缓,内侧规则、外侧张弛,呈放射状凹凸,局部凸出段融合于相邻带状异常,矿床赋存于正负异常过渡区负异常张弛带,具体见图5-74。

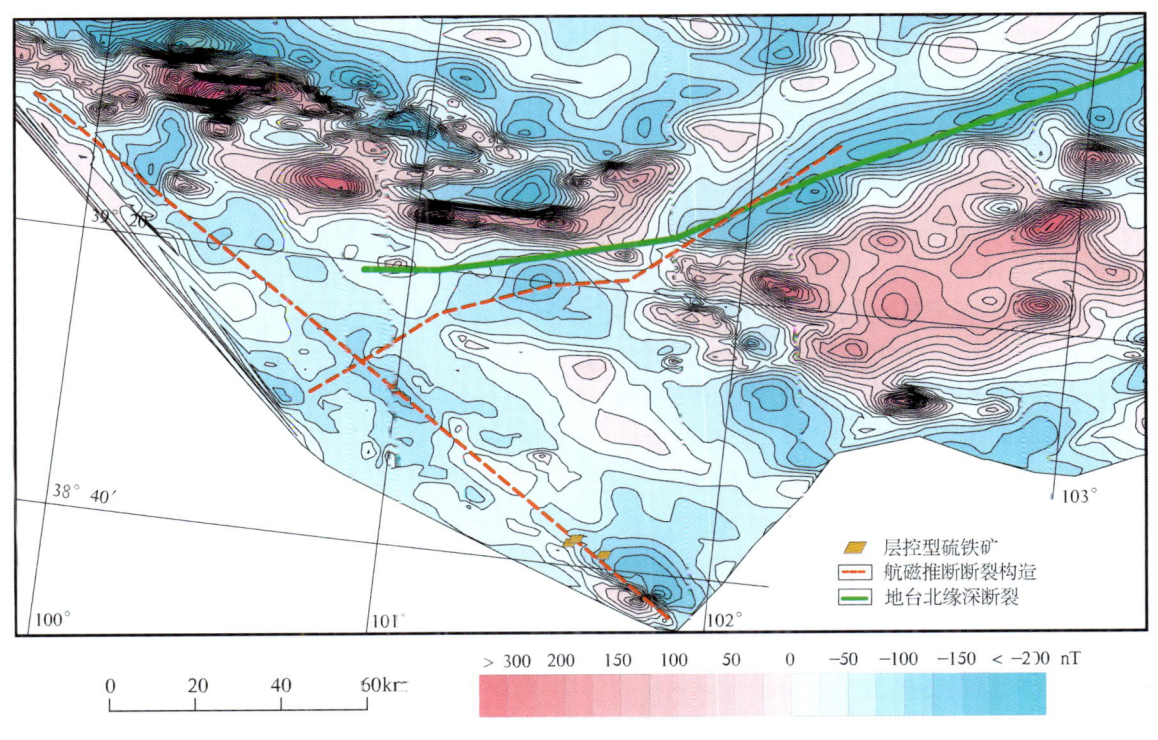

图5-74 夹沟、青井子、哈马胡头沟沉积变质型磷矿床分布区航磁 ΔT 异常实例

2. 成矿环境与控矿因素简析

典型矿床分布区构造单元区划隶属华北陆块区之龙首山基底杂岩带(Ar_3—Pt_1)、贺兰山被动陆缘盆地(Pz_1)、狼山-白云鄂博裂谷(Pt_2)二级构造单元,分布于龙首山铜、镍、铁、锌、稀土、石墨、磷成矿亚

带,鄂尔多斯西缘(台褶带)铁、铅、锌、磷、石膏、芒硝成矿带,白云鄂博-商都金、铁、铌、稀土、铜、镍成矿亚带。

异常特征表明矿床赋存区沉积建造地层大面积分布,局部有岩体侵入。地层区内构造发育,北侧地台北缘深断裂北西-南东向通过;东北侧华北陆块区古火山岩带终结于此;南侧断裂带横向延伸距离大,纵向分布范围宽,北西-南东走向贯穿于整个区域;地台北缘深断裂的分支北东-南西向延伸与南侧断裂带相交于区内,断裂构造火山构造共存构成区域构造格局,矿床分布于南侧断裂带之上,具体见图5-74。矿床赋存区位小正异常对应地质体为沿断裂分布的侵入体,与其成镜像关系的负异常对应地质体为沉积建造小盆地,盆地内沉积物以碳酸岩类硅质类矿物为主,在盆地内堆积厚度较大。南侧断裂由小盆地穿过,矿床沿断裂分布于小盆地边部。矿床在断裂中产出表明形成矿床的原生矿物由异地随流体迁移而来,在条件适宜的小盆地边缘富集成矿。

典型沉积变质型磷矿床、沉积型磷矿床、岩浆岩型磷矿床都产于华北陆块区,沿着华北陆块区(内蒙古部分)古火山机构群周边近区分布,表明古火山机构群对该类矿床的产出有控制作用,可能控制着形成矿床的物质来源。归纳上述结果可知,华北陆块区古火山机构群、断裂构造与沉积环境为重要控矿因素。

3. 找矿区位选择

归纳上述结果矿床形成环境为:在华北陆块区古火山机构群周边较平稳的沉积建造地层区大范围分布;地层区内断裂带延伸距离较大,穿切以碳酸岩类、硅质类矿物成分为主的小盆地;盆地内矿物成分分布较均匀,沿断裂有小型岩体侵入。找矿区位应该选择在满足这些条件的地段。

第五节 区域控矿特征总结

归纳第四章、第五章结果可知,各类矿床的产出均与地质构造关系密切,华北陆块区(内蒙古境内)为地质构造控矿方式的分水岭。

华北陆块区以西区域矿床的产出受控于甜水井-雅干深断裂、北山地块南缘岩石圈断裂、乌兰套海超岩石圈断裂,所给典型矿床均分布于这三大断裂之上,主要表现为北西-南东走向的断裂控矿。地台北缘深断裂(西段)处于地槽区地台区过渡带,其走向遵从华北陆区分布趋势,呈北东-南西向延伸。华北陆块区以西区域由西向东至地台北缘深断裂控矿方式发生转变,由北西-南东走向的断裂控矿过渡为北东-南西走向的断裂控矿。

华北陆块区以北区域主要表现为东西走向的断裂构造控矿,典型矿床均分布于索伦山超岩石圈断裂之上。

华北陆块区为古火山构造控矿,所给典型矿床与之关系密切,有的分布其上,有的环绕其周边分布,有的沿着古火山构造与其他地质体的接触带分布。这些古火山构造分布广阔,几乎遍布整个华北陆块区(内蒙古境内),由于构造区内对应原岩建造已经变质为基底地层,故宏观上表现为构造区块控矿。

华北陆块区以东区域主要为区域性深大断裂、局域断裂阵、局域交叉复合式断裂控矿,尽管表现形式多样,除未定名断裂1北段外,其实质仍为北东-南西走向断裂控矿。所给典型矿床除分布于未定名断裂1北段外,要么分布于北东-南西走向的断裂之上,要么分布于与北东-南西走向的断裂交叉复合处。未定名断裂1北段北西-南东走向控矿。

第六章 磁测工作部署建议

第一节 部署原则

磁测工作部署以找矿为目的，以第四章与第五章成果为依据。靶区确定遵循由已知到未知原则，即根据典型矿床控矿因素、矿床赋存区位地质环境、构造环境、磁异常特征类比。工作程度遵循由浅入深原则，网度选取遵循由稀到密的原则。为使深部磁性地质体异常特征明晰提升深部找矿效果及增强弱磁性体分辨能力，采用高精度磁测方法进行工作。先期以普查工作为主，有意义异常确定后重新选区进行详查工作。

第二节 磁测工作区部署建议

一、铁矿磁测工作区部署建议

（一）华北陆块区以西区域

1. 部署依据

归纳第四章、第五章结果可知，为蒙古自治区内华北陆块区以西区域，典型铁矿床主要分布于甜水井-雅干深断裂、北山地块南缘岩石圈断裂、乌兰套海超岩石圈断裂、地台北缘深断裂（西段）之上，各类矿床往往同区混杂共生密集出现，具体见图6-1、图6-2。甜水井-雅干深断裂内主要以海相火山岩型铁矿、矽卡岩型铁矿为主，偶然可见其他类型铁矿与沉积变质型铁矿分布，从统计学的观点讲该断裂内找矿重点应放在寻找海相火山岩型铁矿与矽卡岩型铁矿之上；北山地块南缘岩石圈断裂内有矽卡岩型铁矿与其他类型铁矿分布，从统计学的观点讲该断裂内找矿重点应放在寻找矽卡岩型铁矿与其他类型铁矿之上；乌兰套海超岩石圈断裂内西段主要以矽卡岩型铁矿、其他类型铁矿、沉积变质型铁矿为主，三者分布比例相近，东段偶然可见海相火山岩型铁矿。西段找矿重点放在寻找矽卡岩型铁矿、其他类型铁矿、沉积变质型铁矿之上，由于内蒙古境内分布范围小故不作考虑，东段找矿重点放在寻找海相火山岩型铁矿之上；地台北缘深断裂（西段）主要以矽卡岩型铁矿、其他类型铁矿为主，偶然可见沉积变质型铁矿，从统计学的观点讲该断裂内找矿重点应放在寻找矽卡岩型铁矿、其他类型铁矿之上。典型矿床的分布特征为选择找矿靶区的重要依据。

2. 海相火山岩型铁矿

1）靶区选择

该类矿床为火山成因的铁矿床。矿床的形成：在岩性组合上与钙碱性富钠质火山岩-次火山岩建造有关；形成方式上与火山喷溢作用、火山喷发沉积作用、火山热液作用密切相关。矿床若由火山喷溢熔

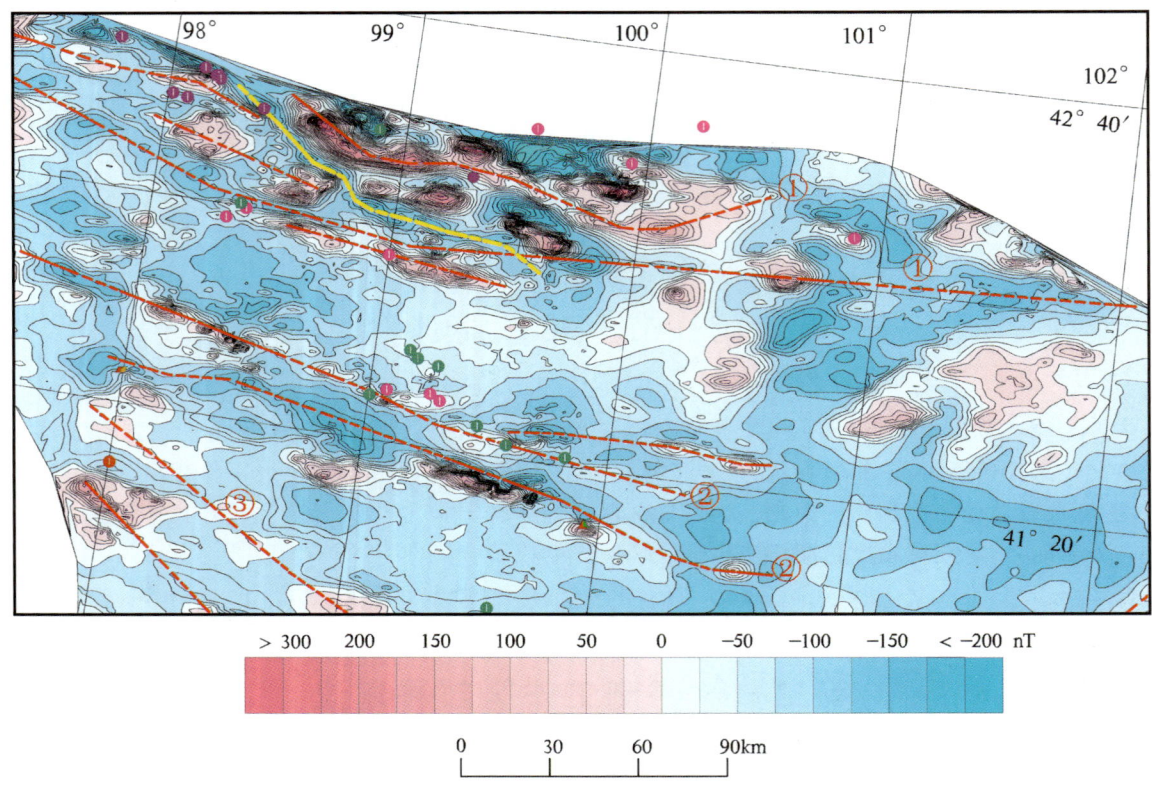

图例
1. 航磁推断断裂构造：① 甜水井-雅干深断裂　② 北山地块南缘岩石圈断裂　③ 乌兰套海超岩石圈断裂
2. 铁矿：● 矽卡岩型铁矿　● 海相火山岩型铁矿　● 沉积变质型铁矿　● 其他类型铁矿

图 6-1　甜水井-雅干深断裂、北山地块南缘岩石圈断裂典型铁矿床分布区航磁 ΔT 异常实例

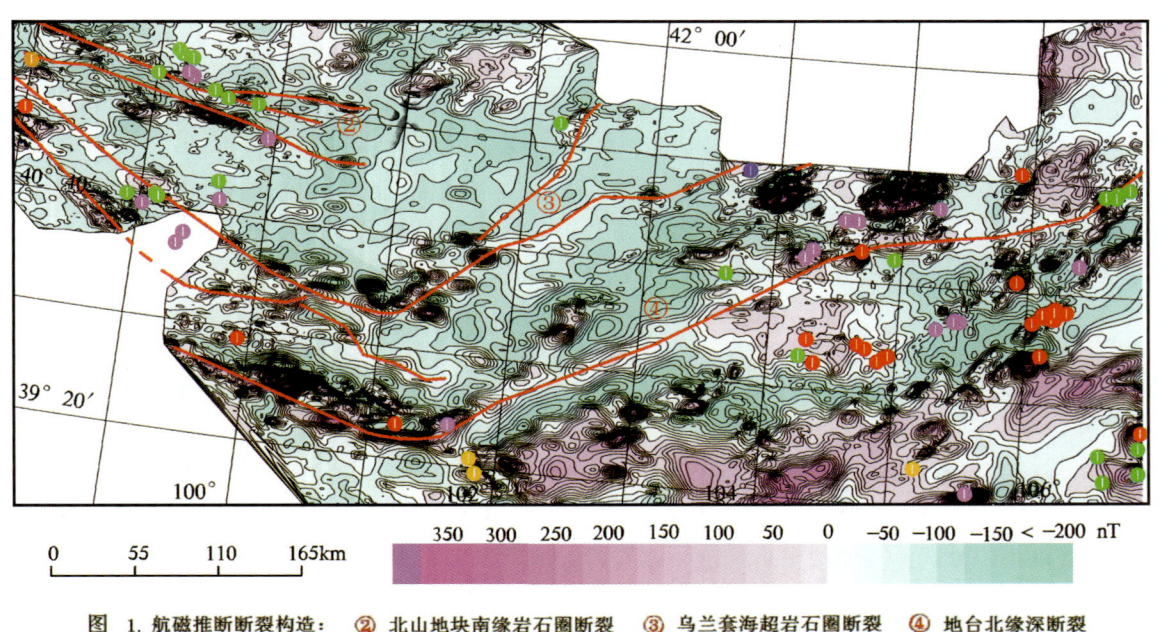

图例
1. 航磁推断断裂构造：② 北山地块南缘岩石圈断裂　③ 乌兰套海超岩石圈断裂　④ 地台北缘深断裂
2. 铁矿：● 岩浆岩型铁矿　● 矽卡岩型铁矿　● 海相火山岩型铁矿　● 沉积变质型铁矿　● 其他类型铁矿

图 6-2　北山地块南缘岩石圈断裂乌兰套海超岩石圈断裂地台北缘深断裂典型铁矿床分布区航磁异常实例

浆形成则产于中性、基性火山熔岩中;矿床若主要由火山喷发作用提供成矿物质,又通过沉积作用形成,则产于以凝灰岩为主的火山碎屑岩系中。由正则化滤波异常可见典型矿床一般赋存于火山岩分布区或边部。根据上述结果,甜水井-雅干深断裂、乌兰套海超岩石圈断裂两区共选择找矿靶区7处,具体见图6-3及表6-1。

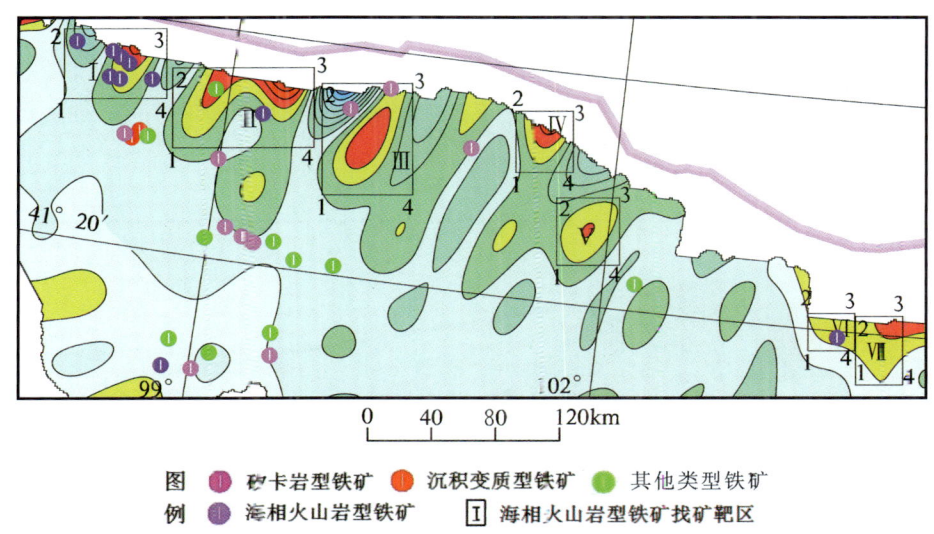

图6-3　华北陆块区以西区域航磁正则化滤波异常选择海相火山岩型铁矿找矿靶区实例

表6-1　甜水井-雅干深断裂、乌兰套海超岩石圈断裂海相火山岩型铁矿找矿靶区拐点坐标一览表

靶区 \ 拐点	1		2		3		4	
	E	N	E	N	E	N	E	N
Ⅰ	97°46′	42°07′	97°41′	42°32′	98°27′	42°37′	98°32′	42°13′
Ⅱ	98°38′	41°56′	98°33′	42°24′	99°37′	42°31′	99°42′	42°03′
Ⅲ	99°49′	41°47′	99°41′	42°26′	100°23′	42°30′	100°29′	41°47′
Ⅳ	101°15′	42°04′	101°11′	42°25′	101°38′	42°27′	101°41′	42°06′
Ⅴ	101°38′	41°33′	101°35′	41°56′	102°03′	41°59′	102°07′	41°35′
Ⅵ	103°35′	41°13′	103°34′	41°25′	103°55′	41°26′	103°56′	41°14′
Ⅶ	103°58′	41°02′	103°55′	41°26′	104°17′	41°27′	104°19′	41°03′

2)已往工作程度及基础成果评述

说明:本章已往工作程度均指地面磁测工作程度,以后不再赘述。

1958—1981年甘肃省地质局、宁夏回族自治区地质局、内蒙古自治区地质矿产局在靶区内局部投入一定磁测工作量,工作比例尺多为1∶5万、1∶2.5万。内蒙古自治区地质矿产局1981年在靶区内个别地段进行1∶1万磁测工作,但选区过小对普查工作意义不大。根据工作年代推测前人均采用低精度磁测。前人工作存在以下问题:①工作比例尺精度过低;②个别地段工作比例尺精度满足要求但选区范围过小;③观测精度过低。该类矿床磁性相对较弱,前人工作精度均不满足当前寻找该类矿床的要求。新一轮普查找矿工作中前人工作成果可作为参考资料应用。

3)磁测工作目的与比例尺选择

该类矿种开展磁测工作目的是:圈定火山熔岩分布区、火山碎屑岩分布区及目的体。在普查工作阶段综合工作效率、经济效益、异常特征明确,较客观地反映地质成果等因素,工作比例尺选为1∶1万,网度 100m×20m。

4）工作优先顺序

遵从由已知到未知的原则，首选工作区为Ⅰ、Ⅱ、Ⅵ区，Ⅲ、Ⅳ、Ⅴ、Ⅶ区并列排在其后。

3. 矽卡岩型铁矿床、其他类型铁矿床

1）靶区选择

矽卡岩型铁矿床与其他类型铁矿床往往同区混杂共生，从普查工作的角度讲把它们放在一起。依据断裂分布特征及典型矿床在断裂中所处的环境进行类比，对该两类矿床找矿靶区进行选择，具体见图6-4～图6-7及表6-2、表6-3。

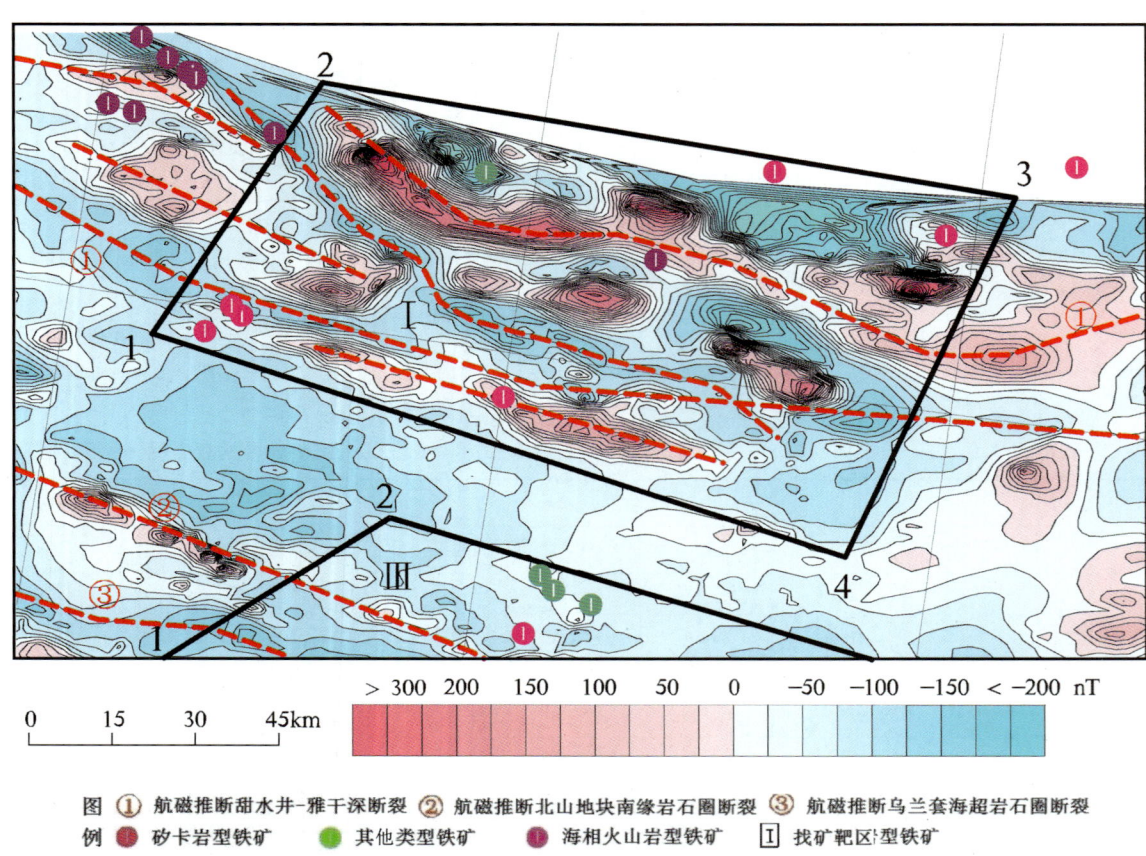

图 6-4　华北陆块区以西区域航磁 ΔT 异常选择矽卡岩型铁矿、其他类型铁矿找矿靶区实例

2）已往工作程度及基础成果评述

1981年以前，前人在靶区内投入一定量的磁测工作，工作比例尺以1∶2.5万、1∶5万为主，观测方法以低精度为主。测网精度及观测精度均不满足磁法直接找矿的要求，局部区段已开展1∶2000磁测工作，只是针对个别已知矿床进行，由于选区过小对于普查找矿工作意义不大。新一轮普查找矿工作中前人工作成果可作为参考资料应用。

3）磁测工作目的与比例尺选择

该类矿种开展磁测工作的目的是圈定：控矿构造、目的体、中酸性侵入体、中酸性侵入体与碳酸岩类围岩的接触带。在普查工作阶段综合工作效率、经济效益、异常特征明确，较客观地反映地质成果等因素，工作比例尺选为1∶1万，网度100m×20m。

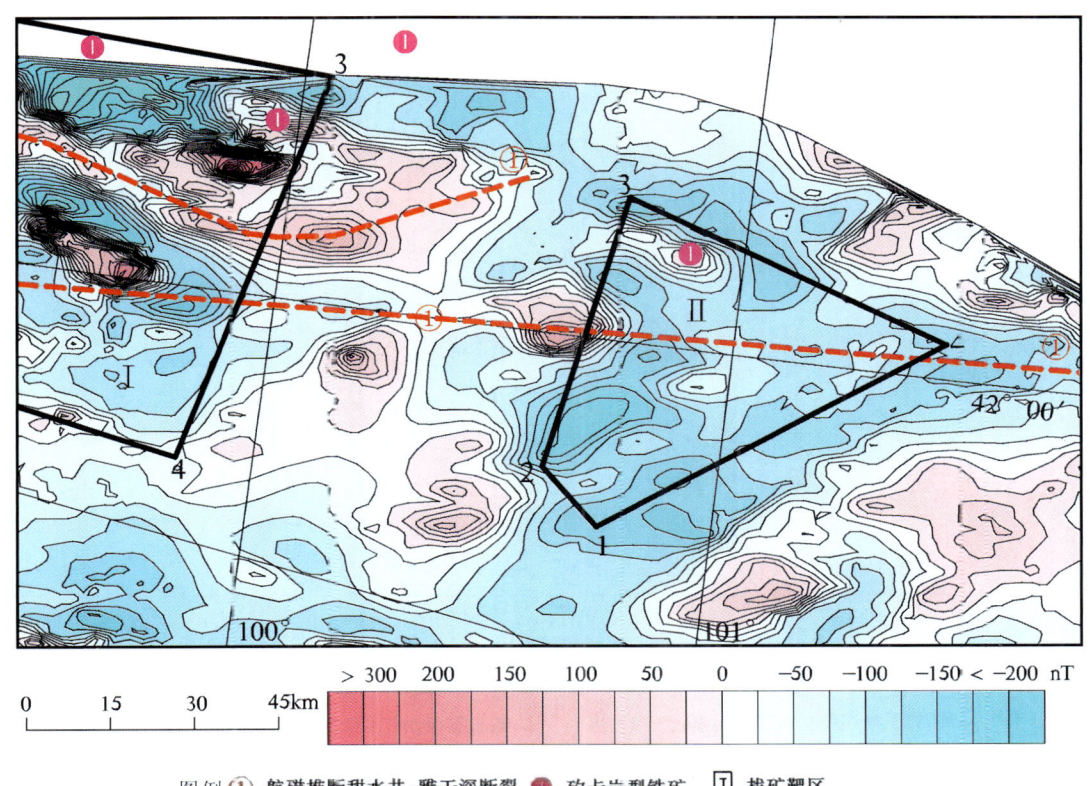

图 6-5 华北陆块区以西区域航磁 ΔT 异常选择矽卡岩型铁矿、其他类型铁矿找矿靶区实例

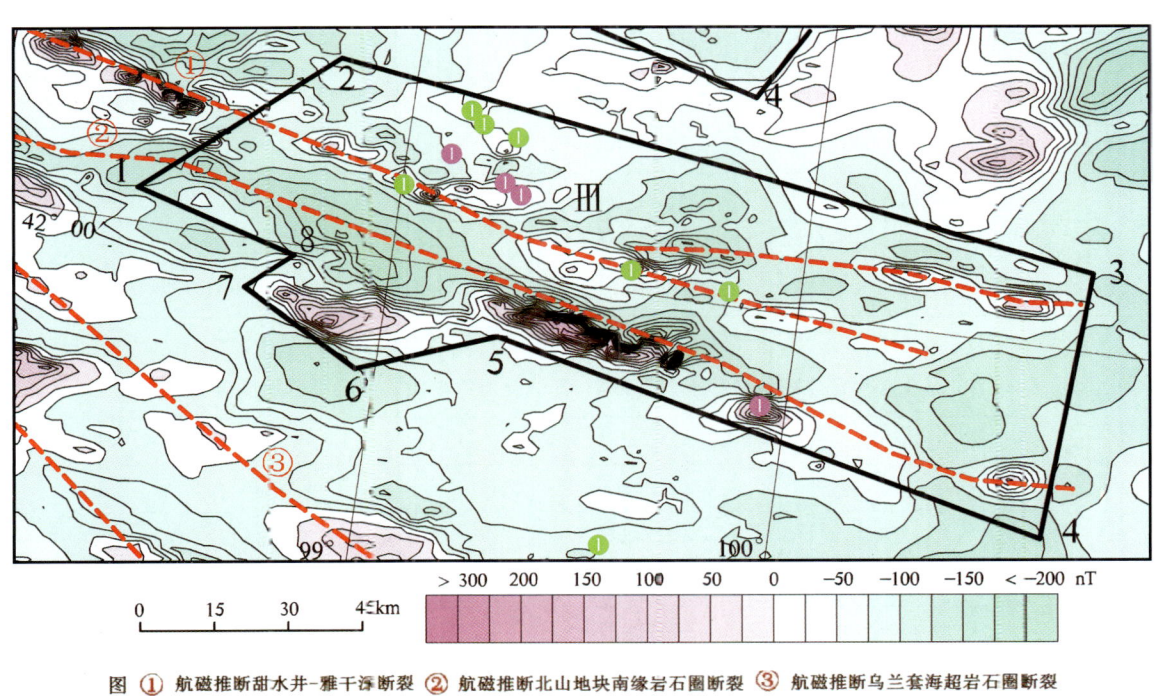

图 6-6 华北陆块区以西区域航磁 ΔT 异常选择矽卡岩型铁矿、其他类型铁矿找矿靶区实例

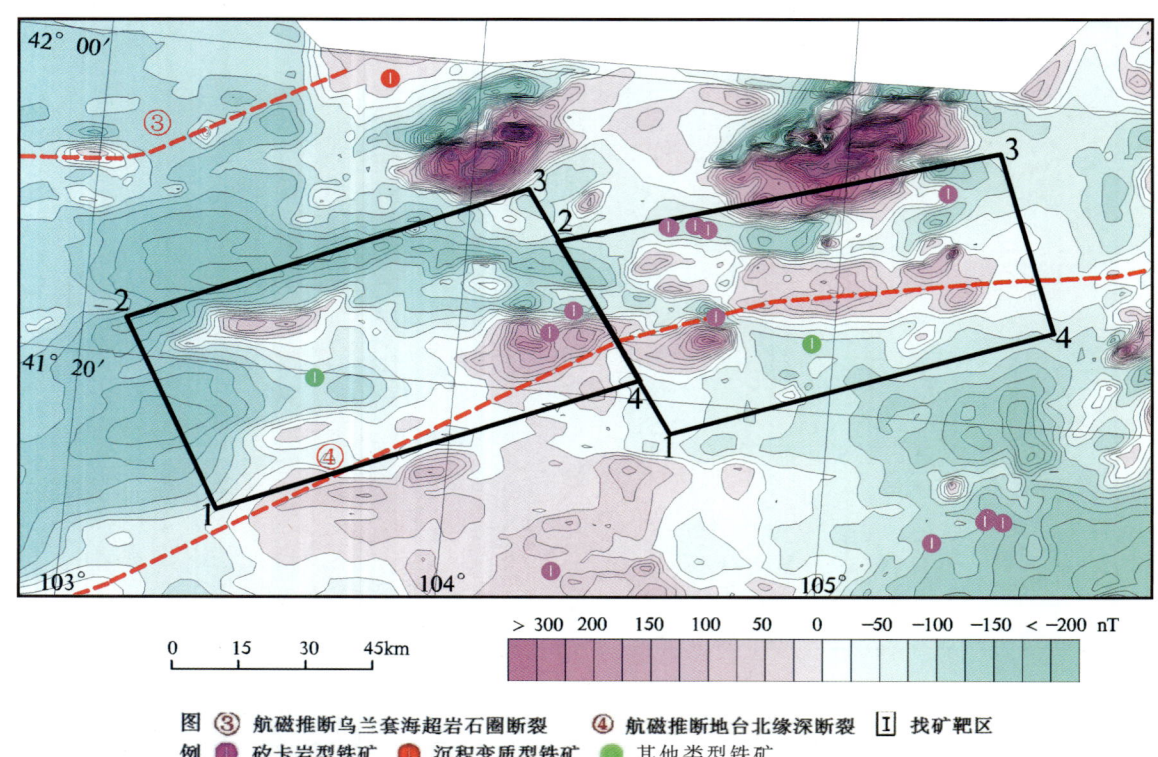

图6-7 华北陆块区以西区域航磁ΔT异常选择矽卡岩型铁矿、其他类型铁矿找矿靶区实例

表6-2 华北陆块区以西区域矽卡岩型铁矿、其他类型铁矿找矿靶区拐点坐标一览表

靶区 \ 拐点	1		2		3		4	
	E	N	E	N	E	N	E	N
Ⅰ	98°12′	41°56′	98°30′	42°24′	100°04′	42°23′	99°49′	41°43′
Ⅱ	100°46′	41°41′	100°38′	41°47′	100°44′	42°14′	101°29′	42°04′
Ⅳ	103°23′	40°21′	103°07′	40°44′	104°12′	41°05′	104°30′	40°42′
Ⅴ	104°35′	40°35′	104°17′	40°59′	105°24′	41°15′	105°36′	40°52′

表6-3 华北陆块区以西区域矽卡岩型铁矿、其他类型铁矿找矿靶区Ⅲ区拐点坐标一览表

拐点序号	E	N
1	98°21′14″	41°23′25″
2	98°49′17″	41°41′44″
3	100°42′55″	41°29′00″
4	100°39′33″	40°57′52″
5	99°18′02″	41°12′54″
6	98°57′28″	41°07′03″
7	98°38′50″	41°13′31″
8	98°45′30″	41°18′53″

4）工作优先顺序

依据典型矿床分布特征及异常特征分析Ⅲ区对该类矿床成矿最为有利，工作优先顺序排在首位，其他靶区优先顺序依次为Ⅰ区、Ⅴ区、Ⅳ区、Ⅱ区。

（二）华北陆块区

1. 沉积变质型铁矿深部找矿部署依据

华北陆块区为古火山构造控矿，由于构造区内对应原岩建造已经变质为基底地层，故宏观上表现为构造区块控矿。区内除鄂尔多斯盆地外（覆盖层较厚很难发现矿床），各Ⅱ级构造区块均有沉积变质型磁性铁矿床产出。矿种分区特征为：陆块区内以沉积变质型铁矿为主，一般不与矽卡岩型铁矿、陆相火山岩型铁矿共存；陆块区边部偶然可见岩浆岩型磁性铁矿床、其他类型磁性铁矿床与沉积变质型铁矿共存；地台区与地槽区过渡带存在沉积变质型铁矿、矽卡岩型铁矿、其他类型铁矿混杂共存现象。区内重点考虑深部找矿首选地段为狼山-阴山陆块区，该区沉积变质型铁矿矿床集群式出现大范围分布，充分说明来自于深部的成矿流体极其丰富，预示着深部存在大型磁性铁矿床。鞍山弓长岭铁矿上部为不连续的小矿，到深部变成连续而富的大矿。其含矿地层原岩建造也为基性火山岩，矿床成因类型与此亦相同，类比二者也支持这一观点——狼山-阴山陆块区深部可能存在大型磁性铁矿床。

2. 靶区选择

靶区选择结果具体见图6-8及表6-4。

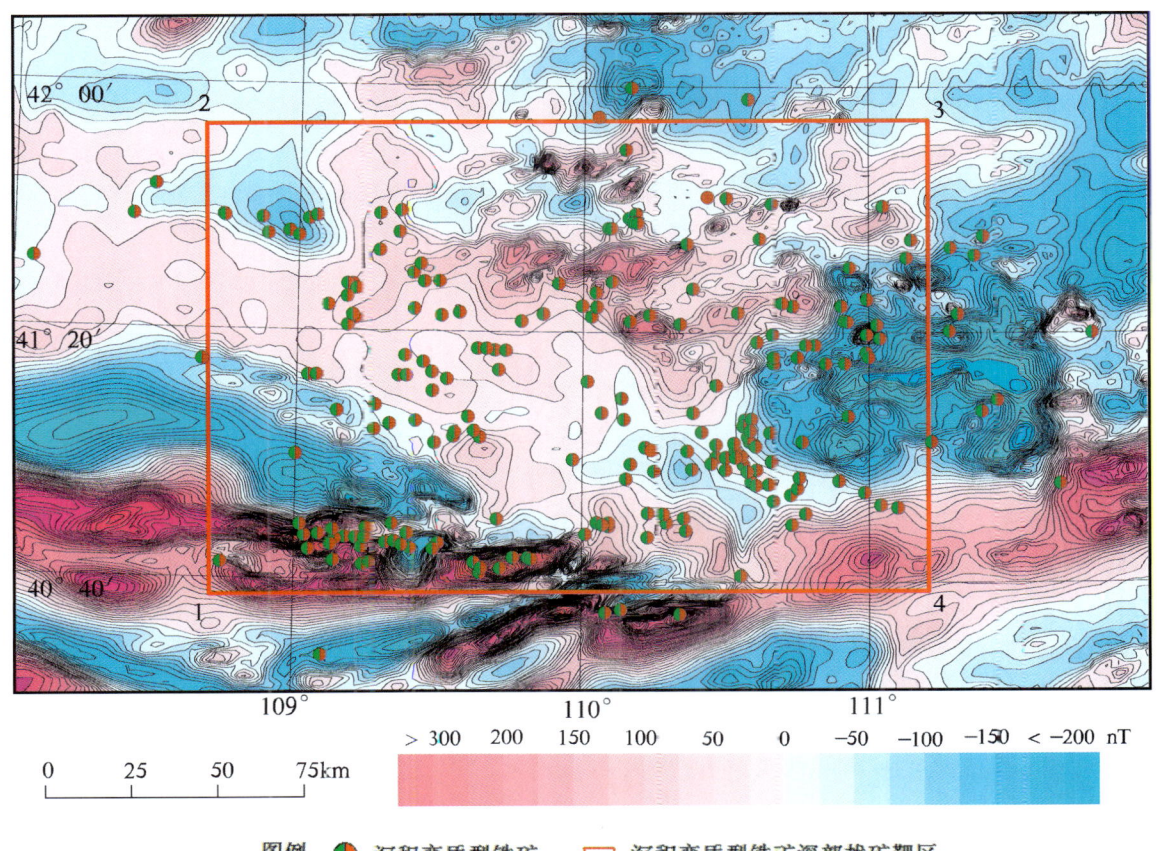

图6-8 华北陆块区航磁ΔT异常选择沉积变质型铁矿深部找矿靶区实例

表 6-4　华北陆块区沉积变质型铁矿深部找矿靶区拐点坐标一览表

拐点序号	E	N
1	108°42′	40°37′
2	108°39′	41°54′
3	111°13′	41°55′
4	111°13′	40°39′

3. 已往工作程度及基础成果评述

该靶区前人工作都完成于1981年以前，均采用低精度磁测方法，观测精度不能满足深部找矿要求，新一轮深部找矿工作中前人成果可作参考资料应用。

4. 磁测工作目的与比例尺选择

该类矿种开展磁测工作的目的是：圈定磁性地质体用于直接找矿，在普查工作阶段综合工作效率、经济效益，以及考虑异常特征明确，较客观地反映地质成果，又尽可能排除地面较小磁性体的干扰等因素，工作比例尺选为1∶2.5万，网度250m×50m。

（三）华北陆块区以东区域

1. 海相火山岩型铁矿床

1）部署依据

由正则化滤波异常可见，锡林浩特地块南缘断裂及破碎带与火山岩带并行，断裂带正好处于火山岩带与锡林浩特地块接触带之上，南带矿床产于此种环境之中。中带、北带矿床尽管所处地理位置不同、断裂不同，它们亦产于同样的环境之中，表明断裂构造处于火山岩带与地块的接触带这一环境组合是该类矿床产出不可或缺的重要因素。这一结果为我们在该区寻找此类矿床提供了重要依据，由于该区覆盖较严重，地表出露岩石不发育，在靶区选择过程中地质资料无法参照，故航磁资料为主要依据。

2）靶区选择

依据上述结果找矿靶区沿火山岩带与锡林浩特地块接触带进行选择。南矿带处于二连-苏尼特右旗大断裂与锡林浩特地块南缘深断裂及破碎带交叉复合部位，尽管成矿条件良好，本次也未选作靶区，主要原因是矿床密集分布找矿目标已很明确。具体选区见图6-9及表6-5。

3）已往工作程度及基础成果评述

20世纪五六十年代内蒙古第一物化探队在靶区Ⅵ、Ⅶ开展相对较大面积的1∶2.5万与1∶5万磁法扫面工作，根据工作年代推测采用低精度观测方法，这些成果由于工作比例尺精度低，数据观测精度低在新一轮普查找矿中可作为参考资料应用。

4）磁测工作目的与比例尺选择

该类矿种开展磁测工作的目的是：圈定火山熔岩分布区、火山碎屑岩分布区、火山岩带与地块的接触带、断裂构造及目的体。在普查工作阶段综合工作效率、经济效益、异常特征明确，较客观地反映地质成果等因素，工作比例尺选为1∶1万，网度100m×20m。

5）工作优先顺序

Ⅰ区、Ⅱ区处于断裂交叉复合部位成矿构造条件良好，故为优先工作区，其他靶区工作优先顺序依次为Ⅲ区、Ⅶ区、Ⅴ区、Ⅵ区。

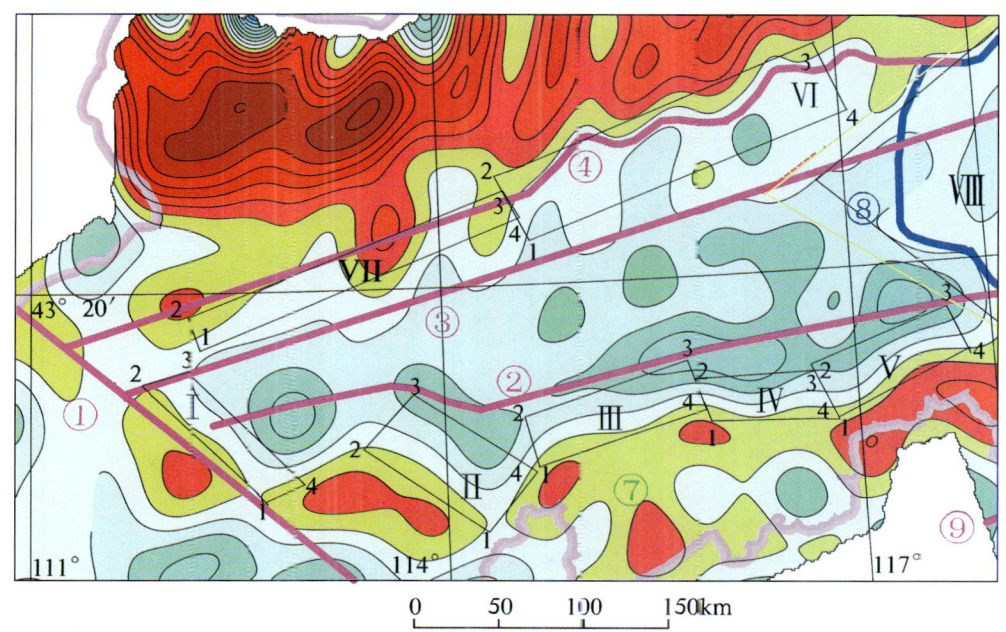

图 6-9　华北陆块区以东区域航磁正则化异常选择海相火山岩型铁矿找矿靶区实例

表 6-5　华北陆块区以东区域海相火山岩型铁矿找矿靶区拐点坐标一览表

拐点 靶区	1		2		3		4	
	E	N	E	N	E	N	E	N
Ⅰ	112°42′	42°10′	111°48′	42°50′	112°09′	42°55′	112°59′	42°16′
Ⅱ	114°17′	41°58′	113°24′	42°27′	113°47′	42°45′	114°39′	42°18′
Ⅲ	114°40′	42°20′	114°34′	42°36′	115°47′	42°52′	115°54′	42°36′
Ⅳ	115°56′	42°32′	115°50′	42°46′	116°41′	42°47′	116°51′	42°30′
Ⅴ	116°51′	42°30′	116°40′	42°49′	117°41′	43°04′	117°50′	42°50′
Ⅵ	114°39′	43°33′	114°25′	43°56′	116°51′	44°34′	117°04′	44°11′
Ⅶ	112°14′	43°01′	112°09′	43°12′	114°29′	43°51′	114°36′	43°42′

2. 矽卡岩型铁矿床、其他类型铁矿床

1) 部署依据

由第四章、第五章结果可知，大兴安岭主脊-林西岩石圈断裂带范围广阔，断裂发育相互交织，成矿环境良好，带内金属矿床集群式出现、遍及分布，是大的成矿省。由北至南均有矽卡岩型铁矿、其他类型铁矿产出，它们往往同区混杂共生集群式出现。华北陆块区以东区域矽卡岩型铁矿、其他类型铁矿主要分布于此断裂带内，是寻找该两类矿床的首选地段。

2)靶区选择

依据上述结果带内断裂拐折、交织、复杂区域选择为靶区,各靶区均有矽卡岩型铁矿、其他类型铁矿密集分布,具体见图6-10及表6-6、表6-7。

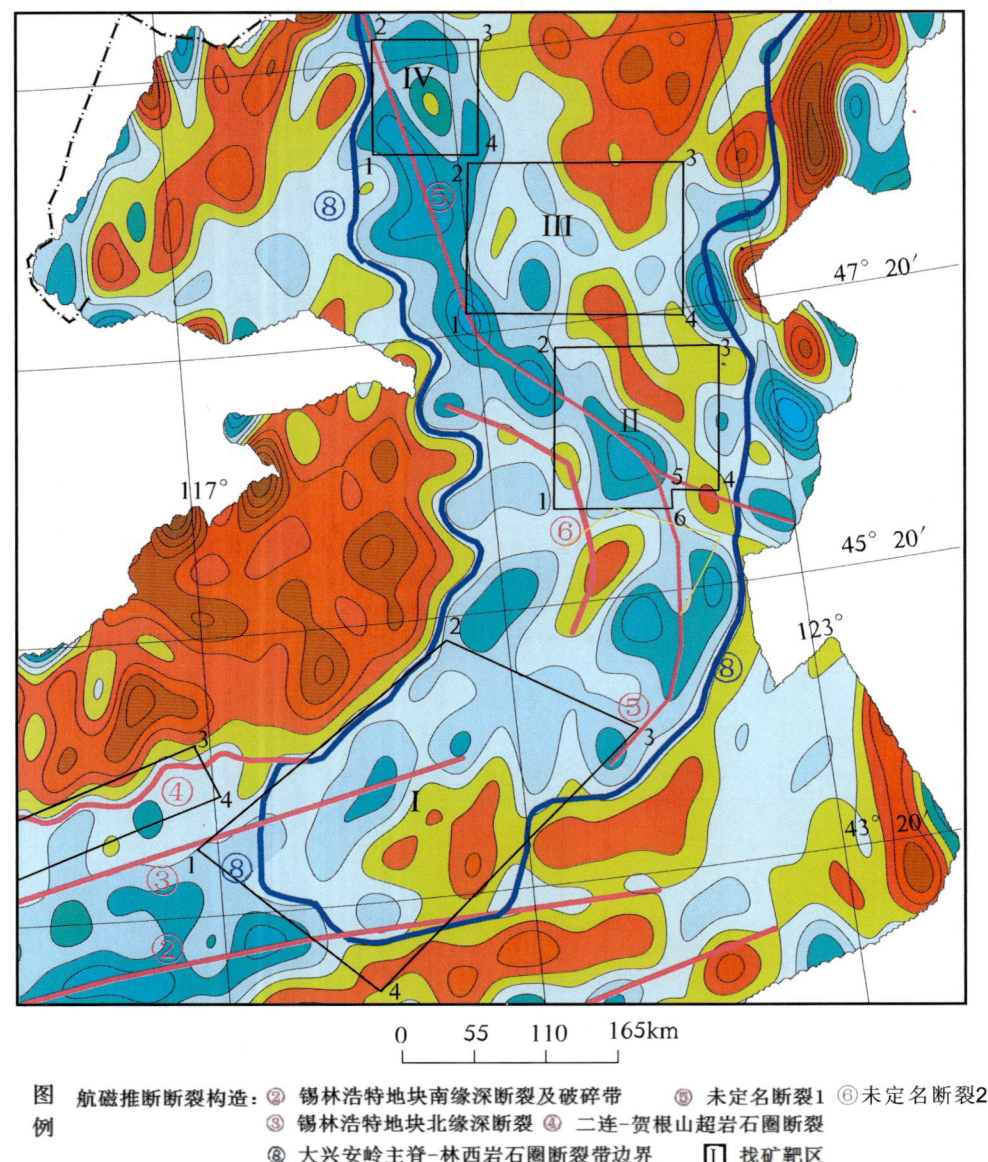

图例　航磁推断断裂构造：② 锡林浩特地块南缘深断裂及破碎带　⑤ 未定名断裂1　⑥ 未定名断裂2
　　③ 锡林浩特地块北缘深断裂　④ 二连-贺根山超岩石圈断裂
　　⑧ 大兴安岭主脊-林西岩石圈断裂带边界　☐ 找矿靶区
● 沉积变质型铁矿　● 矽卡岩型铁矿　● 陆相火山岩型铁矿　● 其他类型铁矿

图6-10　华北陆块区以东区域航磁正则化滤波异常选择矽卡岩型铁矿、其他类型铁矿找矿靶区实例

表6-6　华北陆块区以东区域矽卡岩型铁矿、其他类型铁矿找矿靶区拐点坐标一览表

拐点 靶区	1		2		3		4	
	E	N	E	N	E	N	E	N
Ⅰ	116°48′	43°49′	119°25′	45°10′	121°11′	44°23′	118°26′	42°42′
Ⅲ	119°59′	47°29′	120°11′	48°33′	122°26′	48°22′	122°12′	47°17′
Ⅳ	119°12′	48°41′	119°19′	49°30′	120°27′	49°25′	120°18′	48°36′

表 6-7 华北陆块区以东区域矽卡岩型铁矿其他类型铁矿找矿靶区Ⅱ区拐点坐标一览表

拐点序号	E	N
1	120°38′	46°01′
2	120°51′	47°10′
3	122°31′	47°02′
4	122°18′	46°00′
5	121°50′	46°03′
6	121°49′	45°55′

3）已往工作程度及基础成果评述

1976年内蒙古自治区地质矿产局开展1:20万地面磁测工作，完成扫面工作量102 771.9km²，部分工作量落入靶区Ⅳ的西南角，覆盖靶区Ⅳ近一半区域。该工作比例尺精度低，远远不能满足寻找该类矿床对测网精度的要求，由于工作年代所致数据采集观测精度低，不能满足深部找矿及对弱磁性地质体的分辨要求，工作成果可作为新一轮普查找矿工作的参考资料。其他靶区已往工作多数围绕已知矿床点开展，支离破碎、零散分布、工作量很少，完成于二十世纪六七十年代观测精度均较低。在新一轮普查找矿工作中，这些成果具有重要参考价值，对后续找矿工作具有指导意义。

4）磁测工作目的与比例尺选择

该类矿种开展磁测工作的目的是：圈定控矿构造、目的体、中酸性侵入体、中酸性侵入体与碳酸岩类围岩的接触带。在普查工作阶段综合工作效率、经济效益、异常特征明确，较客观地反映地质成果等因素，工作比例尺选为1:1万，网度100m×20m。

5）工作优先顺序

Ⅰ区所处位置为大兴安岭主脊-林西岩石圈断裂带南端，区内多条深大断裂相交汇集，二连-贺根山超岩石圈断裂、锡林浩特地块北缘深断裂、锡林浩特地块南缘深断裂及破碎带、未定名断裂1均汇集于此，其他断裂在区内与未定名断裂1相交，多断裂相互交织构成良好的构造环境故该区为优先工作区；Ⅱ区所处位置为未定名断裂1分支复合走向拐折段，区内断裂构造与火山构造并存，成矿条件良好，优先顺序排在Ⅰ区之后；Ⅲ区所处位置为未定名断裂1走向拐折段，区内断裂构造、火山构造相互交织，成矿条件良好，优先顺序排在Ⅱ区之后；Ⅳ区位于未定名断裂1北侧，末端为断裂构造复杂区，优先顺序排在Ⅲ区之后。

二、热液型铜、铅、锌、银多金属矿磁测工作区部署建议

（一）部署依据

由第五章结果可知，热液型铜、铅、锌、银多金属矿典型矿床往往同区混杂共生，主要分布于大兴安岭主脊-林西岩石圈断裂带南段及地台北缘深断裂东端与南北两侧火山岩带相邻的区域，矿床成群出现、密集分布，产出受控于北东-南西向断裂构造。当分布于火山岩带时，产出环境中往往断裂成群出现、多条并列分布，构成局域断裂厍北东-南西向延伸。矿床的分布特征与控矿因素是我们选择找矿靶区的主要依据。

（二）靶区选择

依据上述结果靶区选择在北东-南西向断裂发育均有典型矿床分布的地段，具体见图6-11、图6-12及表6-8、表6-9。

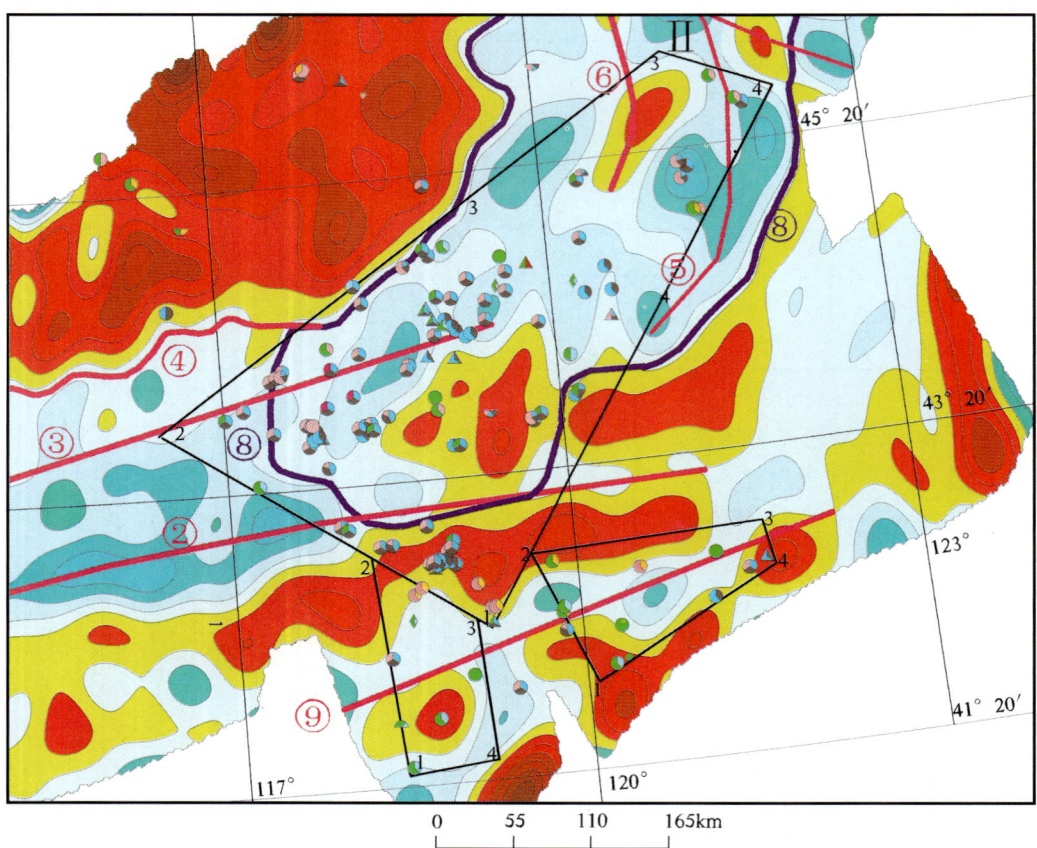

图 6-11 航磁正则化滤波异常选择热液型铜、铅、锌、银多金属矿找矿靶区实例

表 6-8 热液型铜、铅、锌、银多金属矿找矿靶区拐点坐标一览表

靶区 \ 拐点	1		2		3		4	
	E	N	E	N	E	N	E	N
Ⅰ	118°21′	41°25′	118°13′	42°51′	119°04′	42°23′	119°08′	41°28′
Ⅱ	116°24′	43°46′	121°15′	45°58′	122°15′	45°40′	119°12′	42°20′
Ⅲ	120°03′	41°54′	119°36′	42°48′	121°38′	42°50′	121°42′	42°33′

表 6-9 热液型铜、铅、锌、银多金属矿找矿靶区Ⅳ区拐点坐标一览表

拐点序号	E	N
1	121°42′	49°41′
2	120°06′	50°41′
3	120°53′	51°28′
4	121°35′	51°39′
5	122°28′	50°19′

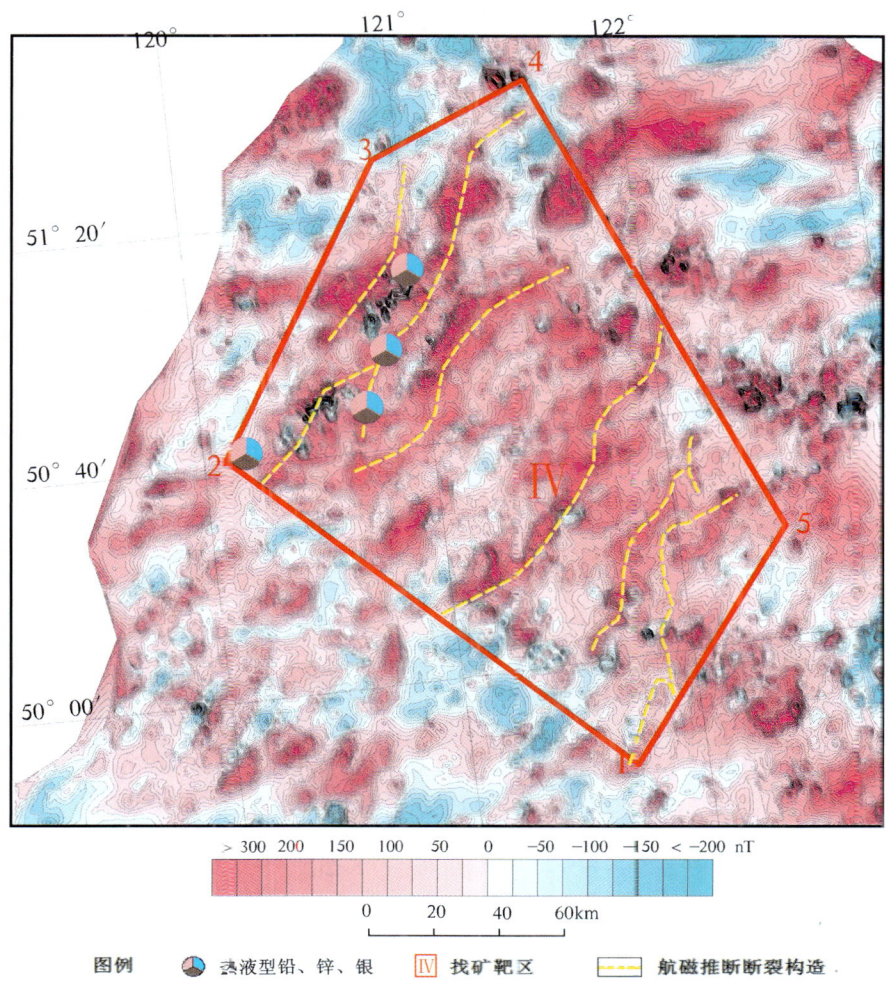

图 6-12 航磁 ΔT 异常选择热液型铜、铅、锌、银多金属矿找矿靶区实例

（三）已往工作程度及基础成果评述

1963 年内蒙古自治区地质矿产局在靶区 I 局部区段开展 1∶5 万磁测工作，完成扫面工作量 55.7km²，1969 年内蒙古自治区地质矿产局在靶区 Ⅲ 局部区段开展 1∶10 万磁测工作，完成扫面工作量 132km²，其他靶区在 20 世纪六七十年代支离破碎地做了一些扫面工作，连续性差，在普查工作阶段对于区内寻找控矿断裂构造意义不大。以往资料存在工作比例尺精度低、观测精度低、工作程度浅且支离破碎等问题，在新一轮找矿工作中可作为参考资料应用。

（四）磁测工作目的与比例尺选择

该类矿种开展磁测工作的目的是：圈定控矿断裂构造，在普查工作阶段综合工作效率、经济效益、目的体异常特征明确，较客观地反映地质成果等因素，工作比例尺选为 1∶2.5 万，网度 250m×50m。

（五）工作优先顺序

Ⅱ 区所处位置为大兴安岭主脊-林西岩石圈断裂带南端，区内多条深大断裂相交汇集，二连-贺根山超岩石圈断裂、锡林浩特地块北缘深断裂、锡林浩特地块南缘深断裂及破碎带、未定名断裂 1 均汇集于此，其他断裂在区内与未定名断裂 1 相交，多断裂相互交织构成良好的构造环境，故该区为优先工作区；Ⅰ、Ⅲ 两区均处于地台北缘深断裂与南北两侧火山岩带并行段（实质为火山岩带中的局域北东-南西向断裂阵一端与地台北缘深断裂相交),区内断裂构造与火山构造并存,成矿条件良好,优先顺序排在Ⅱ区之后;Ⅳ区所处位置为多条断裂并列分布,构成局域断裂阵北东-南西向延伸,构造环境良好,优先顺序排在Ⅰ、Ⅱ、Ⅲ区之后。

三、斑岩型钼矿磁测工作区部署建议

(一)部署依据

由第五章结果可知,火山岩带一侧凹陷形成封闭式火山盆地(盆地处于断裂带上),该类矿床产于盆地边部,火山岩带与火山盆地这种特定的构造组合控制着矿床的产出,同时为我们指出了找矿方向。典型矿床分布特征与控矿因素是选择找矿靶区的主要依据。

(二)靶区选择

依据上述结果找矿靶区选择在火山岩带一侧凹陷构成火山盆地,断裂横向穿切盆地,并且环境中有典型矿床分布的地段,具体见图6-13、图6-14及表6-10。

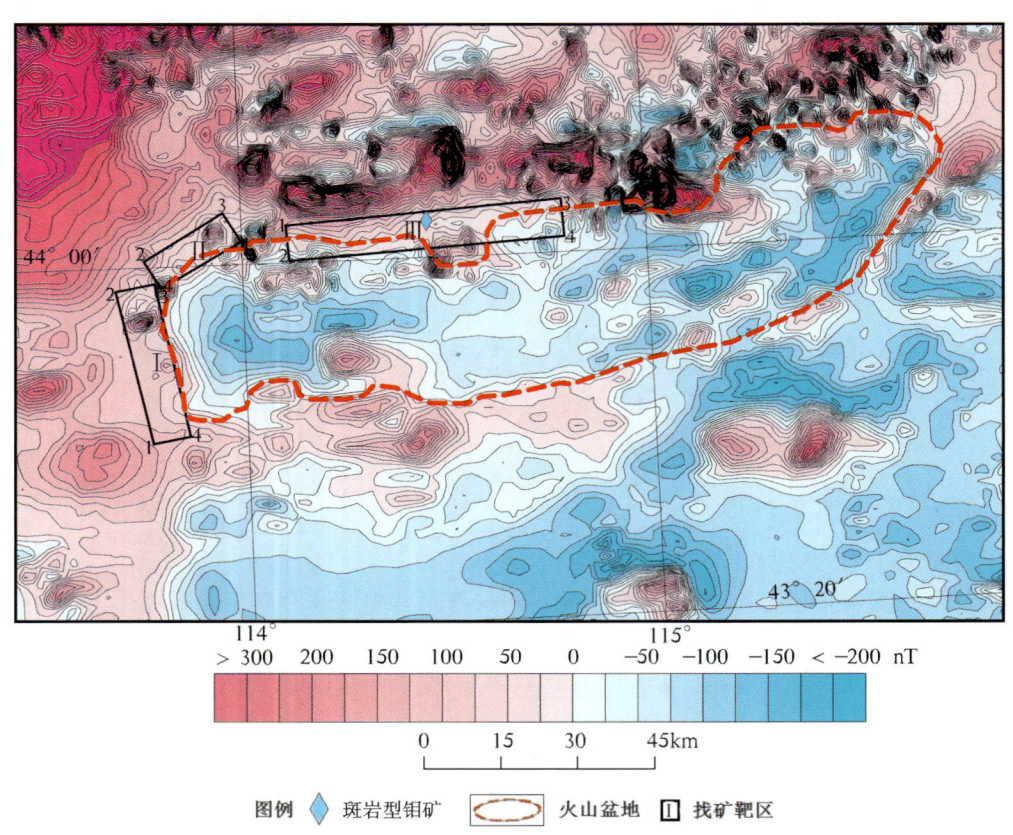

图6-13 航磁 ΔT 异常选择斑岩型钼矿找矿靶区实例

(三)已往工作程度及基础成果评述

靶区Ⅰ、Ⅱ、Ⅲ、Ⅴ、Ⅵ前人未开展磁测工作,1956年内蒙古地质矿产局开展1:50万区域扫面工作部分工作量落入靶区Ⅳ中西段。前人工作资料存在工作比例尺精度低、数据采集观测精度低等问题,不能满足圈定接触带与斑岩体的要求,在新一轮找矿工作中可作为参考资料应用。

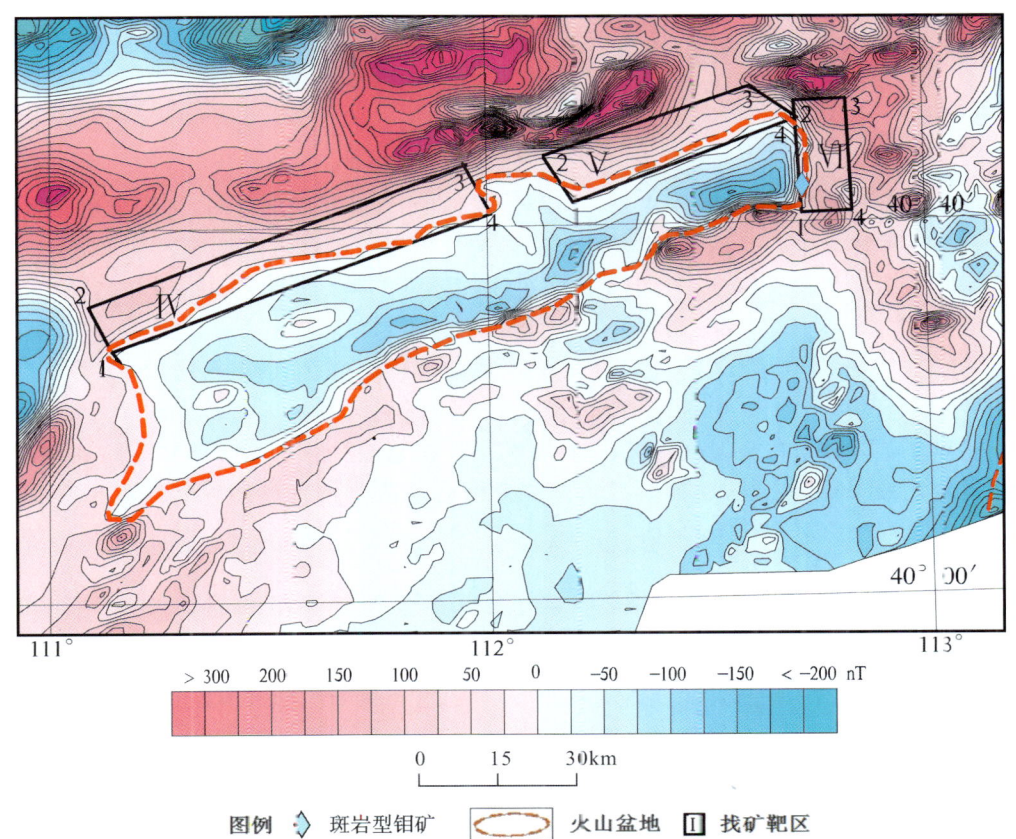

图 6-14 航磁 ΔT 异常选择斑岩型钼矿找矿靶区实例

表 6-10 斑岩型钼矿找矿靶区拐点坐标一览表

靶区\拐点	1		2		3		4	
	E	N	E	N	E	N	E	N
Ⅰ	113°47′	43°41′	113°42′	43°58′	113°47′	43°58′	113°52′	43°41′
Ⅱ	113°48′	43°58′	113°45′	44°01′	113°57′	44°06′	113°59′	44°02′
Ⅲ	114°07′	44°01′	114°06′	44°04′	114°49′	44°07′	114°50′	44°03′
Ⅳ	111°09′	40°27′	111°05′	40°32′	111°57′	40°46′	112°01′	40°41′
Ⅴ	112°12′	40°42′	112°08′	40°48′	112°36′	40°54′	112°43′	40°51′
Ⅵ	112°43′	40°41′	112°42′	40°53′	112°50′	40°53′	112°50′	40°41′

(四)磁测工作目的与比例尺选择

该类矿种开展磁测工作的目的是：在特定的地质环境下圈定火山盆地的边界、火山盆地边部的酸性斑岩体及与围岩的接触带。在普查工作阶段综合工作效率、经济效益、目的体异常特征明确，较客观地反映地质成果等因素，工作比例尺选为 1∶2.5 万，网度 250m×50m。

(五)工作优先顺序

Ⅲ、Ⅵ两区已有典型矿床分布，故为优先工作区，其他几个区优先等级相同工作优先顺序排在Ⅲ、Ⅵ两区之后。

四、钨矿磁测工作区部署建议

（一）部署依据

由第五章结果可知,该类典型矿床主要分布于岩浆岩带一侧,呈凹形分布,沉积建造充填其间,形成局域半封闭盆地这种环境中,矿床一般赋存于岩浆岩与沉积建造接触带附近或岩浆岩之中。这些凹形构造可能是不同方向断裂在岩体分布区汇集的一种表现形式。典型矿床的这一分布特征是找矿靶区确定的主要依据。

（二）靶区选择

依据上述典型矿床分布特征,找矿靶区选择在凹陷形构造发育并且夹于锡林浩特地块南缘深断裂及破碎带与地台北缘深断裂之间,局部断裂交叉复合构造复杂并且有典型矿床分布的地段,具体见图6-15及表6-11。

（三）已往工作程度及基础成果评述

1959年内蒙古第一物化探队在靶区附近开展1∶2.5万磁法扫面工作,部分工作量落入靶区西北角小区域内;1977年内蒙古有色金属地质勘探公司三队在靶区附近开展1∶2.5万磁法扫面工作,部分工作量落入靶区南侧边部,1977年内蒙古有色金属地质勘探公司三队在靶区南侧边部开展1∶1万磁法扫面工作,完成扫面工作量180.2km²。前人工作资料存在数据采集观测精度低、测区布置对于寻

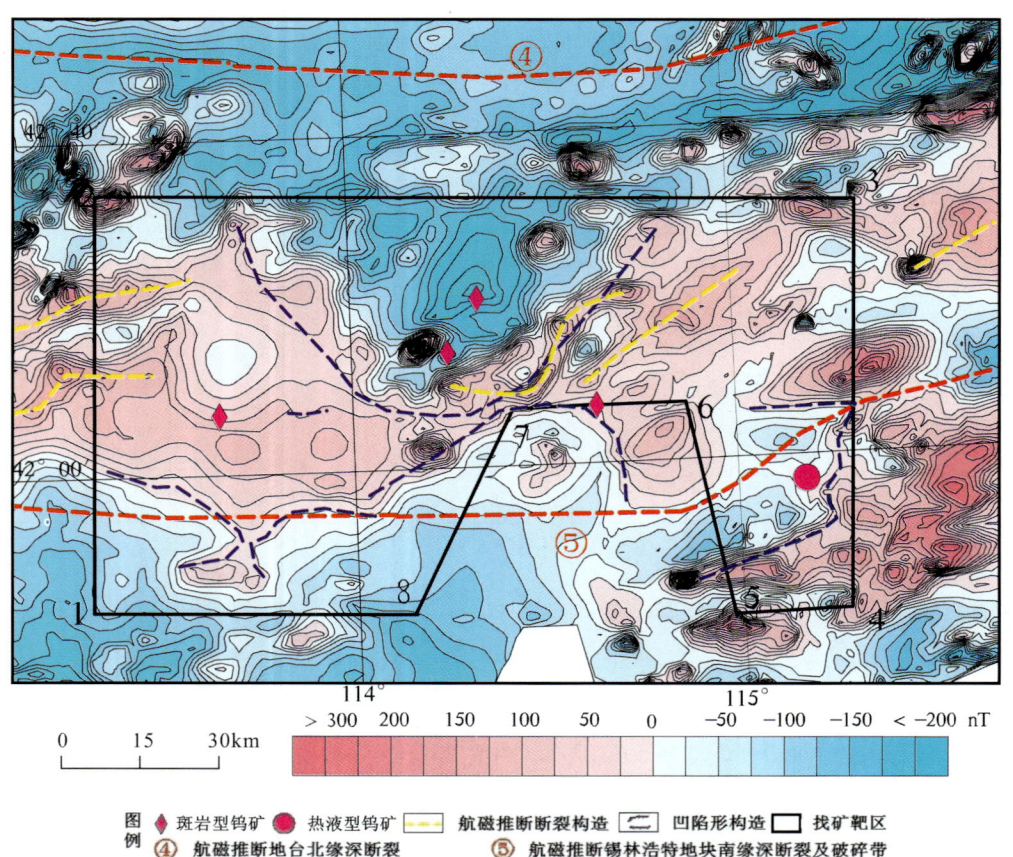

图6-15　航磁 ΔT 异常选择钨矿找矿靶区实例

表 6-11 钨矿找矿靶区拐点坐标一览表

拐点序号	E	N
1	113°19′	41°44′
2	113°20′	42°34′
3	115°21′	42°30′
4	115°18′	41°40′
5	114°59′	41°41′
6	114°52′	42°06′
7	114°25′	42°07′
8	114°08′	41°43′

找该类矿床来说目的不明确、选区支离破碎等问题。在新一轮找矿工作中前人成果可作为参考资料应用。

（四）磁测工作目的与比例尺选择

该类矿种开展磁测工作的目的是：在特定的工作区内圈定凹陷形构造、酸性斑岩体及与围岩的接触带、酸性岩脉及断裂构造，在普查工作阶段综合工作效率、经济效益、目的体异常特征明确、较客观地反映地质成果等因素，工作比例尺选为 1∶1 万，网度 100m×20m。

五、锡矿磁测工作区部署建议

（一）部署依据

由第五章结果可知，典型热液型锡矿，热液型锡、铅、锌矿，热液型锡、银矿床均分布于火山岩分布区（火山岩带）与沉积建造地层区接触带附近交错复合式断裂构造体系之上，热液型锡矿，热液型锡、铅、锌矿，热液型锡、银矿成矿环境极其相似，不同的是热液型锡、铅、锌矿与热液型锡、银矿成矿环境中岩体酸性更强。热液型锡、铅、锌矿，热液型锡、银矿床赋存于酸性很强的岩筒旁，而热液型锡矿赋存于酸性相对较弱的侵入体之上，它们均受控于交叉复合式断裂构造。典型矿床的这些分布特征与控矿因素是确定找矿靶区的重要依据。

（二）靶区选择

热液型锡、铅、锌矿，热液型锡、银矿找矿靶区选择在断裂交叉复合处酸性岩筒居于中间，周边被较小的岩浆岩体星散包围的地段（Ⅰ区、Ⅲ区），热液型锡矿找矿靶区选择在北西-南东走向断裂与北东-南西走向断裂交叉复合处有岩体侵入的地段（Ⅱ区），具体见图 6-16～图 6-18 及表 6-12。

（三）已往工作程度及基础成果评述

靶区Ⅰ、Ⅱ前人未开展磁测工作，1965 年内蒙古第一物化探队在靶区附近开展 1∶2.5 万磁法扫面工作，部分工作量落入靶区Ⅲ西侧边部，未落入目标区。

（四）磁测工作目的与比例尺选择

该类矿种开展磁测工作的目的是：圈定交叉复合式断裂构造、酸性岩筒、酸性侵入体。在普查工作阶段综合工作效率、经济效益、目的体异常特征明确、较客观地反映地质成果等因素，工作比例尺选为 1∶1 万，网度 100m×40m。

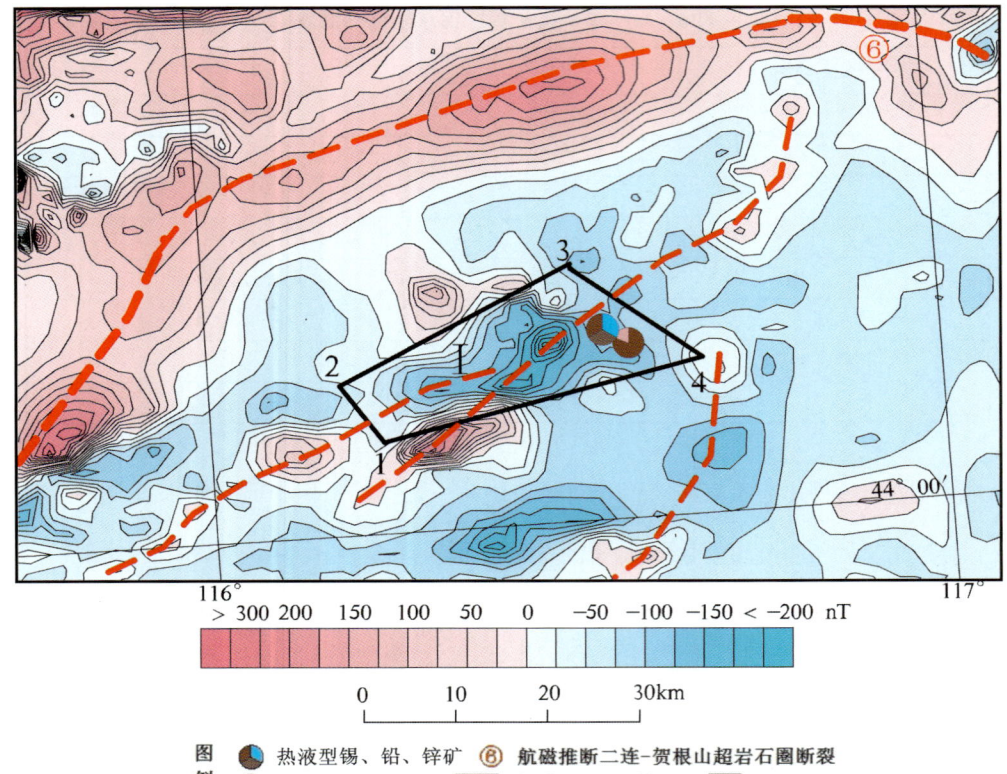

图 6-16 航磁 ΔT 异常选择热液型锡、铅、锌,锡、银矿找矿靶区实例

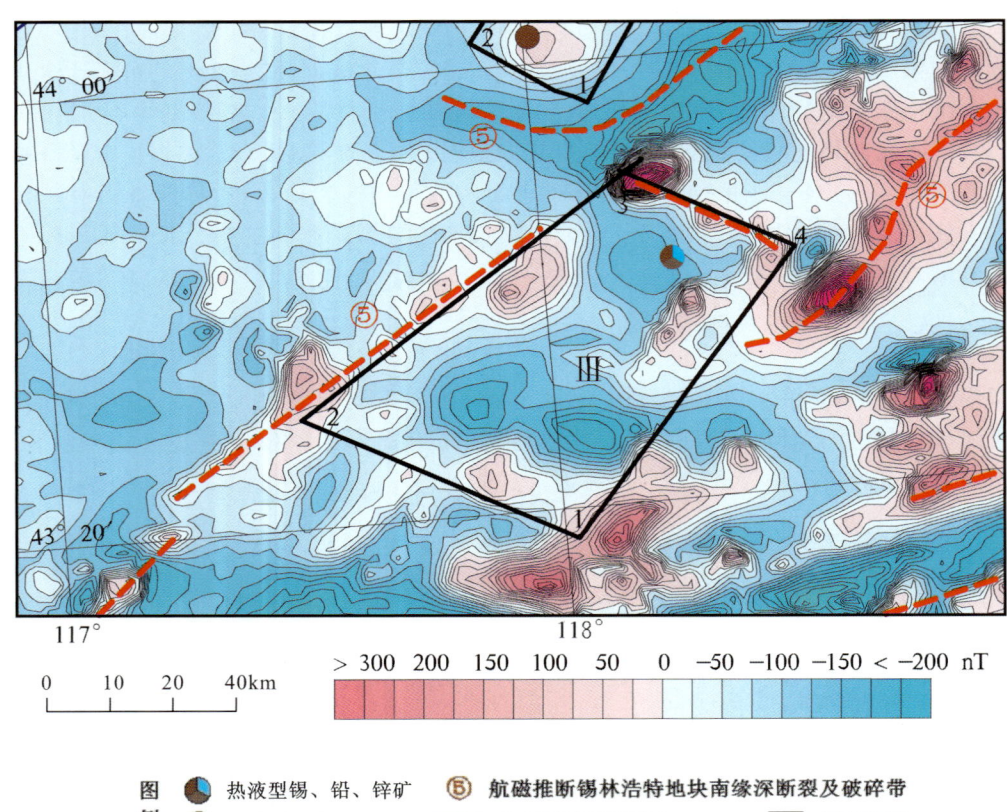

图 6-17 航磁 ΔT 异常选择热液型锡、铅、锌矿找矿靶区实例

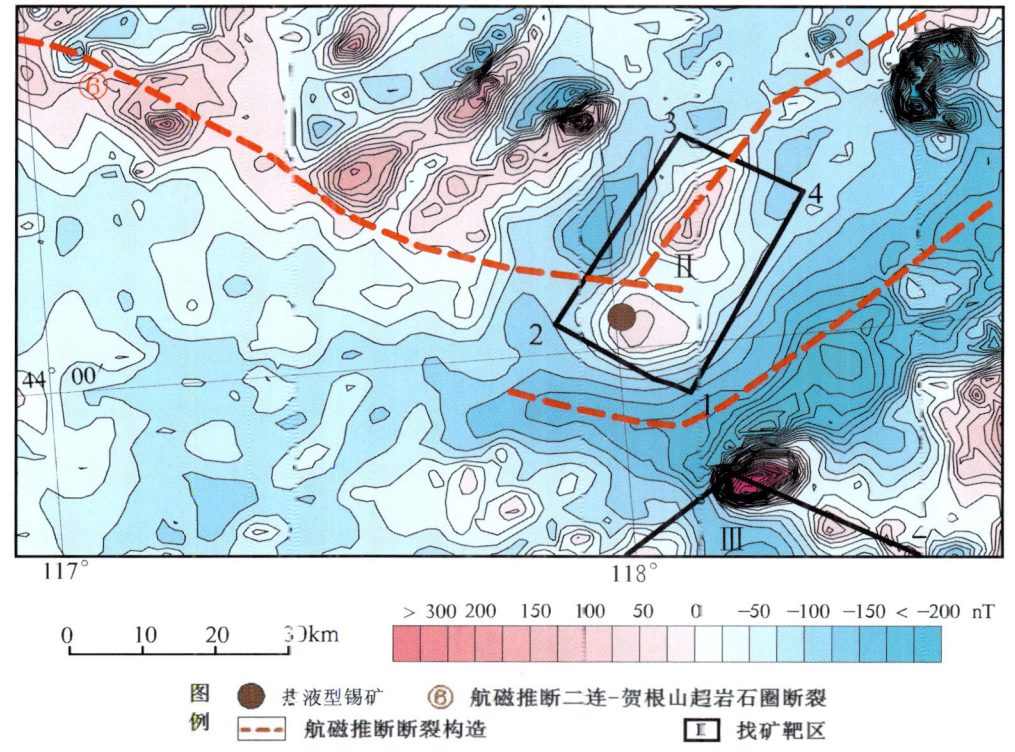

图 6-18 航磁 △T 异常选择热液型锡矿找矿靶区实例

表 6-12 热液型锡铅锌矿、热液型锡银矿、热液型锡矿找矿靶区拐点坐标一览表

靶区 \ 拐点	1		2		3		4	
	E	N	E	N	E	N	E	N
Ⅰ	116°14′	44°06′	116°11′	44°09′	116°30′	44°15′	116°40′	44°10′
Ⅱ	118°07′	43°56′	117°54′	44°02′	118°09′	44°16′	118°21′	44°11′
Ⅲ	118°01′	43°27′	117°30′	43°30′	118°11′	43°50′	118°30′	43°42′

(五)工作优先顺序

所选三个区,构造环境相近,故工作优先顺序相同。

六、铬矿磁测工作区部署建议

(一)部署依据

由第五章结果可知,典型矿床都分布于大型沉降盆地(或沉降带)内与火山岩带相邻的地质环境之中,深大断裂构造、基性超基性岩沿深大断裂的侵入活动为重要控矿因素。这些成矿要素是我们选择找矿靶区的主要依据。

(二)靶区选择

依据上述结果,找矿靶区选择在超岩石圈断裂之上蛇绿岩带横向延伸距离大、纵向分布范围宽,即较大型蛇绿岩建造存在的地段,具体见图 6-19、图 6-20 及表 6-13、表 6-14。

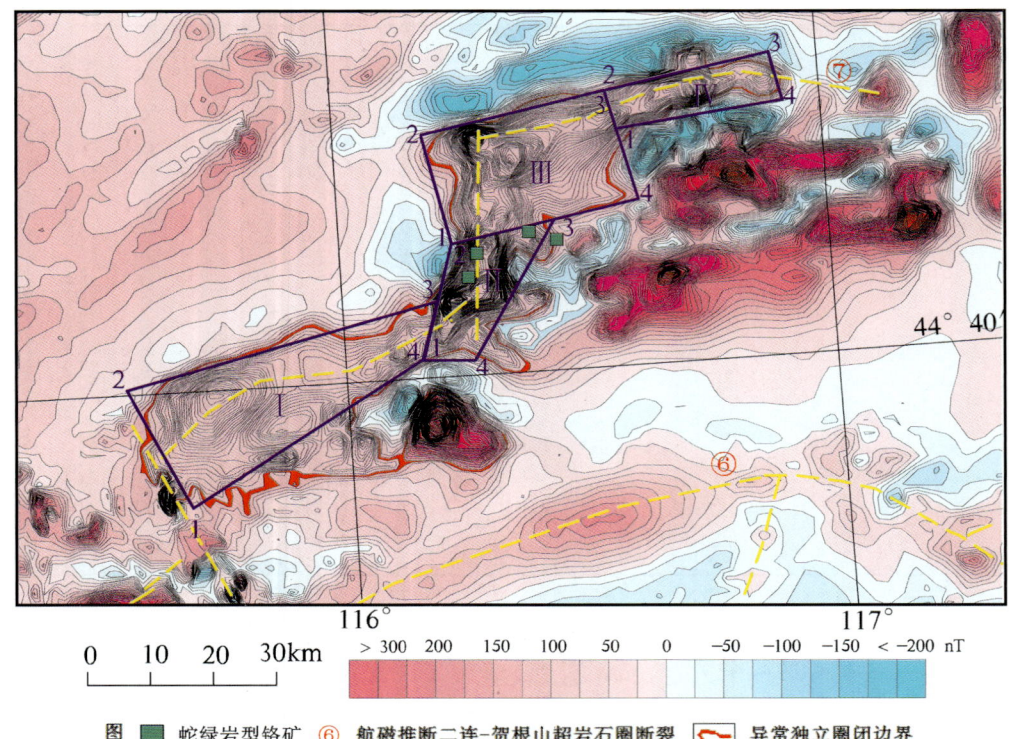

图 6-19 航磁 ΔT 异常选择蛇绿岩型铬矿找矿靶区实例

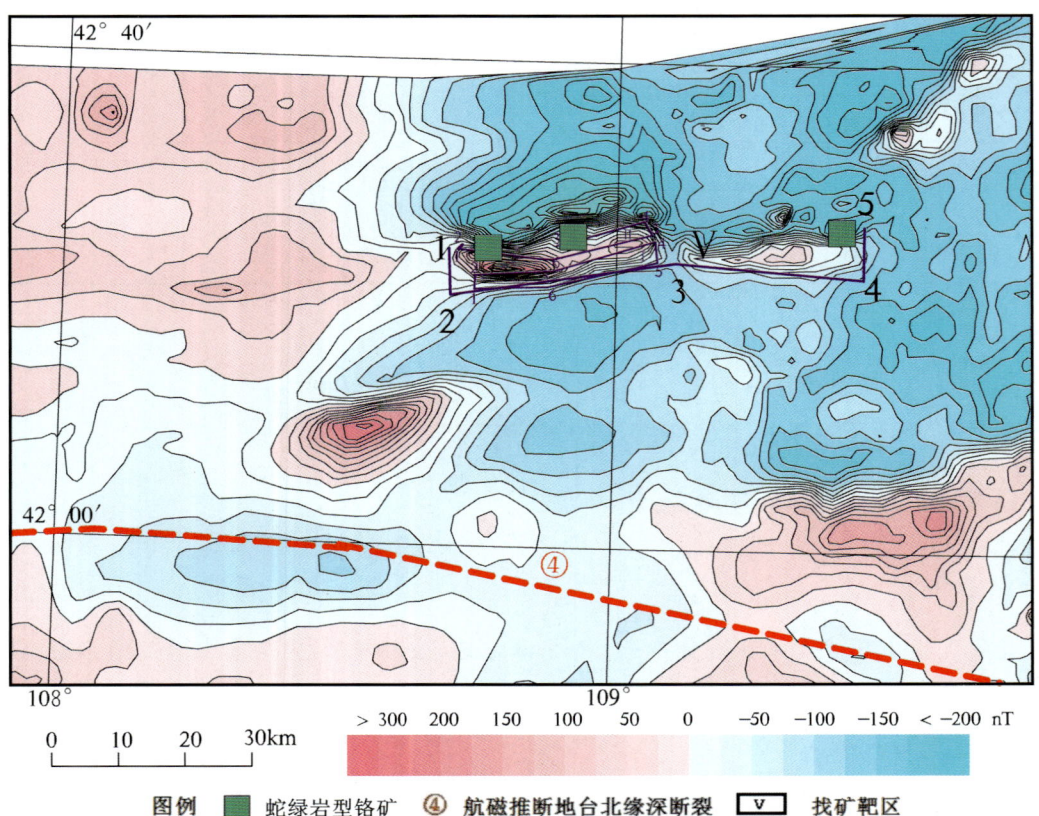

图 6-20 航磁 ΔT 异常选择蛇绿岩型铬矿找矿靶区实例

表 6-13 蛇绿岩型铬矿找矿靶区拐点坐标一览表

靶区 \ 拐点	1		2		3		4	
	E	N	E	N	E	N	E	N
Ⅰ	115°40′	44°30′	115°34′	44°41′	116°02′	44°47′	116°09′	44°41′
Ⅱ	116°09′	44°41′	116°15′	44°53′	116°30′	44°54′	116°16′	44°42′
Ⅲ	116°15′	44°53′	116°10′	45°02′	116°35′	45°06′	116°36′	44°54′
Ⅳ	116°36′	45°02′	116°35′	45°06′	116°55′	45°07′	116°56′	45°04′

表 6-14 蛇绿岩型铬矿找矿靶区Ⅴ区拐点坐标一览表

拐点序号	E	N
1	108°42′	42°25′
2	108°42′	42°21′
3	109°06′	42°23′
4	109°27′	42°23′
5	109°27′	42°27′

(三) 已往工作程度及基础成果评述

1955—1963 年内蒙古第一物化探队开展 1:5 万磁法扫面工作完全覆盖靶区Ⅰ、Ⅱ、Ⅲ、Ⅳ，1958—1959 年内蒙古第一物化探队先后开展 1:1000、1:2000 大比例尺详查磁测工作完全覆盖靶区Ⅴ。1:5 万磁法扫面资料为靶区Ⅰ、Ⅱ、Ⅲ、Ⅳ新一轮找矿工作的重要基础性参考资料，靶区Ⅴ由于工作程度较高，新一轮找矿工作中暂不做扫面工作，把重点放在对前人工作成果的研究之上，根据研究结果安排地面磁测工作。

(四) 磁测工作目的与比例尺选择

该类矿种开展磁测工作的目的是：圈定断裂构造、蛇绿岩带及目的地质体，在普查工作阶段综合工作效率、经济效益、目的体异常特征明确，较客观地反映地质成果等因素，工作比例尺选为 1:1 万，网度 100m×20m。

(五) 工作优先顺序

Ⅲ区尽管现在还未发现矿床，但该区与Ⅱ区所处构造环境相同，都处于北东-南西走向断裂与南北走向断裂交叉复合处，Ⅱ区矿床集群式出现，表明Ⅲ区成矿条件也不错，故在磁测工作中优先考虑，其他区优先工作顺序依次为Ⅱ区、Ⅰ区、Ⅳ区。

七、锰矿磁测工作区部署建议

(一) 海相火山岩锰矿

1. 部署依据

由第五章结果可知，区域上沉积建造地层大面积出现，局部倒"T"形相交的窄条带状火山岩带分布其中，赋存矿床一侧火山岩带呈凹陷形分布与地层接触，矿床赋存于凹形接触带附近。断裂构造十字相交构成局部构造环境,矿床分布于断裂交叉汇聚处附近,交叉复合式断裂构造、火山活动、凹陷形接触构造为重要控矿因素。这些分布环境与控矿因素是找矿靶区选择的重要依据。

2. 靶区选择

依据上述结果,找矿靶区选择在沉积建造地层大面积出现区,断裂十字相交、火山岩带呈凹形分布、距断裂交叉复合处较近的地段,具体见图6-21、图6-22及表6-15~表6-17。

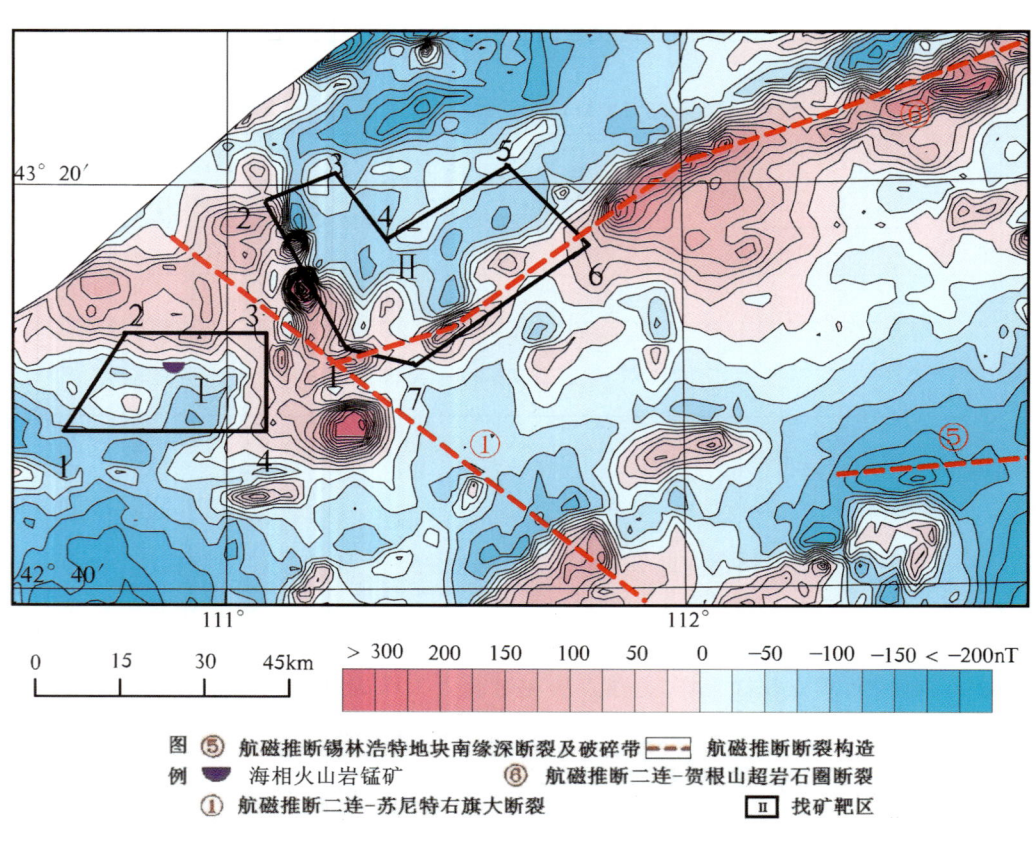

图6-21 航磁 ΔT 异常选择海相火山岩锰矿找矿靶区实例

3. 已往工作程度及基础成果评述

靶区Ⅰ、Ⅱ前人未开展磁测工作,1960年内蒙古第一物化探队开展1∶2.5万磁法扫面工作,靶区Ⅲ大部分区域被覆盖,重要找矿区段凹陷形接触带未布置工作量,新一轮找矿工作中靶区Ⅲ前人工作成果可作为重要参考资料应用。

4. 磁测工作目的与比例尺选择

该类矿种开展磁测工作的目的是:圈定断裂构造、火山岩带及火山岩带与沉积建造地层区的接触带,在普查工作阶段综合工作效率、经济效益、目的体异常特征明确,较客观地反映地质成果等因素,工作比例尺选为1∶2.5万,网度250m×50m。

5. 工作优先顺序

Ⅰ区、Ⅲ区构造环境与典型矿床分布特征基本相同,两区优先等级相同,为优先工作区,Ⅱ区优先顺序排在Ⅰ区、Ⅲ区之后。

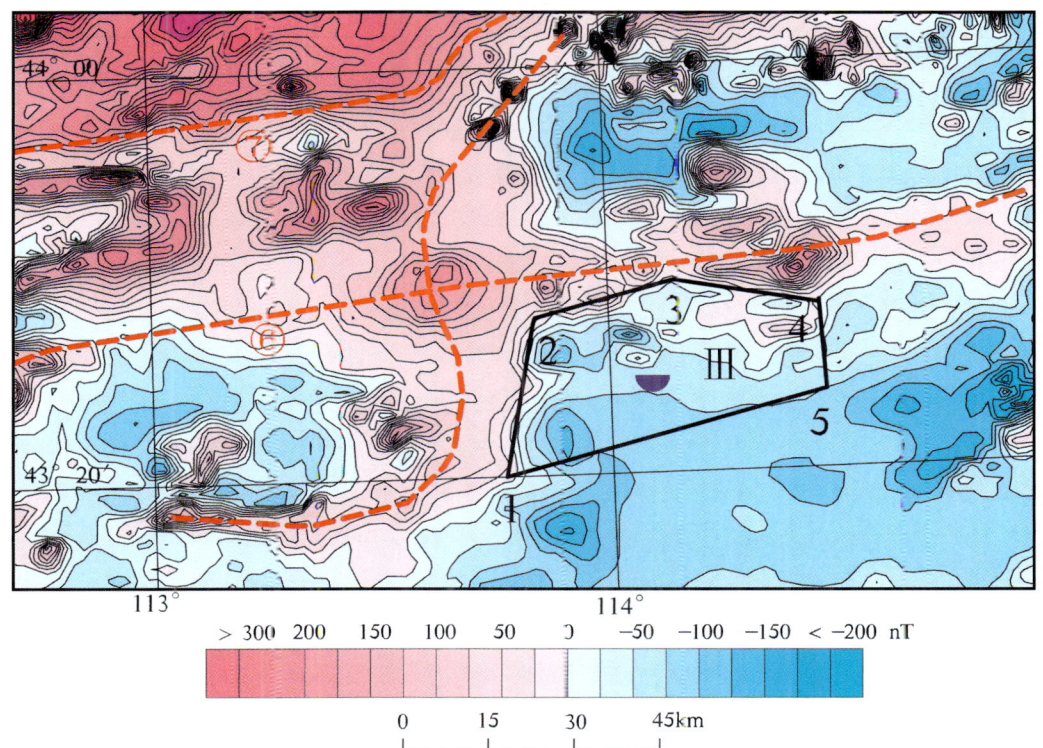

图 6-22 航磁 ΔT 异常选择海相火山岩锰矿找矿靶区实例

表 6-15 海相火山岩锰矿找矿靶区 Ⅰ 区拐点坐标一览表

拐点序号	E	N
1	110°39′	42°56′
2	110°47′	43°05′
3	111°05′	43°05′
4	111°05′	42°56′

表 6-16 海相火山岩锰矿找矿靶区 Ⅱ 区拐点坐标一览表

拐点序号	E	N
1	111°16′	43°04′
2	111°05′	43°18′
3	111°14′	43°21′
4	111°21′	43°14′
5	111°37′	43°22′
6	111°47′	43°14′
7	111°25′	43°02′

表 6-17 海相火山岩锰矿找矿靶区Ⅲ区拐点坐标一览表

拐点序号	E	N
1	113°46′	43°20′
2	113°50′	43°35′
3	114°09′	43°39′
4	114°27′	43°36′
5	114°28′	43°28′

(二)沉积变质型、淋积型锰矿

1. 部署依据

由第五章结果可知,该类矿床分布于火山岩带、古火山岩带(分布于华北陆块区岩性已变质)边缘靠近沉积建造盆地磁异常较平稳的一侧。火山活动与凹陷形接触构造为重要控矿因素。典型矿床的分布特征与控矿因素是选择找矿靶区的重要依据。

2. 靶区选择

遵从上述结果对找矿靶区进行选择,具体结果见图 6-23 及表 6-18。

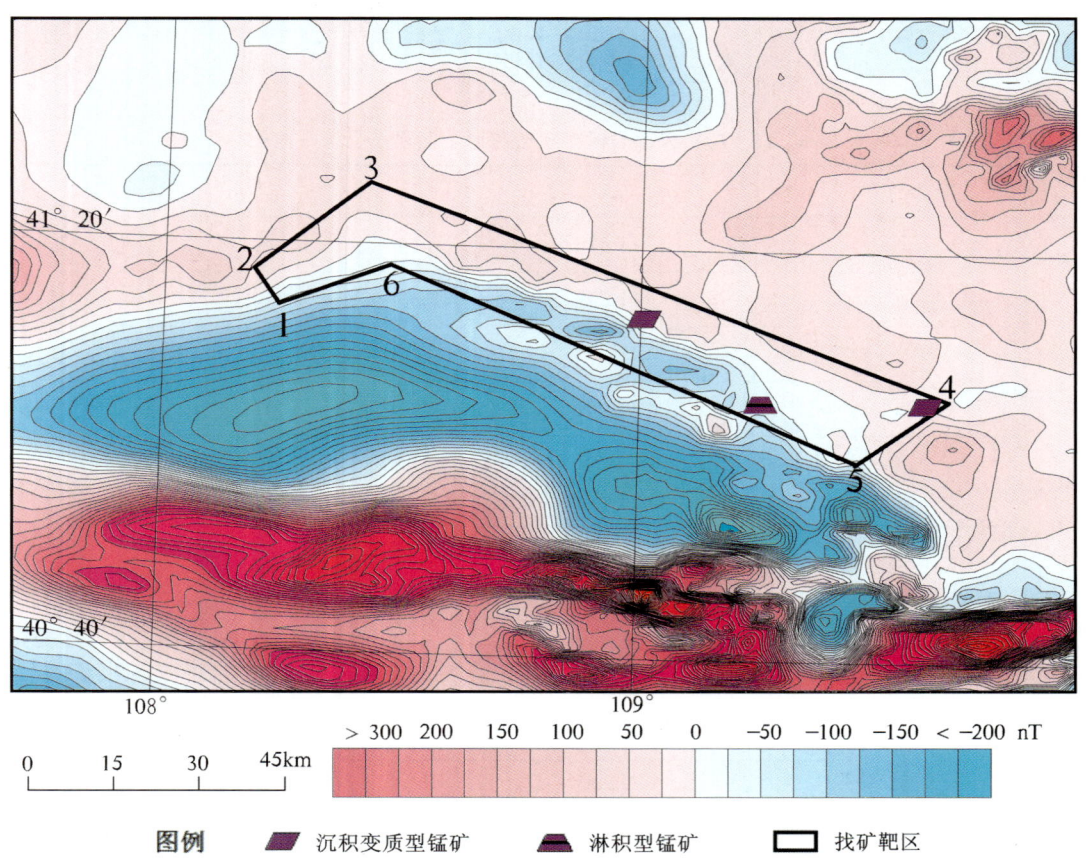

图 6-23 航磁 ΔT 异常选择沉积变质型、淋积型锰矿找矿靶区实例

表 6-18 沉积变质型、淋积型锰矿找矿靶区拐点坐标一览表

拐点序号	E	N
1	108°14′	41°14′
2	108°11′	41°17′
3	108°26′	41°26′
4	109°39′	41°06′
5	109°27′	40°59′
6	108°28′	41°18′

3. 已往工作程度及基础成果评述

1970 年内蒙古第一物化探队、105 地质队在靶区内开展 1∶2000 磁法详查工作，完成扫面工作量 43.2km²，工作区完全覆盖东南侧典型沉积变质型锰矿床，该资料对靶区内后期找矿具有重要指导意义。1979 年内蒙古自治区地质矿产局在靶区附近开展 1∶1 万磁测工作，完成扫面工作量 400km²，部分工作量落入靶区中部典型沉积变质型锰矿矿床附近，该资料对靶区内找矿具有一定指导意义。

4. 磁测工作目的与比例尺选择

该类矿种开展磁测工作的目的是：圈定古火山岩带边界及古火山岩带与沉积建造地层区的接触带，在普查工作阶段综合工作效率、经济效益、目的体异常特征明确，较客观地反映地质成果等因素，工作比例尺选为 1∶1 万，网度 100m×40m。

八、铝土矿磁测工作区部署建议

（一）部署依据

由第五章结果可知，矿床赋存区位一侧为华北陆块区基底地层分布区，成矿原生铝来自于此区，一侧为沉积建造盆地，其沉积物以碳酸岩类、硅质类矿物为主，基底地层向内凹陷与沉积建造盆地接触，矿床产于凹形接触带。特定的基底地层与特定的沉积环境为该类典型矿床的重要控矿因素。特定的成矿环境与控矿因素为找矿靶区选择的主要依据。

（二）靶区选择

依据上述结果找矿区位选择在向内凹陷的基底地层与沉积建造盆地的接触界线两侧磁异常平稳缓变区，结果见图 6-24 及表 6-19。

（三）已往工作程度及基础成果评述

1958 年内蒙古自治区地质矿产局开展 1∶10 万区域性磁测工作，完成扫面工作量 41 267km²，靶区包含于扫面工作区内，该成果可作为新一轮找矿工作的背景参考资料。

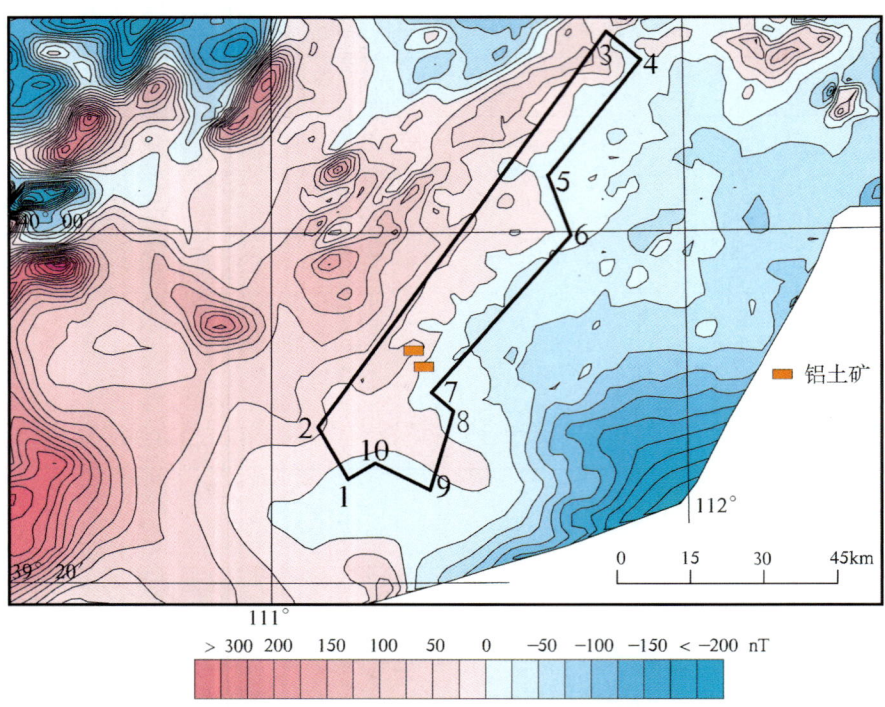

图 6-24 航磁 ΔT 异常选择铝土矿找矿靶区实例

表 6-19 铝土矿找矿靶区拐点坐标一览表

拐点序号	E	N
1	111°11′	39°32′
2	111°07′	41°40′
3	111°49′	40°23′
4	111°54′	40°19′
5	111°41′	40°06′
6	111°44′	40°00′
7	111°24′	39°42′
8	111°26′	39°40′
9	111°23′	39°30′
10	111°15′	39°33′

(四) 磁测工作目的与比例尺选择

该类矿种开展磁测工作的目的是：圈定华北陆块区基底地层边界，进而确定与沉积建造盆地的接触带，在普查工作阶段综合工作效率、经济效益、目的体异常特征明确，较客观地反映地质成果等因素，工作比例尺选为1∶2.5万，网度250m×50m。

九、稀土矿磁测工作区部署建议

(一) 沉积变质型稀土矿

1. 部署依据

由第五章结果可知，典型矿床所处大的构造背景为华北陆块区，产出环境中有沉积建造地层要素、交叉复合型断裂构造要素，沿断裂有酸性、碱性岩体侵入。交叉复合型断裂构造与酸性、碱性岩浆侵入活动为重要控矿因素。典型矿床所处大的构造背景与产出要素是找矿靶区选择的主要依据。

2. 靶区选择

依据上述结果，找矿靶区选择在沉积建造地层区内断裂发育，北东-南西走向的断裂与北西-南东走向的断裂交叉复合的地段，具体见表6-20及图6-25。

表6-20 沉积变质型稀土矿找矿靶区拐点坐标一览表

拐点序号	E	N
1	100°52′	39°01′
2	100°50′	39°04′
3	100°52′	39°07′
4	100°51′	39°12′
5	100°58′	39°12′
6	101°10′	39°01′
7	101°02′	38°58′
8	100°55′	39°04′

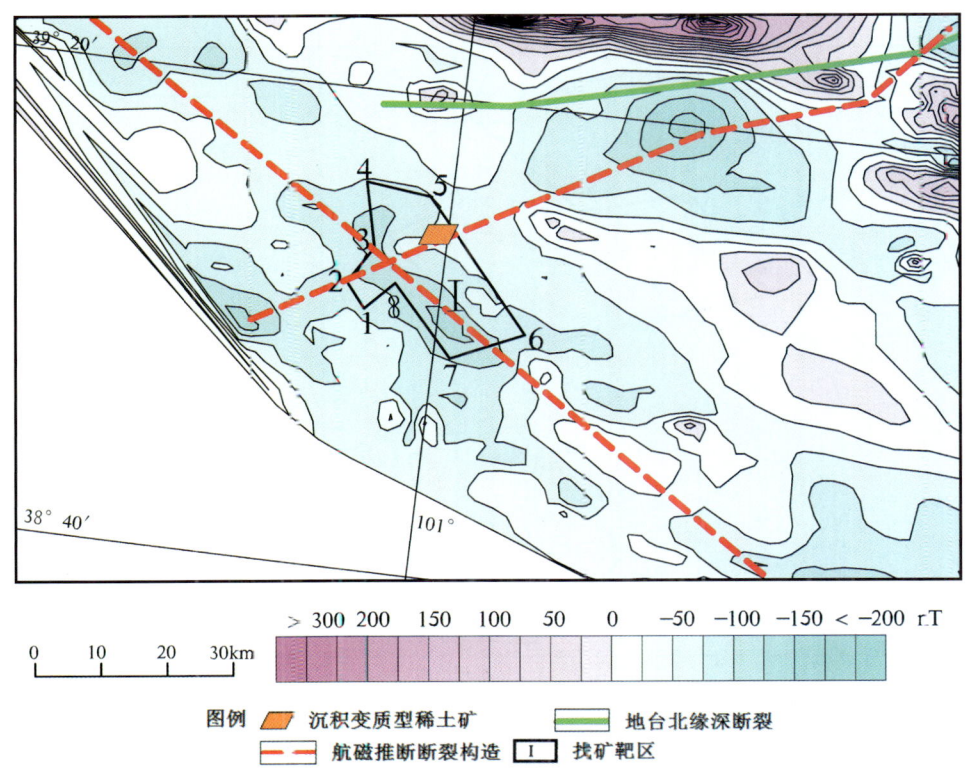

图6-25 航磁 ΔT 异常选择沉积变质型稀土矿找矿靶区实例

3. 已往工作程度及基础成果评述

该靶区前人未进行磁测工作。

4. 磁测工作目的与比例尺选择

该类矿种开展磁测工作的目的是：在特定的地层区与特定的构造环境下，圈定断裂构造、圈定沿断裂分布的酸性、碱性侵入体了解其分布特征，为进一步找矿工作提供较客观的控矿环境。在普查工作阶段综合工作效率、经济效益、目的体异常特征明确，较客观地反映地质成果等因素，工作比例尺选为 1:1 万，网度 100m×40m。

（二）沉积型稀土矿

1. 部署依据

典型沉积型稀土矿床与典型沉积变质型稀土矿床赋存环境非常相似，大的环境它们都处于华北陆块区，小的环境都处于沉积建造地层内断裂交叉复合处，不同之处是沉积型稀土矿床产于沿断裂分布的侵入体边缘附近，离侵入体更近。交叉复合型断裂构造与酸性、碱性岩浆活动为重要控矿因素。典型矿床这些分布特征与控矿因素是选择找矿靶区的主要依据。

2. 靶区选择

依据上述结果，找矿靶区选择在沉积建造地层区内断裂交叉复合处有侵入体沿断裂分布的地段，具体见图 6-26 及表 6-21。

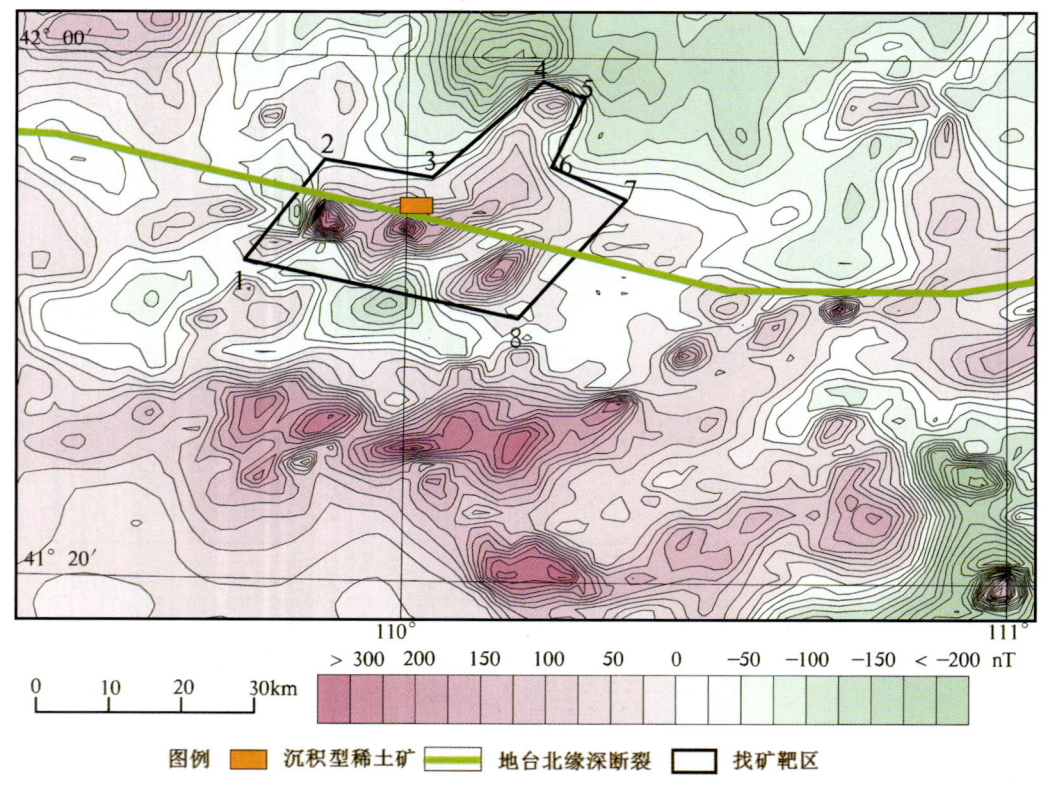

图 6-26 航磁 ΔT 异常选择沉积型稀土矿找矿靶区实例

表 6-21 沉积型稀土矿找矿靶区拐点坐标一览表

拐点序号	E	N
1	109°44′	41°44′
2	109°52′	41°52′
3	110°03′	41°51′
4	110°13′	41°58′
5	110°18′	41°57′
6	110°15′	41°52′
7	110°22′	41°49′
8	110°11′	41°40′

3. 已往工作程度及基础成果评述

1954 年内蒙古地质矿产局开展 1∶5 万地面磁测工作，完成扫面工作量 2337.6km²，测区经由靶区拐点 2、3 南北向扫过靶区；1967 年白塔冶金物探队在靶区东侧开展 1∶2.5 万地面磁测工作完成扫面工作量 86.9km²；1975 年内蒙古第一物化探队在靶区东侧开展 1∶2.5 万地面磁测工作完成扫面工作量 112.8km²；1979 年内蒙古有色金属地质勘探公司三队在靶区开展 1∶1 万地面磁测工作，完成扫面工作量 2714.4km²，工作区基本覆盖靶区。前人工作测网精度已经满足普查找矿要求，在新一轮普查找矿中暂不安排扫面工作，前期把工作重点放在对前人工作成果研究之上，根据研究结果安排地面磁测工作。

4. 磁测工作目的与比例尺选择

该类矿种开展磁测工作的目的是：在特定的地层区内圈定断裂构造及沿断裂分布的侵入体与地层的接触带，了解它们的分布特征，为进一步找矿工作提供较客观的控矿环境。在普查二作阶段综合工作效率、经济效益、目的体异常特征明确、较客观地反映地质成果等因素，工作比例尺选为 1∶1 万，网度 100m×40m。

十、硫铁矿磁测工作区部署建议

(一) 层控型硫铁矿、铅-锌多金属矿

1. 部署依据

由第五章结果可知，典型矿床分布于华北陆块区古火山机构群与地台北缘深断裂接触带。紧邻古火山机构群存在平稳的沉积建造，小侵入体侵入其间（或为富含磁黄铁矿的陡立大型筒状蚀变体充填其间），矿床产于小侵入体（或为蚀变体）与围岩接触带。深大断裂构造、太古宙—元古宙火山机构群与平稳的沉积环境为重要控矿因素。典型矿床的赋存环境与控矿因素是找矿靶区选择的主要依据。

2. 靶区选择

依据上述结果找矿靶区选择在华北陆块区古火山机构群与地台北缘深断裂接触带附近、沉积环境平稳、小侵入体侵入其间的地段，具体见图 6-27 及表 6-22、表 6-23。

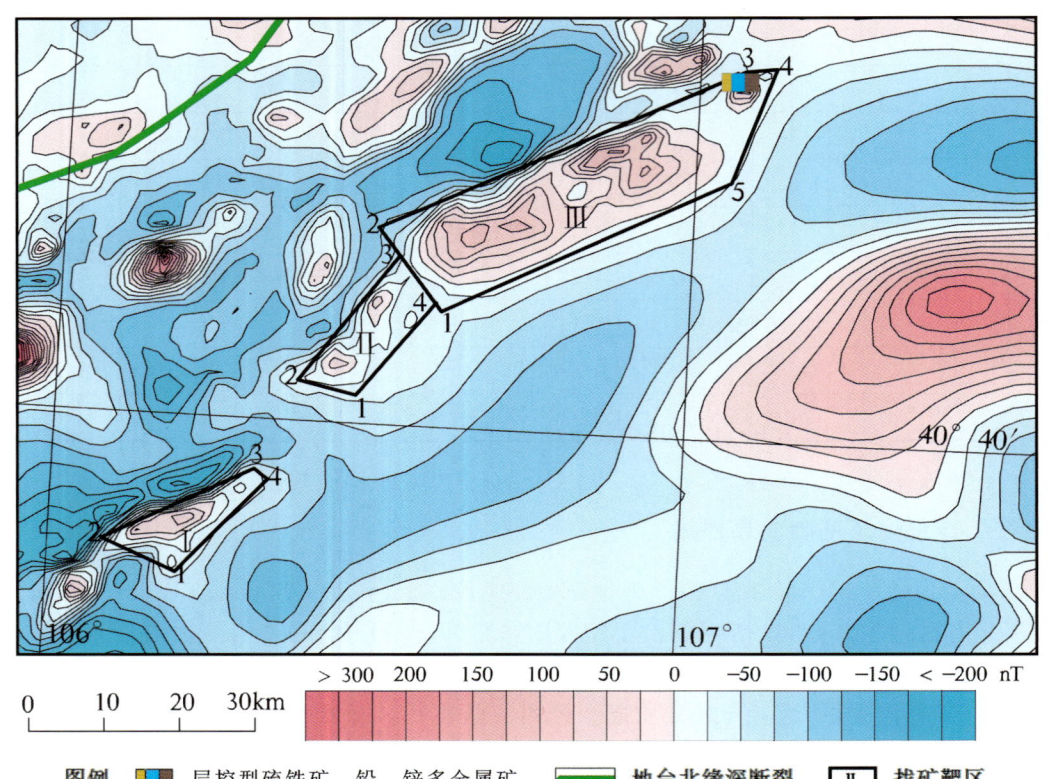

图 6-27 航磁 ΔT 异常选择层控型硫铁矿,铅、锌多金属矿找矿靶区实例

表 6-22 层控型硫铁矿、铅、锌多金属矿找矿靶区Ⅰ、Ⅱ区拐点坐标一览表

靶区 \ 拐点	1		2		3		4	
	E	N	E	N	E	N	E	N
Ⅰ	106°12′	40°28′	106°05′	40°31′	106°19′	40°36′	106°21′	40°35′
Ⅱ	106°29′	40°42′	106°23′	40°43′	106°32′	40°53′	106°36′	40°49′

表 6-23 层控型硫铁矿、铅、锌多金属矿找矿靶区Ⅲ区拐点坐标一览表

拐点序号	E	N
1	106°37′	40°48′
2	106°30′	40°55′
3	107°04′	41°08′
4	107°08′	41°08′
5	107°04′	40°59′

3. 已往工作程度及基础成果评述

1956年内蒙古自治区地质矿产局开展1:50万区域磁测完成面积性测量63 045.9km²,工作区域涵盖靶区Ⅰ、Ⅱ、Ⅲ;1966年白塔冶金物探队在靶区Ⅲ中部开展1:2.5万磁测工作,完成扫面工作量457.2km²,工作区域覆盖东升庙矿区,工作目的主要针对东升庙矿区,从区域普查找矿讲,工作区位布置欠合理,存在观测精度低、工作比例尺精度低等问题,尽管如此该资料对该区开展新一轮普查找矿工作具有重要指导意义;1967年东升庙511队在靶区Ⅲ中间局部开展1:5000磁测详查工作,完成扫面工作量115km²,对于寻找弱磁性地质体来说,该成果从现在磁测工作角度讲存在观测精度低的问题;1967年内蒙古自治区地质矿产局在靶区Ⅰ东北侧附近开展1:5000磁测工作,完成扫面工作量242km²,工作区覆盖靶区Ⅰ东北侧;1972年内蒙古自治区地质矿产局在靶区Ⅰ西南端北侧附近开展1:1万磁测工作,完成扫面工作量123.6km²,部分工作量落入靶区Ⅰ北侧;1972年内蒙古自治区地质矿产局在靶区Ⅰ中部开展1:5000磁测工作,完成扫面工作量62.9km²。靶区Ⅰ内地理坐标点东经106°05′57″、北纬40°30′49″至东经106°17′18″、北纬40°32′43″两点连线以北区域被以往工作量覆盖,由于工作年代所致前人工作资料都存在观测精度低的问题。为了避免工作量重复,靶区Ⅰ内地理坐标点东经106°05′57″、北纬40°30′49″至东经106°17′18″、北纬40°32′43″两点连线以北区域在新一轮普查找矿工作中暂时不进行扫面工作,把工作重点放在对前人工作成果研究之上,根据研究结果安排地面磁测工作。

4. 磁测工作目的与比例尺选择

该类矿种开展磁测工作目的是在特定的地质环境下匡定:侵入体、侵入体与围岩的接触带、层控矿床(东升庙矿区矿层中富含磁黄铁矿)。在普查工作阶段综合工作效率、经济效益、目的体异常特征明确,较客观地反映地质成果等因素,工作比例尺选为1:1万,网度100m×40m。

5. 工作优先顺序

Ⅰ区、Ⅱ区、Ⅲ区所处地质环境基本相同,遵循从已知到未知的原则,Ⅲ区有已知矿床存在,为优先工作区,其余两靶区工作优先顺序依次为Ⅱ区、Ⅰ区。

(二)层控型硫铁矿

1. 部署依据

由第五章结果可知,典型矿床分布于北山地块南缘岩石圈断裂之上,断裂构造、火山活动与沉积环境为重要控矿因素。与层控型硫铁矿、铅、锌多金属矿相同,矿床形成的环境中都存在四个重要因素:①深大断裂构造;②火山活动;③矿床边部岩浆侵入活动(或为富含磁黄铁矿的陡立大型筒状蚀变体存在其边);④较平稳的沉积环境。这些要素是选择找矿靶区的重要依据。

2. 靶区选择

依据上述成矿环境找矿靶区选择在火山岩带附近的沉积盆地边部存在次生断裂的地段,具体结果见图6-28及表6-24。

3. 已往工作程度及基础成果评述

1965年地质矿产部在靶区内大部分区域开展1:5万地磁测量,完成扫面工作量360.8km²。对于寻找该类矿床,前人磁测工作比例尺精度过低,远远不能满足要求,由于年代所致数据采集观测精度低,前人成果可作为新一轮找矿工作的参考资料。

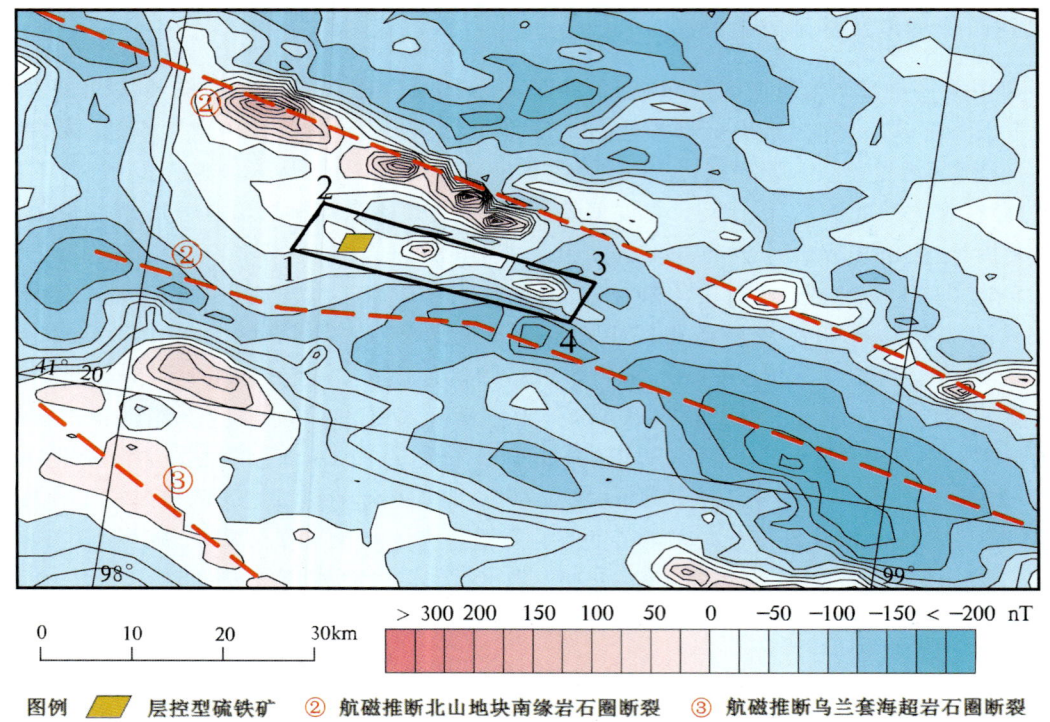

图 6-28 航磁 ΔT 异常选择层控型硫铁矿找矿靶区实例

表 6-24 层控型硫铁矿找矿靶区拐点坐标一览表

拐点序号	E	N
1	98°11′	41°30′
2	98°13′	41°33′
3	98°35′	41°31′
4	98°34′	41°28′

4. 磁测工作目的与比例尺选择

该类矿种开展磁测工作的目的是：在特定的地质环境下圈定断裂构造、侵入体、侵入体与围岩的接触带。在普查工作阶段综合工作效率、经济效益、目的体异常特征明确，较客观地反映地质成果等因素，工作比例尺选为 1:1 万，网度 100m×40m。

（三）沉积型硫铁矿

1. 部署依据

由第五章结果可知，太古宙—元古宙基底地层边缘内凹形成半封闭盆地，构成局域沉积环境，典型矿床赋存其间。形成矿床的原生矿物来自太古宙—元古宙古火山机构群，经沉积作用在古火山机构群附近的盆地内成矿，古火山机构群与平稳的沉积环境为重要控矿因素。矿床赋存环境与控矿因素为找矿靶区选择的重要依据。

2. 靶区选择

依据成矿环境，与控矿因素找矿靶区选择在半封闭盆地内，由于盆地较小沉积环境平稳，故把整个盆地作为找矿靶区选择，具体见表6-25及图6-29。

表6-25 沉积型硫铁矿找矿靶区拐点坐标一览表

拐点序号	E	N
1	111°04′	39°25′
2	111°09′	39°34′
3	111°19′	39°36′
4	111°25′	39°32′
5	111°21′	39°28′
6	111°12′	39°25′
7	111°09′	39°26′
8	111°06′	39°24′

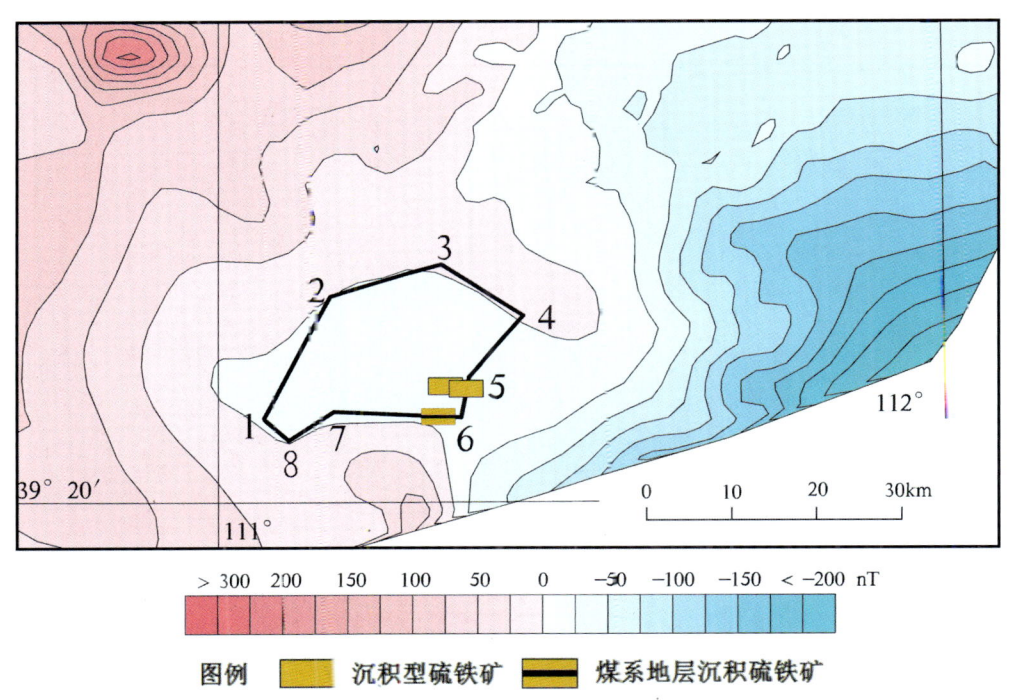

图6-29 航磁 ΔT 异常选择沉积型硫铁矿找矿靶区实例

3. 已往工作程度及基础成果评述

前人在靶区内未开展地面磁测工作。

4. 磁测工作目的与比例尺选择

该类矿种开展磁测工作的目的是：在特定的地质环境下圈定太古宙—元古宙基底地层与半封闭盆地的分界线，也即确定半封闭盆地的具体位置。在普查工作阶段综合工作效率、经济效益、目的体异常特征明确，较客观地反映地质成果等因素，工作比例尺选为1∶1万，网度100m×40m。

十一、菱镁矿磁测工作区部署建议

（一）部署依据

由第五章结果可知，超基性岩脉沿区块之间的接触带侵入构成典型矿床的成矿环境，矿床产于超基性岩与围岩的接触带。典型矿床分布于索伦山超岩石圈断裂这一结果表明矿床的产出受控于深大断裂。沉降盆地、超岩石圈断裂及超基性岩侵入活动为重要控矿因素。工业矿床的菱镁矿通常由含镁热水溶液交代白云石或白云质灰岩及富含镁的超基性岩而成（周乐光，2007）。这些结果是找矿靶区选择的主要依据。

（二）靶区选择

依据上述结果靶区选择在超基性岩脉与围岩［负异常分布面积大且场值较强（绝对值），按此特征推断该超基性岩脉围岩应该为以碳酸岩类矿物主的地质体］的接触带，具体见图6-30及表6-26、表6-27。

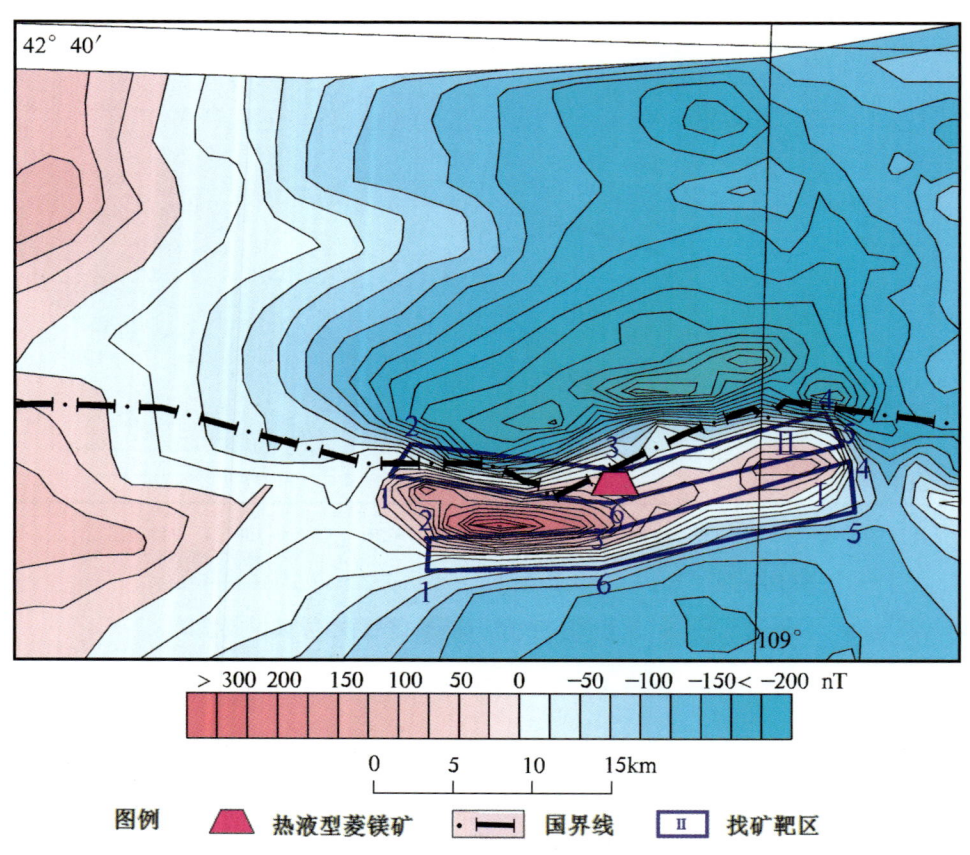

图6-30 航磁ΔT异常选择热液型菱镁矿找矿靶区实例

表 6-26 热液型菱镁矿找矿靶区 I 区拐点坐标一览表

拐点序号	E	N
1	108°44′40″	42°21′07″
2	108°44′41″	42°22′18″
3	108°53′04″	42°22′41″
4	109°04′13″	42°25′21″
5	109°04′32″	42°23′37″
6	108°52′43″	42°21′21″

表 6-27 热液型菱镁矿找矿靶区 II 区拐点坐标一览表

拐点序号	E	N
1	108°42′47″	42°24′23″
2	108°43′11″	42°24′46″
3	108°53′36″	42°24′45″
4	109°02′57″	42°27′01″
5	109°03′51″	42°25′52″
6	108°53′06″	42°23′36″

(三) 已往工作程度及基础成果评述

1958 年内蒙古第一物化探队在靶区内开展 1:1000 地面磁测详查工作，完成扫面工作量 1145km²，测区范围已经覆盖靶区 I、II。由于工作年代所致观测精度较低，为了避免工作量重复，新一轮普查找矿工作中该靶区暂不安排地面磁测工作，把工作重点放在对前人工作成果研究之上，根据研究结果安排地面磁测工作。

(四) 磁测工作目的与比例尺选择

该类矿种开展磁测工作的目的是：在特定的地质环境下圈定超基性岩脉、超基性岩脉与围岩的接触带。在普查工作阶段综合工作效率、经济效益、目的体异常特征明确，较客观地反映地质成果等因素，工作比例尺选为 1:1 万，网度 100m×20m(暂不安排)。

(五) 工作优先顺序

遵循从已知到未知的原则，II 区有已知矿床存在为优先工作区，I 区排在其后。

十二、热液型重晶石矿磁测工作区部署建议

(一) 部署依据

由第五章结果可知，区域上褶皱构造较发育，封闭盆地处于褶皱构造带之上，较小的侵入体侵入于盆地边缘，典型矿床产于侵入体与围岩接触带。轴向北东-南西的褶皱构造、封闭盆地、岩浆侵入活动为重要控矿因素。典型矿床的分布特征及控矿因素为选择找矿靶区的重要依据。

(二)靶区选择

依据典型矿床分布特征,在盆地边缘及盆地内褶曲构造带上有小规模岩体侵入的地段选择为找矿靶区,具体见表 6-28 及图 6-31。

表 6-28 热液型重晶石矿找矿靶区拐点坐标一览表

拐点 靶区	1		2		3		4	
	E	N	E	N	E	N	E	N
Ⅰ	121°17′27″	47°47′16″	121°16′33″	47°50′20″	121°26′39″	47°51′14″	121°27′46″	47°49′33″
Ⅱ	121°22′11″	47°54′50″	121°22′43″	47°57′39″	121°28′09″	47°57′01″	121°27′37″	47°54′29″
Ⅲ	121°33′35″	47°53′00″	121°34′53″	47°54′59″	121°39′25″	47°51′31″	121°34′56″	47°51′34″
Ⅳ	121°34′54″	47°49′42″	121°34′56″	47°51′34″	121°42′28″	47°51′26″	121°34′11″	47°49′34″
Ⅴ	121°23′06″	47°42′54″	121°19′14″	47°45′21″	121°26′14″	47°48′03″	121°29′16″	47°47′01″

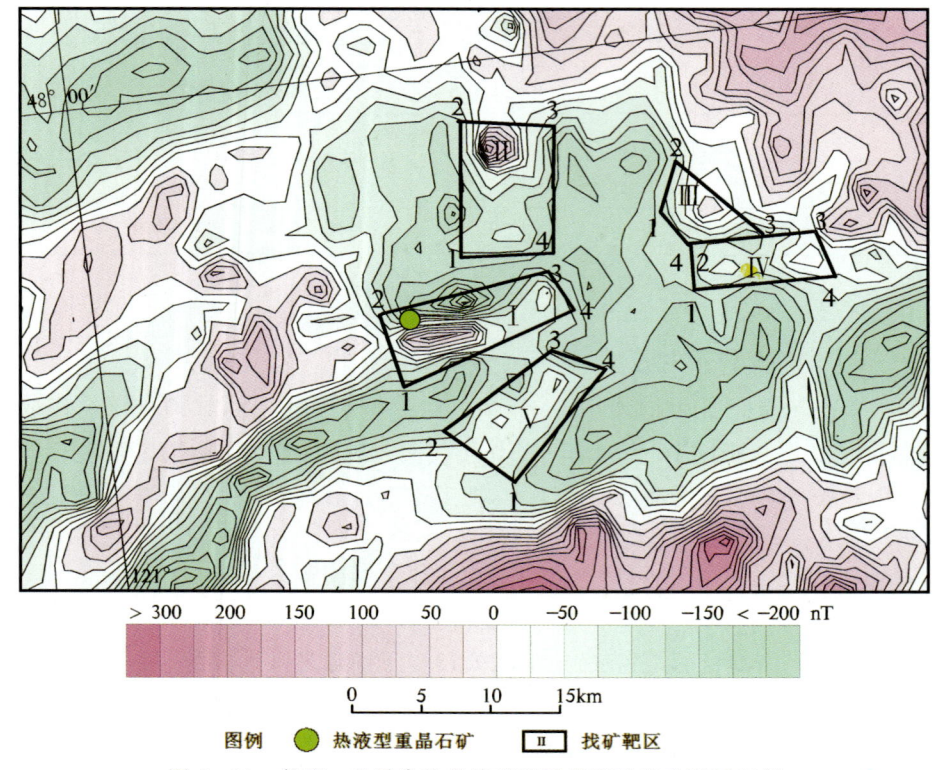

图 6-31 航磁 ΔT 异常选择热液型重晶石矿找矿靶区实例

(三)已往工作程度及基础成果评述

1972 年内蒙古第一物化探队在靶区典型矿床附近东侧开展 1:1 万地面磁测工作,完成扫面工作量 71.7km²。由于工作年代所致观测精度较低,该磁测工作布置较合理工作面积偏小,在新一轮找矿工作中其成果对后续工作具有一定指导意义。

(四)磁测工作目的与比例尺选择

该类矿种开展磁测工作的目的是:在特定的工作区圈定盆地边缘的小规模侵入体及侵入体与围岩的接触带。在普查工作阶段综合工作效率、经济效益、目的体异常特征明确,较客观地反映地质成果等因素,工作比例尺选为1:1万,网度100m×40m。

(五)工作优先顺序

遵循从已知到未知的原则,Ⅰ区有已知矿床存在为优先工作区,其他靶区根据构造特征排列优先顺序依次为:Ⅴ区、Ⅳ区、Ⅱ区、Ⅲ区。

十三、萤石矿磁测工作区部署建议

(一)热液充填型萤石矿

1. 部署依据

由第五章结果可知,在沉积建造地层大面积分布的地质环境中,典型矿床一般产于沿深大断裂侵入的中酸性岩体之上或侵入体与地层的接触带附近;在岩浆岩带区域性分布的地质环境中,典型矿床一般赋存于岩浆岩带与地层接触带,产于岩浆岩带边缘大曲率凹陷被沉积建造地层充填或岩浆岩带局部小范围凸出被沉积建造地层包围的弧形接触带。该类矿床特别亲合地台与地槽分界线这种断裂构造,地台北缘深断裂及锡林浩特地块北缘深断裂分布较密集。矿床的产出严格受控于断裂构造,与中酸性岩体侵入关系密切。典型矿床的这些分布特征与控矿因素是找矿靶区选择的主要依据。

2. 靶区选择

依据上述结果找矿靶区以地台北缘深断裂及锡林浩特地块北缘深断裂为主进行选择,锡林浩特地块北缘深断裂在航磁 ΔT 异常上特征不明显,但在正则化滤波异常上清晰可见(图6-32)。选择结果见图6-33～图6-35及表6-29～表6-33。

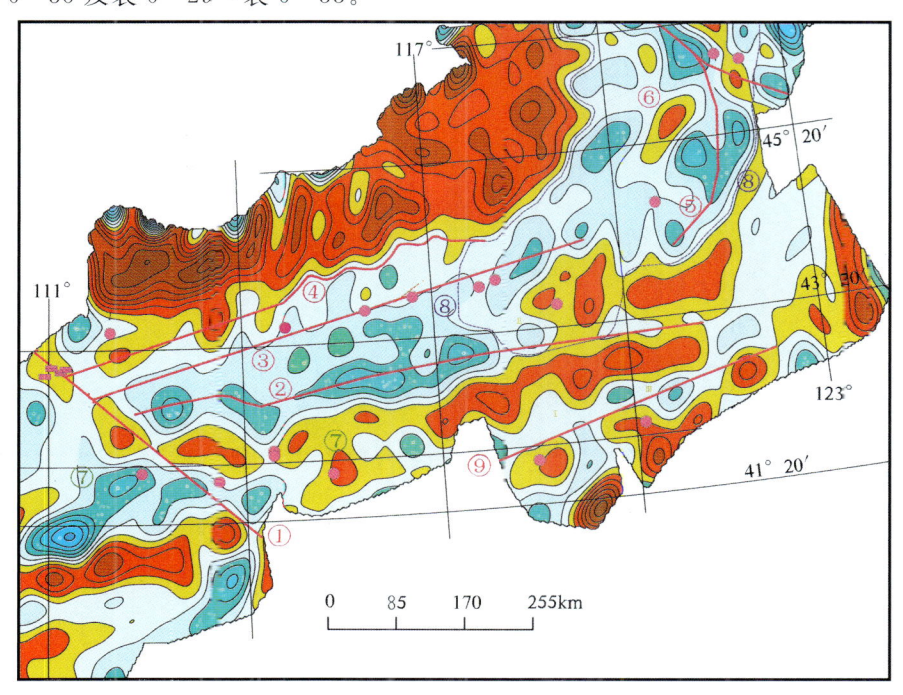

图6-32 锡林浩特地块北缘深断裂航磁异常正则化滤波实例

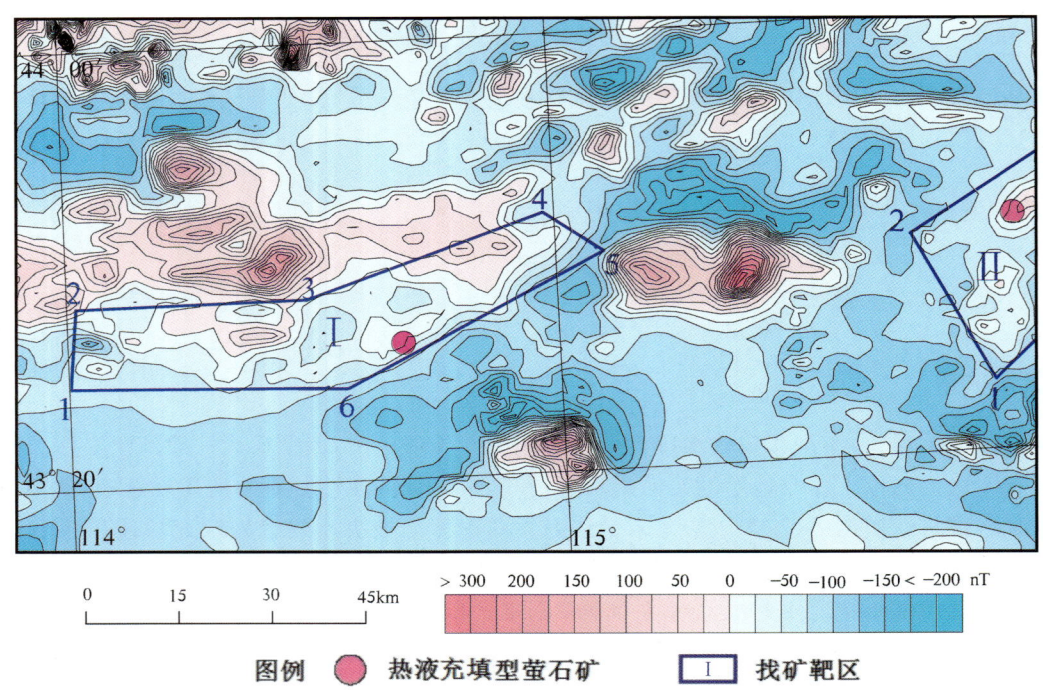

图 6-33 航磁 ΔT 异常选择热液型萤石矿找矿靶区实例

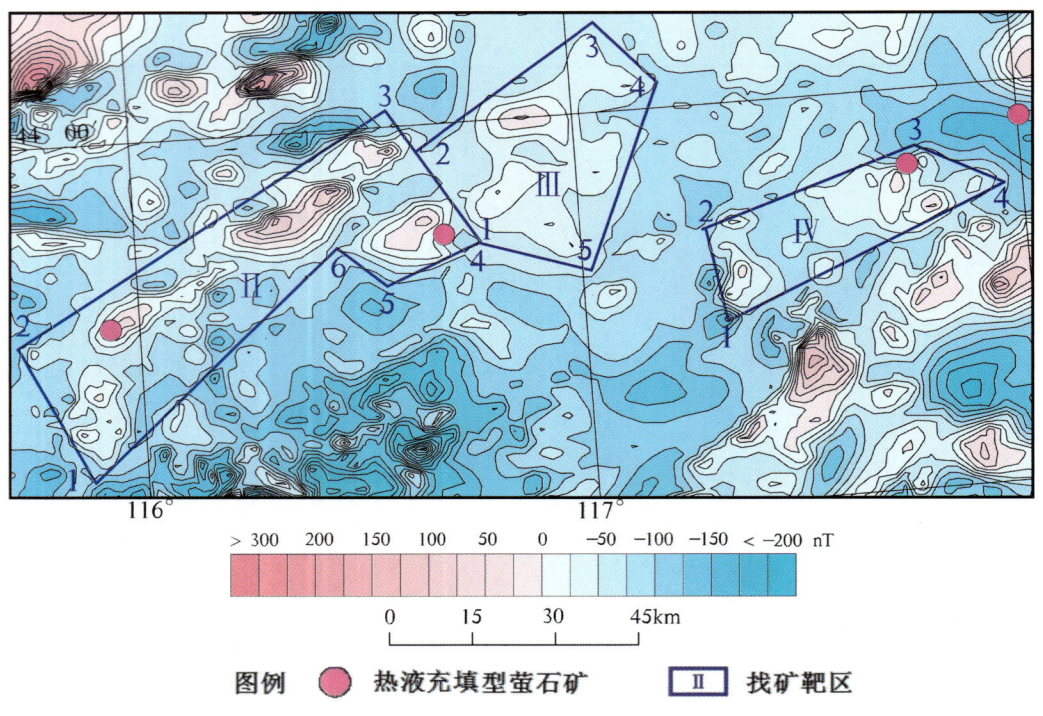

图 6-34 航磁 ΔT 异常选择热液型萤石矿找矿靶区实例

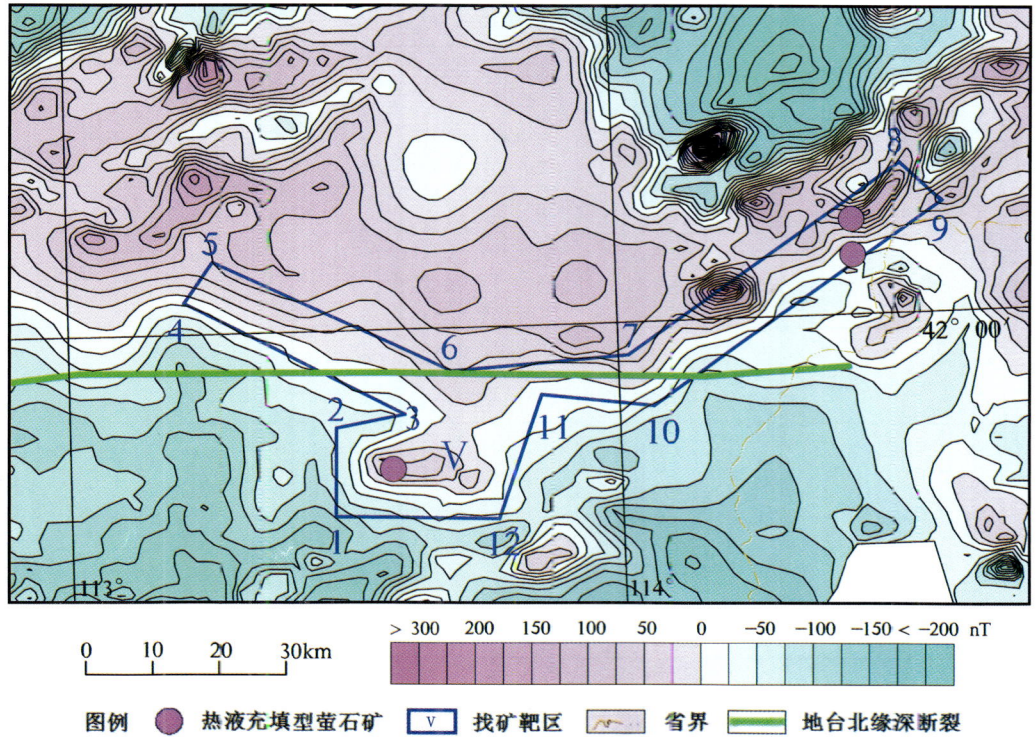

图 6-35 航磁 ΔT 异常选择热液型萤石矿找矿靶区实例

表 6-29 热液型萤石矿找矿靶区 I 区拐点坐标一览表

拐点序号	E	N
1	114°00′00″	43°29′18″
2	114°01′00″	43°36′35″
3	114°29′19″	43°36′36″
4	114°58′54″	43°43′26″
5	115°05′48″	43°39′53″
6	114°33′49″	43°28′30″

表 6-30 热液型萤石矿找矿靶区 II 区拐点坐标一览表

拐点序号	E	N
1	115°52′36″	43°26′14″
2	115°43′42″	43°39′53″
3	116°34′50″	44°01′24″
4	116°46′32″	43°47′45″
5	116°33′27″	43°43′57″
6	116°27′15″	43°47′54″

表 6-31 热液型萤石矿找矿靶区Ⅲ区拐点坐标一览表

拐点序号	E	N
1	116°46′32″	43°47′45″
2	116°38′39″	43°57′16″
3	117°03′50″	44°08′55″
4	117°11′44″	44°02′24″
5	117°01′07″	43°44′08″

表 6-32 热液型萤石矿找矿靶区Ⅳ区拐点坐标一览表

拐点序号	E	N
1	117°19′04″	43°38′04″
2	117°16′52″	43°47′31″
3	117°45′54″	43°54′14″
4	117°57′33″	43°49′34″

表 6-33 热液型萤石矿找矿靶区Ⅴ区拐点坐标一览表

拐点序号	E	N
1	113°28′34″	41°44′27″
2	113°28′52″	41°51′47″
3	113°36′27″	41°52′51″
4	113°12′42″	42°02′35″
5	113°15′57″	42°05′59″
6	113°41′37″	41°56′22″
7	114°01′23″	41°57′16″
8	114°31′36″	42°12′30″
9	114°36′04″	42°09′13″
10	114°03′46″	41°53′02″
11	113°51′29″	41°54′00″
12	113°46′32″	41°44′04″

3. 已往工作程度及基础成果评述

1960年内蒙古第一物化探队开展1∶2.5万地面磁测工作，完成扫面工作量11 071.9km²，靶区Ⅰ大部分被覆盖。该磁测工作比例尺精度较低，由于工作年代所致观测精度较低，成果可作为后续找矿工作的参考资料应用。靶区Ⅱ前人在北侧边部零散地投入一些工作量都未落入目标区，对新一轮普查找矿无实际意义。靶区Ⅲ、Ⅴ前人未开展磁测工作。1965年内蒙古第一物化探队开展1∶2.5万地面磁测工作，完成扫面工作量336.7km²，大部分落入靶区Ⅳ南侧边部，同样存在磁测工作比例尺精度低、观测精度低等问题，成果可作为后续找矿工作的参考资料应用。

4. 磁测工作目的与比例尺选择

该类矿种开展磁测工作的目的是：在特定的工作区圈定断裂构造、岩浆岩带与沉积建造地层区接触带、中酸性侵入体、中酸性侵入体与围岩的接触带。在普查工作阶段综合工作效率、经济效益、目的体异常特征明确，较客观地反映地质成果等因素，工作比例尺选为1:1万，网度100m×40m。

5. 工作优先顺序

由正则化滤波异常可见，Ⅴ区处于地台北缘深断裂与二连-苏尼特右旗大断裂交叉复合处，火山构造走向拐折与断裂构造并行，构造环境良好，故Ⅴ区工作优先顺序排在首位，其他靶区工作优先顺序依次为：Ⅱ区、Ⅳ区、Ⅰ区、Ⅲ区。

（二）沉积改造型萤石矿

1. 部署依据

由第五章结果可知，典型矿床赋存环境为区域上沉积建造，大面积分布，北西-南东走向与北东-南西走向断裂构造交叉汇集，火山岩带分布于交叉复合式断裂构造之上。矿床的形成火山活动与交叉复合式断裂构造是重要控矿因素。这些矿床赋存环境与控矿因素为选择找矿靶区的主要依据。

2. 靶区选择

依据上述结果，找矿靶区选择过程中既考虑火山岩带与沉积建造地层接触因素，又考虑火山岩带内断裂交叉汇集因素，选择结果见图6-36及表6-34。

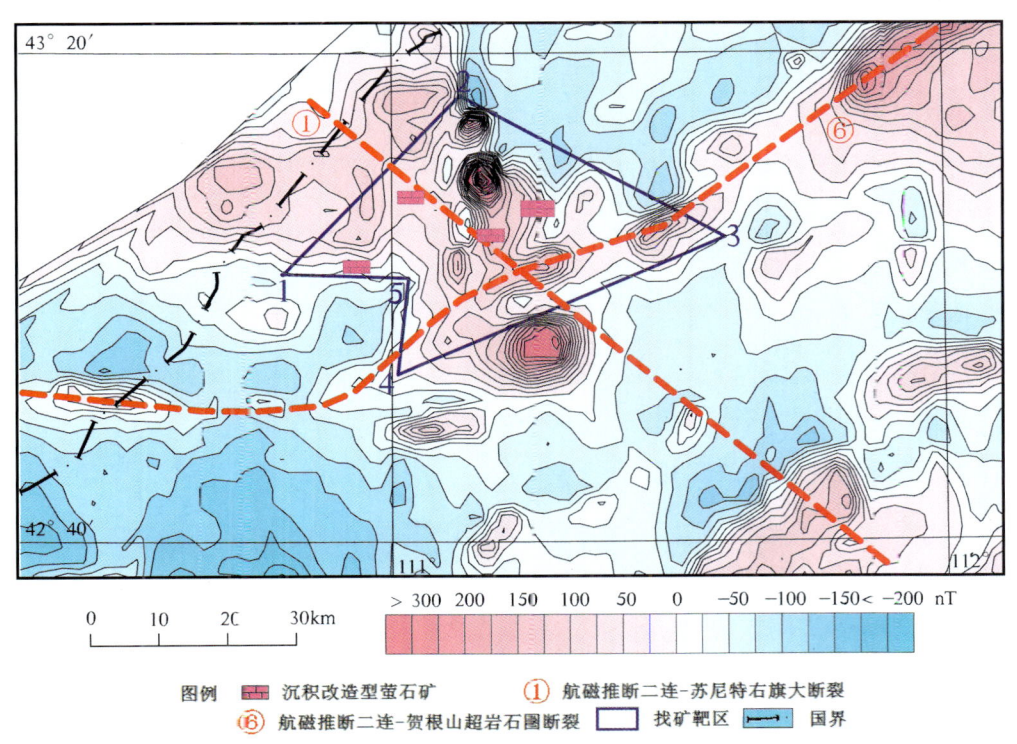

图6-36 航磁ΔT异常选择沉积改造型萤石矿找矿靶区实例

表 6-34 沉积改造型萤石矿找矿靶区拐点坐标一览表

拐点序号	E	N
1	110°48′02″	43°01′52″
2	111°07′34″	43°16′32″
3	111°36′14″	43°04′59″
4	111°00′41″	42°53′28″
5	111°01′39″	43°01′39″

3. 已往工作程度及基础成果评述

靶区内前人未开展磁测工作。

4. 磁测工作目的与比例尺选择

该类矿种开展磁测工作的目的是：在特定的工作区圈定断裂构造、火山岩带与沉积建造地层区接触带、火山岩带内中酸性火山岩分布区。在普查工作阶段综合工作效率、经济效益、目的体异常特征明确、较客观地反映地质成果等因素，工作比例尺选为 1∶1 万，网度 100m×40m。

十四、磷矿磁测工作区部署建议

（一）岩浆岩型磷矿床

1. 部署依据

由第五章结果可知，典型矿床分布于华北陆块区太古宙—元古宙一环一带火山构造群分布区，区内构造复杂，放射状、环状、直线状断裂复合矿床受控于北东-南西走向的断裂构造。矿床的特定产出环境与控矿因素是找矿靶区选择的主要依据。

2. 靶区选择

依据上述结果，找矿靶区选择在一环一带分布区内北东-南西走向的断裂带之上，具体结果见图 6-37、图 6-38 及表 6-35～表 6-37。

3. 已往工作程度及基础成果评述

1959 年内蒙古第一物化探队开展 1∶5 万地面磁测工作，完成扫面工作量 2373km^2，少部分工作量落入靶区Ⅰ西北侧边部。该磁测工作比例尺精度低，由于工作年代所致观测精度低并且落入靶区Ⅰ的工作量少，故该成果对下一步找矿工作意义不大。靶区Ⅱ前人未开展磁测工作。1970 年内蒙古第一物化探队开展 1∶1 万地面磁测工作，完成扫面工作量 73.2km^2，部分工作量落入靶区Ⅲ南侧边部，由于工作量较少实际意义不大。

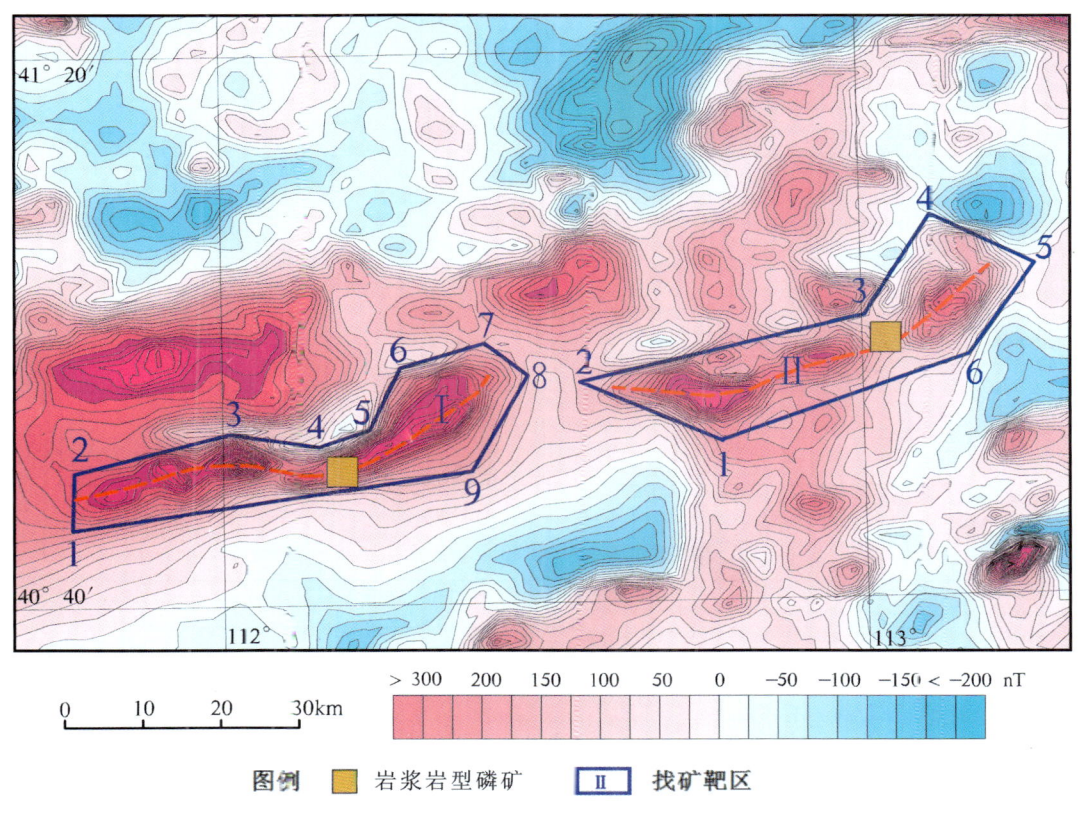

图 6-37 航磁 ΔT 异常选择岩浆岩型磷矿找矿靶区实例

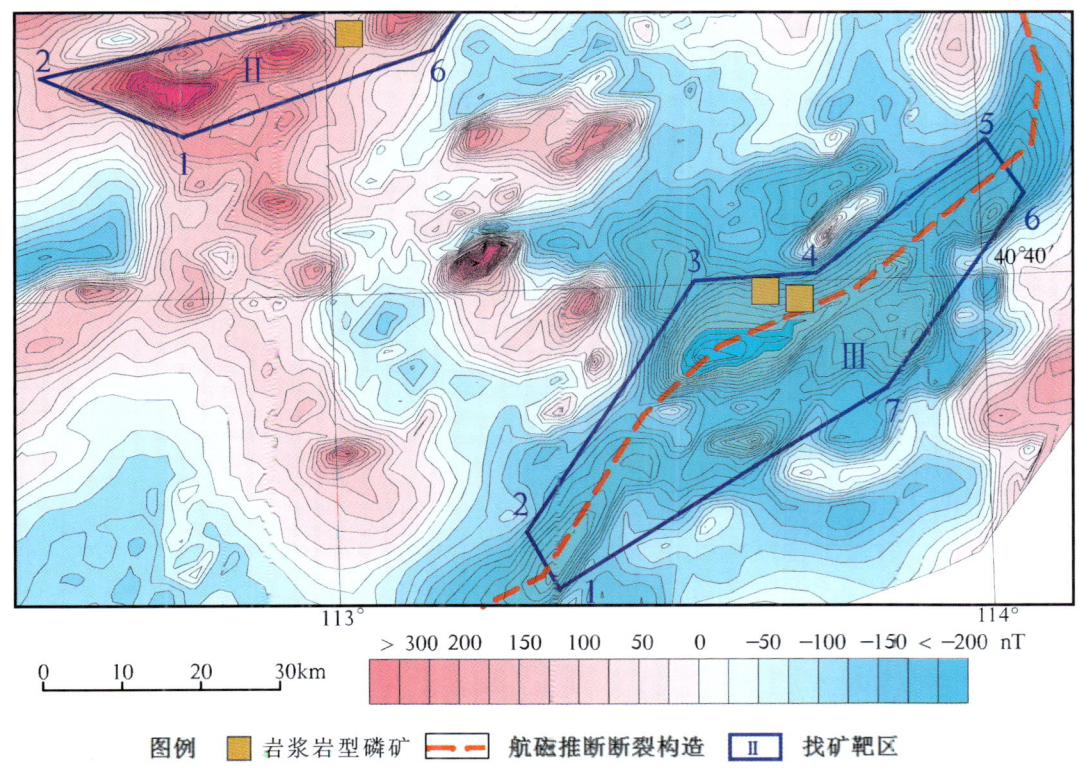

图 6-38 航磁 ΔT 异常选择岩浆岩型磷矿找矿靶区实例

表 6-35 岩浆岩型磷矿找矿靶区 I 区拐点坐标一览表

拐点序号	E	N
1	111°45′54″	40°45′25″
2	111°46′04″	40°49′37″
3	112°00′14″	40°52′29″
4	112°09′27″	40°51′39″
5	112°13′56″	40°52′49″
6	112°16′41″	40°57′13″
7	112°24′42″	40°58′49″
8	112°28′41″	40°56′25″
9	112°23′25″	40°49′19″

表 6-36 岩浆岩型磷矿找矿靶区 II 区拐点坐标一览表

拐点序号	E	N
1	112°46′44″	40°51′23″
2	112°33′28″	40°55′57″
3	113°00′31″	41°00′35″
4	113°06′37″	41°07′33″
5	113°16′24″	41°03′58″
6	113°10′18″	40°57′19″

表 6-37 岩浆岩型磷矿找矿靶区 III 区拐点坐标一览表

拐点序号	E	N
1	113°20′19″	40°18′29″
2	113°17′12″	40°22′45″
3	113°33′19″	40°40′16″
4	113°45′06″	40°40′42″
5	114°00′54″	40°49′48″
6	114°04′37″	40°45′25″
7	113°51′16″	40°32′00″

4. 磁测工作目的与比例尺选择

该类矿种开展磁测工作的目的是：在特定的工作区圈定北东-南西走向的断裂构造。在普查工作阶段综合工作效率、经济效益、目的体异常特征明确，较客观地反映地质成果等因素，工作比例尺选为 1∶1 万，网度 100m×40m。

5. 工作优先顺序

Ⅲ区与其他区相比较,断裂横向延伸距离大、纵向分布范围宽、找矿空间较大,典型矿床出现的频率相对较高、分布相对较密集,故工作优先顺序排在首位,其他靶区工作优先顺序依次为:Ⅱ区、Ⅰ区。

(二)沉积变质型磷矿床

1. 部署依据

由第五章结果可知,典型沉积变质型磷矿床均分布于华北陆块区古火山机构群周边较平稳的沉积建造地层区内,断裂穿切以碳酸岩类、硅质类矿物成分为主的小盆地,矿床沿断裂分布于小盆地边部侵入体旁。断裂构造与沉积环境为重要控矿因素。典型矿床的分布环境与控矿因素是找矿靶区选择的重要依据。

2. 靶区选择

依据上述结果,沿穿切盆地的断裂进行靶区选择具体结果见表6-38及图6-39。

表6-38 沉积变质型磷矿找矿靶区拐点坐标一览表

拐点序号	E	N
1	101°26′52″	38°46′26″
2	101°30′05″	38°48′19″
3	101°44′43″	38°43′17″
4	101°42′53″	38°41′12″
5	101°39′46″	38°41′41″
6	101°38′09″	38°40′55″

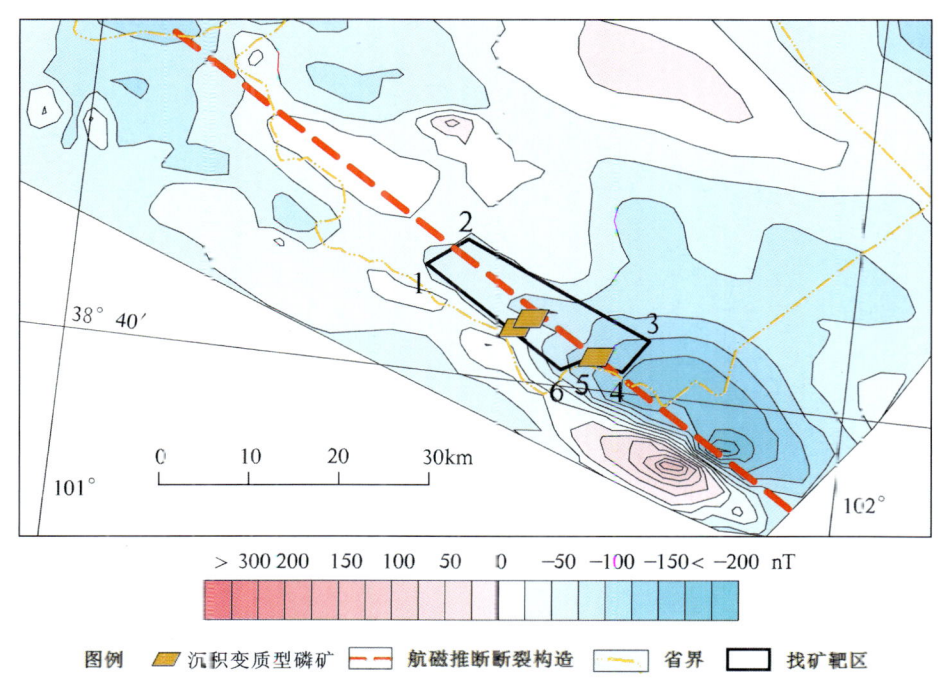

图6-39 航磁 ΔT 异常选择沉积变质型磷矿找矿靶区实例

3. 已往工作程度及基础成果评述

靶区内前人未进行磁测工作。

4. 磁测工作目的与比例尺选择

该类矿种开展磁测工作的目的是：在特定的地层区圈定断裂构造。在普查工作阶段综合工作效率、经济效益、目的体异常特征明确、较客观地反映地质成果等因素，工作比例尺选为1∶1万，网度100m×40m。

第七章 结束语

第一节 工作总结

本次全国性的矿产资源潜力评价工作，历时6年多，从2006年—2013年6月经过四个阶段，全面完成了本次矿产潜力评价工作。第一阶段：2006年—2009年6月，完成单矿种铁矿资源量预测评价及省级图件的编制。第二阶段：2009年6月—2010年6月完成金、铜、铅、锌、钨、磷、锑、稀土单矿种资源量预测评价。第三阶段：2010年6月—2012年6月完成银、锡、镍、锰、钼、铬铁矿、硫铁矿、重晶石、菱镁矿萤石矿单矿种资源量预测评价。第四阶段：2012年6月—2013年6月完成省级矿产资源潜力评价磁测资料应用综合研究成果报告编制。

本次全国矿产潜力评价磁法专题分为三个层次：即从全区性的(省级)、预测工作区性的、典型矿床性的展开研究，较为系统的、广泛全面的综合型研究，较为全面地总结了过去的工作成果，又针对国家今后矿产发展的需求，做了大量的资料整理及编图、汇总型研究工作，形成了一套较为完整的、系统的磁测应用资料，对今后开展地质找矿方面定会起到很大的作用。

完成主要工作成果汇总如下。

一、全区性(省级)成果资料

(1)内蒙古自治区航磁异常卡片，登陆航磁异常6550个。
(2)内蒙古自治区及铁矿预测工作区岩矿石磁性参数统计表。
(3)内蒙古自治区航空磁测工作程度图1套(比例尺为1∶50万和1∶150万)。
(4)内蒙古自治区地面磁测工作程度图1套(比例尺为1∶50万和1∶150万)。
(5)内蒙古自治区航磁 ΔT 等值线平面图、化极等值线平面图、化极垂向一阶导数等值线平面图、内蒙古自治区航磁异常分布图、磁性矿床分布图。
(6)内蒙古自治区磁法推断地质构造图各1套(比例尺为1∶50万和1∶150万)。
(7)以上自治区级图件各列数据库、属性表、元数据及编图说明书。
(8)内蒙古自治区14个Ⅲ级成矿区带航磁异常特征图一套，其中每套包括航磁 ΔT 等值线平面图、化极等值线平面图、化极垂向一阶导数等值线平面图、磁法推断地质构造图(比例尺为1∶50万)，共计55张。

二、预测工作区成果资料

单矿种预测工作区图件。铁矿预测工作区计27个，其中 ΔT 等值线平面图、ΔT 化极等值线平面图、ΔT 化极垂向一阶导数等值线平面图、磁法推断地质构造图、磁异常范围分布图、磁性矿产分布图，计162张。

其余19个矿种预测区数共计149个，其中为：铝土矿1个，金矿22个，铜19个，铅锌矿15个，磷矿

6个,钨矿5个,锑矿1个,稀土矿4个,银矿8个,铬矿6个,锰矿5个,钼矿15个,镍矿9个,锡矿7个,硫铁矿7个,菱镁矿1个,重晶石矿1个,萤石矿17个。以上19矿种149个预测工作区中,每个预测区包括ΔT等值线平面图、ΔT化极等值线平面图、ΔT化极垂向一阶导数等值线平面图、磁法推断地质构造图4套,共计576张。

三、典型矿床研究成果资料

(1)《内蒙古自治区铁矿典型矿床地质及物探剖析图册》。
(2)《内蒙古自治区铝土矿典型矿床地质及物探剖析图册》。
(3)《内蒙古自治区铜、铅、锌、金、钨、锑、磷、稀土矿典型矿床地质及物探剖析图册》。
(4)《内蒙古自治区银矿、铬铁矿、锰矿、镍矿、锡矿、钼矿、硫铁矿、萤石矿、菱镁矿、重晶石矿典型矿床地质及物化探剖析图册》。

四、地面大比例尺物化探成果图件

(1)《内蒙古自治区铁矿地面大比例尺磁测图册》。
(2)《内蒙古自治区铜、铅、锌、金、钨、锑、磷、稀土矿地面大比例尺物探工作图册》。
(3)《内蒙古自治区银矿、铬铁矿、锰矿、镍矿、锡矿、钼矿、硫铁矿、萤石矿、菱镁矿、重晶石矿地面大比例尺物探工作图册》。

五、内蒙古自治区磁法定量计算铁矿资源量资料

(1)《内蒙古自治区铁矿资源量磁测方法定量计算图册》。
(2)《内蒙古自治区磁性矿床预测资源量复核报告》。
(3)内蒙古自治区铁矿预测工作区推断铁矿矿致磁异常登记表。
(4)内蒙古自治区铁矿预测工作区典型矿床参数一览表。
(5)内蒙古自治区铁矿预测工作区典型矿床深部和外围磁法预测资源量表。
(6)内蒙古自治区铁矿预测工作区典型矿床磁法预测总资源量表。
(7)内蒙古自治区铁矿预测工作区其他已知矿产地参数一览表。
(8)内蒙古自治区铁矿预测工作区其他已知矿床磁法预测资源量表。
(9)内蒙古自治区铁矿预测工作区其他已知矿产地磁法预测总资源量表。
(10)内蒙古自治区铁矿预测工作区推断磁性矿体预测资源量表。
(11)内蒙古自治区铁矿预测工作区磁法推断磁性矿体预测总资源量表。
(12)内蒙古自治区铁矿预测工作区预测资源量方法统计表。
(13)内蒙古自治区铁矿预测工作区预测资源量精度统计表。
(14)内蒙古自治区铁矿预测工作区预测资源量深度统计表。
(15)内蒙古自治区铁矿预测工作区预测资源量矿产类型统计表。
(16)内蒙古自治区预测资源量方法统计表。
(17)内蒙古自治区预测资源量精度统计表。
(18)内蒙古自治区预测资源量深度统计表。
(19)内蒙古自治区预测资源量矿产类型统计表。
(20)内蒙古自治区磁性矿床预测资源量可信度统计表。
(21)内蒙古自治区铁矿预测工作区预测资源量可信度统计表。
(22)内蒙古自治区预测资源量可信度统计表。
(23)内蒙古自治区铁矿矿致磁异常核实表。

(24)内蒙古自治区铁矿矿致磁异常预测资源量核实表。
(25)预测工作区磁性矿产预测资源量核实表。
(26)内蒙古自治区省级磁性矿产预测资源量核实表。
(27)内蒙古自治区铁矿预测定量计算资源量成果表。

六、数据库建设和图件说明书及元数据

根据一图一数据库、一说明书、一元数据的原则,完成744份。

七、文字报告

(1)《内蒙古自治区铁矿资源潜力评价磁测资料应用研究报告》铁铝矿种。
(2)《内蒙古自治区资源潜力评价磁测资料数据处理和地质解释工作成果报告》全区性图件。
(3)《内蒙古自治区磁性矿床预测资源量复核报告》铁矿资源量预测。
(4)《内蒙古自治区金铜等八矿种资源潜力评价磁测资料应用研究报告》金铜等8矿种。
(5)《内蒙古自治区银铬等十矿种资源潜力评价磁测资料应用研究报告》银铬等10矿种。
(6)《内蒙古自治区矿产资源潜力评价磁测资料应用研究成果报告》(总计20个矿种)。
(7)《内蒙古自治区矿产资源潜力评价磁测资料应用综合研究成果报告》。

八、其他资料

(1)《内蒙古自治区磁法推断地质体定量计算正反演图册》。
(2)《内蒙古自治区预测工作区磁法推断地质体定量计算正反演图册》。
(3)《内蒙古自治区三级成矿区带航磁异常特征图集》。
(4)《内蒙古自治区铁、铜等20个矿种磁法推断找矿靶区工作部署图册》。
(5)内蒙古自治区航磁数据维护部分更新资料文件包。

第二节 存在问题

(1)我国由于已经有1958年、20世纪60年代末、70年代末和2003年以来至今的四次铁矿找矿高潮,各部门单位事、企业在内蒙古自治区做了大量的地质工作,地表和埋藏较浅的铁矿已寻找殆尽。而本次我们所能收集到的资料,绝大部分是20世纪80年代以前的资料,最新资料收集不全,解释推断时难免存在偏颇。

(2)本次对内蒙古自治区铁矿预测资源量评价,对无磁性的赤铁矿和弱磁性的超贫铁矿评价不多,也有许多超贫铁矿还没有利用,也较难评价,内蒙古自治区超贫铁矿的潜力也很大。另外,从所收集的大比例尺地磁资料情况看,埋深大于500m的较少,因此,深部铁矿资源潜力还很大,有待进一步做工作。

(3)本次矿产资源潜力评价所使用的资料(数据),按照总体设计要求截至2006年底以前。在实际工作中,全区性图件均使用航遥中心下发的2km×2km,预测工作区使用大比例尺航磁剖面数据。显然,所使用的资料均为20世纪70年代左右工作的资料,内蒙古自治区地域辽阔,过去也做过大量的航磁工作,基本上覆盖了全自治区。但是,过去工作因工作目的不同,精度参差不齐,比例尺相差甚远。还有部分地区仅有100万航磁覆盖,如内蒙古西部巴丹吉林沙漠至腾格里沙漠一带,以及内蒙古东北部满洲里市以南区域。其他区域内也有很多比例尺是1∶20万精度的。这样造成在潜力评价工作中,实际编制预测工作区磁法图件中出现明显的人为磁场分区界线,即所谓的磁场"台阶"。还有,在下发的大比

例尺剖面数据中,有未收集到的航磁报告(2006年底以前的),以致没有数字化后的剖面数据,造成大面积的数据空缺,本次潜力评价过程中也未曾收集到。以致在部分预测工作区中的磁法图件,不得不以全区2km×2km的数据补充,造成图件中存在着明显的人为磁场分界线,影响到资料完整性和评价的不足(图7-1、图7-2)。

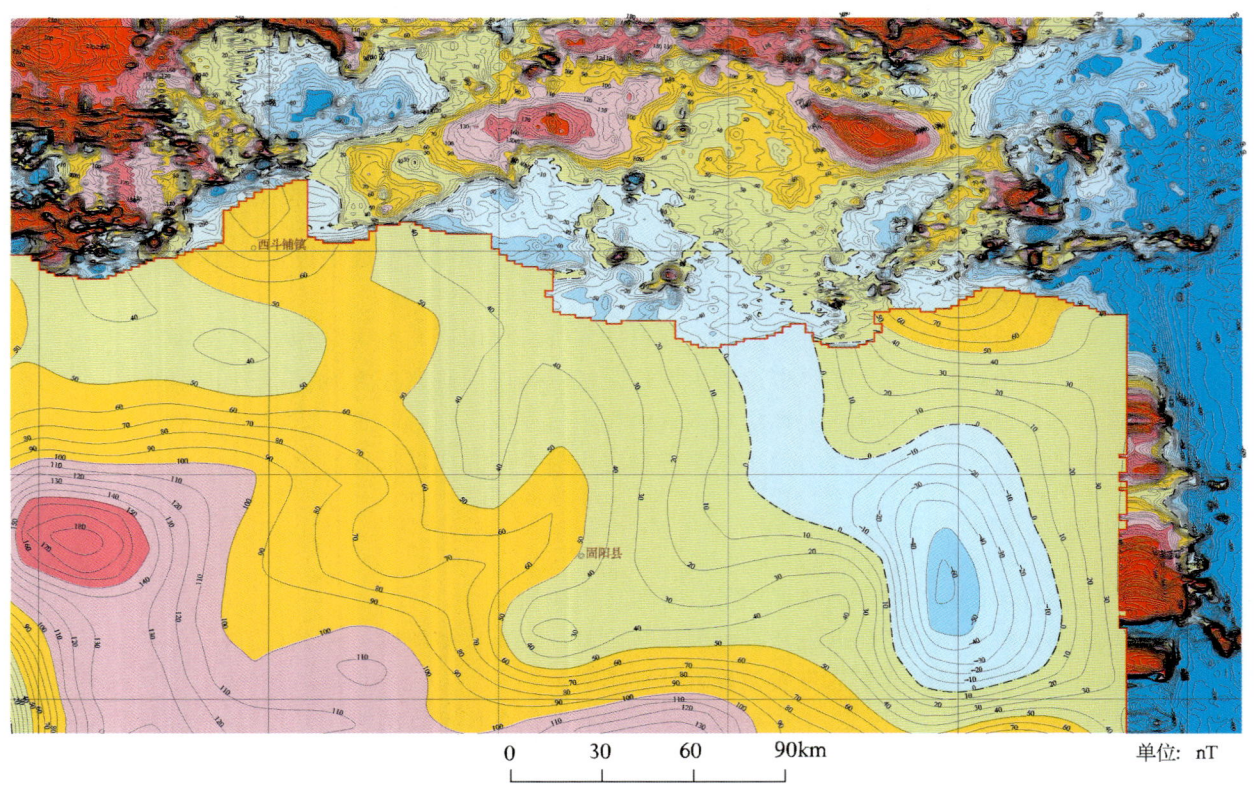

图7-1 内蒙古固阳县一带地区不同数据造成磁场分区特征图

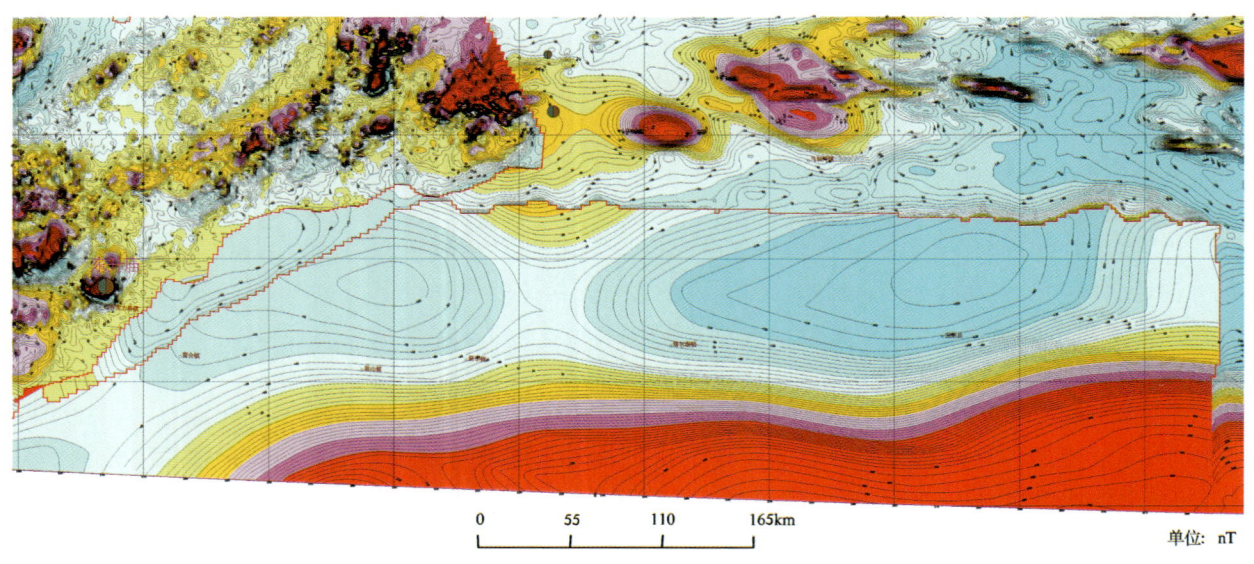

图7-2 内蒙古东升庙以东一带不同数据造成磁场台阶特征图

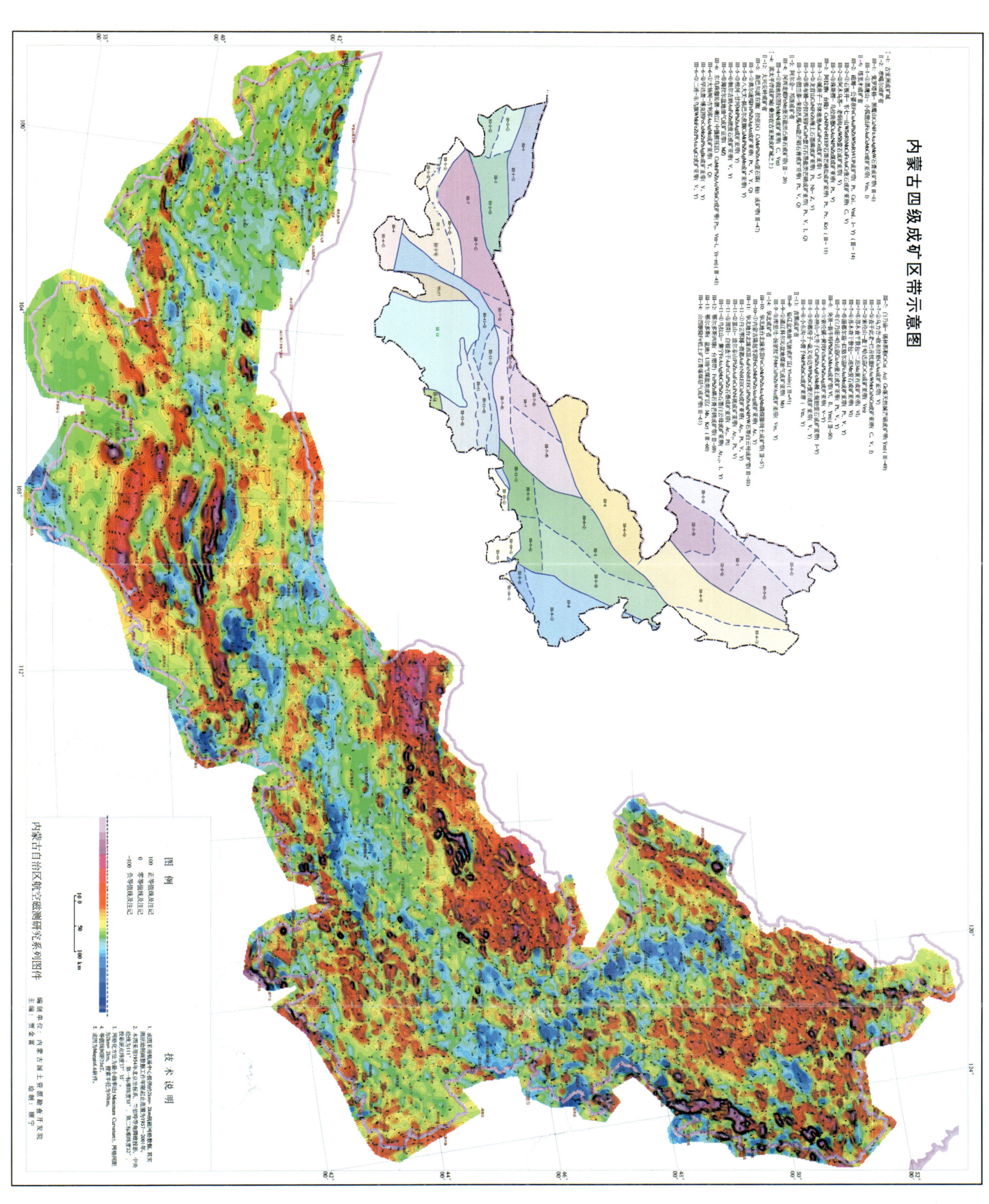

附图1 内蒙古自治区航磁ΔT等值线平面图

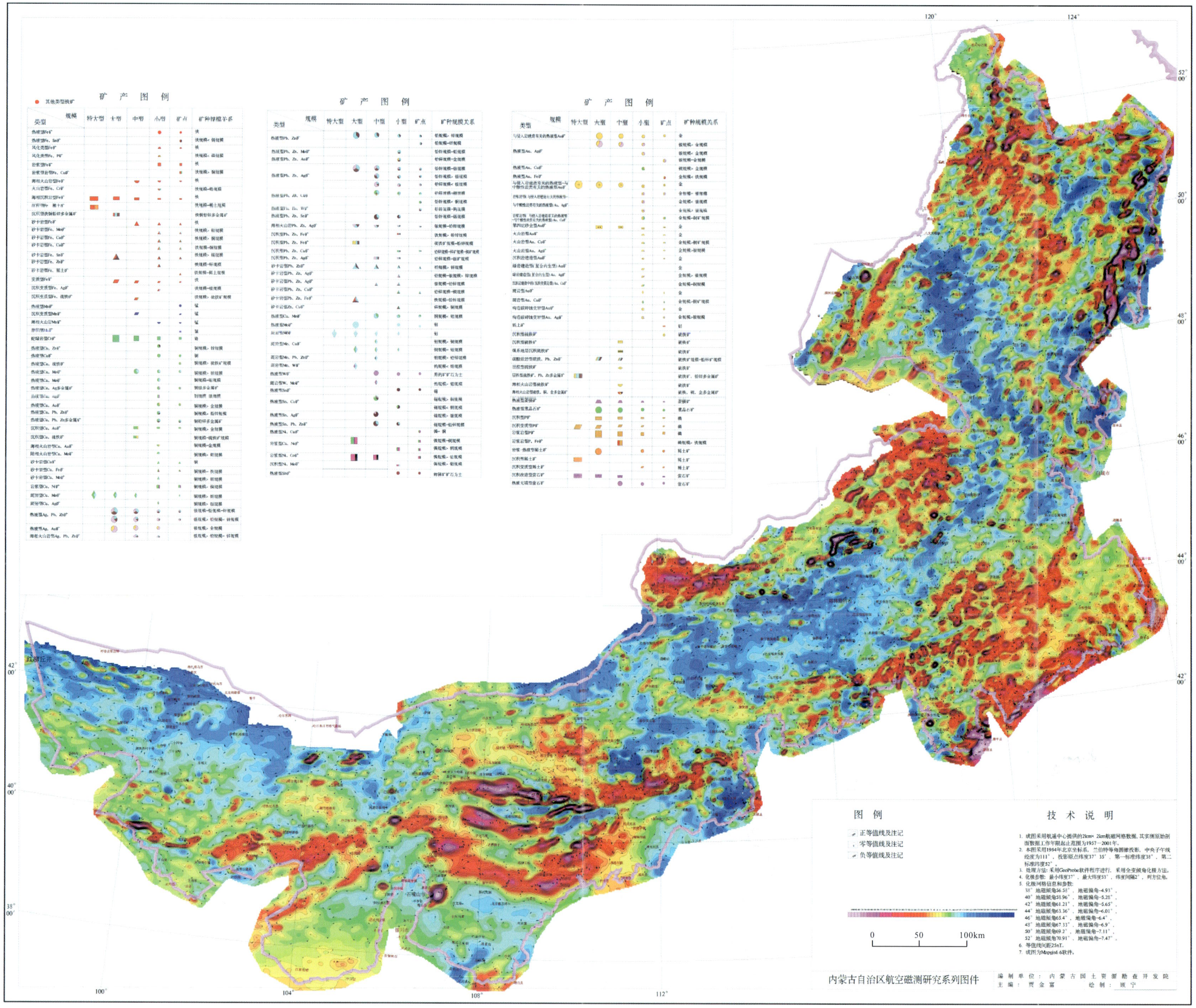

附图2 内蒙古自治区航磁ΔT化极等值线平面图

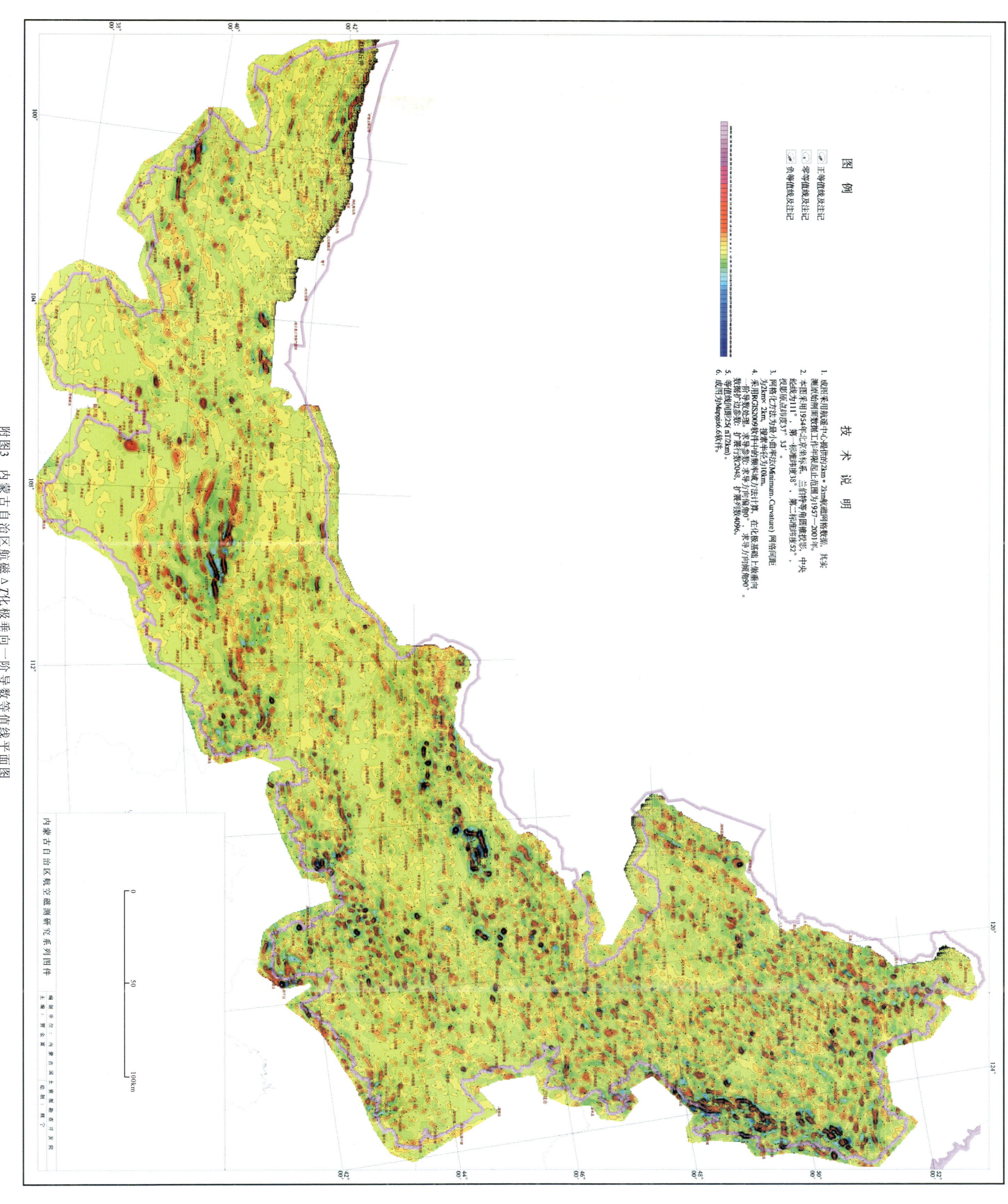

附图3 内蒙古自治区航磁ΔT化极垂向一阶导数等值线平面图

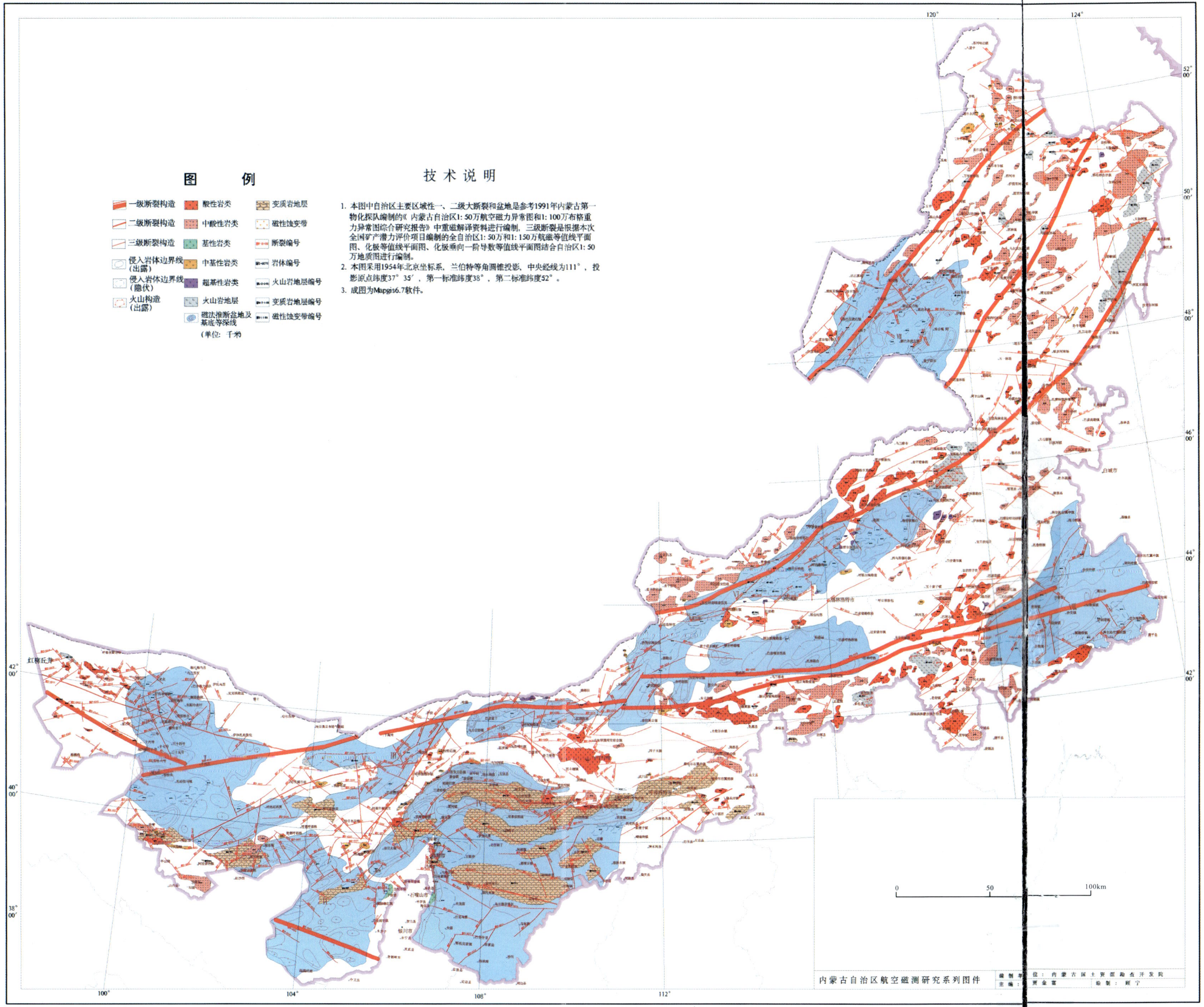

技术说明

1. 本图中自治区主要区域性一、二级大断裂和盆地是参考1991年内蒙古第一物化探队编制的《内蒙古自治区1:50万航空磁力异常图和1:100万布格重力异常图综合研究报告》中重磁解译资料进行编制，三级断裂是根据本次全国矿产潜力评价项目编制的全自治区1:50万和1:150万航磁等值线平面图、化极等值线平面图、化极垂向一阶导数等值线平面图结合自治区1:50万地质图进行编制。
2. 本图采用1954年北京坐标系，兰伯特等角圆锥投影，中央经线为111°，投影原点纬度37°35′，第一标准纬度38°，第二标准纬度52°。
3. 成图为Mapgis6.7软件。

附图4　内蒙古自治区磁法推断地质构造图

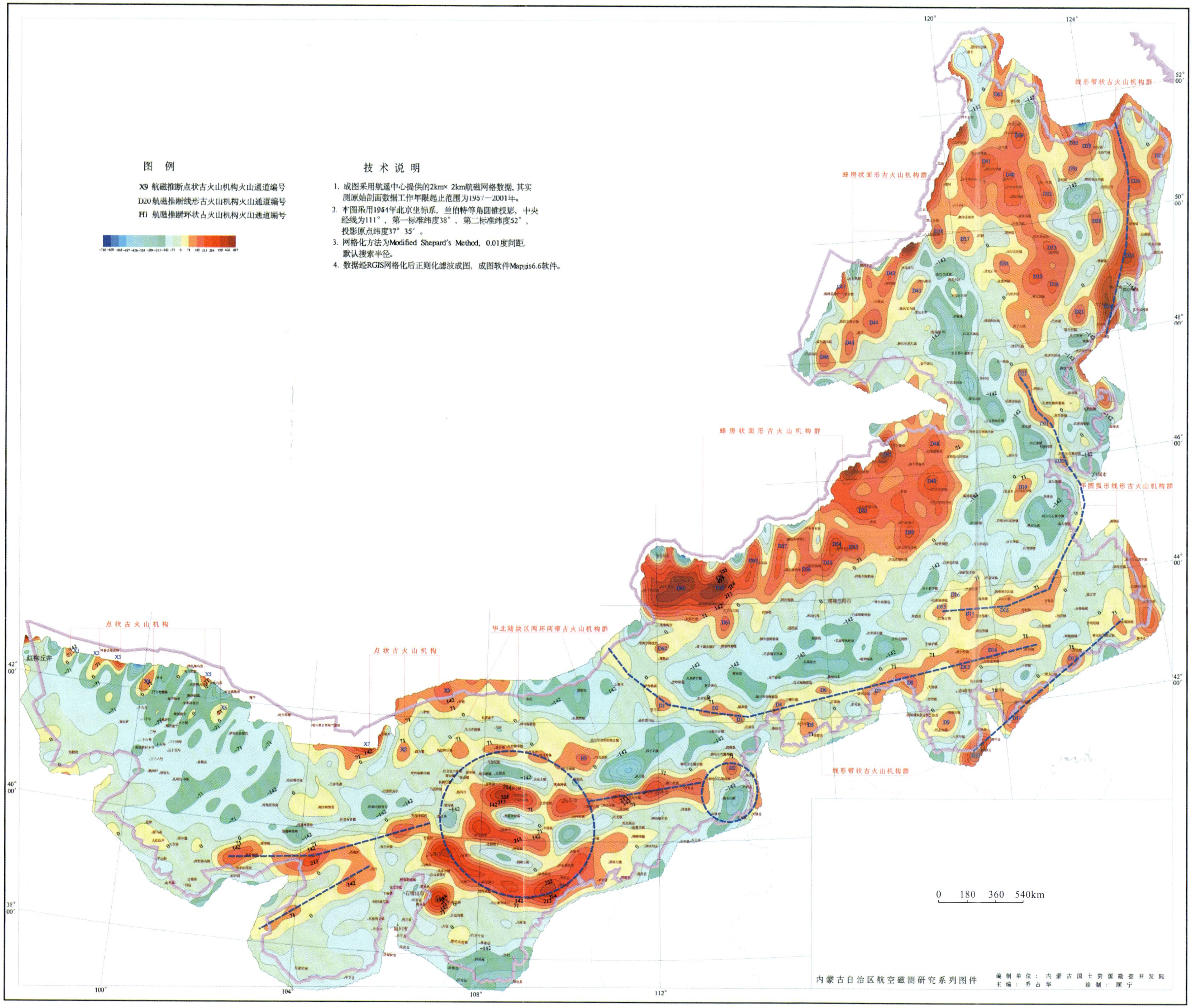

附图5 内蒙古自治区航磁ΔT正则化滤波等值线平面图及磁法推断火山机构构造图

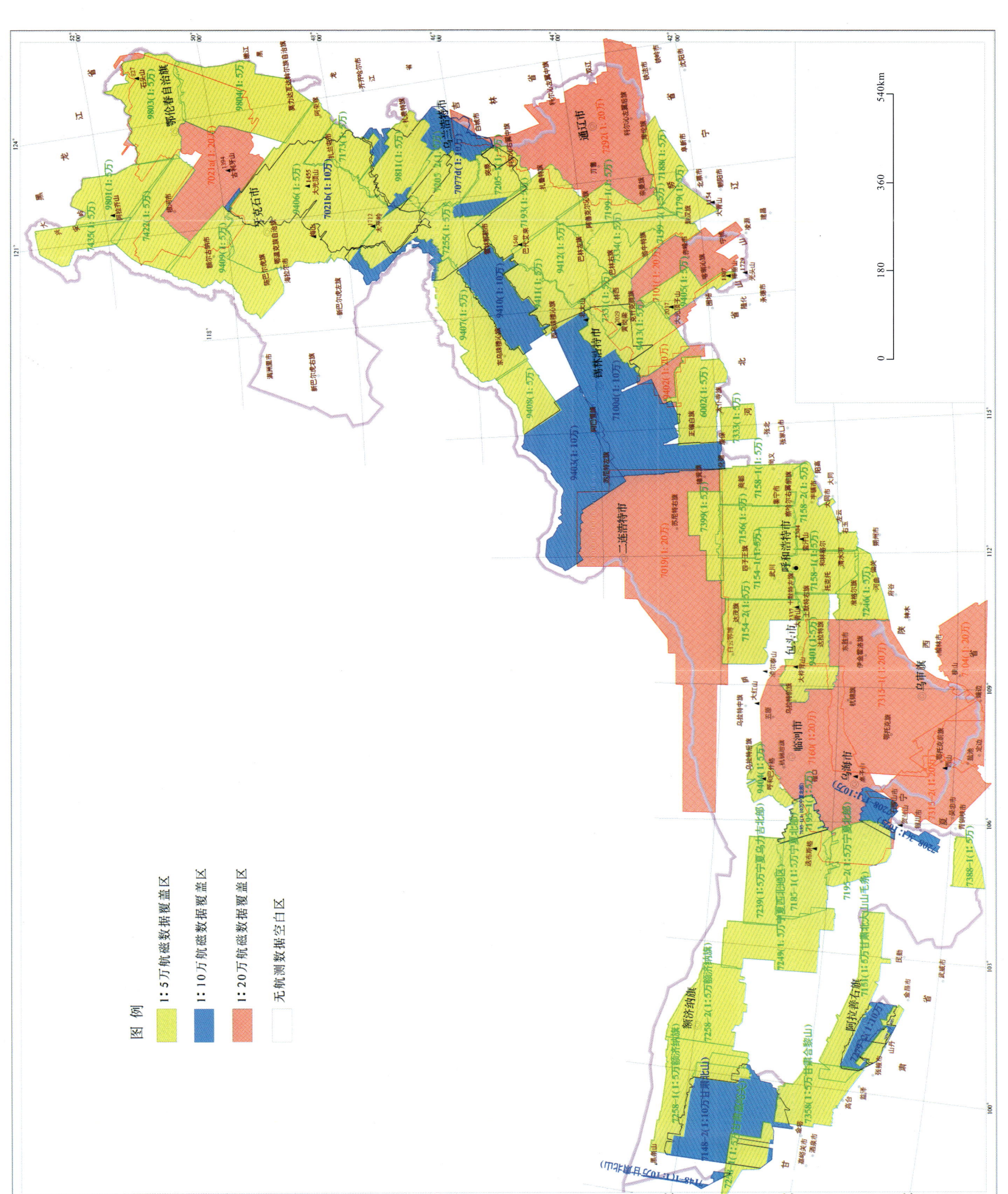

附图6 内蒙古自治区矿产潜力评价航磁数据工作程度图

序号	项目编号	项目名称	承担单位	面积(km²)
1	06-1-HK01	内蒙古自治区二连浩特—东乌旗1:5万航空物探综合站勘查	中国国土资源航空物探遥感中心	56 000
2	07-1-HK01	内蒙古自治区大兴安岭中南段1:5万航空物探综合站勘查	中国地质科学院地球物理地球化学勘查研究所	114 000
3	07-1-HK02	内蒙古自治区锡林浩特—巴林左旗一带1:5万航空物探综合站勘查	中国国土资源航空物探遥感中心	58 700
4	07-3-HK01	内蒙古自治区二连—东乌旗一带航空综合站测量	中国地质科学院地球物理地球化学勘查研究所	4800
5	08-1-HK01	内蒙古自治区白板市、白乃庙、德耳布尔零地区1:5万航空物探软件处理与异常查证	中国国土资源航空物探遥感中心	46 000
6	08-1-HK02	内蒙古自治区二连通辽市南部1:5万航空物探综合站勘查	中国地质科学院地球物理地球化学勘查研究所	24 000
7	08-1-HK03	内蒙古自治区乌兰察布市南部1:5万航空磁法测量	中国冶金地质总局地球物理勘查院	33 000
8	08-2-HK01	内蒙古自治区呼伦贝尔市南部1:5万航空磁法、伽马能谱测量	核工业航测遥感中心	37 000
9	08-2-HK02	内蒙古自治区四子王旗、土默特右旗一带1:5万航空磁法、伽马能谱测量	核工业航测遥感中心	37 000
10	09-1-HK01	内蒙古自治区阿拉善盟西部1:5万航空磁法、伽马能谱测量	中国地质科学院地球物理地球化学勘查研究所	38 000
11	10-1-HK01	内蒙古自治区阿拉善盟东部—巴彦诺尔市西部1:5万航空磁法、伽马能谱测量	中国冶金地质总局地球物理勘查院	19 000
12	10-1-HK02	内蒙古自治区锡林郭勒盟东部—赤峰市东部1:5万航空物探综合站测量	核工业航测遥感中心	54 000
13	10-1-HK03	内蒙古自治区锡林郭勒盟中部—赤峰市东部1:5万航空磁法、伽马能谱测量	核工业航测遥感中心	24 000
14	11-2-HK01	内蒙古自治区苏尼特左旗1:5万航空磁法测量	中国冶金地质总局地球物理勘查院	34 000
15	11-2-HK03	内蒙古自治区苏尼特右旗一带1:5万航空磁法、伽马能谱测量	中国地质科学院地球物理地球化学勘查研究所	32 000
16	11-2-HK03	内蒙古自治区阿巴嘎旗—正镶白旗一带1:5万航空磁法、伽马能谱测量	中国冶金地质总局地球物理勘查院	31 000
17	12-1-HK01	内蒙古自治区鄂温克族自治旗—莫力达瓦达斡尔族自治旗一带1:5万航空磁测、伽马能谱测量	中国冶金地质总局地球物理勘查院	36 000
18	12-1-HK02	内蒙古自治区陈巴尔虎旗、鄂伦春自治旗一带1:5万航空磁法	中国冶金地质总局地球物理勘查院	33 000

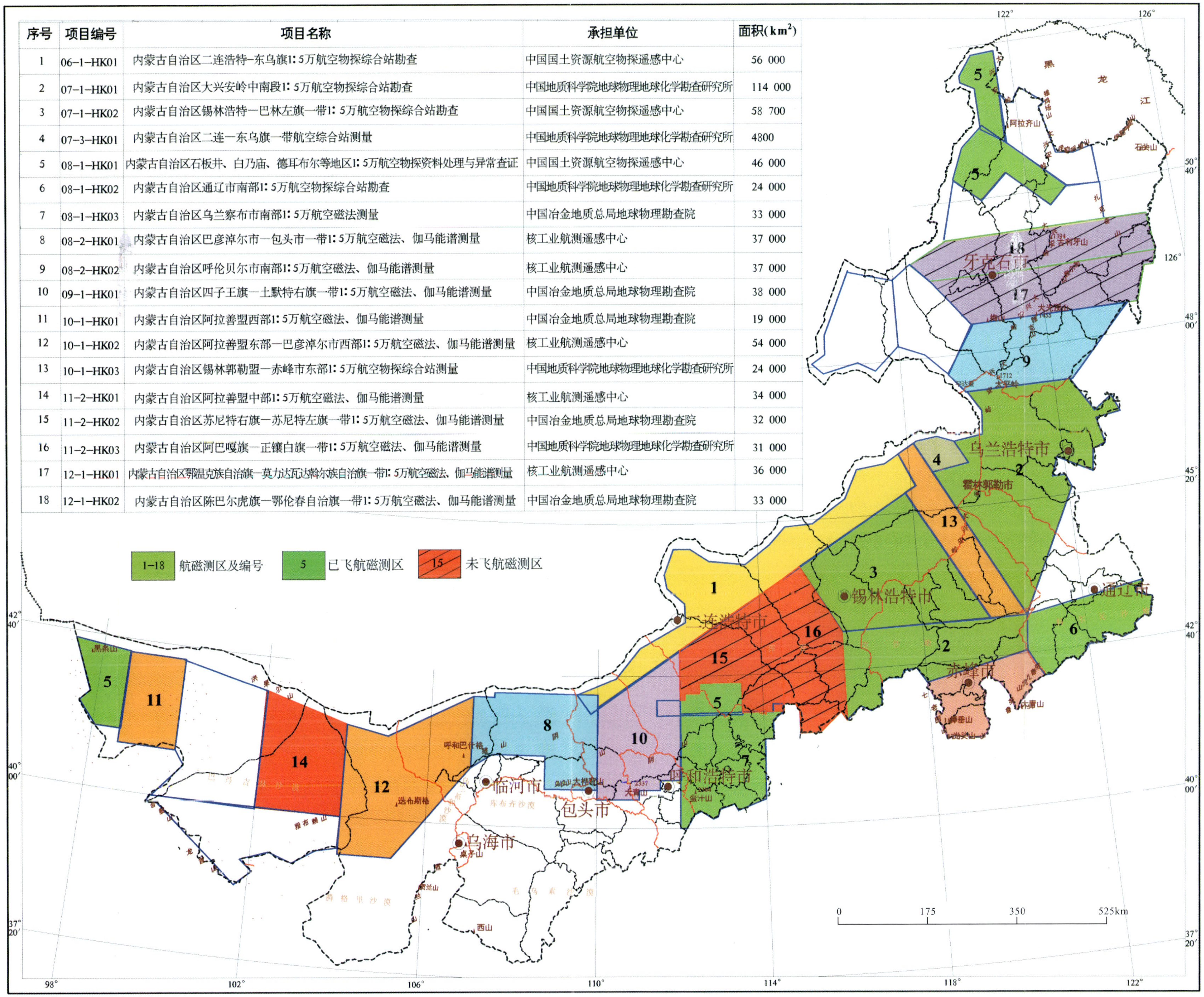

附图7 内蒙古自治区（新一轮）航空物探工作部署图